Armand Mergen

Die BKA Story

Mit 49 Abbildungen

Herbig

Alle Abbildungen aus dem Archiv des Autors und des Verlages, außer:
Pressestelle des Bundeskriminalamts, Wiesbaden (6)
Vorsatz vorne: Polizeipräsidium am Alexanderplatz,
von 1885–1945 Sitz der Berliner Kriminalpolizei
Vorsatz hinten: Bundeskriminalamt, BKA-Hauptabteilung Meckenheim

Umschlaggestaltung: Christel Aumann, München,
unter Verwendung einer Farbradierung von Bernd Schwering,
die 1981/1982 mit dem Ersten Preis beim Kunstwettbewerb
des BKA ausgezeichnet wurde.
Reproduktion des Bildteils: Graph. Atelier Krah, München
Satz: Filmsatz Schröter GmbH, München
Gesetzt aus 10/12 Times auf Linotron 202
Druck und Binden: Mohndruck, Graphische Betriebe GmbH, Gütersloh
Printed in Germany 1987
ISBN 3-7766-1458-7

Inhalt

Zu diesem Buch

Ich will die »Story« des Bundeskriminalamtes erzählen, nicht seine Geschichte schreiben. Das überlasse ich gerne kompetenteren Historikern.
Meine »Story« erzählt vom Werden und Wachsen des Bundeskriminalamtes, von seinen Vorfahren und Eltern, seinen Geburtshelfern und Erziehern, auch von seinen Sorgen, Leiden und seinen Sozialisationsschwierigkeiten, seinem in einer gewissen Zeit antisozialen Vorbild, das sich weder verdrängen noch vergessen läßt, von seiner Pubertätszeit, der Scheu des Jünglings vor der Öffentlichkeit, seinem Zaudern und Zögern, seinem Hineinwachsen ins reife Mannesalter, von der Besinnung auf verdiente Ruhe und Diskretion und von den Leistungen des endlich ausgereift und tatkräftig gewordenen Amtes.
Die »Story« fußt auf Fakten, die der Vergangenheit angehören, die »Geschichtsschreibung« deutet sie mit wissenschaftlicher Akribie. Die »Story« teilt Ereignisse der Vergangenheit nicht nur mit, sie macht sie zu Elementen eines Abenteuers, das spannend erzählt werden will. Auf wissenschaftliches Instrumentarium kann sie nicht ganz verzichten, da sie es benötigt, ohne es ausdrücklich auch mitzuteilen. Eine Erzählung ist mehr als ein Bericht.
Die Fakten müssen stimmen, der Zusammenhang der Ereignisse auch. Sonst wird die »Story« zum Märchen. Und das will, das kann sie nicht sein. Eine erzählte Geschichte kann auch über Geschichtliches berichten.
Ich habe in der Zeit, als der Nationalsozialismus Deutschland beherrschte und die Massenpsychose sich ausbreitete, uneheliche Vorfahren des Bundeskriminalamtes am eigenen Leibe kennengelernt. Die zentralisierte Polizeigewalt erzeugte damals allgemeinen Schrekken, denn alle Polizisten standen unter der SS-Rune im Dienste des Diktators.
Nach dem Krieg erlebte ich die furchtbar traurigen Zustände im besiegten Deutschland, ich sah den Hunger, die Not, die Armut und Verzweiflung der ehemaligen Herrenmenschen, ich sah auch die

bedrohlich um sich greifende Kriminalität und die Ohnmacht der deutschen Polizei. Ich erlebte die Polizei der Besatzungsmächte in der amerikanischen, der englischen und der französischen Zone, die Errichtung der föderalistischen Bundesrepublik mit ihren Ländern, die Bestrebungen und Mühen bei der Ausgestaltung der Landeskriminalämter, die kluge Zusammenarbeit der Arbeitsgemeinschaft der Kriminalpolizeiämter, der späteren AG-Kripo, auch die wenigen Erfolge und die vielen Pannen.

Deutschland bekam eine Verfassung, und im Grundgesetz war die Errichtung eines Bundeskriminalpolizeiamtes vorgesehen. Ich erlebte seine Geburt, seine Kindheit und Jugend und dann seine Erfolge im Mannesalter, ich sah die unausbleiblichen Kinder- und Pubertätskrankheiten, manche Streitereien und Intrigen, viele Diskussionen sachlicher und fachlicher Natur, aber auch den Schatten des noch nicht gebannten Gespenstes aus der braunen, nazistischen Vergangenheit.

Von Anfang an waren meine Beziehungen zum Bundeskriminalamt freundschaftlich und fachlich. Als Kriminologe an der Universität Mainz war ich stets gern gesehener Gast und Mitarbeiter. Nicht wenige Beamte des Amtes besuchten meine Vorlesungen und Seminare, manche waren meine Schüler und einige meine Doktoranden. Daran hat sich auch heute, nach beinahe 40 Jahren, nichts geändert. Auch nicht an meinen jenseits des Fachlichen beheimateten affektiven Gefühlen, die ich für das Bundeskriminalamt habe.

Am Anfang kannte ich fast alle Beamten. Es wurden immer mehr, und ich erkannte immer weniger. Alte gingen, junge kamen. Wenn auch das Klima im Amt oft wechselte und die Temperatur den Gefrierpunkt manchmal über-, manchmal unterschritt, das Amt verstand es immer wieder, in manchen Bereichen zur angenehmen Wärme zurückzufinden. Politische Intrigen und Mißbrauch von Macht, peinliche Affären und kalte Berechnung, belasteten das Amt auf seinem Weg durch den Reifungsprozeß. In der Öffentlichkeit wurde es getadelt und gelobt, je nach »Temperatur«. Es gab bei den Auseinandersetzungen natürlich Leidtragende und Sündenböcke. Doch von der Wüste, in die sie geschickt wurden oder in die sie gingen, will ich nicht erzählen.

Das BKA hatte es schwer, aus der sich hinziehenden Pubertätskrise herauszufinden. Es fehlte zu lange am Mut zum Entschluß, das

Zögern und Zaudern über Bord zu werfen. Sehr spät entledigte es sich des neurotisierenden Ballastes, stellte sich mit beiden Füßen fest auf soliden Boden, um den Durchbruch aus der Enge in die Freiheit, in der mit vollen, tiefen Zügen frische Luft eingeatmet werden konnte, zu schaffen.

Das Amt hat eine tragische Dimension, deren Wurzeln in dem, was vorher war, vergraben liegen. Auch hat es manche Menschen in ein Schicksal hineingezwungen, das vorprogrammiert war und vor dem es kein Entweichen gab. Daher bezeichne ich es als ein tragisch-verfluchtes Amt.

Es wurde am Amt offiziell zuviel gelobt und zuwenig deutlich gesprochen. Intern war das anders. Hier wurde zuviel hinter vorgehaltener Hand kritisiert und zuwenig offen gehandelt. Aber das scheint in anderen Ämtern auch so zu sein. Man sollte derartiges Verhalten bitte nicht »diplomatisch« nennen, dafür gibt es treffendere Bezeichnungen.

Das Amt wurde von zwei Männern geprägt: Paul Dickopf und Horst Herold. Durch sie und mit ihnen wuchs ihm eine eigene Persönlichkeit zu. Wie das geschah und weshalb es so und nicht anders geschehen konnte, erzählt die »Story«.

Heute wächst das Bundeskriminalamt stetig und diskret. Es ist in der Welt anerkannt, und um dieses Amt wird Deutschland beneidet. In der internationalen Zusammenarbeit wird das BKA geschätzt, und für viele Staaten ist es Vorbild.

Das hat es seinen Männern zu verdanken. Manche sind gestorben, vergessen, andere haben sich zurückgezogen, und wiederum andere blicken mit eigenen Gefühlen zurück.

Bevor ich mit dieser »Story« begann, habe ich noch erreichbare Pioniere des BKA aufgesucht. Mit vielen der jüngeren und jungen Beamten habe ich gesprochen. Es war für mich eine nostalgisch gefärbte Reise in die Vergangenheit. Sie war notwendig, um die Gegenwart wieder zu finden und die Zukunft vielleicht zu erahnen.

Natürlich habe ich Quellen studiert und die Literatur gelesen, natürlich weiß ich, daß aus Erinnerungen allein, und seien sie noch so gut geordnet, keine echte, richtige »Story« entstehen kann. Und ein Märchen will ich nicht erzählen. Ich habe eine Abneigung gegen »Memoiren« – aus vielerlei Gründen. Ich habe Material dort gesucht, wo ich es vermutete, und ich habe es gefunden.

Reinhard Dullien hat seine »farbigen Blätter« zwar nicht publiziert, aber geschrieben, und Helmut Prante hat in mühevoller Arbeit das Material zur Gründungsgeschichte des BKA zusammengestellt. Beide nicht veröffentlichte Arbeiten habe ich benutzt. Besonders die nicht hoch genug einzuschätzende Arbeit von Helmut Prante, der in jahrelangen Recherchen mit akribischer Genauigkeit die Dokumente der Gründungszeit gefunden, entziffert, zusammengestellt und mitgeteilt hat.

Bei der Materialsammlung hat mir das Amt sehr beschränkt geholfen. Ich erhielt die Publikationen des Hauses und später einige Fotos. Beim Schreiben mußte ich oft den Schwung bremsen, wenn ich merkte, daß mir unmerklich ein Krimi aus der Feder zu fließen drohte. Denn vieles war bis heute in der Verborgenheit geblieben und durch Siegel wohlbehütet. Entdeckungen macht man zufällig, oder wenn man sich, wie Sherlock Holmes, auf die Suche begibt. Ich habe nichts entdeckt, aber so manches gefunden. Dr. Watson hat mir dabei geholfen.

Bridel, im Dezember 1986

1

Vorfahren
(1880–1914)

Links: François Vidocq, Begründer der »Sureté«, Frankreichs Kriminalpolizei (1811). – Rechts: Hugo v. Jagemann, ein Pionier der Kriminalistik.

Links: Caesare Lombroso, Begründer der naturwissenschaftlichen Kriminalanthropologie (l'Uomo delinquente; der geborene Verbrecher). – Rechts: Alphonse Bertillon, der sich mit Methoden und Techniken zur Identifizierung von rückfälligen Verbrechern unter Verwendung der Körpermaße befaßte.

Rechts: Hans Gross, Verfasser des 1893 erschienenen »Handbuch für Untersuchungsrichter«. Begründer des kriminologischen Institutes an der Universität Graz.

Unten: Polizeipräsidium am Alexanderplatz, Berlin. Von 1885 bis 1945 Sitz der Berliner Kripo. Bekannt als der »Alex«.

Kern und Herz jeder polizeilichen Tätigkeit ist die Information. Sie muß umfassend und dynamisch sein, das heißt möglichst viele Informationen müssen möglichst schnell an möglichst alle Empfänger gelangen. Das setzt voraus, daß eine Zentralstelle die Informationen, mit denen sie beliefert wird, sammelt und dorthin weitergibt, wo sie benötigt werden.

Über das Prinzip ist man sich einig, weniger über den Inhalt und die Ausführungsmethoden. Das war bei den Vorfahren des Bundeskriminalamtes so, und das hat die Vorgestalten geprägt.

Politik war immer im Spiel mit der Macht und ihrer Ausübung dabei. Die Polizei konnte zum gefährlichen Instrument werden. Sie war es eigentlich immer. Zu allen Zeiten haben sich Politiker der Polizei zu egoistischen Zwecken bedient, wenn es galt, politischen Gegnern Schaden zu bereiten, die eigene Macht zu festigen oder sich die Bürger durch Terror gefügig zu erhalten. Aus polizeilichen Organisationen können kriminelle gemacht werden.

Das wurde in diesem Jahrhundert in Neuauflage eindrucksvoll von den diktatorischen Regimen hüben und drüben demonstriert. Hitler und Mussolini, Franco und Stalin war eines gemeinsam: Sie beherrschten mit Polizeimacht ihren Polizeistaat. Voraussetzung war die Zentralisierung der Gewalt in einer Hand.

Das bedeutet jedoch keineswegs, daß vor einer Zentralisation der Polizei generell gewarnt werden muß. Im Gegenteil. Soll die Polizei zum Schutze und im Dienste des Bürgers Gefahren abwehren und Kriminalität bekämpfen, dann kann sie, will sie effektiv sein, auf zentrale und zentralisierende Institutionen nicht verzichten. Die Gefahr droht vom politischen Regime, nicht von der Polizei. Diktatoren pflegen sich keine besonderen Gedanken zu machen, wenn sie Gesetze befehlen; sie nehmen für sich in Anspruch, das Gesetz zu sein und es ohne Bedingung zu personifizieren.

Kein Staat, und schon gar kein freiheitlich-demokratischer, kann gegen die Polizei regieren. Daran hatten manche, nicht alle, Vorfahren des Bundeskriminalamtes wohl gedacht, als sie darüber stritten, welche Sicherheiten und Garantien man brauche, um in Freiheit mit und durch die Polizei leben zu können, und herausfinden wollten, ob ein Staat, in dem die Polizei zentralisiert, mit ausgedehnten Befugnissen in diversen Machtbereichen ausgestattet, die Gewähr dafür bieten könne, freiheitlich-demokratisch zu sein und zu bleiben. Natürlich stellte sich die Frage um die Jahrhundertwende nicht in dieser Form im Deutschen Kaiserreich und in den anderen Monarchien. Aber es war ungewiß, ob einer zentralisierten Polizei zu trauen sei, ob sie klug genug sei, nicht aus Autoritätshörigkeit und sozialer Kritiklosigkeit auf mögliche Diktatoren hereinzufallen.

In Deutschland war das politische Klima um die Jahrhundertwende bewegt. Das sozialdemokratische Erfurter Programm von 1891 war marxistisch ausgerichtet und der im gleichen Jahr gegründete »alldeutsche Verband« zügellos imperialistisch. An der Ruhr waren im Bergbau Massenstreiks ausgebrochen, und Friedrich Naumann gründete 1896 den »Nationalsozialen Verein«, der sich 1903 zusammen mit der »Freisinnigen Vereinigung« zur Partei entwickelte. Ein Jahr später schuf General von Liebert den »Reichsverband gegen die Sozialdemokratie«. Immer wieder brachen die Streiks an der Ruhr aus, und die Wirtschaft fand nur schwer einen Ausweg aus den Krisen. Die Polizei war rundherum gefordert, und es gab mehr als genug Anlässe, sich ernsthaft Gedanken zu machen. Die Unantastbarkeit der Länderhoheit über ihre dezentralisierte Polizei schien als Garantie gegen möglichen Machtmißbrauch zu genügen. Es zeigte sich aber auch, daß die Polizei ihren Aufgaben kaum noch gerecht werden konnte.

Die Kriminalität weitete sich über Länder- und Landesgrenzen aus, das Verbrechertum organisierte und internationalisierte sich. Die Einsicht, daß nur eine wohlausgestattete und -ausgebildete, über die Landesgrenzen hinaus zusammenarbeitende Polizei effektiv in der Bekämpfung der Kriminalität sein könnte, vermochte es – über Jahrzehnte hinaus – nicht, die Bedenken gegenüber einer Reorganisierung der Polizei mit Schaffung einer kriminalpolizeilichen Zentralstelle auszuräumen.

Das Problem war im letzten Drittel des 19. Jahrhunderts akut geworden und beschäftigt uns auch heute, ein Jahrhundert später, immer noch. Hinter- und unterschwellig steht die nicht abgebaute Angst vor der Polizeimacht, der Polizeigewalt, dem Polizeistaat. Die Angst vor Verbrechen und Kriminalität scheint an zweiter Stelle zu stehen. Größer ist die Angst vor einem verbrecherischen Polizeistaat.

Um die Jahrhundertwende forderte die Polizeikonferenz in Berlin (1897) einen ständigen Nachrichtenaustausch zwischen den deutschen Ländern und freien Städten und die Gründung von Landeskriminalpolizeiämtern. Es erfolgte nichts. Aber es wurde deutlich, daß die Einrichtung einer Behörde, welche Nachrichten aus Land und Ländern sammelt und weitergibt, ohne selbst Weisungs- oder Exekutivbefugnisse zu haben, als ein Thema ins Gespräch gebracht werden konnte.

Es war schwer, eine optimale Lösung zu finden, die den Bedenken der Politiker und den Forderungen der immer mehr in Bedrängnis geratenen Polizei gerecht werden konnte. Auf allen Ebenen gab es Unruhe, auf der politischen, der ökonomischen und der sozialen. August Bebel hatte 1890 die »Sozialdemokratische Partei Deutschlands« gegründet, und die freien Gewerkschaften, mit etwa 150000 Mitgliedern, gewannen immer mehr an Einfluß, nachdem Kaiser Wilhelm II. Bismarck mit bestem Dank in die Wüste geschickt hatte. In Berlin wurde, gegen manchen Widerstand, 1892 – im Anschluß an das in der Schweiz entstandene »Internationale Friedensbüro« – die »Deutsche Friedensgesellschaft« gegründet. Die Wirtschaftskrise war nicht behoben.

Bernd Wehner zitiert aus der ersten deutschen Polizeifachzeitschrift »für das gesamte Polizei- und Kriminalwesen«, in der vom desolaten Zustand der Polizei um die Jahrhundertwende berichtet wird, sie sei »zerrissen und zersplittert ohne Zusammenhang, ohne Ausbildungsmöglichkeiten, jeder nur auf sich selbst gestellt«. Wehner beurteilt die Situation um 1900 so:

> »Daß die Polizei auch damals die ihr zugewiesenen Aufgaben überhaupt hat erfüllen können, war nur möglich in einem gefestigten, durch ein mächtiges Heer geschützten Staatswesen, in einem Untertanenstaat.«

Deutschland ist unter seinem Kaiser ein ausgeglichener Militärstaat, in dem das Soldatentum hoch im Kurs steht. Außenpolitisches Agieren zeigt immer mehr in Richtung Krieg. Dieser Entwicklung will die

1899 ins Leben gerufene »Haager Friedenskonferenz über friedliche Beilegung internationaler Konflikte« entgegensteuern. Aber der Krieg war vorprogrammiert, weil er gewollt war.

Die Kriminalitätsentwicklung war entsprechend. Die unteren Schichten fühlten sich provoziert und wollten Gesetze, von denen sie meinten, sie seien für »die da oben« gegen »die da unten« gemacht, immer weniger respektieren.

Aus dem Agrarstaat war ein Industriestaat geworden, in dem die Umwälzung des sozialen Gefüges innerhalb des fortbestehenden Militärstaates neue, auch politische Probleme (Marxismus, Sozialismus) in die sich auswachsende Kriminalitätsszene hineintrug. Die Verbrecher wußten sich anzupassen, die herausgeforderte Gesellschaft blieb im Verzug. Sehr schnell bedienten sich die Verbrecher der angebotenen Technik, besonders der Verkehrsmittel. Die Kriminalität wurde mobil. Nur allmählich und schwerfällig stellte sich die Polizei auf diesen Wandel um.

Die Lage war erkannt, aber die Realisierung von Gegenmaßnahmen blieb aus, obwohl man sich in den Grundsatzfragen (Bildung von Zentralstellen für intensiven Nachrichten- und Informationsaustausch, entsprechende Ausbildung der Polizeibeamten, Anwendung aller kriminaltaktischen und kriminaltechnischen Möglichkeiten) einig war.

Entsprechende Initiativen gingen jedoch nicht vom Staat, auch nicht von Politikern, sondern von privaten Wissenschaftlern aus. Ansätze lieferte die 1888 von den Wissenschaftlern Franz von Liszt (Deutschland), Adolphe Prins (Belgien) und G. A. van Hamel (Holland) gegründete »Internationale Kriminalistische Vereinigung« (IKV).

Deutschland hatte keine eigentliche Kriminalpolizei, sondern Polizeien, die auch mit kriminalpolizeilichen Methoden arbeiteten. Die Kriminalpolizei aber ist etwas anderes als Schutz- oder Ordnungspolizei. Sie nimmt eine besondere Stellung ein. Ihre Ziele, Funktionen, Methoden und Techniken haben einen spezifischen Charakter.

Vor 1900 gab es eine so verstandene echte Kriminalpolizei nirgends, trotz der räumlichen Trennung von Kriminalpolizei und Sicherheitspolizei, die 1854 in Berlin begann und dann in den deutschen Ländern übernommen wurde; trotz der Einführung von kriminaltechnischen Methoden, wie Verbrecheralben, daktyloskopischer und foto-

grafischer und sonstiger erkennungsdienstlicher Einrichtungen, denn jedes Land arbeitete mit seiner »kriminalpolizeilichen Abteilung« allein und für sich. Das Ziel war die Bekämpfung des Verbrechens, dabei verlor man jedoch das Massenphänomen Kriminalität aus den Augen.
Die Zuständigkeit der Polizei war regional begrenzt, nur mit großen Schwierigkeiten konnte sie allmählich auf das Land ausgeweitet werden. Der Nachrichtenfluß polizeilicher Daten innerhalb des Landes wurde nur mühsam in Bewegung gebracht, richtig funktioniert hat er nicht.
Die Länder bildeten, wenn überhaupt, ihre Beamten nach eigenen Programmen aus. Jedes Land hatte seine eigene Polizeiorganisation, der es, nach alter Tradition, zäh verhaftet blieb. Für Ruhe und Ordnung sorgten die Soldaten, die Macht war beim Heer, und der Kaiser benutzte seine Polizei, wie bei Souveränen üblich, auch zu politischen Zwecken.
Im Gegensatz zu England und Frankreich hatte Deutschland keine Revolution zustande gebracht. Das mag sich auf die Entwicklung seiner Polizei ausgewirkt haben.
Aus der Französischen Revolution von 1789 war der skrupellose, aber intelligente Polizeispezialist Joseph Fouché hervorgegangen. Er wurde Napoleons »Polizeiminister« und diente nach Napoleons Sturz seinem Nachfolger Ludwig XVIII. Fouché hatte eine Kriminalpolizei, die »Sureté«, gegründet, deren Chef der legendäre François Vidocq, ein ehemaliger Verbrecher, Häftling und Spezialist im Ausbrechen und Verkleiden, neue kriminaltaktische Methoden mit großem Erfolg anwandte. Vidocq kannte die »Szene« aus eigener Erfahrung. Er holte Häftlinge aus den Gefängnissen und machte sie zu seinen Mitarbeitern. Sie infiltrierten die Szene, sammelten Informationen aus dem Milieu, erfuhren von geplanten »coups«, wußten wann wer wo welche Tat begehen würde, und Vidocq war oft vor dem Täter am Tatort. Information ist alles. Verhaftungen wurden vorgenommen, wenn sie als zweckmäßig erachtet wurden. »Spezialisten«, die in die Falle gegangen waren, gewann Vidocq als Mitarbeiter, denn sie waren wertvoll.
Der »under-cover-agent« oder der »V-Mann« sind keine Erfindungen unserer Zeit und schon gar nicht die kriminaltaktische Arbeit im Vorfeld der Tat. Die Kriminalpolizei des 19. Jahrhunderts war,

worüber Avé-Lallemant sich beklagte, ohne Vigilanten und Spitzel undenkbar.

Mit den Fortschritten der wissenschaftlichen Kriminalistik bahnte sich eine neue Periode an. Alphonse Bertillon hatte eine Meßtechnik zur Identifizierung von Rezidivisten (Rückfälligen) gefunden. Sein »portrait parlé« war ein Hilfsmittel bei der Wiedererkennung von Personen. Robert Peel ließ lange schon seine wenigen Polizisten zum Schutze der Bürger durch Londons Straßen laufen, Francis Galton publizierte in den neunziger Jahren seine Erkenntnisse über den Fingerabdruck. Es sollte jedoch noch einige Zeit dauern, bis der Fingerabdruck Bertillons Anthropometrie in der Kriminalistik als Identifizierungstechnik ersetzen konnte.

Die gerichtliche Medizin machte auf allen Gebieten, besonders in der Toxikologie, Fortschritte. Hans Gross, der im österreichischen Graz lehrte, publizierte 1893 sein »Handbuch für Untersuchungsrichter, Polizeibeamte, Gendarmen«. Es wollte die fehlende Ausbildung, wenn nicht ersetzen, dann wenigstens vervollkommnen. Die Ausgabe von 1899 hatte als Untertitel »System der Kriminalistik«, und dann wurde das Werk zum »Handbuch der Kriminalistik«. (Unter diesem Titel besorgte Geerds 1977 die 10. Auflage.)

Ab 1874 legten Polizeistellen Karteien mit Lichtbildern von Verbrechern an, und seit 1899 gab es in ganz Deutschland Verbrecheralben, aber eine zentralisierte Kriminalpolizei, die mit gemeinsamen Methoden und Techniken arbeitete, geschweige denn eine rundherum informierte Polizei gab es nirgends. Die Kriminalpolizei entstand allmählich, nicht etwa als autonome Institution, sondern als Spezialabteilung der »Polizei«, denn die fortschreitende Technik forderte, auch in der Polizei, ausgebildete Spezialisten. Die Kriminalpolizei hatte wie die Polizei, von der sie eine Abteilung war, örtlich begrenzte Kompetenz. Kriminalpolizei im beschriebenen Sinne gab es nur in Großstädten. Die Spezialisten der Kriminalpolizei konnten nur tätig werden, wenn Verbrechen in ihrer Stadt passierten. Was auf dem Land geschah, auch wenn es schwer aufzuklärende Verbrechen waren, gehörte in den Kompetenzbereich der weder technisch noch personell genügend ausgestatteten lokalen Polizei.

Berlin verfügte über die beste »Kriminalpolizei«. Aus ihr sollte der viel bewunderte »Alex«, Standort der Berliner Kripo, werden.

Die 1897 in Berlin tagende Versammlung deutschsprechender Kriminalisten setzte sich dafür ein, den Polizeien der Länder die Möglichkeit zu geben, unmittelbar miteinander zu verkehren, um sich gegenseitig Hilfestellung zu geben und besonders auch um Informationen und Erfahrungen auszutauschen. Die Berliner Konferenz blieb ohne Ergebnis. Man konnte sich nicht einmal darauf einigen, was »Kriminalpolizei« eigentlich sein sollte. Die Forderung, eine Zentralstelle der Polizei für das Deutsche Reich einzurichten, blieb, jenseits der speziellen kriminalpolizeilichen Belange, im Raum.

Im Jahre 1888 war, wie bereits gesagt, die »Internationale Kriminalistische Vereinigung« von Franz v. Liszt, Adolphe Prins und G. A. van Hamel gegründet worden. Die Praktiker der Kriminalpolizei setzten ihre Hoffnungen in dieses Gremium von Wissenschaftlern. Allein fühlten sie sich nicht stark genug, um ihre Forderungen nach internationaler kriminalpolizeilicher Zusammenarbeit durchzusetzen.

Es fällt auf, daß unter den Gründern der IKV kein Franzose war. Die politische Situation zwischen Deutschland und Frankreich war und blieb gespannt. Marianne mochte die Pickelhaube nicht, und der Pickelhaube war die Jacobinermütze zuwider.

Die »Internationale Kriminalistische Vereinigung« war eine elitäre, wissenschaftliche Gesellschaft, der die Nöte und Sorgen der Praktiker eher fremd waren. Es stand in den Statuten der Vereinigung zu lesen, die Verbrechensbekämpfung habe mit ihren repressiven und präventiven Methoden auch soziologisch und anthropologisch ausgerichtet zu sein, Verbrechen und Kriminalität seien wissenschaftlich zu erforschen, die Ursachen seien zu suchen und zu finden, die Mittel der Verbrechensbekämpfung müßten Tat und Täter adäquat sein und die Kriminalistik sei schlußendlich eine Disziplin der Kriminologie. Hiermit waren Wegzeichen gesetzt, aber die brennenden Anliegen der Kriminalpolizei blieben weiterhin bestehen.

Als die IKV 1905 in Hamburg tagte, stellte sie u. a. fest:

> »Als Folgeerscheinung der modernen Verkehrsentwicklung ist ein internationales Verbrechertum entstanden, dessen Erforschung und Bekämpfung internationale Maßnahmen erfordert.«

Außerdem wurde angeregt, in allen Staaten Zentralstellen einzurichten, international relevante Nachrichten zu sammeln und allen Polizeistellen verfügbar zu machen. Die Versammlung beauftragte den

Vorstand, bei den Regierungen die Einberufung einer internationalen Konferenz mit dem Thema: »Verbrechensbekämpfung« zu beantragen.

Zwei Jahre später, 1907, traf sich die deutsche Gruppe der IKV in Posen und forderte eine Intensivierung der kriminalpolizeilichen Verbrechensbekämpfung, zentralistischen Aufbau der Polizei, einheitliche Organisation, funktionsfähigen Erkennungsdienst usw. Es kam die völlige Reorganisation der Kriminalpolizei zur Sprache.

In der Tat war Deutschland und seine Kriminalpolizei hinter seinen Nachbarn, besonders Frankreich, wo die Reorganisation der Polizei, die Errichtung von zentralen Nachrichtenstellen, die Schaffung von erweiterten Kompetenzen (brigades mobiles) bereits voll im Gang war, weit zurück.

Das politische Klima war jedoch für das Zustandekommen internationaler kriminalpolizeilicher Beziehungen äußerst ungünstig. Die deutsche Pickelhaube wurde immer bedrohlicher und die französische Marianne immer ängstlicher. So konnte keine Sympathie, schon gar kein Flirt aufkommen.

Deutschland hatte seine Flotte erweitert, und Kaiser Wilhelm II. hatte 1905 demonstrativ »wegen deutscher Interessen« Tanger einen Besuch abgestattet. Die Dienstpflicht wurde auf zwei Jahre erhöht, der Reichstag durch Auflösung und Neugestaltung (1906) gefügig gemacht.

Das Problem Kriminalität blieb drohend bestehen.

Die 1912 in Berlin zusammengerufene Deutsche Polizeikonferenz erörterte die Schaffung einer gemeinsamen deutschen kriminalpolizeilichen Nachrichtenzentrale, die Vereinheitlichung im Fahndungswesen und den unmittelbaren Verkehr mit ausländischen Polizeibehörden, auch bezüglich der Fahndung. Das Ergebnis war für die international geplante Zusammenarbeit aus leicht ersichtlichen Gründen negativ. Für Deutschland gab es einige Anregungen. So führte der Polizeipräsident von Dresden, Koettig, »Mobile Brigaden« ein, die nach einheitlichem Plan arbeiteten. Das Vorbild waren die französischen »brigades mobiles«. Und 1913 bemühte sich Dr. Bell im Preußischen Abgeordnetenhaus um die Schaffung einer »Reichskriminalpolizei«. In Sachsen kam es zur Einrichtung der »Königlich Sächsischen Landeskriminalpolizei« mit Übernahme des französischen Modells der »brigades mobiles«.

In diesen Jahren wurden auch verschiedene internationale Polizeikongresse abgehalten: in Buenos Aires (1905), Madrid (1909), Sao Paulo (1912), Washington (1913) und der zunächst einmal letzte in Monaco (1914).
Kriminalisten aller deutscher Staaten trafen sich ab 1905 in mehr oder weniger regelmäßigen Abständen in mehr oder weniger großer Zahl. Man befaßte sich mit dem Problem des reisenden Verbrechers, der organisierten Kriminalität und der desorganisierten Kriminalpolizei, der in Aussicht stehenden zentralen Datensammelstelle, der Zusammenarbeit der Länder, auch mit dem Informationsaustausch auf internationaler Ebene. Robert Heindl plädierte für eine kriminalpolizeiliche Nachrichtenzentrale für das gesamte Reichsgebiet und die Errichtung einer Reichskriminalpolizei.
Doch vorerst lag etwas anderes in der Luft: der Ausbruch des Krieges.
In Deutschland war man stolz und nationalbewußt. Entsprechend dem Flottengesetz des Admirals v. Tirpitz, wollte Deutschland nach England die stärkste Seemacht der Welt sein. Der 1908 gegründete »Verein für das Deutschtum im Ausland« (VDA) sollte Deutsches Wesen in die Welt hinaustragen.
Die deutsch-französischen Spannungen hielten an. Als 1911 das deutsche Kanonenboot »Panther« vor Agadir aufkreuzte, kam es zwischen beiden Ländern zu einem Abkommen in der Marokkokrise. Mit den Briten hatte der Kaiser weniger Glück. Die Verhandlungen über die Flottenpolitik scheiterten.
Deutschland erweiterte sein Flottengesetz (1912) und vermehrte seine Landmacht um zwei Armeekorps. Die Neupublikation von Alfred Graf von Schlieffens Studie »Cannae«, ein Plan für einen Zweifrontenkrieg mit Angriff auf Frankreich durch Belgien hindurch, fand Absatz und Beifall – ein Jahr später (1914) die Verwirklichung.
Im Jahre 1910 war der Friedensnobelpreis an das »Internationale Friedensbüro« nach Bern gegangen. Den Preis hatte das »Büro« verdient, den Krieg hat es jedoch nicht verhindern können. Im gleichen Jahr erhielt der Deutsche Paul Heyse den Literatur-Nobelpreis.
In dieser Atmosphäre wurde noch am Vorabend des großen Krieges zum Internationalen Kriminalpolizeikongreß nach Monaco eingela-

den. Da Frankreich den Kongreß nicht organisieren wollte und Deutschland ihn aus vielerlei Gründen nicht organisieren konnte, schien Monaco eine gute Lösung zu sein. Der Kongreß tagte vom 14. bis 18. April 1914. Es waren 14 Länder vertreten. Deutschland und Österreich fehlten offiziell, hatten aber offiziöse Vertreter geschickt. Heindl nahm als Privatmann teil. Aus den anglo-amerikanischen Ländern war niemand anwesend.

Trotz der negativen Vorzeichen strahlte das Programm weltfremden Optimismus aus. Da standen auf der Tagesordnung: Maßnahmen zur Beschleunigung und Vereinfachung der Fahndung; Verbesserung erkennungsdienstlicher Methoden und Techniken; Einrichtung international zentrierter Aktenhaltung; Vereinheitlichung des Auslieferungsverfahrens; Einrichtung eines internationalen Zentralstrafregisters u. v. a.

Zeugte dieses Programm von situationsfremdem Optimismus, oder war es gezielt zu bestimmten Zwecken erarbeitet worden? Vielleicht trifft beides zu. Als am 3. August blumengeschmückte, singende deutsche Soldaten, unter Verletzung der luxemburgischen und der belgischen Neutralität, für Gott, Kaiser und Vaterland über die Grenzen marschierten, die ihnen später zum Verhängnis werden sollten, hatte Deutschland Frankreich bereits den Krieg erklärt.

Hier endet die Geschichte von den Vorfahren des Bundeskriminalamtes. Wenn Generäle, Offiziere und Soldaten ihre Pflicht auf dem Kampffeld tun, ist kaum noch Platz für Verbrechensbekämpfung. Der Krieg frißt die Kriminalität.

2

Vorgestalten
(1918–1933)

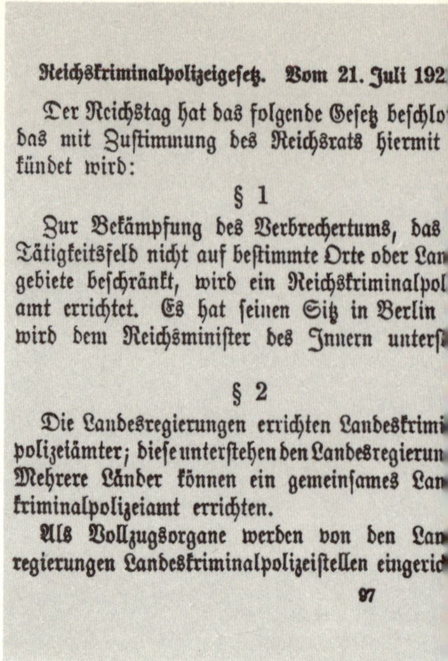

Reichskriminalpolizeigesetz. Vom 21. Juli 192

Der Reichstag hat das folgende Gesetz beschlo
das mit Zustimmung des Reichsrats hiermit
kündet wird:

§ 1

Zur Bekämpfung des Verbrechertums, das
Tätigkeitsfeld nicht auf bestimmte Orte oder Lan
gebiete beschränkt, wird ein Reichskriminalpol
amt errichtet. Es hat seinen Sitz in Berlin
wird dem Reichsminister des Innern unters

§ 2

Die Landesregierungen errichten Landeskrimi
polizeiämter; diese unterstehen den Landesregierun
Mehrere Länder können ein gemeinsames Lan
kriminalpolizeiamt errichten.

Als Vollzugsorgane werden von den Lan
regierungen Landeskriminalpolizeistellen eingeric

97

Die Verfassung des Deutschen Reichs.
Vom 11. August 1919.

Das Deutsche Volk,
einig in seinen Stämmen und von dem Willen beseelt, sein Reich in Freiheit und Gerechtigkeit zu erneuen und zu festigen, dem inneren und dem äußeren Frieden zu dienen und den gesellschaftlichen Fortschritt zu fördern, hat sich diese Verfassung gegeben.

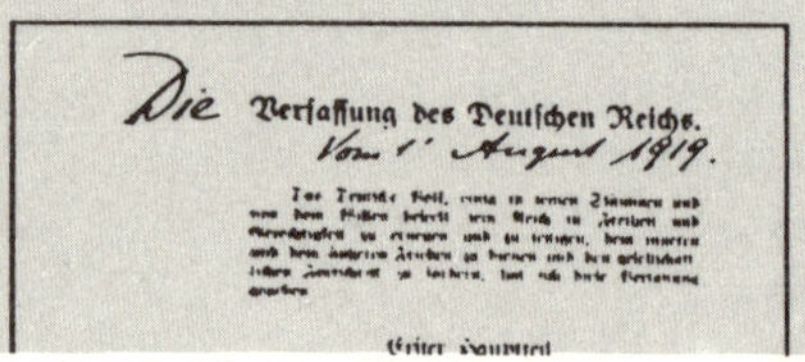

Die Verfassung des Deutschen Reichs.
Vom 11. August 1919.

Oben: Gustav Radbruch

Links: Edmond Locard, Begründer eines kriminalistischen Instituts innerhalb der Gerichtsmedizin an der Universität Lyon (1900). – Rechts: Ernst Gennat, einer der erfolgreichsten Leiter der Mordkommission im »Alex«.

Der »Alex« in Berlin

Robert Heindl

Seit dem 11. November 1918 ruhten die Waffen, der Krieg war aus und rundherum verloren.
In Deutschland ging alles durcheinander. Man wußte nicht mehr, woran man sich halten sollte; Matrosen meuterten in Kiel; der Kaiser dankte ab und ging nach Holland; Karl Liebknecht rief die Räterepublik und Philipp Scheidemann die deutsche Republik aus, die Exekutive wurde vom Kongreß der Arbeiter und Sozialräte vergeben; Hugo Preuss entwarf die »Weimarer Verfassung«, und Franz Seldte gründete den monarchistischen »Stahlhelm-Bund«.
Streiks und Unruhen, politischer Terror mit Attentaten und Morden bestimmten die kommenden Jahre. Die Polizei gab es nicht, und wenn es sie gab, dann war sie politisiert und daher unzuverlässig. Sie war, wie die allermeisten Deutschen, einem Dauerfrustrationsprozeß ausgesetzt. Kriminalpolizei gab es gar nicht. Wo die Schutzpolizei mit der brodelnden, aggressionsgeladenen Atmosphäre der überall spukenden Minirevolten nicht fertig wurde – und das wurde sie fast nie –, griff das Militär ein, denn es war legitimiert, die Polizeimacht an sich zu nehmen, wenn die öffentliche Sicherheit in Gefahr war oder zu sein schien. Auch »Milizen« und freiwillige Bürgerwehren kamen zum Einsatz. Es gab noch nicht die Sturmabteilung (SA), aber sie sollte noch in den frühen zwanziger Jahren, als offene Terrormacht, in der gequälten Szene erscheinen. Man schützte sich vor Schutzleuten und hoffte auf die Hilfe anderer Schutzleute.
Die Kriminalität weitete sich auf allen Gebieten aus. Sie war geprägt von den Enttäuschungen nach einem mit Stolz und Vertrauen begonnenen und mit Leid und Demütigung verlorenen Krieg. Aufbegehren, Revolte, Kontraste, Leben im Sterben, Chaos der Gefühle, Chaos in der Unordnung, Chaos im Weltverständnis, Hilflosigkeit und Hoffnungslosigkeit erzeugten blinde Aggressionsbereitschaft als Folge profunder Frustrationserlebnisse, rissen alle Hemmungen nieder und öffneten Schleusen, durch die aufgeputschte

Urtriebe sich ungebremst und bar jeder Kontrolle hindurchstürzten, um sich zu entladen.

Geschlagene und gedemütigte Soldaten kamen in ein zwar nicht verwüstetes, aber verarmtes Heimatland zurück, das mit dem Ruder die Richtung verloren hatte. Raub, Diebstahl, Mord, Betrug, politischer Terror, auch gekonnte Spezialistenkriminalität, Geschäft mit Sexualität und Leidenschaft, Korruption und Erpressung – die ganze schrecklich bunte Palette krimineller Erscheinungsformen vermischte sich mit Anschlägen auf Leib und Leben von Staatsmännern, terroristischen Möchtegernrevolutionen, die allesamt sinnlos verbluteten. Andere Frustrierte tauchten weg, in den Morast der Alltagskriminalität oder in die Scheinwelt von Luxus und Droge.

Mit der Zeit wuchs die Resignation und mit ihr das Leben im bereits erfolgten Tod. Ausrangierte Offiziere tanzten in Nachtbars mit kurzberockten Damen im Charlestonschritt und kassierten dafür die Gigologebühr. Zuhälter- und Ringvereine konstituierten sich nach festen Normen. Die Wirtschaftsverbrecher, Kriegsgewinnler und Inflationsschieber wurden gemeinhin in der Clique der »Raffke« angesiedelt. Man schnupfte Kokain, nahm Morphium, wenn man nicht gerade Bridge spielte. »The roaring twenties« nannte man diese Verzweiflungszeit, in der jeder sich vor sich selbst und seiner Umgebung auf der Flucht ins Nichts befand. Den Fluchtweg vom Hier ins Nichts wollte man so genußvoll wie möglich gestalten, und das nicht nur im Berlin der späten Zwanziger.

Die Polizei war konzeptionslos und unmotiviert, manchmal selbst revoltiert und stets zu irgendwas in Opposition.

In Berlin ließ Gustav Noske 1919 als Oberbefehlshaber aller Truppen den kommunistischen Spartakus-Aufstand niederschlagen. Rechtsradikale Offiziere ermordeten die Linkssozialisten Rosa Luxemburg und Karl Liebknecht. Graf Arco-Valley erschoß den Bayerischen Ministerpräsidenten Kurt Eisner. Sogar im Verbrechen herrschte heilloses Durcheinander.

Friedrich Ebert wurde im gleichen Jahr (1919) in der neuen Nationalversammlung in Weimar zum ersten Reichspräsidenten der Nachkriegszeit gewählt, und die Verfassung des Deutschen Reiches, welche Hugo Preuss entworfen hatte, wurde angenommen. Die »Weimarer Verfassung« sieht eine demokratische, republikanische Regierungsform vor.

Nach der Eröffnung der Friedenskonferenz wurde der Frieden zwischen Frankreich und Deutschland in Versailles am 18. Juni vertraglich geregelt. Die deutsche Nationalversammlung gab wegen der drohenden Gefahr eines Einmarsches in das Reichsgebiet unter Protest ihre Zustimmung zur Unterzeichnung.
Die »Deutsche Arbeiterpartei« wurde gegründet. Adolf Hitler war ihr siebtes Mitglied. Karl Kraus publizierte »Die letzten Tage der Menschheit«.
Die Weimarer Verfassung vom 11. 8. 1919 räumte dem Reichstag die Möglichkeit ein, das Polizeiwesen zu gestalten oder wenigstens zu koordinieren. Der Reichstag traute sich aber aus politischen Gründen und vielleicht aus Angst vor dem Widerstand der Länder nicht an diese in der Konfrontation mit der steigenden Kriminalität so dringend wichtige Aufgabe heran. Die Polizei blieb verunsichert und überfordert.
Ab 1918 war die grüne Sicherheitspolizei in einer Stärke von 100000 Mann Hüterin der Ordnung. Sie wurde 1920 mit der Schutzpolizei zusammengelegt, und die neue Polizei bekam blaue Uniformen.
Die Schutzpolizei war militärisch ausgebildet und hatte für Ordnung und Sicherheit zu sorgen. Die Kriminalpolizei war in dieser politisch besonders turbulenten Zeit wenig gefragt und vegetierte auf einem Nebengleis der Schutzpolizei. Die sogenannte »politische Polizei« genoß mehr Prestige. Man stand ihr jedoch skeptisch gegenüber – wenigstens am Anfang. Als »politische« Polizei firmierte sie nur »indirekt«. Sie wurde zur Bearbeitung von politisch motivierten Attentaten und Morden eingesetzt und konnte die Morde an den Ministern Erzberger (1921) und Rathenau (1922) relativ schnell aufklären. Die politische Polizei arbeitete nicht neben, sondern mit der Kriminalpolizei.
Eine politische Polizei dient in der Regel der Erhaltung der jeweiligen Machtverhältnisse. Da ihre Beamten auch politische Überzeugungen haben und auch dafür eintreten, ist sie in Krisenzeiten wie in den Jahren nach 1918 überfordert. So war sie auch damals in sich zerrissen und mit Elementen der verschiedensten antidemokratischen Parteien unterwandert.
Die zunehmende Gewaltkriminalität, besonders die politischen Attentate, veranlaßten 1921 den Reichspräsidenten, eine »Verordnung zum Schutz der Republik« zu erlassen. Sie kann als Vorläufer späte-

rer Antiterrorgesetze angesehen werden. Ihr Gegenstand war vordergründig das Verbot, umstürzlerische Schriften zu drucken oder zu verteilen und sich in republikfeindlichen Organisationen »umzusehen«. Das waren Objekte für die politische Polizei. Man war verunsichert.

Die am 29. 8. dieses Jahres erlassene Verordnung wurde bereits im gleichen Jahr, im Dezember, wieder aufgehoben. Bayern hatte sich durchgesetzt.

Bereits im selben Jahr trat die nationalsozialistische Sturmabteilung SA zur Terrorisierung der politischen Gegner auf. Reichskanzler Joseph Wirth konnte sich auf seine Polizei nur noch bedingt verlassen.

Die politischen, blutigen Querelen zwischen Kommunisten und Sozialisten hatten nur mit militärischer Hilfe bewältigt werden können. Als nach Matthias Erzberger (1921) und dem bayerischen Politiker Gareis (1922) auch Außenminister Walther Rathenau einem Attentat zum Opfer fiel, war dies der 376. politische Mord.

Carl Severing hatte aus dem »Staatssicherheitsdienst« das »Staatskommissariat für öffentliche Ordnung« gemacht, aber auch dieses Amt war in jeder Hinsicht ungenügend ausgestattet und daher ineffektiv. Von überall, von extrem rechts bis extrem links, drohte Gefahr, und eine durchgreifende Abwehr gegen radikale Umstürzler, die bestrebt waren, die Polizei auf ihre Seite zu ziehen, gab es nicht. Besonders die rechtsextreme Richtung hatte relative Handlungsfreiheit.

Während in Oberschlesien Freikorps gegen Polen kämpften, wurde andererseits das »Deutsche Friedenskartell« gegründet. In Italien inszenierte Mussolini seinen »Marsch auf Rom« und ließ sich vom König zum Ministerpräsidenten ernennen.

In dieser gespannten Atmosphäre wurde 1922 das »Reichskriminalpolizeigesetz« vom Reichstag verabschiedet. Obwohl formal abgesichert, ist es niemals in Kraft getreten, denn im Schlußparagraphen wurde es der Reichsregierung überlassen, den Zeitpunkt des Inkrafttretens zu bestimmen. Der Zeitpunkt wurde nie bestimmt, das Gesetz blieb ohne direkte Relevanz, hatte aber indirekte Resonanz.

Fünfzehn Jahre später sollte dieses Reichskriminalpolizeigesetz die Grundlage für die Einrichtung der Reichskriminalpolizei Heinrich Himmlers, dreißig Jahre später Grundlage und Ansatz für das Bundeskriminalpolizeigesetz vom 8. März 1951 werden.

Robert Heindl hatte das Gesetz vorbereitet. Er hatte in Frankreich, speziell in Paris, vieles gelernt, besonders bezüglich der Organisation und Zentralisation der Polizei. Er hatte das französische Gesetz vom 28. 12. 1907, das die Organisation der »brigades mobiles« mit überregionaler Kompetenz vorsah, übersetzt und dem Dresdner Polizeipräsidenten, der viel Einfluß hatte, zukommen lassen.

Heindl war unermüdlich und hartnäckig. Vor dem Krieg hatte er bereits präzise Vorstellungen, als er eine zentrale kriminalpolizeiliche Informationsstelle forderte wie übrigens auch Müller-Meinigen, der einen Antrag in den Reichstag einbrachte, man möge ein Reichskriminalpolizeiamt schaffen. Während des Krieges (1916) hatte Heindl eine Denkschrift über »die Reorganisation der Kripo in den Ländern« verfaßt.

Das Gesetz von 1922 trat zwar nicht in Kraft, war aber eine augenfällige Vorgestalt des Bundeskriminalpolizeigesetzes von 1951, das die Einrichtung des Bundeskriminalamtes beschloß. In der Begründung des Entwurfes des Gesetzes war von der Errichtung eines Polizeiamtes die Rede. Daraus wurde das Polizeikriminalamt. Vielleicht hatte die Beschränkung auf die Kriminalpolizei 1922 politische Gründe.

Daß ein Gesetz, das eine Zentrale Reichs- oder Bundeskriminalpolizei vorsieht, nur in einem freiheitlich-demokratischen System der Kriminalitätsbekämpfung dienlich sein kann, sollte nach 1945 in Deutschland allgemein bekannt sein. Das Gesetz wurde dann auch von den Nazis und dem Chef der deutschen Polizei, Reichsführer SS Heinrich Himmler, zu kriminellen Zwecken mißbraucht.

Reichskriminalpolizeigesetz. Vom 21. Juli 1922.

Der Reichstag hat das folgende Gesetz beschlossen, das mit Zustimmung des Reichsrats hiermit verkündet wird:

§ 1

Zur Bekämpfung des Verbrechertums, das sein Tätigkeitsfeld nicht auf bestimmte Orte oder Landesgebiete beschränkt, wird ein Reichskriminalpolizeiamt errichtet. Es hat seinen Sitz in Berlin und wird dem Reichsminister des Innern unterstellt.

§ 2

Die Landesregierungen errichten Landeskriminalpolizeiämter; diese unterstehen den Landesregierungen. Mehrere Länder können ein gemeinsames Landeskriminalpolizeiamt errichten.

Als Vollzugsorgane werden von den Landesregierungen Landeskriminalpolizeistellen eingerichtet.

§ 3

Die Landeskriminalpolizeibehörden haben die Aufgabe,

1. die Staatsanwaltschaften und Gerichte bei der Aufdeckung und Aufklärung von Straftaten zu unterstützen, welche die öffentliche Sicherheit besonders beeinträchtigen;
2. solche Straftaten zu verhüten.

Die Reichsregierung kann mit Zustimmung des Reichsrats im Rahmen des Abs. 1 nähere Bestimmungen über die sachliche Zuständigkeit der Landeskriminalpolizeibehörden erlassen.

Die Staatsanwaltschaften und Gerichte können in Ausnahmefällen den Landeskriminalpolizeistellen auch die Aufklärung anderer Straftaten übertragen.

Die Landeskriminalpolizeistellen haben die Aufträge der Staatsanwaltschaften, der Gerichte, der Landeskriminalpolizeiämter und des Reichskriminalpolizeiamts auszuführen. In den zu ihrer Zuständigkeit gehörenden Sachen sind sie auch zu selbständigem Einschreiten befugt und verpflichtet, wenn noch keine der im Satze 1 genannten Stellen mit der Sache befaßt ist.

§ 4

Durch Vereinbarung der Landeszentralbehörden mit dem Reichskriminalpolizeiamte kann ausnahmsweise bestimmt werden, daß in dem örtlichen Zuständigkeitsgebiet einzelner großer Städte mit eigener Kriminalpolizei und eigenen erkennungsdienstlichen Einrichtungen die Landeskriminalpolizeistellen nur tätig werden dürfen

1. auf Ersuchen der örtlichen Polizeibehörde,
2. auf Anordnung der Staatsanwaltschaften, der Gerichte, des Landeskriminalpolizeiamts oder des Reichskriminalpolizeiamts,
3. wenn die außerhalb der Stadt von den Landeskriminalpolizeistellen aufgenommenen Spuren in die Stadt hineinführen.

§ 5

Die Landeskriminalpolizeiämter sind Dienstaufsichtsbehörden der Landeskriminalpolizeistellen ihres Gebiets. Sie haben als solche

1. die Tätigkeit der ihnen unterstellten Landeskriminalpolizeistellen zu beaufsichtigen,
2. die Verbindung des Reichskriminalpolizeiamts mit den Landeskriminalpolizeistellen und dieser Stellen untereinander aufrechtzuerhalten,
3. die Landeskriminalpolizeistellen bei der Aufdeckung und Aufklärung von Straftaten, insbesondere soweit sie sich über das Gebiet mehrerer Landeskriminalpolizeistellen erstrecken, mit Anweisungen zu versehen.

Ferner sind die Landeskriminalpolizeiämter erkennungsdienstliche Sammelstellen ihres Gebiets und haben die Ausbildung und Ausrüstung der Beamten ihrer Landeskriminalpolizeistellen durchzuführen.

§ 6

Das Reichskriminalpolizeiamt stellt Richtlinien für die einheitliche Geschäftsführung der Landeskriminalpolizeibehörden und für entsprechende Ausbildung der Beamten auf. Es hat alle für die planmäßige Zusammenarbeit der Landeskriminalpolizeibehörden nötigen Maßnahmen zu treffen, insbesondere einen allen Ländern gemeinsamen Nachrichten- und Erkennungsdienst zu unterhalten.

Die bei der Tätigkeit des Reichskriminalpolizeiamts und der Landeskriminalpolizeibehörden gewonnenen Ergebnisse von wissenschaftlichem Werte hat das Reichskriminalpolizeiamt nach Anweisungen, die der Reichsminister des Innern im Einvernehmen mit dem Reichsminister der Justiz erläßt, zu sammeln und zu bearbeiten.

§ 7

In Fällen, deren Aufdeckung und Aufklärung sich über das Gebiet mehrerer Landeskriminalpolizeiämter zu erstrecken hat, unterrichtet das Reichskriminalpolizeiamt die in Betracht kommenden Landeskriminalpolizeiämter und -stellen über die durch den Nachrichtendienst in Erfahrung gebrachten Zusammenhänge und kann zu diesem Zwecke seine Beamten entsenden.

Nr. 52 — Tag der Ausgabe: Berlin, den 23. Juli 1922 595

Auf Antrag eines der beteiligten Landeskriminalpolizeiämter kann das Reichskriminalpolizeiamt über solche Fälle durch seine eigenen Vollzugsbeamten Ermittlungeu anstellen lassen.

Auch ohne Antrag kann das Reichskriminalpolizeiamt ausnahmsweise im ganzen Reichsgebiete durch seine eigenen Vollzugsbeamten Ermittlungen anstellen und allen Polizeibehörden Weisungen erteilen, wenn es sich um Einzelfälle handelt, durch die Interessen des Reichs unmittelbar berührt werden. In Fällen eigener Ermittlungstätigkeit des Reichskriminalpolizeimts ist nach Tunlichkeit ein örtlich zuständiger Beamter der Landeskriminalpolizei zuzuziehen, in allen Fällen eigener Ermittlungstätigkeit des Reichskriminalpolizeiamts ist der obersten Landesbehörde des in Frage kommenden Landes unverzüglich hiervon Anzeige zu erstatten.

Das Reichskriminalpolizeiamt kann den Verkehr mit ausländischen Behörden ausschließlich auf sich übernehmen, wo es ihm für die zweckmäßige Durchführung der Sache erforderlich erscheint.

§ 8

Die Vollzugsbeamten des Reichskriminalpolizeiamts und der Landeskriminalpolizeibehörden können innerhalb ihrer Zuständigkeit im ganzen Reichsgebiete polizeiliche Amtshandlungen vornehmen; sie üben im ganzen Reichsgebiete die Befugnisse von Hilfsbeamten der Staatsanwaltschaft aus.

§ 9

Die örtlich zuständigen Behörden und Beamten des Polizei- und Sicherheitsdienstes haben, sobald sie von der Verübung oder dem Verdachte der Verübung einer zur Zuständigkeit der Landeskriminalpolizeibehörden gehörenden Straftat Kenntnis erhalten, die Landeskriminalpolizeistellen auf dem schnellsten Wege unverzüglich zu benachrichtigen und bis zu deren Eingreifen die unaufschiebbaren Maßnahmen zu treffen.

§ 10

Die Polizei- und Justizbehörden der Länder sind verpflichtet, dem Reichskriminalpolizeiamte von dem Auftreten, der Verhaftung und der Haftentlassung jedes Verbrechers, dessen Tätigkeitsfeld sich vermutlich nicht auf bestimmte Orte oder Landesgebiete beschränkt, unverzüglich Mitteilung zu machen. Das Nähere bestimmt der Reichsminister des Innern im Einvernehmen mit dem Reichsminister der Justiz.

§ 11

Die Kosten des Reichskriminalpolizeiamts und seiner abgeordneten Beamten trägt das Reich. Ebenso trägt das Reich die Kosten, wenn Beamte eines Landes im Auftrag des Reichskriminalpolizeiamts außerhalb des Bereichs ihres Landesamts tätig werden.

Die Kosten der Landeskriminalpolizei werden zu einem Drittel vom Reiche, zu zwei Dritteln von den Ländern getragen. Bei der Berechnung des Gesamtbetrags dieser Kosten werden sonstige Zuschüsse des Reichs, insbesondere die Besoldungszuschüsse auf Grund des Landessteuergesetzes vorweg abgezogen.

Errichten mehrere Länder eine gemeinsame Landeskriminalpolizei, so bleibt die Kostenverteilung der Vereinbarung der beteiligten Länder überlassen.

§ 12

Die Ausführungsbestimmungen erläßt die Reichsregierung mit Zustimmung des Reichsrats. Sie bestimmt den Zeitpunkt, zu dem das Gesetz oder einzelne seiner Vorschriften in Kraft treten.

Berlin, den 21. Juli 1922.

Der Reichspräsident
Ebert
Der Reichsminister des Innern
Köster

Horst Herold beurteilt in einem Artikel über »Innere Sicherheit« das Gesetz wie folgt:

»Im Juli 1922 hatte der Deutsche Reichstag unter dem Eindruck der Ermordung der Reichsminister Matthias Erzberger (1921) und Walther Rathenau (1922), der steigenden Bedrohung der Inneren Sicherheit und des wachsenden politischen Terrors ein Gesetz zur Errichtung eines Reichskriminalamtes beschlossen. Auf dem engen kriminalpolizeilichen Sektor wollte das Gesetz jene minimalen Zentralbefugnisse schaffen, die für die Zusammenarbeit der Länder bei der Verbrechensbekämpfung in einem Bundestaat unerläßlich sind. Die Landeskriminalämter sollten in kriminalpolizeilichen Angelegenheiten die Weisungsgewalt gegenüber den Landespolizeibehörden haben. Alle Kriminalbeamten sollten überall im Reich Amtshandlungen vornehmen dürfen. Das Reichskriminalpolizeiamt sollte befugt sein, die einheitliche Geschäftsführung der Landeskriminalämter, die einheitliche Ausbildung der Kriminalbeamten, das Informationswesen, den Erkennungsdienst und die wissenschaftliche Auswertung zentral zu organisieren. Wenn einzelne Straftaten das Interesse des Reichs unmittelbar berührten, würde das Amt die Ermittlungen selbst führen und in solchen Fällen sämtlichen Polizeidienststellen im Reich Weisungen erteilen.
Das Gesetz wurde zwar verkündet, scheiterte aber im Reichsrat am Einspruch Bayerns und trat nie in Kraft. Damit beraubte sich die erste deutsche Demokratie zentraler Abwehrmöglichkeiten gegenüber der einsetzenden politischen Verrohung und gegenüber dem rapiden Verfall der öffentlichen Sicherheit.«

Herold wußte natürlich, daß die zentralisierte Polizeigewalt nur in einer Demokratie tragbar ist. Jede Diktatur degeneriert zum Polizeistaat, wenn sie nicht so begonnen hat. Das Dritte Reich hat das Gesetz von 1922 in die schlimme Tat umgesetzt. Die Reichspolizeibeamten, besonders in den Erscheinungsformen der geheimen Staatspolizei (Gestapo), der Sicherheitspolizei (SD) und noch anderer Polizeien, alle Mitglieder der Schutzstaffel (SS), waren die Grundpfeiler der Diktatur. Denn gegen die Polizei kann auch ein Diktator nicht regieren.
Paul Dickopf war Präsident des Bundeskriminalamtes und Rolf Holle Abteilungspräsident, als sie 1971 in ihrem Buch: »Das Bundeskriminalamt« (S. 24) zum Thema schrieben:

»Unter diesen Umständen blieb es dem Regime nach 1933 vorbehalten, im Jahre 1937 der mehr als dreißigjährigen Entwicklung insoweit einen Abschluß zu geben, als es die Reichskriminalpolizei einrichtete. Diese kriminalpolizeiliche Organisationsform, die damals bereits in Frankreich, Österreich, Finnland und anderen Staaten bestand, war somit keine Erfindung der neuen Machthaber.«

Dickopf/Holle müßten aus eigener Erfahrung in der Reichskriminalpolizei und der Führerschule der Sicherheitspolizei in Berlin-Charlottenburg wissen, daß es nicht auf die Qualität des Instrumentes ankommt, sondern auf den Zweck, zu dem es gebraucht wird. Das Messer wird in der Hand des Mörders zum Dolch. Es gibt auch »Ehrendolche«.

Daß die Namen Heinrich Himmler und Reinhardt Heydrich bei Dickopf/Holle nirgends genannt werden, ist verwunderlich, haben doch beide unter ihnen gedient. Da ist Bernd Wehner in seinem Buch »Dem Täter auf der Spur« offener. Er erinnert sich an die Kriegszeit, als er Kriminalbeamter war, er verdrängt nicht.

Das Reichskriminalpolizeigesetz wurde in der Weimarer Republik nicht in Kraft gesetzt, vielleicht weil manche Bestimmungen den demokratischen Föderalisten nicht genehm waren. Im übrigen war Bayern nicht geneigt, von seiner Landeshoheit Scheiben abschneiden zu lassen. Das Reichskriminalpolizeigesetz sah vor, daß die Exekutivbeamten des Reichskriminalpolizeiamtes im gesamten Reichsgebiet tätig werden konnten, und die Landesbeamten sahen den Reichskriminalisten in spe mit gemischten Gefühlen entgegen. In der unruhigen, terrorisierten Zeit hatte man Angst vor der Macht einer zentralisierten Polizei, der man nur mit Augenzwinkern trauen konnte.

Auch in den USA gab es Bedenken gegen die Einrichtung eines »Federal Bureau of Investigation« (FBI). Harler F. Stone formulierte sie 1924 vor dem Kongreß und sprach von möglichem Mißbrauch der Macht. Trotz aller Kritik entstand das FBI, weil es angesichts der immer stärker um sich greifenden Kriminalität einfach entstehen mußte. Verfassungsrechtlich war das nicht einwandfrei, denn die sich ständig erweiternden Kompetenzen, die dem FBI zuerkannt wurden, durchbrachen in eklatanter Weise die Regelzuständigkeit der Bundesstaaten. Unter seinem Direktor John E. Hoover sollte das FBI politische und andere Skandale erleben wie später auch das BKA unter seinen Präsidenten in Deutschland.

Das Gesetz von 1922 hätte objektiv und neutral besehen ohne Zweifel ein Fortschritt in der Verbrechensbekämpfung sein können. In den Händen von Umstürzlern konnte es jedoch bei Mißbrauch zum für die Demokratie gefährlichen Instrument werden. Daß Politiker solche Gesetze mißbrauchen, ist auch heute noch möglich. Dies wird am Beispiel der »Spiegelaffäre« zu zeigen sein. Der Nachfolger von Hoover, L. Patrick Gray, war mit seinem FBI in die Nixon-Affäre, als »Watergate« bekannt, verwickelt.

1922 war die Polizei bereits mit Extremisten unterwandert. Das Organ der Nationalsozialistischen Bewegung, der »Völkische Beobachter«, hetzte unwidersprochen gegen die freiheitliche Demokratie. Es kam zum Konflikt zwischen der Reichsregierung und dem Bayerischen Generalstaatskommissar Gustav Ritter von Kahr, der sich weigerte, das Hetzorgan der NSDAP zu verbieten.

In München, der Stadt die sich schon frühzeitig darauf vorzubereiten schien, »Hauptstadt der Bewegung« zu werden, brach im November 1923 beim Marsch zur Feldherrnhalle der Hitler-Ludendorff-Putsch unter den Schüssen der bayerischen Landespolizei zusammen. Hitler erhielt ehrenvolle Festungshaft, 1924 wurde er vorzeitig aus der Festung Landsberg entlassen. Seine Haft war das Gegenteil von streng. Hitler, der sie gelegentlich als seine »Hochschule auf Staatskosten« bezeichnete, verließ Landsberg mit einem fast fertigen Manuskript, das bereits 1925 in einer Auflage von 10000 Exemplaren in München unter dem Titel »Mein Kampf« auf den Markt kam.

Aus dem Hinterhalt beging die illegale »Schwarze Reichswehr« unverkennbare Fememorde.

Im gleichen Jahr, 1925, als die SPD ihr »Heidelberger Programm« ausarbeitete, gründete Hitler seine NSDAP neu und zweigte einen Teil der u.a. aus Schlägertypen zusammengesetzten SA ab, um daraus die SS (Schutzstaffel) zu bilden. Die nationalsozialistische Partei zählte zu diesem Zeitpunkt etwa 30000 Mitglieder, sechs Jahre später (1931) waren es bereits mehr als 800000. Der preußische Innenminister Carl Severing – er hatte, wohl aus Schwäche, durchgreifende Maßnahmen gegen Extremisten verboten – wurde durch den bisherigen Berliner Polizeipräsidenten Grzesniski ersetzt, und Joseph Goebbels wurde nationalsozialistischer Gauleiter von Berlin.

In einer solchen Zeit haben Bürger und schwache Politiker Angst. Ein Gesetz, das wie das »Reichskriminalpolizeigesetz« der Polizei, auf die die jeweilige Regierung sich nur bedingt verlassen kann, da sie braun und rot und schwarz und anders unterwandert ist, zentrale Macht gibt, kann zur Gefahr werden und von potentiellen Umstürzlern als Instrument benutzt werden. Die Schlägertruppen der SA lieferten einen Vorgeschmack. Ein solches Gesetz kann nur dann segens- und erfolgreich sein, wenn auf die Polizei, die es reglemen-

tiert und koordiniert, voll Verlaß ist. Das war leider, was man heute auch immer sagen oder verschweigen mag, damals, in den mittleren und späten zwanziger Jahren, nicht der Fall.
Die sozialdemokratisch ausgerichtete Berliner Polizei war lange ein Bollwerk gegen den Nationalsozialismus. Am 30. 1. 1933 war es vorbei mit dem Widerstand. Sie gab auf und trat über. Otto Engelmann sagt in der »Polizei-Praxis« (Nr. 7/8, 1949) dazu:

»Auch aufrechten Männern war das Rückgrat gebrochen, vielleicht keine Entschuldigung, aber eine Erklärung.«

Die Polizei dient dem regierenden Machtinhaber. Das ist, das war so und wird so bleiben.
Das Gesetz, vom Reichstag am 21. Juli 1922 beschlossen und nie in Kraft gesetzt, hatte jedoch indirekte Auswirkungen. War die Kripo auch 1926 und danach immer noch an Ländergrenzen gebunden, so intensivierte sich doch die kollegiale Zusammenarbeit über die Ländergrenzen hinweg. Es gab zwar keine Zentralstelle für Information oder Fahndungswesen, obwohl die Verbrecher ihre Tätigkeit unbekümmert über alle Grenzen ausdehnten und ungestört herumreisten, aber die Kriminalisten halfen sich über die Ländergrenzen hinweg gegenseitig.
Manche deutsche Länder begannen jetzt mit der Neustrukturierung und Neuorganisation ihrer Kriminalpolizei, so in Sachsen, Württemberg, Thüringen und Hessen.
Preußen hatte ein Landeskriminalamt geschaffen. Man begann eine einigermaßen einheitliche Ausbildung der Beamten in die Wege zu leiten. Die wirtschaftlich motivierte politische Kriminalität wurde erkannt, und dies zwang zu überregionalen Ermittlungen. Der Wirtschaftsskandal der Brüder Barmat machte Schlagzeilen.
Die Kartellverordnung gegen den Mißbrauch wirtschaftlicher Macht war 1923 erlassen worden, als Hjalmar Schacht auf dem Höhepunkt der Inflation Reichsbankpräsident war. Zehn Jahre später sollte Hitler an die Macht kommen – mit Hilfe der Industrie- und Finanzkreise, in die ihn Schacht eingeführt hatte.
Die »Deutsche Kriminalpolizeiliche Kommission« (DKK) wurde auf der 1925 von Palitzsch, dem Präsidenten des badischen Landeskriminalamtes, nach Karlsruhe einberufenen Polizeikonferenz, gegründet. Die DKK sollte eine Arbeitsgemeinschaft deutscher Kriminal-

fachleute sein. Jedoch die Delegierten der Länder waren nicht nur nach Fachkenntnissen, sondern auch nach politischer Stellung und Einstellung ausgesucht. Jedes Land war bestrebt, durch seinen Delegierten Stand und Prestige zu dokumentieren.
Dennoch kann diese »Deutsche Kriminalpolizeiliche Kommission«, die auf freiwilliger Basis in Zusammenarbeit mit Kriminalisten Empfehlungen ausarbeitete, jedoch nicht weisungsbefugt war, dafür aber inter-offiziöse Zusammenarbeit in der Praxis förderte, als Vorgestalt der nach dem Krieg entstandenen »Arbeitsgemeinschaft der Kriminalpolizeibeamten« (AG-Kripo) angesehen werden. Die DKK brachte es fertig einen einheitlichen Nachrichten- und Erkennungsdienst schlecht und recht funktionsfähig zu machen.
Ein Jahr nach Karlsruhe wurde der Konferenz 1926 in Berlin-Charlottenburg durch die »Große Polizei-Ausstellung« ein besonderer Glanz gegeben. Berlin war das Herz der turbulenten zwanziger Jahre mit den à la Charleston kurzberockten Frauen, den monokeläugigen Gigolos, den unter Topfhüten wackelnden Bubiköpfen und den Kokain schnupfenden Snobs. Das Rauschgiftproblem war damals bereits erkannt, und eine Internationale Konvention sollte das Übel bekämpfen helfen.
In der Kriminalpolizei der Weimarer Republik waren die leitenden Beamten in der Hauptsache alte Offiziere mit Militärtradition, Akademiker oder Adelige. Es gab keinen fachlichen oder gar menschlichen Kontakt mit den Beamten der mittleren oder unteren Ränge. Diese liefen unter sich auf ihrer Laufbahn, und auch die Richtungen wurden von der politischen Farbe bestimmt. Das bedeutete, daß trotz bester Ansätze und Durchführungen auf leitender Ebene wenig effektiv gearbeitet wurde. Was »die da unten« waren und machten, merkten »die da oben« in der Regel erst, wenn es zu spät war. Das gesamte Polizeiwesen geriet allmählich außer Kontrolle, weil es durch Elitedenken undurchlässig, wenn nicht gar blockiert war. Die SA marschierte, die Polizei schaute zu oder marschierte mit.
Die damalige Polizei war nicht nur räumlich und fachlich durch mangelnde Einheit behindert. Auch die Ausbildung mancher Polizeioffiziere, glaubt man dem Preußischen Minister des Innern und seinen an die nachgeordneten Polizeibehörden gerichteten Schreiben (Preußisches Ministerialblatt für die Innere Verwaltung, 1924, S. 1161), war nicht gerade vorbildlich. Der Minister schreibt:

»Während des letzten Lehrganges für Kriminalkommissarsanwärter bei der Höheren Polizeischule in Eiche hat sich gezeigt, daß einige Teilnehmer noch nicht über die notwendige theoretische und praktische Vorbildung verfügten. ... Ganz besonders muß darauf geachtet werden, daß die zum Schulbesuch vorgeschlagenen Anwärter das Maß von Allgemeinbildung besitzen, das für das Amt eines Kriminalkommissars unerläßlich ist. In den während des letzten Lehrganges angefertigten schriftlichen Arbeiten tritt vielfach Mangel an logischem Denken zutage, der Satzbau ist oft außerordentlich unbeholfen, und es zeigen sich Verstöße gegen die Grammatik, in einzelnen Fällen sogar gegen die Rechtschreibung. Es ist undenkbar, daß derartige Mängel den Vorgesetzten der Anwärter bis dahin verborgen bleiben konnten.«

Die Berliner Kripo im legendär gewordenen »Alex« (Alexanderplatz) hatte, obwohl sie eine lokale Stadtpolizei war, eine besondere Stellung. Ihre Spezialisten der Mordkommission konnten – ausnahmsweise – von anderen deutschen Ländern zur Hilfe angefordert werden.

Als 1929 in Düsseldorf ein Massenmörder die Bevölkerung in Angst und Schrecken versetzte, wurde die Berliner Mordkommission unter ihrem Chef E. Gennat auf Weisung des Innenministers an den Rhein geschickt. Sie hatte so wenig Erfolg wie die lokale Kriminalpolizei und zog unverrichteter Dinge zurück an die Spree. Nur durch Zufall konnte etwas später ein früherer Polizeispitzel, Peter Kürten, als der gesuchte Massenmörder festgenommen werden.

Ernst Gennat, der dickleibige Chef der Berliner Mordkommission, ist zu Recht als Original und Könner in die Kriminalgeschichte eingegangen. Er hatte in seinem Amt am »Alex« alle ihm wichtig erscheinenden Daten und ihre Quellen gesammelt, in Kartotheken zur handlichen und praktischen Verfügbarkeit zusammengestellt und greifbar gemacht. Seine »Mordkartei«, »Selbstmordkartei«, »Unbekannte Leichen« und viele andere stellte Gennat auf Anfrage den Kollegen aus den Ländern, wenn sie benötigt wurden, zur Verfügung. Der Informationsfluß, bei der Sach- oder Personenfahndung unverzichtbar, lief durch offiziöse, um nicht zu sagen private Kanäle, auf kollegialer Basis. Gennats »Karteien« wurden berühmt, weil sie nützlich und dem kriminalistischen Praktiker bei der Tataufklärung ungeahnte Hilfen waren. Sie waren Vorgestalten für spätere Registrierungssysteme von Tat und Täter nach »modus operandi«, Motiv, Ausführungsart und vielen anderen kriminalistisch relevanten Merkmalen. Gennats kriminalistischer Zugang zum Problem gab darüber hinaus der Datenspeicherung und Datenverarbeitung in der heutigen Kriminalistik eine Vorgestalt.

Parallel zu den nationalen Zentralisierungstendenzen und den Bemühungen um eine Reichskriminalpolizei hatte man in Europa an der Schaffung einer internationalen Polizeizentrale zur Bekämpfung der sich bedrohlich ausbreitenden internationalen Kriminalität gearbeitet.

Der Kapitain der Amsterdamer »Marechaussée«, M. C. van Houten, verlor keine Zeit, sondern kontaktierte bereits am 10. 12. 1919 seine Fach- und Berufskollegen an allen Polizeibehörden mit einem Brief, in dem er ausführte, daß in allen Ländern nationale Polizeizentralen errichtet werden müßten, denen die Verpflichtung zu unmittelbarer Zusammenarbeit auferlegt würde und die zur gleichen Zeit die Aufgabe hätten, einer internationalen Zentrale alle erwünschten Einzelheiten zu verschaffen und sie über alle Fragen, die anhängig gemacht seien, aufzuklären.

Van Houten wollte nicht dort beginnen, wo man 1914 in Monaco, als die Franzosen anderswo unter sich waren und von »Internationalität« des Kongresses nicht gesprochen werden konnte, aufgehört hatte. Er hatte bereits resolut etliche Schritte weiter nach vorn getan. Sie wurden einige Jahre später in Wien als Ausgangspunkt genommen, wo der dortige Polizeipräsident Hans Schober 1923 einen internationalen Polizeikongreß im Sinne van Houtens organisierte. Etwa 20 Nationen nahmen teil. England fehlte. Deutschland war durch die Vertreter der Länder präsent – eine deutsche Polizeihoheit gab es nicht. Ägypten, China, Japan und die USA waren als außereuropäische Länder in Wien erschienen.

Auf dem Kongreß wurde die »Internationale Kriminalpolizeiliche Kommission« (IKK) geschaffen. Ihr Präsident wurde Hans Schober, Deutsche Kommissionsmitglieder waren Dr. Heindl und Dr. Palitzsch.

Als Kommissionsmitglied der IKK regte Palitzsch dann die badische Regierung an, eine nationale, eine deutsche Polizeikonferenz einzuberufen. Dies geschah auch, und wir haben gesehen, wie es zur Gründung der »Deutschen Kriminalpolizeilichen Kommission« (DKK) kam und welche Aufgaben und Ziele sie verfolgte.

Die Internationale Kommission war die Vorgestalt der Internationalen Kriminalpolizeilichen Organisation, besser als »Interpol« bekannt. Die heute gültigen Statuten von »Interpol« stammen allerdings vom 13. Juni 1956 und haben keineswegs den Charakter eines völkerrechtlichen Vertrages, obwohl »Interpol« heute mehr als 140 Mitgliedstaaten zählt. Auf dem Programm der Gründungskonferenz von 1923 standen bereits die Punkte, die Interpol 1956 noch beschäftigten: Zwischenstaatlicher Verkehr der Sicherheitsbehörden, gegenseitige internationale Amtshilfe, zentrale Nachrichtenstelle, internationale Fahndungshilfe, Bekämpfung der Rauschgiftkriminalität etc.

Für Deutschland war es wichtig, auf internationalem Boden Fuß zu fassen. Die Vorzeichen schienen auf den ersten, oberflächlichen Blick, günstig. Auf der Konferenz von Locarno, 1925, waren sich die Außenminister Frankreichs, Aristide Briand, und Deutschlands, Gustav Stresemann, man möchte sagen »brüderlich« entgegengekommen und hatten für die Friedenssicherung in Europa das ihnen Mögliche getan. In Locarno dabei war auch Mussolini, ebenso Chamberlain.

Zusammen mit Gustav Streseman wurde Aristide Briand 1926 der Friedensnobelpreis zuerkannt. Unter dem Vorsitz Briands fand ein Pan-Europa-Kongreß statt. Deutschland bekam einen ständigen Ratssitz im Völkerbund und trat dem internationalen Schiedsgerichtshof im Haag bei.

So schienen, wie gesagt, alle Weichen für die zentralistische Entwicklung der deutschen Kriminalpolizei schon gestellt, denn ihre Eingliederung in die internationale Kriminalpolizeizentrale war bereits vorweggenommen.

Doch es sollte anders kommen. Ex-Militärdiktator Erich Ludendorff, einer der Ziehväter der »Dolchstoßlegende«, wurde nicht müde, in Schrift, Sprache und Tat gegen alle internationalen Organisationen ins Feld zu ziehen, und Pressezar Alfred Hugenberg, der Vorsitzende der »Deutschnationalen Volkspartei«, zog kräftig mit. Heinrich Himmler wurde 1929 Reichsführer SS, Wilhelm Frick in Thüringen nationalsozialistischer Minister. Die NSDAP gewann immer mehr Mitglieder, Wähler und Einfluß. Hitler schwor als Entlastungszeuge 1930 im Reichswehrprozeß vor dem Reichsgericht in Leipzig feierlich den sog. Legalitätseid, d. h., daß er die Macht ausschließlich mit legalen Mitteln anstrebte. Es zeigte sich, daß er, Hitler, um an die Macht zu gelangen, der Polizei nur bedingt bedurfte. Bei der Machtergreifung halfen ihm Industrie und Finanz.

In seiner wohldokumentierten Studie zur Entwicklung der Preußischen Politischen Polizei vom Staatsschutzorgan der Weimarer Republik zum Geheimen Staatspolizeiamt des Dritten Reiches, »Politische Polizei zwischen Demokratie und Diktatur«, stellt Christoph Graf den Papen-Putsch vom 20. Juli 1932 – auch als »Preußenschlag« bekannt – als zentrales Ereignis für die definitive Pervertierung der demokratischen Polizei dar.

Franz von Papens Reichsregierung hatte die Preußische Regierung Braun/Severing abgesetzt. Papen behauptete, sein »Preußenschlag« sei als »staatspolitisch notwendiger und gerechtfertigter administrativer Eingriff zur Verhütung einer nationalsozialistischen Machtergreifung« anzusehen. Das Ergebnis widerlegte Papens Darstellung. Christoph Graf hat die Wechselwirkungen zwischen Polizei und Politik aufgezeigt und mit warnender Stimme gewürdigt.

Um die Neuwahlen am 31. Juli 1932 durchführen zu können, hatte von Papen Hindenburg gezwungen, den Reichstag aufzulösen. Es bedurfte keiner demoskopischen Umfrage, um den Wahlsieg der NSDAP vorauszusagen. Sie bekam 230 Mandate und wurde stärkste Partei im Reichstag. Papen und seiner Regierung wurde zwei Monate später das Mißtrauensvotum präsentiert. Die »Politische Polizei« der Weimarer Republik hatte den Weg betreten, der geradlinig zur Geheimen Staatspolizei der nationalsozialistischen Diktatur führte.

Alle Nicht-Nationalsozialisten wurden zu Staatsfeinden erklärt. Allen voran die Kommunisten. In Hamburg-Altona verbluteten während der Straßenschlachten zwischen KPD und SA etwa 20 Menschen am 17. Juli 1932. Die Polizei schaute zu, oder sie schaute weg, oder – sie machte mit. Von den sich gegenseitig umbringenden Extremisten hatten offensichtlich die Nationalsozialisten mehr Sympathien als die Kommunisten. Und beide Gruppen hatten eines im Sinn: die Republik zu zerstören. Das ist gelungen.

Ein Regierungsrat im Preußischen Innenministerium, Rudolf Diels, sorgte für eine den Nazis willkommene Aufregung, als er seinen Chef, den demokratischen Staatssekretär Abegg, bezichtigte, mit den Kommunisten geheim zu verhandeln. Der Denunziant hatte seine Geschichte frei erfunden und als Wahrheit vorgetragen. Dadurch kamen Reichsregierung und Preußische Regierung in Reaktionszwang. Alles, was rot oder rötlich schimmerte, stand auf der Abschußliste der Politischen Polizei, und die Nationalsozialisten waren für jede Hilfe dankbar. Rudolf Diels wurde ein Jahr später der erste Leiter der Geheimen Staatspolizei.

1933 hatte Reichspräsident von Hindenburg Hitler zum Reichskanzler berufen. Vom SPD-Abgeordneten Welse wurde die letzte Rede der Opposition im Reichstag gehalten.

In Deutschland war es mit der Demokratie vorbei. Der Diktator brauchte weder Recht noch Gesetz zu achten, denn er nahm für sich in Anspruch, beides in einer Person zu sein. Und die Polizei war ihm hörig. Er brauchte sie sich nicht gefügig zu machen, Göring hatte die preußische Polizei rigoros gesäubert. Vorübergehend wurde die SA als Hilfspolizei eingesetzt. Die Polizei war mit SA- und SS-Männern derart durchsetzt, daß durch sie das Bild bestimmt wurde. »Führer befiehl, wir folgen.«

Das Gesetz von 1922 wurde nicht von Hitler in Kraft gesetzt und schon gar nicht aus kriminalistischen Gründen. Hitler übte seine Macht mit Hilfe der Polizei und deren Chefs Himmler und Heydrich im ganzen Reich aus. Deshalb mußte die Polizeimacht auf dem gesamten Reichsgebiet und später darüberhinaus in den Händen eines »Führers«, eines Reichsführers SS, zentralisiert sein.

Am 27. Februar 1933 brannte der Reichstag. Alle, Nazis, Kommunisten und Demokraten, wußten, daß die Reichstagsflammen logen, daß sie Vorwand für die Rechtfertigung kommender Verbrechen waren, daß sie entfacht worden waren, um die Kommunisten und nicht nur sie, sondern alle zu Volks- und Staatsfeinden abgestempelten Nazigegner zu vernichten. Die Polizei war dabei ein treuer Helfer.

Die »Reichstagsbrandverordnung« setzte sich über alle verfassungsrechtlichen Grundsätze hinweg; die »Heimtückeverordnung« und das »Ermächtigungsgesetz« vom März 1933 läuteten mit blutigschaurigen Tönen den totalen Polizeistaat ein. Ein Gesetz vom 30. 11. 1933, das 2. Gestapogesetz, ermächtigte die Gestapo, sich ihr Recht selbst zu machen und auch durchzusetzen.

Alle »Staatsfeinde«, ob Kommunisten, Sozialisten oder andere Nicht-Nazis, wurden in den ersten offiziellen Konzentrationslagern in Oranienburg und Dachau kaltgestellt, wenn nicht kaltgemacht.

Wer »Staatsfeind« war, bestimmte die Gestapo.

3

Verwirklichung im Bösen (1933–1945)

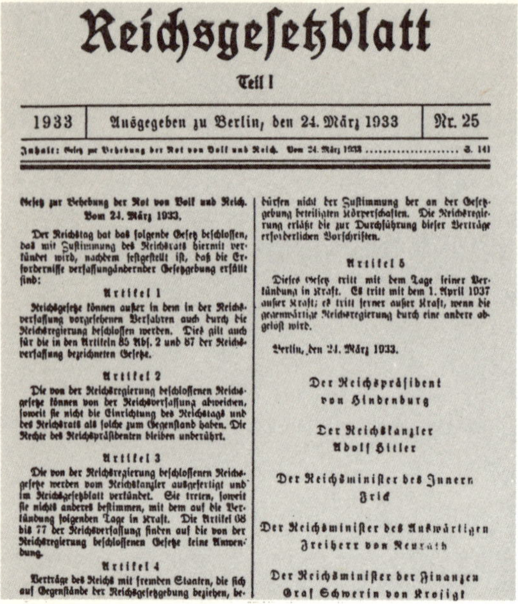

Reichsgesetzblatt

Teil I

1933	Ausgegeben zu Berlin, den 24. März 1933	Nr. 25

Inhalt: Gesetz zur Behebung der Not von Volk und Reich. Vom 24. März 1933 .... S. 141

Gesetz zur Behebung der Not von Volk und Reich.
Vom 24. März 1933.

Der Reichstag hat das folgende Gesetz beschlossen, das mit Zustimmung des Reichsrats hiermit verkündet wird, nachdem festgestellt ist, daß die Erfordernisse verfassungändernder Gesetzgebung erfüllt sind:

Artikel 1

Reichsgesetze können außer in dem in der Reichsverfassung vorgesehenen Verfahren auch durch die Reichsregierung beschlossen werden. Dies gilt auch für die in den Artikeln 85 Abs. 2 und 87 der Reichsverfassung bezeichneten Gesetze.

Artikel 2

Die von der Reichsregierung beschlossenen Reichsgesetze können von der Reichsverfassung abweichen, soweit sie nicht die Einrichtung des Reichstags und des Reichsrats als solche zum Gegenstand haben. Die Rechte des Reichspräsidenten bleiben unberührt.

Artikel 3

Die von der Reichsregierung beschlossenen Reichsgesetze werden vom Reichskanzler ausgefertigt und im Reichsgesetzblatt verkündet. Sie treten, soweit sie nichts anderes bestimmen, mit dem auf die Verkündung folgenden Tage in Kraft. Die Artikel 68 bis 77 der Reichsverfassung finden auf die von der Reichsregierung beschlossenen Gesetze keine Anwendung.

Artikel 4

Verträge des Reichs mit fremden Staaten, die sich auf Gegenstände der Reichsgesetzgebung beziehen, bedürfen nicht der Zustimmung der an der Gesetzgebung beteiligten Körperschaften. Die Reichsregierung erläßt die zur Durchführung dieser Verträge erforderlichen Vorschriften.

Artikel 5

Dieses Gesetz tritt mit dem Tage seiner Verkündung in Kraft. Es tritt mit dem 1. April 1937 außer Kraft; es tritt ferner außer Kraft, wenn die gegenwärtige Reichsregierung durch eine andere abgelöst wird.

Berlin, den 24. März 1933.

Der Reichspräsident
von Hindenburg

Der Reichskanzler
Adolf Hitler

Der Reichsminister des Innern
Frick

Der Reichsminister des Auswärtigen
Freiherr von Neurath

Der Reichsminister der Finanzen
Graf Schwerin von Krosigk

Rechts: Heinrich Himmler

Hermann Göring bei der Übergabe der Geheimen Staatspolizei an den Reichsführer SS

Links: Reinhard Heydrich

Rechts: Wilhelm Canaris

Mitte links: Ernst Kalten-brunner

Arthur Nebe

Unten: Der »Alex«

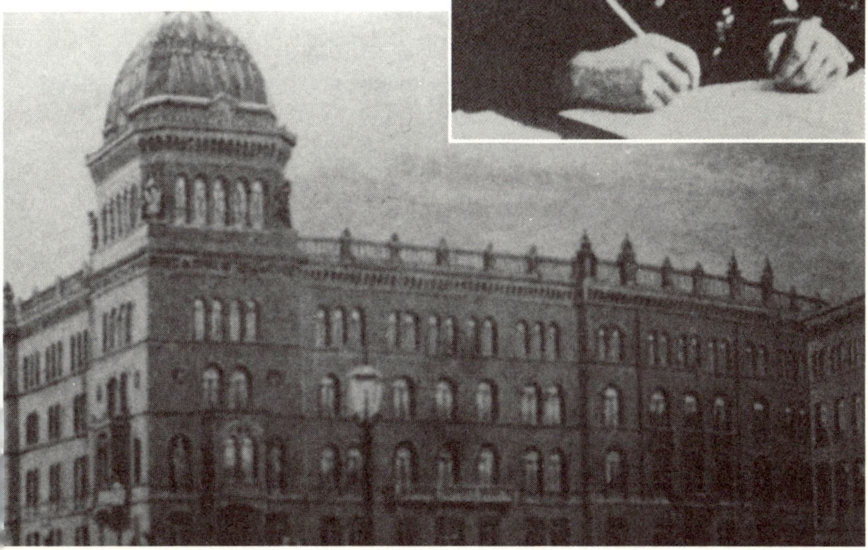

Die Machtergreifung durch Hitler brachte durchgreifende Änderungen in Organisationen, Aufgaben und Arbeit der Kripo. Alle Polizeien, auch die Kriminalpolizei, gingen von der Länderhoheit in die Reichshoheit über, und die Reichskriminalpolizei wurde dem Chef der Sicherheitspolizei unmittelbar unterstellt. Die Reichskriminalpolizei zentralisierte Fahndungswesen, Erkennungsdienst usw. und konnte im Reich alle Ermittlungen an sich ziehen. Das tat sie ausgiebig, besonders wenn manipuliert werden mußte.

Hermann Göring erklärte bereits 1933 SA, SS und den »Stahlhelm« zu Hilfspolizeien. Durch das »Berufsbeamtengesetz« wurde der gesetzgeberische Freibrief dafür geschaffen, politisch mißliebige Polizeibeamte durch überzeugte Nationalsozialisten zu ersetzen, »auch wenn die nach dem geltenden Recht hierfür erforderlichen Voraussetzungen nicht vorliegen«. Die Polizei wurde zu einem Hilfsinstrument der Partei.

Die Beamten wurden fast alle Mitglieder der NSDAP. Manche mit gemischten Gefühlen, aber dennoch. Regimegegner fanden sich nach der Säuberung kaum noch in der Polizei. Die diente nun, ab 1933, mit gleichen Mitteln einem anderen, wie man glaubte, besseren Herrn. Polizisten sind Beamte. Und in Deutschland dienten die Beamten dem Gewaltinhaber, dem sie gehorchten und dessen Befehle sie unkritisch und, wie sie meinten, pflichtgemäß zu erfüllen hatten. Das war seit Kaisers Zeiten so. Auch schon früher. Die Ehre des Beamten war absoluter Gehorsam. Die Obrigkeit war unantastbar, auch wenn sie die Gestalt oder die Kleider wechselte. All dies hatte wenig mit Politik zu tun.

Ende Januar 1934 brachte das »Gesetz über den Neuaufbau des Reichs« das Primat der Reichsregierung und damit die Auflösung der Länderhoheitsrechte. Die Diktatur etablierte sich, die Demokratie hatte verloren.

Hitler hatte in den ersten Jahren Erfolg, sowohl im eigenen Land, wo er bejubelt wurde, als auch im Ausland, wo er gefürchtet war. Im

Inneren festigte er seine Macht, nach Außen sicherte er sich ab. 1934 wurde Dollfuß von Nazis in Wien ermordet, im gleichen Jahr traf sich Hitler mit Mussolini in Venedig, unterschrieb einen deutsch-polnischen Nichtangriffspakt, brachte 1935 das Saarland »heim ins Reich«, marschierte 1936 in die entmilitarisierte Zone des Rheinlandes ein, half seinem Diktatorfreund Franco im Spanischen Bürgerkrieg, wobei er seinen Soldaten Gelegenheit gab, sich in Spanien auf einen anderen, auf seinen Krieg vorzubereiten.

Europa hatte begründete Angst vor einem neuen Krieg, der unausweichlich alle Nationen der Welt einbeziehen würde.

Nach seinem Besuch bei Hitler 1937 kehrte Lord Halifax beruhigt nach London zurück. Ein Jahr später erfolgte der »Anschluß« Österreichs.

Der Abtretung des Sudetenlandes an das Reich, Hitlers letzte Revisionsforderung, stimmten England und Frankreich im Münchener Abkommen zu. Für ein Jahr war der Frieden noch einmal gerettet.

Den Machthabern im Dritten Reich stand eine zentralistisch organisierte, effektive, schlagkräftige Polizei zu Diensten. Durch die Polizei, insbesondere durch die Geheime Staatspolizei und die Sicherheitspolizei, die unter einem Reichsführer organisiert war, konnten sie ihre Macht erhalten und ausweiten.

Am 17. Juni 1936 erließ der Führer und Reichskanzler Adolf Hitler einen Erlaß, durch den der »Chef der deutschen Polizei im Reichsministerium des Inneren« geschaffen und zusammen mit der Kriminalpolizei und der Geheimen Staatspolizei das Fundament der Sicherheitspolizei errichtet wurde. Der Posten wurde Heinrich Himmler übertragen. Titel: »Reichsführer SS und Chef der deutschen Polizei.«

Die Kriminalpolizei wurde wie die Gestapo dem »Chef der Sicherheitspolizei im Reichsinnenministerium«, SS-Brigadeführer Reinhard Heydrich, unterstellt. Durch die Schaffung der Reichskripo waren die polizeilichen Aufgaben im Reich einheitlich zusammengefaßt.

Die Kripo war in unangenehme Gesellschaft und in die Nähe des berüchtigten Sicherheitsdienstes (SD) geraten. Die SS hatte das Sagen. Es kam zu versteckten Intrigen um die Polizeimacht, die das diabolische Gespann Himmler-Heydrich zu ihren Diensten möglichst exklusiv für sich beanspruchten und dies gegen die Bestrebungen Görings, eine von der SS nicht beherrschte Polizei auf, wenn auch

schwache, Beine zu stellen. Göring mußte kapitulieren. Bereits 1934 waren Himmler und Heydrichs SS die alleinigen Polizisten im Reich.
Als 1939 das Reichskriminalpolizeiamt in Berlin eingeweiht wurde, sagte Reichskriminaldirektor Nebe:

»Dem nationalsozialistischen Deutschland ist es selbstverständlich, daß der Kampf gegen den politischen Staatsfeind und gegen den asozialen Verbrecher von einer Hand geführt werden muß.«

Die Gliederung der Reichskriminalpolizei paßte sich deshalb der Geheimen Staatspolizei soweit als möglich an, nachdem durch den vom Reichsführer SS vorgeschlagenen Erlaß des Reichsministers des Inneren vom 20. September 1936 endlich der Weg zu einer vom Reichskriminalpolizeiamt zentral geleiteten, einheitlichen Kriminalpolizei freigemacht worden war. Mit einem Schlag verschwanden die vielen selbständigen Länderkriminalpolizeien der Systemzeit.
Die Kripo intensivierte den Fahndungs- und Erkennungsdienst. Jedoch ihre Arbeit wurde immer mehr eine politisch geprägte, oder besser, politisch vorgegebene. Paul Dickopf sieht in seinem Bericht v. 30. 11. 1944 über »Die Deutschen Nachrichtendienste« (Nr. I/44) die Aufgabe der Polizei von damals so:

»Das Hauptgewicht der SD-Betätigung liegt auf der Lenkung, Beeinflussung und Überwachung des eigenen Volkes (politischer Nachrichtendienst). Alles andere ist nur Mittel zum Zweck ... Ein Teil der nebenamtlichen SD-Angehörigen setzt sich aus bereits in die SS übergeführten Beamten der Geheimen Staatspolizei, Kriminalpolizei, Gendarmerie, Schutz- und Verwaltungspolizei zusammen.
Kurz nach der Machtübernahme gelang es Himmler, den Sicherheitsdienst der SS als Unterorganisation anzugliedern ... 1936 wurde begonnen, die Staatspolizeibeamten nebenbei zu Mitgliedern der SS und des SD zu ernennen. Um die Verschmelzung mit der Exekutivgewalt noch enger zu gestalten – das Endziel ist die völlige Personalunion –, wurden ab 1939 die leitenden Beamten aller Polizeiarten ebenfalls in die SS und den SD eingegliedert. Die Ernennung erfolgte meist ohne vorherige Befragung des betreffenden Beamten und bedeutete für diesen die Unterwerfung unter die besonders scharfen Strafbestimmungen der SS. Die Absicht des SD geht dahin, seinen personellen Einfluß nach und nach auf die gesamte Polizei auszudehnen und, wie es seit 1938 in der Praxis bereits gehandhabt wird, für alle Laufbahnen nur noch SS-fähige Bewerber einzustellen. Nach Beendigung des so durchgeführten Regenerationsprozesses sollte dann der SD als selbständige Organisation verschwunden und in den speziellen Polizeiverbänden aufgegangen sein.«

Das, worum man seit Jahrzehnten ohne Erfolg gerungen hatte, eine einheitliche Kripo, war jetzt in der Reichskriminalpolizei realisiert.

Das Reichskriminalpolizeiamt hatte die sachliche und fachliche Leitung der gesamten deutschen Kripo. Es entstanden Reichszentralen für spezifische Delikte, eine Reichsnachrichtenzentrale, zentrale Ausbildungsstätten usw. Die Beamten des RKPA waren im Reichsgebiet zum Eingreifen befugt – die Verwirklichung eines alten, guten Kriminalistentraumes, aber die Verwirklichung im Bösen.

Man kann, überspitzt formulierend, sagen, SS-Verbrecher hätten die taktische kriminalpolizeiliche Konzeption einer einheitlichen Zentralstelle übernommen, um ihre Ziele zu erreichen. Die Konzeption der einheitlichen Kripo war unwidersprochen gut. Sie ist so gut, daß sie auch unter Zwang und Gewalt bestens als zentralisierte Verbrecherorganisation funktioniert.

Was die Machthaber im Sinne hatten, ließ sich leicht aus der organisatorischen Zusammenlegung von Kripo und Gestapo ersehen. Und daß sie das, was sie im Sinne hatten, auch in die Tat umsetzten, hat die Zeit ihrer Gewaltherrschaft bewiesen.

Hiermit sind die individuellen Kriminalbeamten nicht zu belasten. Sie taten wie befohlen ihre Pflicht, manche mehr, manche weniger. Die »Chefs« waren servile Untertanen. Bernd Wehner zitiert in seinem bereits erwähnten Buch den Reichskriminaldirektor Nebe, der 1939 Heydrich gegenüber seine Kripo so beschrieb:

> »Gruppenführer! In Ausführung der Weisung des Reichsführers SS haben Sie eine schlagkräftige Reichskriminalpolizei geschaffen, die volksverbunden und lebensnah zu arbeiten im Stande ist. Als soldatische Beamte und SS-Männer werden wir Mitarbeiter des Reichskriminalpolizeiamtes unsere ganze Kraft hingeben an die Aufgaben, die Sie nach den Befehlen des Führers und des Reichsführers SS zu erfüllen haben.«

Was Heydrichs Aufgaben waren, wissen wir mittlerweile in extenso. Er selbst bezeichnete es z. B. als Auftrag der Polizei, »die Volksgemeinschaft nach den von Weltanschauung und politischer Führung gegebenen Grundsätzen neu aufzubauen, den Willen der Führung zu vollziehen ...«

Die Beamten waren von unterschiedlicher Qualität. Sie waren entweder gute und erfahrene Kriminalisten oder überzeugte Nazis und SS-Männer. Nur selten waren sie beides. Polizeipräsidenten waren in der Regel ranghohe SS-Führer. Fachkönnen war wohl gefragt, aber politische Verläßlichkeit wurde höher eingestuft. Wenn jemand »nicht die Gewähr bot«, dann war der Bezug nicht zum Wissen und

Können, sondern zur politischen Einstellung zu sehen. Hervorragende Kriminalisten wie der spätere erste Präsident des BKA, Dr. Max Hagemann, der bis 1928 in der Berliner Kripo war und Referent im Preußischen Innenministerium wurde, boten nicht die gewünschte Gewähr.
Arthur Nebe, Chef des Reichskriminalpolizeiamtes, war zwar ein passabler Kriminalist, aber eine zwielichtige, vielleicht sogar tragische Person. Der ehemalige SS-Gruppenführer und Generalleutnant der Polizei Arthur Nebe wurde wegen Hoch- und Landesverrats vom Volksgerichtshof 1945 zum Tode verurteilt.
In diesem Staate galt es als Verbrechen, Nazigegner oder Jude oder Zigeuner zu sein. So wurden viele Deutsche zu Verbrechern gestempelt, ohne es zu wissen, ja ohne es zu ahnen. Es waren übrigens auch Kriminalisten darunter.
Innenpolitisch erweiterte und festigte Hitler seine Macht unter Anwendung brutaler Gewalt. Himmler wurde Chef der Geheimen Staatspolizei (Gestapo) in Preußen, das »Heimtückegesetz« und die Gründung des »Volksgerichtshofes« sorgten für weitere Terrormaßnahmen zum Schutz der Nazidiktatur. Die SA wurde, nachdem Röhm und die Seinen am Starnberger See ermordet waren, liquidiert und alle Macht auf die SS (Schutzstaffel) übertragen. »Sturm« war nicht mehr nötig, dafür aber »Schutz«. Abtrünnige, wie Gregor Strasser, wurden »ausgemerzt«.
Die »Blutschutzgesetze«, als Nürnberger Gesetze in böser Erinnerung, stempelten Menschen wegen ihrer »Rasse« zu Verbrechern. Juden, Zigeuner, alle »Nicht-Arier« oder Menschen artfremden Blutes wurden verfolgt und in Lagern »konzentriert«. Der spätere Staatssekretär im Kabinett Adenauers, Globke, hatte die Gesetze damals kommentiert. Mit juristischer Akribie hatte er Anleitungen zur Aus- und Durchführung gegeben.
Die Hakenkreuzflagge wurde das alles beherrschende Symbol, und die alte Reichsflagge wurde eingezogen.
1935 wurde der PEN-Club verboten und der Deutsche Künstlerbund aufgelöst. Man begann von »entarteter Kunst« zu reden.
Der Führer brauchte arische Soldaten mit untadeligen Erbanlagen. Reichsführer SS Heinrich Himmler gründete »Lebensborn« zur Aufzucht von unehelichen Kindern, die von SS-Männern gezeugt waren und deren Mütter dem Führer ein Kind schenken wollten. Er verkün-

dete einen Vierjahresplan zur intensivierten Aufrüstung, reorganisierte seine Wehrmacht und bereitete »seinen« Krieg vor.
Die Polizei hatte eine zusätzliche Aufgabe bekommen. Die massiven Judenpogrome der »Kristallnacht« (1938) waren staatlich organisiert und Vorboten der später bürokratisch programmierten »Endlösung«. 20000 Juden wurden verhaftet, zum Teil mißhandelt, einige ermordet.
Hitler konnte keine politischen Gegner dulden. Seine Polizisten, denen das Reichssicherheitshauptamt als Zentrale diente, spürten sie auf und brachten sie mit allen Mitteln zur Strecke.
Dann war es so weit. Am 1. September 1939 fielen deutsche Truppen in Polen ein. Der Zweite Weltkrieg hatte begonnen. Am Ende sollten sich von den damals 50 existierenden Staaten der Welt 34 mit Hitler-Deutschland im Kriegszustand befinden. Der Widerstand gegen den Nazismus, der in den besetzten Ländern längst organisiert war, begann sich in Deutschland nur zaghaft zu regen. Im eigenen Land wurde die Polizei reduziert, dafür wimmelte es von SS-Polizisten im besetzten Ausland.
Der Polizei waren andere Aufgaben als Kriminalitäts- und Verbrechensbekämpfung zugewachsen. Sie war doppelt und dreifach gefordert. Alle Polizisten, auch die Kriminalpolizei, waren vornehmlich im In- und Ausland mit der Verfolgung von »Partisanen« beschäftigt. Seit 1941 standen die deutschen Truppen im Kampf gegen die Sowjetunion. Von den berüchtigten »Osteinsätzen« der Polizei, darunter auch Kriminalpolizei aus der Charlottenburger Führerschule, spricht man heute nur noch, indem man den Blick abwendet, hinter vorgehaltener Hand. Damals sollen sie »Verschickung nach Polen« geheißen haben.
Die »Osteinsätze« der Kripo sind ein besonders trauriges Kapitel. Bernd Wehner, der sich im Gegensatz zu Paul Dickopf und Rolf Holle recht gut an die Zeit erinnert, als er Kriminalkommissar war, schreibt darüber:

»Im April 1941 sprach Heydrich mit den Amtschefs des Reichssicherheitshauptamtes: Ein Feldzug gegen Rußland stehe bevor, Sicherheitspolizei und SD müßten die dann gewonnenen Gebiete ›sichern und befrieden‹. Er brauche ›ganze Männer‹ und hoffe, daß seine Amtschefs sich ›rückhaltlos zur Verfügung stellen‹ würden. Der Amtschef V (Kripo) Nebe, versicherte als erster: ›Gruppenführer, Sie können mit mir rechnen.‹«

Wehner berichtet weiter:

»Am 22. Juni rückten mit Hitlers Armeen vier Einsatzgruppen der Sicherheitspolizei und des SD in die Sowjetunion ein: Die Einsatzgruppe B mit dem Vorkommando Moskau, 7, 8 und 9 unter Nebe im Gefolge der Heeresgruppe Mitte. Insgesamt bestanden die Einsatzgruppen aus einem buntscheckigen Haufen von 3000 Mann: Beamten der Gestapo, der Kriminal- und Ordnungspolizei, Männer des SD, Angehörige der Waffen-SS und ausländische Hilfspolizisten.«

Auch Absolventen der Charlottenburger Führerschule der Sicherheitspolizei waren mit in diesem »Haufen«, die echte Liquidierungskommandos waren. Ihnen fielen im ersten Jahr des deutschen Angriffs auf die Sowjetunion nach vorsichtiger Schätzung 300000 Juden zum Opfer. Das erinnert an den Ausspruch Hitlers: »Unser Weg ist nicht sauber... auf reine Westen etwas zu geben wollen wir unseren Nachfolgern überlassen.« (Rauschning: Gespräche mit Hitler).
Nebes Kriminalpolizisten waren an den Morden, welche die »Todesbrigaden« durchführten, beteiligt. Er selbst auch. Das schloß nicht aus, daß Nebe zu den Offizieren zählte, die gegen Hitler opponierten. Fabian von Schlabrendorff attestiert ihm in seinem Buch »Offiziere gegen Hitler«, daß er den Kampf gegen Hitler mitmachte, sich aber nach außen nichts anmerken ließ, und Eugen Kogan schreibt über ihn in seinem »SS-Staat«:

»Nebe hat beinahe von Anfang an schwere Gewissenskämpfe durchlebt; er wurde, wenn er sich, sei es durch Flucht, sei es durch Selbstmord, der von ihm selbst geleiteten Verstrickung in Mord und Unheil aller Art immer wieder, besonders in den letzten Jahren, entziehen wollte, von seinen nationalsozialistischen und nicht nationalsozialistischen oppositionellen Freunden jedesmal veranlaßt, zu bleiben und seine für die Opposition bedeutungsvollen Möglichkeiten dieser zur Verfügung zu halten. Er spielte die Doppelrolle daher bis zum bitteren Ende des Todes durch Henkerhand weiter... Ich bin, entgegen der Auffassung mancher seiner Freunde, der Meinung, daß er dies nicht hätte tun dürfen... Nebe durfte weder ein sogenanntes SS-Einsatzkommando im Osten, also ein Liquidationskommando übernehmen – mag er es auch unter Umgehung einiger besonders entsetzlicher Befehle geführt haben – noch Menschen in die Versuchsstationen der Konzentrationslager einliefern. Diese Taten werden durch gleichzeitige Tätigkeit für die Opposition nicht gerechtfertigt, auch nicht durch die Absicht, Opposition dadurch zu tarnen, oder durch die scheinbare Unmöglichkeit, sich anders aus dem Verhängnis der Folgen eigener Fehler von früher her zu befreien.«

Für Kogan ist Nebe »keineswegs der erbarmungslose SS-Funktionär und Konjunkturist; seine Gestalt ist im Gegenteil nicht ohne eine gewisse Tragik – soweit es für einen Mann, der nicht rein zufällig bis zum SS-Gruppenführer und Leiter des Reichskriminalpolizeiamtes aufgestiegen ist, in einer so schlechten Sache echte Tragik geben kann«.

Manche Kameraden aus Charlottenburgs Auen hatten sehr lange noch, nach 1945, nicht nur eine, sondern massenhaft viele gemeinsame Leichen im Keller liegen.

Es kann nicht abgestritten werden, daß auch gestandene alte Kriminalisten aus der Weimarer Republik den Ideen Heydrichs nahestanden. Besonders wenn es darum ging, Wiederholungstäter unschädlich zu machen und Angriffen auf die »Volksgesundheit« energisch zu begegnen, wenn jedes Mitleid fallenzulassen war. Prügelstrafe und Tortur waren willkommen und wurden in der »verschärften Vernehmung« (1942) der Form halber reglementiert. Geprügelt und gefoltert durfte werden, und nicht nur die Gestapo quälte bis in den Tod hinein.

Damals existierte eine Kartei über Verbrecher, die keine waren, die aber, so sagte die pervertierte, unverantwortliche »kriminalbiologische Wissenschaft« prädestiniert waren, Asoziale, Berufs-Gewohnheits-Triebverbrecher zu werden. Kriminalpolizeiliche Prävention brachte sie in die kriminalpolizeiliche Vorbeugehaft der Konzentrationslager. Bernd Wehner zitiert den SS-Sturmbannführer, Oberregierungs- und Kriminalrat Paul Werner, Stellvertreter des Reichskriminaldirektors, der 1939 u. a. schrieb:

»In erster Linie richten sich die kriminalpolizeilichen Vorbeugungsmaßnahmen gegen Berufs-, Gewohnheits- und Triebverbrecher und gegen Asoziale, die vielleicht noch nicht nachgewiesenermaßen kriminell in Erscheinung getreten sind, die aber erfahrungsgemäß Verbrecher werden können ... Wenn ein Verbrecher oder Asozialer Vorfahren hat, die ebenfalls verbrecherisch oder asozial lebten, ist nach den Ergebnissen der Erbforschung erwiesen, daß in seinem Verhalten durch erzieherische Einflüsse eine Änderung nicht zu erreichen ist ... Der Verbrecher wird nicht mehr als Einzelperson, seine Tat nicht mehr als Einzeltat angesehen. Er ist vielmehr als Sproß und Ahn seiner Sippe, seine Tat als Tat eines Sippenmitgliedes zu betrachten ... In einer besonderen Zentralstelle des Reichskriminalpolizeiamtes werden gerade die Kinder der schweren Verbrecher erfaßt und die erforderlichen Maßnahmen zentral geleitet.«

Es bleibt im Herzen der kriminalbiologischen Wissenschaftler und der Kriminalisten von damals verborgen, aus welcher Motivation sie sich derart verbrecherisch prostituierten, um in der Gunst der NS-Machthaber zu bleiben. Verblendung allein konnte es nicht gewesen sein.

Es war erstaunlich, festzustellen, wie schnell nach 1945, binnen 24

Stunden, die Wissenschaftler der kriminalbiologischen Richtung ihre Meinung revidierten. Auch Juristen und Kriminalisten . . .
Aber die jüngste Vergangenheit war nicht auszulöschen. In vielen Veröffentlichungen in der Nazizeit hatten sie sich als überzeugte Nationalsozialisten und »Rassenhygieniker« ausgewiesen. Niemand hatte sie dazu gezwungen; nach 1945 verleugneten sie sofort ihr »wissenschaftliches« Werk oder entschuldigten es mit »momentaner Verblendung«. Heute würden sie von »black out« sprechen . . .
Das alles sollte sich der Schaffung eines Bundeskriminalamtes hindernd in den Weg stellen. Das Gespenst des Reichssicherheitshauptamtes und seines Amtes V war langlebig, und Heydrichs Katalog der »Staatsfeinde« und »Volksschädlinge« wirkte als präsente Erinnerung bedrohlich weiter. Man wußte, daß, wer auf der Liste stand, im Konzentrationslager verschwand – aus Gründen der kriminalpolizeilichen Prävention.
Widerstand gegen Hitler wurde überall blutig niedergeschlagen, Geiseln erschossen, Unbeteiligte gefoltert, Kinder nicht ausgenommen. Als Heydrich 1942 einem Attentat zum Opfer fiel, wurde als Vergeltung das Dorf Lidice mitsamt seinen Einwohnern dem Erdboden gleichgemacht. Als die »Rote Kapelle« aufflog, kam es zu Verhaftungen und Hinrichtungen. In München wurden die Geschwister Sophie und Hans Scholl hingerichtet. Überall hatte natürlich die Polizei, berufsnotwendig bedingt, die Hand mit im Spiel.
In Auschwitz und anderen Konzentrationslagern war die »Endlösung« in vollem Gang. Eine nie gesehene, systematische Vernichtung menschlichen Lebens lief bürokratisch gesteuert ab. Im Warschauer Ghetto wurde der Aufstand niedergeschlagen. Als das Attentat auf Hitler am 20. Juli 1944 mißglückte, fielen der Rache des Diktators an die 5000 Menschen zum Opfer. Freislers Volksgerichtshof trat in Aktion . . .
Am 9. Mai 1945 war alles aus. Die bedingungslose Kapitulation Deutschlands trat in Kraft.
Die Polizei hatte alle Etappen des Geschehens mitgemacht. Sie war zu jedem Zeitpunkt gebraucht und mißbraucht worden, ohne daß sie sich hätte, mit Aussicht auf Erfolg, zur Wehr setzen können.
Aus den Kriminalisten der Weimarer Republik waren Kriminalisten des Dritten Reiches geworden.
Daß im August 1933 eine zentrale Ausbildungsstätte für alle Krimi-

nalisten entstanden war, wäre an sich begrüßenswert gewesen. Der spätere Mißbrauch der Institution, die, neben der Vermittlung kriminalistischen Wissens, vordergründig braune Ideologie indoktrinierte, war um so verderblicher, denn Gestapo und Kripo saßen auf den gleichen Bänken und hatten die gleichen Lehrer in der »Führerschule der Sicherheitspolizei«.
Aus dem Polizeiinstitut Charlottenburg, als Kriminalistisches Institut bekannt, ging die »Führerschule der Sicherheitspolizei« in Berlin-Charlottenburg, Schloßstraße 1, hervor.
Paul Dickopf, der an dem 13. Kriminalkommissaranwärter(KKA)-Lehrgang der »Führerschule« vom 12.10. 1938 bis zum 1.7. 1939 teilgenommen hatte, beurteilte in einem Bericht vom 30.11. 1944 über »Die deutschen Nachrichtendienste« die Schule wie folgt:

»...die Beamten der Kriminalpolizei (wurden) mehr oder weniger in das herrschende Durcheinander mit hineingezogen, da Kripo und Stapo nun zur Sicherheitspolizei zusammengefaßt und aufeinander abgestimmten Ausbildungsplänen unterworfen wurde.
Ende 1937 wurde das bisher unter Leitung von Prof. Linnemann stehende Kriminalistische Institut zur »Führungsschule der Sicherheitspolizei« umgewandelt und einem von keiner Sachkenntnis getrübten ehemaligen Oberleutnant der Schutzpolizei unterstellt, der seinen Wert durch den Verrat seiner ehemaligen Berufskameraden bewiesen hatte. Lehrplan und Unterricht waren dementsprechend, so daß die Staatspolizeibeamten, die an ihrem früheren Dienstort keine wissenschaftliche Ausbildung genossen hatten, auch hier in Wirklichkeit nur eine politische Schulung erhielten.«

Der »verräterische« Schulleiter war vermutlich Otto Hellwig. Der hatte, laut Unterlagen im »Document Center« in Berlin am 11.5. 1939 als SS-Brigadeführer und Oberregierungsrat die Beurteilung und den Vorschlag zur Beförderung des SS-Bewerbers (SS-Staffelmann) Paul Dickopf zum SS-Untersturmführer unterschrieben. Dies war jedoch kein Verrat, denn Heydrich hatte befohlen, daß mit Abschluß des Kommissarlehrgangs und mit der Ernennung zum Kriminalkommissar automatisch, ohne Antrag oder Bewerbung die dienstrangmäßige Angleichung in Form der Ernennung zum SS-Unterführer erfolgte. Das wußte auch Paul Dickopf, denn in dem vorher erwähnten Bericht schreibt er:

»Kurz nach der Machtübernahme gelang es Himmler, den Sicherheitsdienst der SS als Unterorganisation anzugliedern. Um die Verschmelzung mit der Exekutivgewalt noch enger zu gestalten, das Endziel ist die völlige Personalunion, wurden ab 1939 die leitenden Beamten aller Polizeiarten ebenfalls in die SS und den SD eingegliedert. Die Ernennung erfolgte meist ohne vorherige Befragung des betreffenden Beamten, und bedeutete für diesen die Unterwerfung unter die besonders scharfen Strafbestimmungen der SS.«

Die Charlottenburger Kriminalistenschule war eine vornehmlich politische und politisierende Institution. Der Charlottenburger Lehrstoff brachte in rein fachlicher Hinsicht kaum, was heute in Abschlußlehrgängen für den gehobenen Kriminaldienst erwartet und gefordert wird.
Das 1927 gegründete Charlottenburger Polizeiinstitut hatte zu Anfang große, auch wissenschaftliche Ambitionen und wollte Kriminalisten auf breiter Basis ausbilden. Dazu ist es aber nie gekommen, sieht man von der Kriminaltechnik im Labor ab. Nach der Machtübernahme durch Hitler wurde es zentrale Ausbildungsstätte für alle Kriminalbeamte des Dritten Reiches. Dazu gehörten alle Parteigenossen, SA und sonstige Kämpfer, die zu Beamten der Geheimen Staatspolizei herangezogen wurden. Kripo und Gestapo besuchten dieselben Lehrgänge, und was dort gelehrt wurde, wird aus der Umbenennung des Polizeiinstitutes in »Führerschule der Sicherheitspolizei« deutlich. Es wurde SS-Uniform getragen.
Der Kriminalkommissarkandidat mußte »die Gewähr dafür bieten, daß er jederzeit rückhaltlos für den nationalsozialistischen Staat eintritt, deutschen oder artverwandten Blutes und gegebenenfalls nicht mit einer Person fremdblütiger Abstammung verheiratet ist«. Diese Voraussetzungen waren, so wollten es die Erlasse vom 14. 4. und 21. 6. 1934 des Reichsführers SS und Chef der Deutschen Polizei, zwingend. In Charlottenburg wurden Referate gehalten und geschrieben. Sie dienten der Vertiefung des gelernten Stoffes und wurden von Spezialisten verfaßt. Der folgende Auszug aus einem Referat, das der damalige Kriminaldirektor Pessehl auf dem Lehrgang 1937/38 hielt, illustriert die Tendenz der Charlottenburger Lehren:

»Der klassische Betrüger aufgrund rassischer Vorbedingungen ist der ›Jude‹. Von hier aus zum Bolschewismus führt eine gerade Linie, die gekennzeichnet ist durch die Einstellung des Juden, daß ihm Reichtum gleich Ehre ist, Freiheit gleich Handelsfreiheit, sein Vaterland die Internationale. Hieraus ergibt sich dann, besonders nach der Einwanderung der Ostjuden, die allgemein platzgreifende Billigung der Korruption, die Untergrabung der Steuermoral ... Überall zu finden, wo aus Unruhestiftungen sich für ihn ein Profit ergeben kann, in Kriegs- und Notzeiten ... Schließlich kann man noch feststellen, daß die unangenehmen und typisch jüdischen Charaktermerkmale gleichzeitig die Merkmale des Betrügers sind . . .«

Nach 1945 fanden sich die alten Charlottenburger Kameraden wieder zusammen, und wie in einer Seilschaft sicherten sie sich gegenseitig ab und hievten sich langsam, aber sicher auf den Gipfel des Berges.
Den 13. KKA-Lehrgang 1938/39 besuchten neben Paul Dickopf u. a. auch

Rolf Holle	– später Abteilungspräsident im Bundeskriminalamt,
Kurt Griese	– später Regierungskriminaldirektor im Bundeskriminalamt,
Rudolf Thomsen	– später Regierungskriminalrat im Bundeskriminalamt,
Gerhard Freytag	– später Regierungskriminalrat im Bundeskriminalamt.

Nach 1945 wollte man verhindern, daß aus den Kriminalisten des Dritten Reichs Kriminalisten der Bundesrepublik wurden. Das konnte nur durch Umstellung der Ideologie erreicht werden, denn ausgebildete Polizeibeamte brauchte man, und die kamen alle aus dem Dritten Reich. Obwohl die Umstellung sich ohne Schwierigkeiten vollzog und die meisten Beamten sich zwar frustriert, aber auch befreit fühlten, ging man in den Ländern und im Bund behutsam an die Realisierung einer erneuten zentralen Kriminalpolizeistelle heran. Die Gründung des Bundeskriminalamtes war eine sanfte Zangengeburt.
Man hatte noch das Bild des 1939 gegründeten Reichssicherheitshauptamtes vor Augen, eine »Bürokratie des Terrors« (Brissaud).
Die Internationale Kriminalpolizeiliche Kommission hatte ihre Jahresversammlung 1938 in Bukarest abgehalten. Es war noch kein Krieg, aber Deutschland hatte Österreich »heim ins Reich geführt«. Die Atmosphäre war gespannt. Der Sitz der IKPK sollte von Wien in ein anderes, neutrales Land verlegt werden. Heydrich trat arrogant und fordernd auf. Ein Oberführer, Steinhäusel, wurde geschäftsführender Präsident, und 1940, nach dessen bis heute ungeklärtem Verschwinden, ernannte sich Heydrich zum IKPK-Präsidenten und verlegte den Sitz nach Berlin.

Man hatte auf den Jahrestagungen in Paris (1931), Rom (1932), Wien (1934), Kopenhagen (1935), Belgrad (1936) und London (1937) die Entwicklung in Deutschland nicht vorausgesehen und an dem 1934 gefaßten Beschluß, Wien solle ständiger Sitz der Kommission sein, nichts geändert. Ab 1938 war es zu spät, die Internationale Kriminalpolizeiliche Kommission in einem »neutralen« Land anzusiedeln.
Mit Heydrich als Präsident der Internationalen Kriminalpolizeilichen Kommission, dem Vorläufer von »Interpol«, war ein Verbrecher an der Spitze der Organisation, dessen Ziel es war, das internationale Verbrechertum zu bekämpfen.
Seit 1940 war die IKPK nicht mehr funktionsfähig, denn de facto war sie im Berliner Reichskriminalpolizeiamt integriert. Ab 1942 hatte die Kommission ihren Sitz in Berlin-Wannsee, und Heydrich leitete selbständig die »internationale« Dienststelle. Laut Runderlaß vom 8. 12. 1941 sollte die IKPK »unter der neuen, deutschen Leitung zu einer Weltkriminalzentrale ausgebaut werden« . . .
Mit dem Ende des Krieges starb auch die IKPK, um später als »Interpol« wieder im Sinne der Begründer von 1923 zu erstehen, ebenso wie das Reichssicherheitshauptamt, die zentralisierte Polizei. Aber anders und diesmal als Realisierung im Guten.
In der völlig revidierten, verbesserten und umgearbeiteten Neuauflage änderten sich Inhalt und Titel. Aus »Reichssicherheitshauptamt« wurde »Bundeskriminalamt«, aus dem »Reich« wurde ein »Bund« und aus Polizeiterror Polizeischutz.
Die Grundkonzeption blieb die des Reichskriminalpolizeigesetzes vom 21. 7. 1922, das man 1951 abrief, obwohl es nie in Kraft getreten war, um ihm zu neuem Leben zu verhelfen. An der Ausarbeitung des »Gesetzes über die Einrichtung eines Bundeskriminalpolizeiamtes« waren die alten Kameraden aus Charlottenburg maßgeblich beteiligt, und die zwei ersten Jahrzehnte sollten sie in führenden Positionen im neugeschaffenen Amt tätig sein. Man sprach, oft nicht ohne Groll, manchmal mit verständnisvollem Zwinkern, aber auch mit Kopfschütteln von der »Charlottenburger Seilschaft«.

4

Vorbereitung einer Neuauflage (1945–1951)

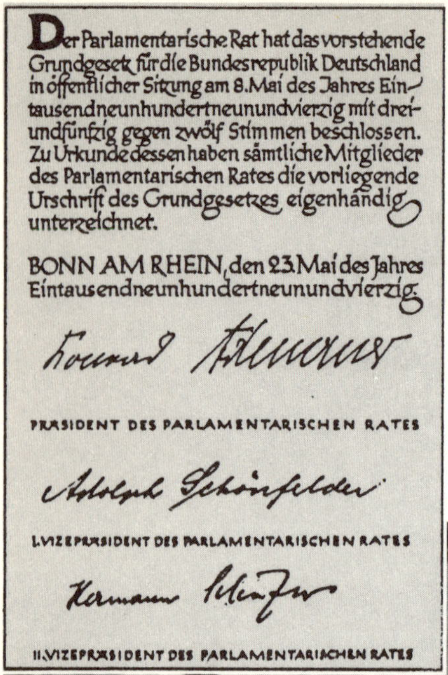
Der Parlamentarische Rat hat das vorstehende Grundgesetz für die Bundesrepublik Deutschland in öffentlicher Sitzung am 8. Mai des Jahres Eintausendneunhundertneunundvierzig mit dreiundfünfzig gegen zwölf Stimmen beschlossen. Zu Urkunde dessen haben sämtliche Mitglieder des Parlamentarischen Rates die vorliegende Urschrift des Grundgesetzes eigenhändig unterzeichnet.

BONN AM RHEIN, den 23. Mai des Jahres Eintausendneunhundertneunundvierzig.

Konrad Adenauer

PRÄSIDENT DES PARLAMENTARISCHEN RATES

Adolph Schönfelder

I. VIZEPRÄSIDENT DES PARLAMENTARISCHEN RATES

Hermann Schäfer

II. VIZEPRÄSIDENT DES PARLAMENTARISCHEN RATES

Paul Dickopf

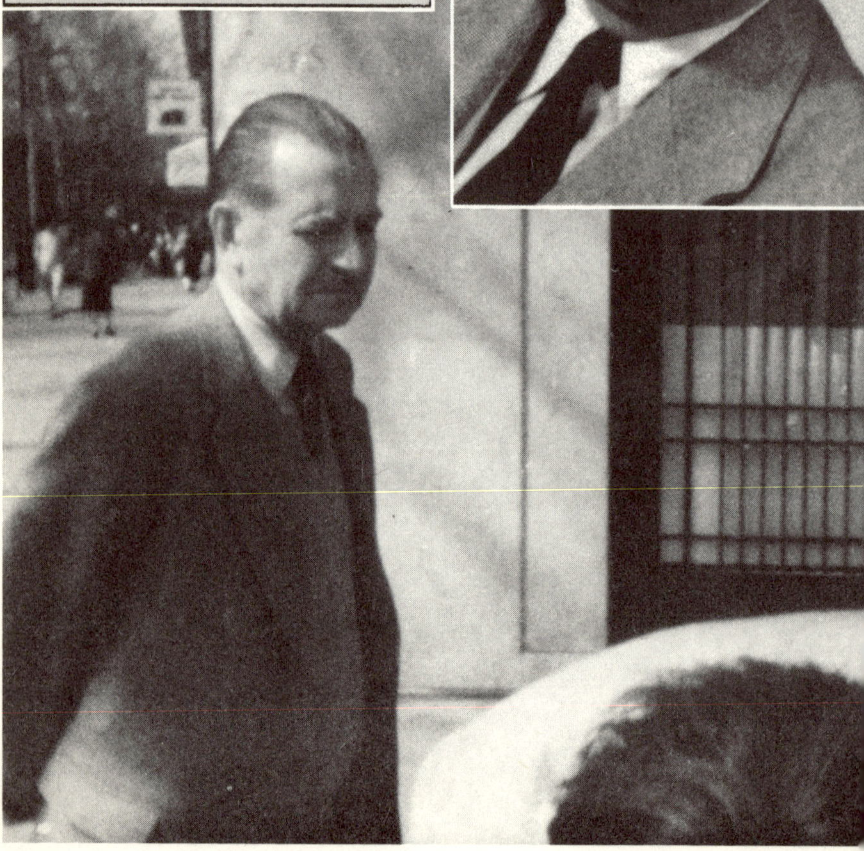

Rudolph A. Reiss, Begründer des »Institut de Police scientifique« an der Universität Lausanne (das später den Zusatz »et de criminologie« bekam).

F. E. Louwage, Präsident der nach dem Kriege neu gegründeten Internationalen Kriminalpolizei Organisation (IKPO) – Interpol.

Edmond Locard

Robert Heindl

Links: François Genoud

Am 9. Mai, um 00.01 Uhr trat die Gesamtkapitulation des Dritten Reiches in Kraft. Auf der Potsdamer Konferenz hatten die Sieger das ehemalige Dritte Reich in vier Sektoren aufgeteilt, sie konstituierten einen Alliierten Kontrollrat, der die Aufhebung der zentralen Reichsverwaltung und die Außerkraftsetzung der Nazigesetze beschloß. Er stellte Grundsätze für eine Neugestaltung der Rechtspflege auf. Die Reichspolizei hatte aufgehört zu bestehen.
In Deutschland erwachten die Menschen aus einem Zwangsalptraum, zwar befreit und erlöst, aber konfrontiert mit Not, Hunger und Leid. Aus den Konzentrationslagern wurden alle Häftlinge befreit und entlassen. Sie setzten sich aus »roten Winkel« (politische Häftlinge) und »grünen Winkel« (Verbrecher des gemeinen Rechts) zusammen. Für die Besatzungsmächte war es schier unmöglich, Unterschiede zu machen, denn alle KZ-Häftlinge, ob politisch oder nicht, waren gequälte, verzweifelte Menschen, denen man nur das überstandene gemeinsame Leiden ansah.
Trotzdem darf man nicht übersehen, daß in den Konzentrationslagern nicht nur rassisch oder politisch Verfolgte, sondern auch »unverbesserliche« Gewohnheitsverbrecher, eingesessen hatten. Und wer in »Vorbeugehaft« ins KZ geschickt wurde, bestimmte oftmals der kriminalbiologische Dienst in Zusammenarbeit mit der Polizei. »Rassenhygiene« und kriminalbiologische »Verbrechensbekämpfung« wurden mit Unterstützung von im Dienste der NS-Macht stehenden Wissenschaftlern durch Extermination betrieben.
Endlich waren die KZ-Häftlinge in Freiheit, aber viele ihrer Peiniger befanden sich noch auf freiem Fuß. Auf den verschiedensten Ebenen fanden sie sich in einer eigenartigen Subkultur der Angst und der Schuld wieder, angewiesen auf gegenseitige Hilfe. Denn sie hatten gemeinsam viele Leichen im Keller.
Diese undurchsichtigen Zustände beeinflußten die Rekrutierung der Kriminalpolizeibeamten und später die Zusammensetzung der Belegschaft des BKA.

Die Kriminalität nahm in erschreckendem Maße zu. Zu den klassischen Erscheinungsformen der Verbrechen traten neue, der Zeitsituation angepaßte, oder ihr entsprungene Abarten auf. Schwarzmarktgeschäfte, Schmuggel und Wucher breiteten sich neben Raub, Diebstahl und Mord erschreckend aus.

Die Polizei, soweit sie überhaupt noch existierte, war funktionsunfähig und hilflos. Die Alliierten waren bemüht, Sicherheit und Ordnung zu gewährleisten, aber sie hatten wenig Erfolg. Bald wurde ihre Militärpolizei durch deutsche Polizeibeamte verstärkt.

Die Alliierten hatten beschlossen, die deutsche Polizei zu denazifizieren, zu dezentralisieren und zu demokratisieren.

Die »Denazifizierung« war ein äußerst schwieriges Unterfangen. Keinesfalls war sie eine Entnazifizierung. Denn hätte man alle ehemaligen Nazis entfernen wollen, wäre kaum eine handlungsfähige Beamtenschaft übriggeblieben. Und es gab recht gut ausgebildete Kriminalisten unter den »alten Nazis«. Auf Fach- und Sachkenntnisse konnten und wollten die Besatzungsmächte nicht verzichten. Im Gegenteil, sie setzten diese zu ihrem eigenen Gewinn ein. Die »Spezialisten«, die gestern noch für das Dritte Reich spioniert, ausgekundschaftet oder Feinde abgewehrt hatten, taten dies jetzt wiederum für die neuen Herren.

Vor allem in den mittleren und unteren Laufbahnen war es schwer, eine gerechte Auswahl zu treffen, wenn es galt, Polizeibeamte im Dienst zu belassen oder sie aus dem Dienst zu entfernen. Waren doch alle Beamten ab den dreißiger Jahren und später mehr oder weniger überzeugt der Naziideologie angehangen oder hatten so getan als ob, oder sie waren mit dem Strom gelaufen.

Alle Polizisten hatten gezwungenermaßen, auch vielleicht guten Glaubens, Unrecht getan. Eduard Kern beschreibt die Situation in einer Stellungnahme von 1947 so:

»Die Polizei hat im Dritten Reich auch ihre Anzeigepflicht gegenüber der Staatsanwaltschaft nicht mehr anerkannt und der Justiz Sachen, über die nach dem Gesetz die Justiz zu entscheiden hätte, willkürlich vorenthalten oder entzogen. Sie hat die Entscheidung der Rechte demonstrativ mißachtet, sie hat ausschließlich in geheimen Inquisitionsprozessen mit Folterungen, Schutzhaft, Konzentrationslagern und Hinrichtungen eine eigene Rechtspflege getrieben, die sich weder durch Gebote des Gesetzes noch durch die der Menschlichkeit behindert fühlte. Die ordentliche Justiz konnte schließlich nur noch über solche Straftaten entscheiden, die andere Stellen ihr zu überlassen für gut befanden.« (Die neue Polizei, Nr. 1, 1951)

Nichtnazis unter den Polizeibeamten erlebten jetzt eine erneute Frustration. Sie hatten damals wegen ihrer Einstellung keine umfassende Ausbildung genossen, oder sie waren als »SS-unfähig« aus dem Dienst entlassen worden, oder sie hatten nicht »die Gewähr« geboten. Jetzt wurden sie eingestellt, jedoch diese »Wiedergutmachung« konnte die ausgebliebene Ausbildung nicht ersetzen. Die Zentral-Polizeischule wurde 1948 in Hiltrup eingerichtet und, mit dem Polizeiinstitut verbunden, übernahm sie unter der Leitung von erfahrenen Leitern und Lehrern die Aufgaben des früheren Polizeiinstitutes in Berlin-Charlottenburg.

Ein erfahrener Polizeilehrer, der in der nationalsozialistischen Zeit schwer zu leiden hatte – 1937 wurde er als Lehrer zur Weiterbildung von Polizeioffizieren abgesetzt, 1943 verhaftet, etc. –, Herbert Kalicinski, wurde ihr erster Leiter. Er machte aus der Polizeischule ein Polizeiinstitut, später wurde sie Polizei-Akademie. 1955 gründete er die Deutsche Sektion der Internationalen Polizei-Assoziation (IPA) und wurde 1961 auf dem Dritten Weltkongreß zum Internationalen Präsidenten gewählt.

Man war gezwungen, auf »Fachleute« zurückzugreifen, auch wenn sie politisch verdächtig waren. Auf höherer Ebene wurden diese Probleme überspielt. Dr. Globke, der die Rassengesetze des Dritten Reiches ausführlich kommentiert hatte und dennoch »unverdächtig« war, wurde Staatssekretär in Adenauers erstem Kabinett.

1949 forderte O. F. Heinrich, daß in der Polizei eine strenge politische, nicht parteipolitische Sichtung bei der Einstellung erfolgen müßte, daß die Befehlsgewalt, aber auch die Ausbildung, unbedingt nur in den Händen von echten Demokraten zu liegen hätte:

»Das Anwachsen rechtsradikaler Stimmen z. B. in Norddeutschland, das Liebäugeln mancher ›Politiker‹ mit den ehemaligen Anhängern Hitlers, die ›doch auch das Beste gewollt haben‹, das alles beweist, daß der Staat allen Grund hat, einer Wiederholung früherer Vorgänge vorzubeugen, ja, sie im Keim zu ersticken, ehe erst die Unzufriedenen vom Prinzip her die anderen Unzufriedenen um sich gesammelt haben und aktiv in Erscheinung treten« (Die neue Polizei, Nr. 9, 1949).

Bei der Rekrutierung der Kriminalpolizeibeamten war alles noch schwieriger, denn, nachdem in den ersten Nachkriegsjahren nicht mehr zwischen Schutz- und Kriminalpolizei unterschieden wurde und das Prinzip der Einheitspolizei galt, kam der Nachwuchs der Kriminalbeamten aus der Schutzpolizei. Ihnen fehlte die Fachausbildung

und in den ersten Nachkriegsjahren war es nicht möglich, in dieser Hinsicht das Notwendige in gebotener Zeit nachzuholen.
Auf gehobener und höherer Ebene drückte man, was die politische Vergangenheit anging, vielfach die Augen zu. Hier hatte Wissen und Können Vorrang vor brauner Vergangenheit.
Die Auswahl der neuen Polizeibeamten, besonders im Bereich der Kriminalpolizei, erfolgte teilweise nach undurchsichtigen Kriterien. Intrigen, Beziehungen, auch politische Improvisationen waren oft ausschlaggebend für eine neue Karriere und Lebensplanung.
Auf der Arbeitstagung der Polizeichefs vom 27. bis 29. April 1950 in Hiltrup hielt in Gegenwart von Dr. Menzel, dem Innenminister von Nordrhein-Westfalen, und von Vizepräsident Egidi vom Bundesinnenministerium, Herr van den Bergh, ehemaliger Leiter des Polizeiinstituts Berlin-Charlottenburg, ein Referat mit dem Thema: »Psychologische Gesichtspunkte bei Auswahl und Ausbildung von Polizeibeamten«.
Im Jahr 1949, bei der Gründung der Bundesrepublik, waren sich die Hohen Kommissare der Besatzungsmächte darüber einig, alles »Militärische«, auch innerhalb der Polizei, abzuschaffen. Das erschrekkende Bild der Polizeigewalt und Militarisierung im Rahmen der SS war noch zu frisch und noch zu nahe. Wenn man schon, durch die Notsituation gezwungen, ohne alte SS-Polizisten nicht auskommen konnte, dann sollte ihnen jedenfalls der Nimbus des Militärischen, des Bewaffneten, des Machtausübens, genommen werden.
Das galt in den ersten Jahren der Nachkriegszeit, als die Furcht vor einer mit Macht ausgestatteten zentralisierten Polizei noch echte Angst erzeugte und noch nicht zum »Bedenken« abgemindert war.
Die »Bedenken« brachten allmählich die Einsicht, daß die rationale Kriminalitäts- und Verbrechensbekämpfung eine dringende Notwendigkeit geworden war. Und die heillose, formal richtige, aber in der Sache oft falsche Assoziation zwischen SS und Polizei verlor immer mehr an Konturen. Jedoch ein ungutes Gefühl blieb bestehen, wenn Zusammenhänge mit dem Polizeiwesen erörtert wurden.
Dabei hatten die Besatzungsbehörden einige Vorstellungen über die Organisation der Polizei in ihren Zonen. Die Franzosen verstaatlichten die Polizei, die Amerikaner und Engländer kommunalisierten sie.

Auf die bedrohliche Zunahme reisender Krimineller und räumlich verzweigter Kriminalität reagierten die Amerikaner und die Engländer, indem sie in den Ländern kriminalpolizeiliche Zentralstellen schufen, die in Karteien und Sammlungen nützliche Daten und Auskünfte für die Kriminalpolizeistellen bereitstellten. Auch kriminaltechnische Untersuchungen wurden für die Länderkripos durchgeführt.
Bereits 1945 hatte die britische Militärregierung das »Zonal Crime Records Bureau« (Kriminalpolizeiamt für die britische Zone, KPBrZ) in Hamburg eingerichtet. Dazu sagt Albrecht in seiner noch nicht veröffentlichten Arbeit über die Geschichte des BKA:

»Dieses Amt hatte ebenfalls keine Weisungs- und Exekutivbefugnisse, bekam aber später große Bedeutung für den Aufbau des BKA. Von ihm gingen nicht nur entscheidende Impulse aus bezüglich Zonen und somit für die Einrichtung des BKA, sondern es wurde später in das BKA übernommen und bildete mit seinem Personal und seinen Einrichtungen den Kern des Amtes.
Überblickt man die kriminalpolizeiliche Entwicklung der letzten 150 Jahre, so ergeben sich deutlich zwei Hauptlinien: einmal ein Streben nach fortschreitender Zentralisierung der Polizeiorganisation, zum anderen ein Bemühen um immer engere Zusammenarbeit über die Staatsgrenzen hinaus. Dem standen jeweils starke Bestrebungen nach Selbstständigkeit der Länderpolizeien und Dezentralisierung gegenüber. Als vorläufiges Endprodukt dieser widerstreitenden Tendenzen ist die Existenz des BKA anzusehen. Mit seinen heutigen Befugnissen und Mitteln sollte ein vertretbarer Kompromiß gefunden werden zwischen den Notwendigkeiten zentraler Aufgabenerfüllung und der Polizeihoheit der Länder.«

Die von den Amerikanern in ihrer Zone zur Hilfe der kommunalen Kriminalpolizei geschaffenen Landeskriminalpolizeiämter waren nicht mit kriminalpolizeilichen Vollzugsaufgaben betraut, unterstanden den Innenministern ihrer Länder und hatten die Weisungen der Aufsichtsoffiziere, der »Public Safety Officers«, zu befolgen.
Die Franzosen hatten weniger Probleme, sie verstaatlichten die gesamte Polizei und beließen den kriminalpolizeilichen Landesämtern die Weisungs- und Exekutivbefugnis.
In einem Brief an Dr. Katzenberger aus dem Jahr 1949 beurteilt Paul Dickopf, dessen Bemühungen um die Errichtung des Bundeskriminalamtes wir noch eingehend darstellen werden, im Rückblick die Situation so:

»Nach dem Fehlschlag des Experiments der Besatzungsmächte, eine ausreichende Gewähr für die öffentliche Sicherheit dadurch zu schaffen, daß unzusammenhängende, schlecht ausgebildete und unzureichend ausgerüstete örtliche Kriminalpolizeien und später ebenso zu qualifizierende Landesbehörden eingerichtet wurden, hatten sich bis Ende 1948 die Dinge so entwickelt, daß an eine Lösung nur noch auf Bundesebene gedacht werden konnte. Die Beratungen zum Entwurf des Grundgesetzes zeigten die Verfahrenheit in ihrem ganzen Umfang.«

1946 wurde der Völkerbund aufgelöst, die UNO hielt ihre erste Vollversammmlung in Lake Succes auf Long Island ab und übernahm die Funktion des Völkerbundes. Man hoffte allenthalben, mit mehr Erfolg.

Im Nachkriegs-Deutschland übernahm Konrad Adenauer den Vorsitz der Christlich Demokratischen Union (CDU) und Kurt Schumacher den der Sozialdemokratischen Partei Deutschlands (SPD). In der Sowjetzone kam es unter dem zwingenden Einfluß der russischen Besatzungsmacht durch eine Zwangsvereinigung der Kommunistischen Partei Deutschlands (KPD) mit der Sozialistischen Partei Deutschlands (SPD) zur Gründung der Sozialistischen Einheitspartei (SED).

Immer stärker traten die Ost-West-Gegensätze hervor. Der Kontrollrat stellte 1948 seine Arbeit ein. Im Vorjahr (1947) hatten die Amerikaner mit den Engländern ein Abkommen über den wirtschaftlichen Zusammenschluß ihrer Zonen getroffen.

Es war eine Zeit des Suchens in der Unsicherheit der Verunsicherung, oft auch der Angst. Manchen Deutschen fehlte die Zeit, sich zu schämen. Mitscherlich schrieb von ihrer »Unfähigkeit zu trauern«. Horkheimer und Adorno, aus der Emigration zurück in Frankfurt, publizierten die sozialkritische Schrift »Dialektik der Aufklärung«, und Karl Jaspers schrieb seine Studie »Die Schuldfrage«. Die Amerikanische Hilfe für Europa lief 1947 im »Marshallplan« an.

Die Beziehungen zwischen Ost und West verschlechterten sich zusehends. Keiner traute dem anderen – Spione waren gefragt. Die Lage auf dem Nachrichtenmarkt war schwankend. Gerade die Amerikaner waren an verläßlichen Auskünften aus dem Osten, besonders aus der »Sowjetischen Besatzungszone«, interessiert. Paul Dickopf, der in der Führerschule Charlottenburg geschulte Kriminalist, der im Abwehrdienst unter Canaris Erfahrungen im Spionagegeschäft gesammelt hatte und aus seiner Tätigkeit in den Jahren 1940 bis 1945 so manches wußte, stellte sich den Amerikanern als »Berater der US-amerikanischen Militärregierung in Deutschland für kriminalpolizeiliche Angelegenheiten« zur Verfügung.

Die Fülle der Ereignisse und das Bedürfnis in der Neustrukturierung der Bundesrepublik nicht in den Vorbereitungen steckenzubleiben, brachte stetig sich abwechselnde Veränderungen auf allen Gebieten, den sozialen, den kulturellen, den ökonomischen, den wirtschaftlichen und auch in der Kriminalitätsszene. Die Kriminalpolizei war erneut gefordert. Sie mußte sich der sich chamäleonähnlich ändernden Phänomenologie der Kriminalität anpassen.
Horst Herold beschreibt die ersten Etappen zur Realisierung des Bundeskriminalamtes in einer Arbeit über »Innere Sicherheit«:

»Am 1. September 1948 trat der Parlamentarische Rat unter dem Vorsitz des späteren Bundeskanzlers Konrad Adenauer in Bonn zusammen, um als verfassungsgebende Versammlung der drei westlichen Besatzungszonen eine demokratische Verfassung für die künftige Bundesrepublik Deutschland auszuarbeiten. In einem Aide Memoire vom 22. November 1948 erinnerten die drei alliierten Militärgouverneure daran, daß im Rahmen der Verfassung die Polizei auf jene schmalen Bereiche zu begrenzen sei, die während der Besatzungszeit ausdrücklich genehmigt worden waren. Angesichts der sich verschärfenden Spannungen zwischen Ost und West, die im Februar 1949 nach 8 Monaten der Blockade Berlins in einer Gegenblockade gipfelten, entschlossen sich die Westmächte, der künftigen Bundesrepublik zentrale Behörden der inneren Sicherung zuzubilligen. Inzwischen zeichnete sich in den Beratungen des Parlamentarischen Rates eine Mehrheit gegen die Errichtung von Bundespolizeibehörden ab. Dies veranlaßte die Militärgouverneure, mit Schreiben vom 14. April 1949 an den Parlamentarischen Rat selbst die Grundgesetze für den Behördenaufbau der Polizei und des Verfassungsschutzes vorzugeben: Die Polizei hatte Ländersache zu sein. Der Bund sollte Zentralstellen errichten; Weisungsgewalt über Länderpolizeien sollten sie nicht haben. Der Verfassungsschutz sollte keine Polizeibefugnisse ausüben dürfen. Ohne dieses Dokument, das als ›Polizeibrief‹ in die Geschichte eingegangen ist, wären das Bundeskriminalamt, der Bundesgrenzschutz und das Bundesamt für Verfassungsschutz kaum entstanden.
In aller Eile wurden im Redaktionsausschuß des Rates Formulierungen entworfen, die dem ›Polizeibrief‹ entsprechen sollten; das Plenum billigte am 6. Mai 1949 – zwei Tage vor der Schlußabstimmung und 17 Tage vor der Verkündung des Grundgesetzes – die Entwürfe ohne weitere Aussprache. Art. 73 GG, der die ausschließliche Gesetzgebung des Bundes regelt, und Art. 87 GG, der sich mit den Bundesorganen befaßt, erhielten ihre bis 1972 gültige Fassung.
Beide Artikel waren unzureichend aufeinander abgestimmt, ließen Lücken offen und überschnitten sich zum Teil; das Bundeskriminalamt erschien in Art. 73, fehlte aber in Art. 87, wo es als Bundesbehörde hätte genannt werden müssen; umgekehrt nennt Art. 87 den Bundesgrenzschutz, gibt ihm aber in Art. 73 keinen Unterbau; überraschenderweise fehlte das Verbot der Weisungsrechte von Bundesbehörden. Die Militärgouverneure wiesen daher in ihrem Genehmigungsschreiben vom 12. Mai 1949 erneut darauf hin, daß alle Polizei- und Sicherheitsbefugnisse nur in Übereinstimmung mit dem ›Polizeibrief‹ ausgeübt werden dürften. Weder die Militärgouverneure noch die Parlamentarier aber waren bereit, die mühsam gefundenen Formulierungen nochmals in Frage zu stellen. In den Ungenauigkeiten und Lücken der überhasteten

Verfasssungsgesetzgebung haben die seit Jahrzehnten anhaltenden Diskussionen über die Befugnisse von Polizei und Verfassungsschutz ihre Wurzel.«

Paul Dickopf, der als Berater der amerikanischen Militärgouverneure fungierte und es wohl verstand, amerikanische Wünsche diskret bei deutschen zuständigen Stellen anzubringen und auch durchzusetzen – Staatssekretär Ritter von Lex sprach vom »Einbau« alliierter Vertrauensleute in deutsche Behörden –, wollte am weiteren Verlauf der Dinge entscheidend mitwirken. Prante schreibt dazu in seiner Materialzusammenstellung:

»Wenn die privaten Aufzeichnungen von Dickopf verläßlich sind, dann scheint es, als ob die Alliierten sich auf die Dauer scheuten, zu viele offizielle Eingriffe auf der Grundlage des Besatzungsstatuts vorzunehmen. Statt dessen beschränkten sie sich mehr auf die individuelle Beeinflussung verantwortlich handelnder deutscher Persönlichkeiten und Stellen durch wenigstens teilweise rein konspirative Methoden. Dabei machten sich offenbar die Amerikaner zu Wortführern auch der Briten und Franzosen. Eine Schlüsselfigur in diesem Sinne für die Planung und Errichtung eines Bundeskriminal(Polizei)-Amtes wurde Paul Dickopf.«

Auf politischer Ebene war man sich keineswegs einig, und es kam zu teils heftigen Auseinandersetzungen. Merkwürdig ist allerdings, daß dann doch ein Konsens zustande kam. Das war zum großen Teil, wir werden es sehen, auf den Einfluß der Amerikaner und auf ihren Mittelsmann zur deutschen Regierung, Paul Dickopf, zurückzuführen.

Es fehlte nicht an Eingaben, Berichten, Gutachten und Stellungnahmen. Sie kamen aus den verschiedensten Richtungen und wollten Einfluß auf die Beratungen in den zuständigen Gremien nehmen. Eine Entschließung der Teilnehmer der britischen Zone an der vom Frankfurter Polizeipräsidenten Klapproth einberufenen Tagung der Polizeichefs nahm die später im Gesetz realisierten Grundsatzpunkte vorweg. Sie war von dem »Kriminalpolizeiamt für die Britische Zone« aus Hamburg inspiriert:

»Zur Zuständigkeit des Bundes gehört die Einrichtung eines Bundeskriminalpolizeiamtes. Dieses Amt hat die Kriminalpolizeien der Bundesländer bei der Ermittlung von strafbaren Handlungen und der Identifizierung von Verbrechern zu unterstützen. Ferner hat es den Verkehr mit ausländischen Kriminalpolizeien wahrzunehmen. Es ist die Zentralstelle auf den Gebieten des kriminalpolizeilichen Fahndungs- und Meldewesens, des Erkennungsdienstes und der Kriminaltechnik und führt die dazu erforderlichen kriminalpolizeilichen Sammlungen und Karteien. Durch Herausgabe eines Fahndungsbuches und eines Kriminalpolizeiblattes für das gesamte Bundesgebiet hat es alle kriminalpolizeilichen Dienststellen mit den für die Verbrechensbekämpfung erforderlichen Informationen und Hinweisen zu versorgen.«

Die Entschließung wurde dem Parlamentarischen Rat jedoch nicht als Empfehlung vorgelegt. Dafür gelangte ein Text der bayerischen Regierung unter dem Titel: »Ist eine Bundespolizei notwendig?« auf den Tisch der Parlamentarier. Die Bayern waren entschieden gegen die Schaffung einer zentralen Kriminalpolizeistelle und wollten von einem Bundeskriminalamt nichts wissen. Der Text vom 8. Oktober 1948 enthielt u. a. folgende Passage:

»Aufgrund langjähriger Erfahrungen kann festgestellt werden,

a) daß zur Ermöglichung der Verfolgung von Verbrechen über die Grenzen eines Landes hinaus sachlich die Schaffung eines Bundeskriminalwesens nicht erforderlich ist. Polizeilich genügt es, wenn die Länder im Sinne der früher schon erlassenen Bestimmungen über die Zusammenarbeit der Kriminalpolizei Vereinbarungen über das Recht der Nacheile und der Vornahme von Untersuchungshandlungen außerhalb des örtlichen Zuständigkeitsbereichs treffen.
b) daß es verfassungspolitisch gefährlich ist, eine Bundeskriminalpolizei mit – vermutlich – einem Bundeskriminalamt einzurichten, weil damit der Anstoß zur Aushöhlung der Polizeihoheit der Länder gegeben wird. Nach den Erfahrungen, die das Bayer. Staatsministerium des Innern in den Jahren 1920–1933 gemacht hat, waren nahezu 50% der Arbeit des Polizeireferats im Verkehr mit dem Reich und Preußen durch die unerquickliche Notwendigkeit bedingt, rechtlich und sachlich nicht begründete, offene oder versteckte Eingriffe oder Eingriffsversuche in die Polizeihoheit durch das Reich oder Preußen abzuwehren.
c) daß die Bildung einer Bundeskriminalpolizei auch sonst nicht ungefährlich ist, weil sie unter Umständen zum Ansatzpunkt für eine, zudem zentralisierte, »Politische Polizei« werden oder dazu mißbraucht werden könnte. Mit einer solchen sind aber wahrlich keine erfreulichen Erfahrungen in Deutschland gemacht worden!«

Es ist müßig, das Gezänk um die voraussichtlichen Kompetenzen eines zu gründenden Bundeskriminalamtes wiederzugeben. Zu oft blieb ein plötzlicher Sinneswandel der Politiker unerklärlich und unverständlich.

Die aus Privatinitiative entstandene Arbeitsgemeinschaft (AG-Kripo) der Kriminalbeamten, die den Leitern der Landeskriminalämter der britischen Zone und Bremens zu verdanken ist, machte sich bereits 1947 Gedanken über die Organisation der Kriminalpolizei für die zu erwartende Zeit einer deutschen Zentralregierung. Die AG-Kripo leistete wertvolle, nicht wegzudenkende Arbeit.

Die Leiter der Landeskriminalämter trafen sich in mehr oder weniger regelmäßigen Abständen und tauschten nicht nur Erfahrungen aus, sondern unterbreiteten den zuständigen Stellen auch wohlbegründete Vorschläge. Die erste Zusammenkunft der Leiter aller Landeskriminalpolizeiämter der Bundesrepublik, welche offiziellen Charakter hatte, fand am 9. September 1950 statt. Die AG-Kripo war etabliert. Von dieser Arbeitsgemeinschaft kamen und kommen auch heute noch wertvolle und realisierbare, da realistisch ausgerichtete Anregungen.

Die Arbeiten im parlamentarischen Rat waren unergiebig und zogen sich in die Länge. Die Militärgouverneure wurden ungeduldig und stellten am 22. 11. 1948 dem Präsidenten des Rates ein »Aide Memoire« zu, in dem unter anderem zur Stützung des Gedächtnisses der parlamentarischen Räte zu lesen war:

»Angesichts des nunmehr bei der Arbeit des parlamentarischen Rates erreichten fortgeschrittenen Stadiums halten es die Militärgouverneure zum jetzigen Zeitpunkt für angezeigt, dem Rat einen Hinweis darauf zu geben, welche Auslegung sie den im Dokument Nr. 1 ausgeführten allgemeinen Grundsätzen geben werden. Da es mehrere Möglichkeiten gibt, eine demokratische föderative Regierungsform zu verwirklichen, beabsichtigen sie, die Bestimmungen des Grundgesetzes im Gesamtzusammenhang zu erörtern. Sie sind jedoch der Meinung, daß das Grundgesetz, soweit irgend möglich, für folgendes sorgen sollte:

b) daß die Exekutive nur Vollmachten erhält, die von der Verfassung eindeutig vorgeschrieben sind, und daß eventuelle Notstandsvollmachten der Exekutive dahingehend eingeschränkt werden müssen, daß ihre umgehende gesetzgeberische oder gerichtliche Überprüfung verlangt wird;
c) daß die Vollmachten der Bundesregierung auf dem Gebiet des Polizeiwesens auf die von den Militärgouverneuren während der Dauer der Besatzung ausdrücklich zugestandenen Vollmachten beschränkt bleiben;
f) daß die Vollmachten der Bundesregierung zur Einsetzung von Bundesbehörden zum Zweck der Durchführung und Verwaltung der ihrer Verantwortung unterstehenden Bereiche klar definiert und auf diejenigen Gebiete beschränkt werden sollten, auf denen eine Wahrnehmung solcher Verantwortlichkeiten seitens der Länder eindeutig nicht praktikabel ist.«

Als das »Aide Memoire« nicht den gewünschten Erfolg hatte, ließen die Militärgouverneure dem Rat am 14. April 1949 den sogenannten »Polizeibrief« übergeben. Der verfehlte seine Wirkung nicht und machte den Weg für das Bundeskriminalamt frei. Die Amerikaner mit ihrem Militärgouverneur Lucius D. Clay waren die treibende Kraft. Wir wissen, Paul Dickopf war in ihren Diensten und unterhielt rege Verbindungen zu den deutschen Regierungsstellen.

Jetzt endlich kam man zu einer Mehrheit im Parlamentarischen Rat, die dem zu gründenden Bundeskriminalamt Exekutivbefugnis zuge-

stand. Jedoch über die zu präzisierenden Aufgaben des Amtes gingen die Diskussionen und gehen sie auch heute noch weiter.
Dr. Mommsen zufolge wurde der Entwurf des BKA-Gesetzes Mitte 1950 bekannt:

»Der Wortlaut des Kabinettentwurfes des BKA-Gesetzes wurde erstmalig gelegentlich der 3. Arbeitstagung für Polizeichefs in Hiltrup am 27. 4. 1950 nach einleitendem Vortrag des Vizepräsidenten Egidi durch Geheimrat Dr. Hagemann vom Bundesministerium des Inneren im Wortlaut bekannt gegeben«. (Kriminalistik, H. 1/2, 1951)

Am 8. Mai 1949 wurde das Grundgesetz verabschiedet. Es enthält folgende, wesentliche Bestimmungen:
Art. 73:

»Der Bund hat die ausschließliche Gesetzgebung über...
10. die Zusammenarbeit des Bundes und der Länder in der Kriminalpolizei und in Angelegenheiten des Verfassungsschutzes, die Einrichtung eines Bundeskriminalpolizeiamtes sowie die internationale Verbrechensbekämpfung.«

Art. 87:

»... Durch Bundesgesetz können Bundesgrenzschutzbehörden, Zentralstellen für das polizeiliche Auskunfts- und Nachrichtenwesen für die Kriminalpolizei und zur Sammlung von Unterlagen für Zwecke des Verfassungsschutzes und des Schutzes gegen Bestrebungen im Bundesgebiet, die durch Anwendung von Gewalt oder darauf gerichtete Vorbereitungshandlungen auswärtige Belange der Bundesrepublik Deutschland gefährden, eingerichtet werden.«

Damit war das Bundeskriminalpolizeiamt festgeschrieben und alsbald realisiert.
Dazu Mommsen:

»In überraschendem Endspurt ist die Vorlage des BKA-Gesetzes nach einmaliger Beratung im Ausschuß für innere Verwaltung vom Plenum des Bundestages am 21. Oktober 1950 in der 95. Sitzung ohne Debatte in zweiter und dritter Lesung angenommen worden.« (Kriminalistik, 1951)

Nach der Verkündung des Grundgesetzes stand die Wahl des 1. Deutschen Bundestages an. Theodor Heuss wurde Bundespräsident, Konrad Adenauer (CDU) Bundeskanzler. Die Regierung setzte sich aus einer CDU-FDP-Koalition zusammen, Kurt Schumacher (SPD) wurde Oppositionsführer.
Nachdem die Besatzungsmächte in den Kriegsverbrecherprozessen noch von der Todesstrafe Gebrauch gemacht hatten, wurde sie in der Bundesrepublik gemäß Art. 102 des Grundgesetzes abgeschafft.

Als die Ost-West-Spannungen anhielten, erwogen die Alliierten – unter dem Druck der USA – eine Remilitarisierung Deutschlands, das gerade in den Europarat eingezogen war. In Berlin demonstrierten an die 600000 Menschen für Recht und Freiheit. In der »Deutschen Demokratischen Republik« unter ihrem Präsidenten Wilhelm Pieck drohte allen, die nicht mit der Einheitsliste der »Nationalen Front« einverstanden waren, durch das Gesetz »zum Schutze des Friedens« schweres Ungemach, sogar die Todesstrafe.

Am 8. 3. 1951 beschloß der Deutsche Bundestag das »Gesetz über die Einrichtung eines Bundeskriminalpolizeiamtes«.

Das Bundeskriminalamt (BKA) wurde als eine dem Bundesministerium des Innern (BMI) unmittelbar nachgeordnete Bundesoberbehörde errichtet. Den personellen und sachlichen Grundstock bildete das Kriminalpolizeiamt für die Britische Zone (KPABrZ) in Hamburg. Zum endgültigen Sitz der Behörde wurde Wiesbaden bestimmt.

Erster Präsident wurde Geheimrat Dr. Max Hagemann, der gleichzeitig bis Ende 1951 seine ministerielle Funktion in Bonn beibehielt und weiter dort residierte. Hagemann, ein Kriminalist, der seine Erfahrungen im Vorkriegspolizeipräsidium in Berlin, im Preußischen Innenministerium, wo er Referent war, als Oberverwaltungsgerichtsrat gemacht hatte, war nach dem Krieg Referent im Innenministerium gewesen. Paul Dickopf wird Stellvertreter des Präsidenten. Er sollte ständiger Stellvertreter aller Präsidenten bleiben, bis er endlich dann Präsident des BKA wurde.

Das Gesetz von 1951 geht im wesentlichen auf das nie in Kraft getretene »Reichskriminalpolizeigesetz« vom 21. 7. 1922 zurück. Dr. Robert Heindl konnte erleben, daß nun sein Werk – er war damals Entwurfsreferent – in einem freiheitlichen Staat verwirklicht wurde. Er hat sich, meiner Meinung nach, nicht von seinem Entwurf von 1922 distanziert, als er 1948 schrieb:

»Zu dem Reichskriminalpolizeigesetz möchte ich bemerken, daß mein ursprünglicher Entwurf die Polizeihoheit der Länder unangestastet ließ und die Maßnahmen für den notwendigen Materialaustausch im Wege der Vereinbarung regelte. Erst unter dem Eindruck der Ermordung der Reichsminister Erzberger und Rathenau nahm der Entwurf die schärfere Form an.«

Nachträglich wird die Entstehung des Gesetzes erklärt und begreiflich gemacht, auch sein Scheitern wegen des Bestehens der Länder auf ihren uneingeschränkten Kompetenzen. Die kriminalistische Qualität wird jedoch nirgends in Frage gestellt.

»Dies war ein Gesetz mit einer kurzen, aber einmaligen und interessanten Geschichte. Es wurde verabschiedet und verkündet unter dem Schock über die Ermordung Rathenaus. Man glaubte, zur Wahrung der öffentlichen Sicherheit und zur Befriedigung der im Innersten aufgewühlten öffentlichen Meinung eine polizeiliche Zentralbehörde mit besonderen Kompetenzen nicht nur im Nachrichtenwesen, sondern auch mit unmittelbarer Exekutive schaffen zu müssen. Nach dem damaligen Stand der kriminalistischen und kriminologischen Sicht war aber in dem beschlossenen Reichsgesetz der überschneidende Aufgabenbereich des Reichskriminalpolizeiamtes gegenüber dem althergebrachten in den Weimarer Ländern nicht genügend scharf abgegrenzt und griff auch bei der damals vorliegenden technischen Entwicklungslage objektiv zu weit ein. Dies erkannte nach Abklingen des Schocks auch die Reichsregierung, und so wurde mit ihrem Einvernehmen auf den späteren Einspruch der Länder im Reichsrat das verkündete Gesetz zwar nicht im Gesetzgebungsverfahren aufgehoben, aber sein Vollzug ausgesetzt und bis 1933 auch nicht aufgenommen. Ein wohl einmaliger Vorgang der Weimarer Verfassungsgeschichte.«

Das Kriminalpolizeiamt für die Britische Zone wurde durch Verordnung der Bundesregierung in die Verwaltung des Bundes übergeführt und mitsamt Personal und Instrumentarium dem Bundeskriminalamt eingegliedert. Das Kriminaltechnische Institut (KTI) zog in die Gebäude des BKA nach Wiesbaden.
Am Zustandekommen des BKA durch die definitive Formulierung des Art. 73, 2. 10 des Grundgesetzes war das Kriminalpolizeiamt für die Britische Zone (KPABrZ) von allem Anfang an diskret, aber effektiv beteiligt. Jetzt bot es auch die materielle und personelle Basis für das neue Amt. Prante schreibt dazu:

»Immer wieder hatte sich das Amt (KPABrZ), faktisch waren es der Amtschef und der Kriminaloberinspektor Holle (später Abteilungsleiter im BKA), mit Stellungnahmen und Vorschlägen zur Organisation der Kriminalpolizei an führende Polizeibeamte und fachlich davon berührte bzw. interessierte Politiker gewandt....
Das KPABrZ hatte seit dem Sommer 1947 zunehmend mit Paul Dickopf zusammengearbeitet, da sich dessen Vorstellungen mit denen von Voss und Holle weitgehend deckten.... Dickopf, der spätere Präsident des BKA, war im Februar 1947 endgültig nach Deutschland zurückgekehrt und arbeitete als freier Mitarbeiter für verschiedene amerikanische Dienststellen.
Die für ihn wichtigste war die Historical Division. Diese war bei der US-Militärregierung eingerichtet worden, um die deutschen Kriegsakten auszuwerten. Sie hatte enge Verbindungen zur Central Intelligence Agency (CIA) und zog für ihre Arbeit auch ehemalige Mitarbeiter der deutschen Abwehr heran.
Wichtigster Ansprechpartner Dickopfs wurde Tom Polgar. Dieser sah anscheinend

die Notwendigkeit eines zentralen Kriminalpolizeiamtes ein und engagierte sich für dessen Errichtung.

Das Interesse der US-Militärregierung an Dickopf geht aus einer Bescheinigung hervor, die ihm die Historical Division am 16. 2. 1948 für das Arbeitsamt ausstellte:

›Paul Dickopf ist laufend mit Arbeiten für obige Abteilung der Amerikanischen Militärregierung beschäftigt. Der Genannte soll von der Arbeitserfassung ausgenommen werden. Sollten in dieser Angelegenheit Rückfragen notwendig sein, so sind diese an die obengenannte Abteilung zu richten.‹

Eine andere Bescheinigung, die der damalige Chef der Abteilung öffentliche Sicherheit der US-Militärregierung, James L. McCraw, am 8. 2. 1950 ausstellte, macht den Zusammenhang seiner Arbeiten mit dem späteren BKA noch deutlicher:

›Herr Paul Dickopf war im Anschluß an seine Rückkehr nach Deutschland als Berater verschiedener US-Beamten inoffiziell tätig. In dieser Eigenschaft verfaßte er Untersuchungen über die geschichtliche Entwicklung der Kriminalpolizei in Deutschland. Er legte weiter seine Ansichten über die künftige deutsche kriminalpolizeiliche Organisation dar. Der Wert der von Herrn Dickopf geleisteten Arbeiten beweist seine hohen geistigen Fähigkeiten ebenso wie seine Sorgfalt, seinen Fleiß und sein gutes Organisationstalent.‹

In den hier gemeinten Ausarbeitungen suchte Dickopf nachzuweisen, daß eine effektive Arbeit der Kriminalpolizei nur möglich war, wenn die bestehende Zersplitterung der polizeilichen Organisation rückgängig gemacht und eine begrenzte Zentralisierung ermöglicht wurde. Es gelang ihm offensichtlich, maßgebliche Amerikaner für seine Vorstellungen zu gewinnen, die dann ihrerseits den US-Militärgouverneur beeinflußten. Dieser wiederum konnte in bestimmten Fällen seinen englischen und französischen Kollegen überzeugen. Ein Ergebnis dieses langen (und naturgemäß unsicheren) Beeinflussungsprozesses war anscheinend der Polizeibrief vom 14. 4. 1949. Dickopf schreibt dazu an Holle:

›Nicht ganz ohne mein Zutun sind die Amerikaner auf Touren gekommen und richteten zunächst mit ihrem den Aufbau eines BKA erlaubenden Schreiben unter den unentschlossenen Politikern in Bonn eine heillose Verwirrung an.‹

Ein weiteres Zitat beleuchtet die gleichen Vorgänge. Dickopf schickte am 28. 7. 1949 ein ›Exposé‹ an Dr. Menzel. Darin heißt es:

›Die Notwendigkeit der Errichtung einer Zentralstelle für die Kriminalpolizei der Länder und Gemeinden in den Westzonen ist von den Besatzungsmächten zunächst sehr unterschiedlich beurteilt worden. Im Laufe der letzten Monate wurde auf amerikanische Initiative hin durch gemeinsame Besprechungen mit Sicherheitsoffizieren der britischen und französischen Militärregierung Einigkeit darüber erzielt, welche (kriminal)polizeilichen Sachgebiete der Steuerung durch ein Bundesorgan bedürfen und welche Grenzen der Tätigkeit einer solchen Stelle gesetzt werden sollen.‹

Aufgrund der Quellenlage ist wohl nicht mehr mit Sicherheit zu klären, welche der Personen bzw. Gruppierungen wesentlichen Einfluß auf die Entscheidungen des Parlamentarischen Rates gehabt haben. Es ist auch selbstverständlich, daß viele Versuche der Einflußnahme sich nicht in der Öffentlichkeit abgespielt haben. So ist durchaus glaubhaft, was Dickopf am 18. 5. 1949 an Holle schreibt:

›Nun mußt Du Dir nicht vorstellen, daß die Ansichten der Alliierten ... offiziell bekannt gegeben werden. Das wollte und konnte ich nicht von den Amerikanern erreichen, die einmal ihr Gesicht wahren wollten und zum anderen keine Veranlassung sehen, der ›nationalen Opposition‹ durch die Publikation befehlsähnlicher Anweisungen an die verfassungsgebende Versammlung bzw. deren Rechtsnachfolger neue Nahrung zu geben.‹

Sicher müssen die Äußerungen Dickopfs über die eigene Rolle mit Vorsicht gewertet werden, aber es wird doch erkennbar, wie intensiv er im Hintergrund auf das Ziel, nämlich die Errichtung eines Bundeskriminalamtes, hingearbeitet hat. Wenn auch die Einzelheiten nicht allen nachzuvollziehen sind, so erscheint es jedoch als sicher, daß es ohne das KPABrZ und Dickopf die Ziffer 10 in Artikel 73 des Grundgesetzes und damit das BKA nicht gegeben hätte.«

Prante vertritt die Meinung, Dickopf habe die Amerikaner für sein BKA-Projekt gewonnen. Es ist aber ebenso vertretbar, zu sagen, Dickopf, der im Dienste der Amerikaner stand, sei Erfüllungsgehilfe des CIA gegenüber den deutschen Regierungsstellen gewesen.

Die Person und die Arbeit des Paul Dickopf sind im Ungewissen des verschleiernden Nebels geblieben. Seine noch lebenden Freunde, Rolf Holle und François Genoud geben keine Auskunft. Und das zur Verfügung stehende Material ist widersprüchlich.

Das Gesetz über die Einrichtung eines Bundeskriminalpolizeiamtes trat am 8. 3. 1951 in Kraft.

Nr. 12 — Tag der Ausgabe: Bonn, den 14. März 1951 165

Gesetz über die Einrichtung eines Bundeskriminalpolizeiamtes (Bundeskriminalamtes).

Vom 8. März 1951.

Der Bundestag hat das folgende Gesetz beschlossen:

§ 1

Der Bund errichtet ein Bundeskriminalamt zur Zusammenarbeit des Bundes und der Länder in der Kriminalpolizei. Seine Aufgabe ist die Bekämpfung des gemeinen Verbrechers, soweit er sich über das Gebiet eines Landes hinaus betätigt oder voraussichtlich betätigen wird.

§ 2

Das Bundeskriminalamt hat

1. alle Nachrichten und Unterlagen für die kriminalpolizeiliche Verbrechensbekämpfung und die Verfolgung strafbarer Handlungen zu sammeln und auszuwerten, soweit die Nachrichten und Unterlagen nicht eine lediglich auf den Bereich eines Landes begrenzte Bedeutung haben;
2. die Behörden der Länder über die sie betreffenden Nachrichten und die in Erfahrung gebrachten Zusammenhänge strafbarer Handlungen zu unterrichten;
3. nachrichten- und erkennungsdienstliche sowie kriminaltechnische Einrichtungen zu unterhalten.

§ 3

(1) Zur Sicherung der Zusammenarbeit des Bundes und der Länder sind die Länder verpflichtet, für ihren Bereich zentrale Dienststellen der Kriminalpolizei (Landeskriminalämter) zu unterhalten. Diese haben dem Bundeskriminalamt die zur Erfüllung seiner Aufgaben erforderlichen Nachrichten und Unterlagen zu übermitteln.

(2) Mehrere Länder können ein gemeinsames Landeskriminalamt im Sinne von Absatz 1 unterhalten.

§ 4

(1) Die vorbeugende Verbrechensbekämpfung und die Verfolgung strafbarer Handlungen bleiben Sache der Länder.

(2) Das Bundeskriminalamt verfolgt jedoch eine strafbare Handlung selbst, wenn

a) eine zuständige Landesbehörde darum ersucht oder

b) der Bundesminister des Innern es aus schwerwiegenden Gründen anordnet.

(3) Die Landesregierung ist unverzüglich zu benachrichtigen, wenn das Bundeskriminalamt die Verfolgung einer strafbaren Handlung selbst übernimmt.

(4) In den Fällen des Absatz 2 kann das Bundeskriminalamt den zuständigen Landeskriminalämtern (§ 3 Abs. 1) Weisungen für die Zusammenarbeit geben. Die zuständige Landesregierung ist unverzüglich zu benachrichtigen.

§ 5

(1) Vollzugsbeamte des Bundeskriminalamtes, die einen schriftlichen Ermittlungsauftrag besitzen, können in den Fällen des § 4 Abs. 2 im ganzen Bundesgebiet Amtshandlungen vornehmen; sie sind insoweit Hilfsbeamte der zuständigen Staatsanwaltschaft. Sie sollen zu ihren Ermittlungen tunlichst Beamte der örtlich zuständigen Polizeidienststellen hinzuziehen.

(2) Die örtlich zuständigen Polizeidienststellen stellen dem Beamten des Bundeskriminalamtes, der eine Ermittlung leitet, die zu seiner Unterstützung erforderlichen Dienstkräfte und die vorhandenen nachrichten- und erkennungsdienstlichen sowie kriminaltechnischen Einrichtungen nebst deren Bedienungspersonal zur Verfügung.

(3) Die Zuständigkeit für die Ausübung der Dienstaufsicht bleibt unverändert.

§ 6

(1) Die polizeilichen Dienststellen der Länder geben dem Bundeskriminalamt in Fällen seiner Zuständigkeit sowie den von ihm gemäß §§ 4 und 5 entsandten Beamten Auskunft und gewähren Akteneinsicht.

(2) Die Landeskriminalämter (§ 3) benachrichtigen das Bundeskriminalamt unverzüglich von Festnahme, Entlassung und Flucht aus polizeilichem Gewahrsam sowie von Verurteilung, Strafantritt und Strafende solcher Verbrecher, deren Tätigkeit sich über das Gebiet eines Landes ausdehnt oder voraussichtlich ausdehnen wird.

(3) Den Justizbehörden obliegt dieselbe Mitteilungspflicht gegenüber dem Landeskriminalamt, bei vorzeitiger Entlassung und bei Flucht aus gerichtlicher Haft auch unmittelbar gegenüber dem Bundeskriminalamt.

§ 7

Der zur Durchführung der Bekämpfung internationaler gemeiner Verbrecher notwendige Dienstverkehr mit ausländischen Polizei- und Justizbehörden ist dem Bundeskriminalamt vorbehalten. Für die Grenzgebiete können auf Grund von Vereinbarungen des Bundesministers des Innern mit den Landeszentralbehörden Ausnahmen zugelassen werden.

§ 8

Die zur Durchführung dieses Gesetzes erforderlichen allgemeinen Verwaltungsvorschriften werden durch die Bundesregierung mit Zustimmung des Bundesrates erlassen.

§ 9

Dieses Gesetz gilt auch für Berlin, sobald das Land Berlin gemäß Artikel 87 seiner Verfassung die Anwendung dieses Gesetzes beschlossen hat.

166 Bundesgesetzblatt, Jahrgang 1951, Teil I

§ 10

Das Reichskriminalpolizeigesetz vom 21. Juli 1922 (Reichsgesetzbl. I S. 593) wird aufgehoben.

§ 11

Dieses Gesetz tritt am Tage nach seiner Verkündung in Kraft.

Die verfassungsmäßigen Rechte des Bundesrates sind gewahrt.

Das vorstehende Gesetz wird hiermit verkündet.

Bonn, den 8. März 1951.

Der Bundespräsident
Theodor Heuss

Der Bundeskanzler
Adenauer

Der Bundesminister des Innern
Dr. Lehr

Der Bundesminister der Justiz
Dehler

Mit der Errichtung des Bundeskriminalamtes wurde die Zusammenarbeit auf internationaler Ebene erst offiziell und umfassend möglich.

Die Bundesrepublik hatte nach dem Krieg an der Entwicklung im Polizeisektor auf internationaler Ebene nicht teilhaben können. Die »Internationale Kriminalpolizeiliche Kommission« (IKPK), deren letzter Präsident Reinhard Heydrich resp. Kaltenbrunner gewesen war und damit ihren »internationalen« Charakter verloren hatte, hatte sich 1946 neu gegründet.

F. E. Louwage hatte gerufen, und aus 17 Ländern (14 europäischen, 2 nahöstlichen und 1 südamerikanischen) waren Vertreter im Juni 1946 nach Brüssel gekommen, um der untergegangenen IKPK mit neuen Statuten zum Neubeginn zu verhelfen. Die Sitzfrage hatte keine Schwierigkeit gemacht. Berlin, letzter Sitz der IKPK, war nicht in Frage gekommen, und auch ihr erster Sitz, Wien, hatte keine Sympathien mehr. Paris hatte sich angeboten. Präsident war der Belgier Louwage geworden, ein erfahrener Kriminalist, und Generalsekretär der Franzose L. Ducloux.

Louwage hatte nicht gewußt, wen oder welche Institution er aus Deutschland hätte einladen sollen. Das war 1946 auch etwas schwierig und hätte, bei Fehl- oder Falscheinladung, zu Peinlichkeiten führen können. So war Deutschland nicht nach Brüssel eingeladen, vielleicht auch, weil der Geist Heydrichs noch spukte . . .

Bis 1952 arbeitete Westdeutschland inoffiziell mit der IKPK über die Zonenbüros in Hamburg, in Baden-Baden und in Stuttgart zusammen. Auf den Kongressen wurde es durch die Beauftragten der Besatzungsmächte vertreten.

Mit der Gründung des Bundeskriminalamtes änderte sich die Situation schlagartig. Nun gab es eine Stelle, die für Deutschland stand, die angesprochen werden konnte und auch ansprechbar war.

War 1951, auf der IKPK-Tagung in Lissabon der Präsident des Bundeskriminalamtes Dr. Max Hagemann noch als Beobachter anwesend gewesen, so war bereits ein Jahr später die Bundesrepublik auf der Stockholmer Tagung als vollberechtigtes Mitglied aufgenommen. Deutschland wird seitdem durch den Präsidenten des BKA – zur damaligen Zeit Dr. Jess – offiziell vertreten. Zentralbüro für die IKPK wurde das Bundeskriminalamt.

Paul Dickopf, der die französische und die englische Sprache beherrschte, hatte auch auf internationaler, kriminalpolizeilicher Ebene seine tastenden Finger im Spiel. Mit Hilfe seines im Schatten agierenden Schweizer Bankier-Freundes aus der SS-Ideologie-Zeit François Genoud sollte er, nachdem er 1965 Präsident des BKA geworden war, 1968 zum Präsidenten von »Interpol« gewählt werden.

Wer aber war Paul Dickopf in Wahrheit? War das, was er getan oder nicht getan hat, Markierung eines Lebens, oder war sein Leben so durchsichtig und einfach, daß der Inhalt in vielen Phasen unglaubwürdig erscheinen mußte? Ein unglaubliches Leben also, jedenfalls ein Leben, das im wahrsten Sinne des Wortes gelebt wurde.

Man sagt, an den Werken könne man den Menschen erkennen. Das Bundeskriminalamt ist zum großen Teil das Werk des Paul Dickopf. Dann ist es ihm entglitten. Und das war gut so.

Ein Mann mit »Legende«

Aufgebaut wurde das BKA nach den Vorstellungen und Plänen eines Mannes mit Legende: Paul Dickopf. Er arbeitete bedeckt, aber intensiv, oft mit nachrichtendienstlichen Methoden, nutzte alte Freundschaften aus und schloß neue, war unermüdlich im Verfassen von »Exposés« und Berichten, machte Notizen und unterhielt einen regen Briefwechsel, wußte Spannungen für seine Zwecke zu manipulieren und blieb aus dem Dunkel heraus agierend, für seine potentiellen Gegner meist unsichtbar.

Seine Hauptkontrahenten waren Rolf Holle, der alte Freund aus der Führerschule der Sicherheitspolizei Berlin-Charlottenburg, Tom Polgar, der Mittelsmann zu der Amerikanischen Militärregierung, und auch Geheimrat Dr. Max Hagemann. Paul Dickopf spielte simultan wenigstens auf zwei Schachbrettern. Er gewann alle Partien.

Bei der »Vorbereitung einer Neuauflage« des Reichskriminalamtes und des Reichssicherheitshauptamtes schwebte ihm bereits der neue Titel vor Augen: Bundeskriminalpolizeiamt. Spätestens ab 1947 arbeitete Paul Dickopf für den Amerikanischen Informations- und Geheimdienst und hatte Beziehungen zum CIA. Ab 1949 galt sein alleiniges Interesse dem Vorantreiben der Verwirklichung seiner Vorstellungen eines Bundeskriminalamtes.

Mit viel Geschick und vielleicht auch mit manchen Winkelzügen ist es ihm gelungen, das »Geheimnis« seiner wahren Vergangenheit zu bewahren.

Helmut Prante schreibt in einer Materialzusammenstellung zur »Gründungsgeschichte des Bundeskriminalamtes« (1977) über Paul Dickopf:

»Die Fülle der tatsächlichen Aktivitäten und die nachhaltige Wirksamkeit des Kriminalkommissars außer Diensten und ›Privatmanns‹ Paul Dickopf in der Nachkriegszeit sind nicht nur der Öffentlichkeit, sondern auch den damals für die Bundesrepublik Deutschland und ihre Kriminalpolizei verantwortlich handelnden deutschen Persönlichkeiten weitgehend verborgen geblieben. Auch haben sie kaum Niederschlag in

amtlichen Akten oder sonstigen Dokumenten gefunden. In der späteren offiziellen deutschen Lesart galt Dickopf als ›Berater der US-amerikanischen Militärregierung in Deutschland für kriminalpolizeiliche Angelegenheiten‹, eine Umschreibung, die in jeder Hinsicht zu viel und zu wenig beinhaltete und seiner selbst gewählten Rolle, die er in Wirklichkeit gespielt hat, in keiner Weise gerecht geworden ist.
Diese Rolle kann – wenn überhaupt – nur aus dem zu seinen Lebzeiten nie vollständig offenbar gewordenen Lebenslauf abgeleitet und verstanden werden. Aber auch im Nachhinein, unter Auswertung seiner hinterlassenen persönlichen Aufzeichnungen, läßt sich letzterer nur schwer und immer noch unvollständig rekonstruieren. Vielleicht gerade deshalb stellt sich Paul Dickopf wie schon im Leben so auch nach seinem Tode als insgesamt faszinierende, aber merkwürdig schillernde Persönlichkeit dar, die sich in ihren entscheidenden Lebensabschnitten nur selten klar und eindeutig von einem überwiegend im Halbdunkel verharrenden Hintergrund abhebt.
Ein Schleier hier besonders interessierender Geheimnisse vermag wohl nur durch vergleichenden Einblick in entsprechende Unterlagen des schweizerischen und des US-amerikanischen Geheimdienstes gelüftet werden. Dies wird jedoch kaum jemals möglich sein. Deshalb bietet sich bis heute die historische Wahrheit der tatsächlichen Gründungsgeschichte des Bundeskriminalamtes nur als alternierende Fragestellung an: Ist das Bundeskriminalamt gegründet worden

nach den Intentionen des US-Geheimdienstes, der sich des Privatmannes Paul Dickopf als Werkzeug bedient hat, oder

nach den Intentionen des Privatmannes Paul Dickopf, der sich des US-Geheimdienstes als Werkzeug bedient hat?

In jedem Falle aber scheinen in diesem Zusammenhang viele zuständige deutsche Institutionen und ihre maßgebenden Vertreter von dem Privatmann Paul Dickopf um so mehr beeinflußt worden zu sein, je mehr sie von sich glaubten, allein ihre eigenen Vorstellungen und Pläne zu verwirklichen. Und so ist es folgerichtig, wenn später der persönliche Anteil des Paul Dickopf an der Gründung des Bundeskriminalamtes weitgehend der Vergessenheit anheim gefallen bzw. anderen zugeschrieben ist.«

Geheimagenten haben eine »Legende« zur Tarnung ihrer wahren Person. Vielleicht war Dickopfs Leben seine »Legende«, oder seine »Legende« war so gut integriert, daß sie ihm zum Leben wurde.
Paul Dickopf war, seit Gründung des BKA, Stellvertreter aller Präsidenten, bis er Reinhard Dullien nach einer eigenartigen Manipulation im Januar 1965 ablöste und selbst Präsident wurde. Ab da schien ihn der kämpferische Geist des kreativen Reformers allmählich zu verlassen. Ab da brauchte er keine »Legende« mehr, ab da stand der frühere Geheimagent unbedeckt in der Öffentlichkeit. Die »Legende« war fürs Leben abgelegt. Auch nach dem Tod bleibt die wahre Legende undurchsichtig im Geheimen verschlossen.
Dickopf hat einige Lebensläufe verfaßt, z. B. 1939 für die SS-Dienstgradangleichung; 1945 für den US-Geheimdienst (OSS, Bern), im gleichen Jahr für die Einstellung in die Kripo von Groß-Hessen, 1949

für die Einstellung im BMI. Sie geben über bestimmte Ereignisse unbestimmte Auskunft, sie ändern sich je nach Bedarf, sie sind in den wesentlichen Punkten unvollständig, manchmal geben sie sogar falsche Auskunft. Alle sind sorgfältig auf den Empfänger abgestimmt, Bewertungen stehen für dubiose Behauptungen. Ihr Ziel ist weniger die Vermittlung des eigenen Lebenslaufes als die Herausstellung und subjektive Erklärung markanter, für den Empfänger als positiv empfundenen Leistungen.

Albrecht Charisius und Julius Mader geben in ihrem Buch »Nicht länger geheim« (Militärverlag der DDR, Berlin, 1969, S. 624) folgende Daten:

»Dickopf, Paulinus, geb. 1910
1938 SS-Untersturmführer und Kriminalkommissar; 1939 Leiter des kriminalpolizeilichen Erkennungsdienstes im Land Baden; 1940 im OKW-Amt »Ausland/Abwehr«; 1942 Geheimdiensteinsatz in der Schweiz; nach 1945 Geheimdienstagent der USA; Berater der USA-Militärregierung in der BRD; seit 1950 Bundesinnenministerium; 1951 Regierungsrat und Kriminalrat; 1952 Leiter des BRD-Zentralbüros der Interpol; 1953 Oberregierungsrat im Bundeskriminalamt; 1957/64 Leiter der Abt. Ausland und Chef der Interpol im Bundeskriminalamt; 1965/71 Präsident des Bundeskriminalamtes; 1968/72 Präsident der Interpol.«

Natürlich ist bei dieser Quelle aus der DDR Vorsicht geboten. Der Vergleich mit anderen, nicht aus der DDR stammenden »Lebensläufen« aus den Jahren 1938 bis 1950 sowie mit Notizen und Briefen bestätigt jedoch die Daten im wesentlichen.

Paul Dickopf hat sich unter verschiedenen Alias-Namen von 1942 bis 1947, mit einigen Unterbrechungen in der Schweiz, vornehmlich in Bern und Lausanne, aufgehalten. Über diese Zeit schweigt er sich aus, oder er macht, wenn eine Auskunftserteilung unumgänglich wird, sich widersprechende Angaben. Dann schwimmt er in getrübten Wässern, in denen die Wahrheit zur Lüge wird und die Lüge seine Wahrheit ist.

Dickopfs Schweizer Zeit ist ein Schlüssel zum Verständnis seiner Person. In diesen Jahren, er war Anfang Dreißig, lebte er anderen und sich selbst vor, wozu er fähig war. Manchmal hat man den Eindruck, als habe er selbst an seine »Legenden« geglaubt und sei unfähig gewesen, echte von künstlich gemachter Realität zu unterscheiden.

Das abenteuerliche Leben des späteren BKA-Präsidenten wuchs sich zum »Krimi« aus, dessen Rätsel und Verstrickungen auch heute noch nicht ganz gelöst sind. Dickopf selbst gibt an, er sei 1942 als Abwehroffizier desertiert oder »desertiert worden«. Von 1940 bis 1942 war er offiziell und nachweisbar unter Canaris in der Abwehrstelle Stuttgart tätig, mit der Aufgabe Erkundigungen über fremde Polizeiorganisationen und Nachrichtendienste anzustellen. Für solche Vorhaben war die Schweiz ein vorzügliches Arbeitsterrain. Besonders die deutschen und die amerikanischen Spionagedienste operierten mit mehr oder weniger Geschick und Erfolg in der neutralen Schweiz.

Ganz besondere Bedeutung bekam nach dem Februar 1944 das Schweizer Büro des von William J. Donovan gegründeten »Office of Strategic Services« (OSS). Chef war Allen Dulles, sein Mitarbeiter Gero von Gaevernitz. Über ihre Tätigkeit in dieser Zeit berichteten sie in dem Buch: »The secret surrender«.

Alles deutet darauf hin, daß Dickopf seinen späteren Freund und Helfer, François Genoud in dieser Zeit als V-Mann kennengelernt hat. Nähere Umstände kennt man nicht. Dickopf läßt durchblicken, er habe sich Genoud anvertraut, ihm seinen Entschluß unterzutauchen mitgeteilt und um Unterstützung gebeten. Genoud habe ihm geholfen und seine »Flucht« möglich gemacht. Legende oder Wahrheit? Vielleicht eine trübe Mischung von beidem. Genoud sei von Belgien zu ihm nach Paris gekommen, habe ihn nach Brüssel mitgenommen und dann über Frankreich in die Schweiz gelotst. Das mag stimmen. Aber ob Genoud wußte, daß sein Freund in Wahrheit im Auftrag seiner Dienststelle, sich durch seine »Flucht« eine Legende aufbaute, oder ob er glaubte, Dickopf sei ein wirklicher, von Gestapo und Sicherheitsdienst verfolgter Deserteur, ist nicht eindeutig festgestellt. Es ist zweifelhaft, daß der überzeugte Nationalsozialist und SS-Mann Genoud einem Renegaten geholfen hätte.

Weder in Brüssel noch in Paris benahm sich Dickopf wie ein von der Gestapo verfolgter Deserteur. Es hatte nur den Anschein, als verberge er sich, als werde er gesucht. Seine Legende sollte glaubwürdig gemacht werden. Denn alles deutet darauf hin, daß die »Flucht« nach Paris, der Aufenthalt in Brüssel und die erneute »Flucht« in die Schweiz, Teil der wohl konstruierten Agentenlegende war. Bewiesen ist es noch nicht.

In der Schweiz wohnte Dickopf in Lausanne bei seinem Freund

Genoud, (1943) auch bei dem syrischen Agenten Menudhin Daud und dessen Kollegen.
Durch Zufall wurde die wahre Identität Dickopfs, der verschiedene Alias-Namen und Alias-Nationalitäten verfügbar hatte, bekannt, was zur Folge hatte, daß er einige Monate lang interniert wurde. Wir wissen, daß Paul Dickopf wenigstens zweimal die Bundesanwaltschaft in Bern beschäftigte und daß ihm Asyl gewährt wurde.
Als »Monsieur Paul« lebte er auf Kosten der Schweiz im Gasthaus »Zum Löwen« in Worb bei Bern. Zu den Wirtsleuten, den Bernhards, hatte er gute Beziehungen. Mit »Monsieur Paul« machten sie Ausflüge, besuchten seine syrischen Freunde, aber menschlich kamen sie ihm nicht nahe. »Monsieur Paul« war verschwiegen. Über sich sprach er nie. Den Wirtsleuten kam er manchmal unheimlich vor, besonders wenn er nur nachts vor die Tür ging.
Bern war damals, 1944, eine Spionagezentrale. Hier arbeitete die OSS des Allen Dulles, die deutsche Abwehr-Gruppe I. H. West in der »Schweiz Organisation«, die unter Leitung des Dr. Fritz Albert (Abteilung Büro V) aktive Aufklärung gegen fremde Heere im Westen betrieb, und natürlich der Schweizer Geheimdienst.
Paul Dickopf hat für alle gearbeitet. Er war Dreifachagent. Im »Löwen« schrieb er für die Berner Bundesanwälte Berichte über die deutschen Nachrichtendienste unter einer Agenten-Chiffre. Dem amerikanischen Geheimdienst gab er mündlich und schriftlich Auskunft über Geheimes aus Deutschland. Er fuhr öfter – es ist ungeklärt in wessen Auftrag – in das Tessin. Ob er sich hier mit dem Generaloberst der Waffen-SS, Karl Wolff, der zwecks Friedensverhandlungen mit dem OSS in der Schweiz in geheimer Verbindung war, traf, ist auch ungewiß. Ziel der geheimen Verhandlungen war es, nach der Invasion der Alliierten in Frankreich, eine unblutige Kapitulation in Norditalien vorzubereiten. Es ging um die Operation »Sunrise«, oder, wie Churchill sagte, »Crossword«.
In meinen in Gegenwart von Professor John Steiner geführten Gesprächen mit Karl Wolff erinnerte dieser sich an erstaunlich viele Details. An Paul Dickopf erinnerte er sich nur am Rande.
Sicher ist, daß Paul Dickopf mit Dr. Albert, dem Chef der deutschen Spionageorganisation in der Schweiz, Termine wahrnahm. Daß Dickopf 1944 noch mit der Deutschen Abwehr gearbeitet hat, scheint gesichert. Dr. Albert wurde 1945 als Spion aus der Schweiz ausgewie-

sen. Dickopf arbeitete demnach, mit oder ohne Legende, als Agent gleichzeitig für Schweizer, Amerikaner und Deutsche. Das ist bekannt. Zwielichtig bleibt seine »deutsche Legende«.
Sicher ist, daß Paul Dickopf mit dem Schweizer Bankier, François Genoud, der heute noch seine Geldfinger in manchen dunklen Geschäften zu haben scheint, befreundet war. Man weiß nicht, wie und wodurch die Freundschaft zustande kam. Daß Genoud auch heute noch der Naziideologie verfallen ist, ist sicher, auch daß er SS-Mann gewesen ist. Man kann sich nicht vorstellen, daß Genoud Dickopf geholfen hätte, wenn er der Auffassung gewesen wäre, sein Freund sei (gelinde gesagt) ein Gegner des Nationalsozialismus.
Reinhard Dullien, dessen Nachfolge Paul Dickopf als BKA-Präsident angetreten hatte, schreibt in seinen (nicht veröffentlichten) Memoiren über Dickopf:

»Als sein Mitarbeiter im Ministerium und beim Bundeskriminalamt wurde ihm (Dr. Hagemann) der Kriminalkommissar Dickopf beigegeben, ein intriganter, aber nicht unintelligenter, vor allem in der mündlichen Darstellung überzeugungsbegabter Mann, der jedoch im Grunde über das Blickfeld eines 1937/38 fachgeschulten Regierungsinspektors (Kriminalkommissars) nicht herausgewachsen war. Er wurde infolge seiner Beziehungen zum Ministerium, insbesondere wegen des Vertrauens, das ihm der die Aufsicht führende Staatssekretär als der ›Fachkraft‹ schenkte, zunächst Vertreter von Hagemann, dann von dessen Nachfolgern im Bundeskriminalamt und schließlich selbst Präsident.«

Der Bundesminister des Inneren, Hans-Dietrich Genscher, verabschiedete am 29. Juni 1971 den Präsidenten, Paulinus Dickopf, mit einer Ansprache, die einen Weg, aber nur einen, zeigt:

»Dieser Tag steht im Zeichen eines Mannes, der seit Jahren die kriminalpolizeiliche Arbeit in der Bundesrepublik und als Präsident von INTERPOL in der Welt maßgeblich bestimmt.
Sehr geehrter Herr Präsident Dickopf, Sie treten mit Ablauf des morgigen Tages in den Ruhestand. Sie hatten bereits am 30. Juni vergangenen Jahres nach Vollendung Ihres 60. Lebensjahres am 9. Juni 1970 die Altersgrenze für Polizeivollzugsbeamte erreicht.
Ich habe Ihnen dafür zu danken, daß Sie sich auf meine Bitte hin mit Ihren Erfahrungen auch über Ihre normale Dienstzeit hinaus in der schwierigen Phase des Anlaufes des Sofortprogramms zur Modernisierung und Intensivierung der Verbrechensbekämpfung für ein weiteres Jahr zur Verfügung gestellt haben.
Es hat sich in der Zeit unserer Zusammenarbeit ein dienstliches und persönliches Vertrauensverhältnis ergeben, das ich zu den uneingeschränkt positiven und anrührenden Erfahrungen meiner kurzen Amtszeit als Bundesminister zählen möchte.

Sie scheiden nunmehr aus dem höchsten Amt, das in der Bundesrepublik von einem Polizeivollzugsbeamten wahrgenommen wird.
Sie wurden am 9. Juni 1910 in Müschenbach im Westerwald geboren als Sohn eines Volksschullehrers und einer Gastwirttochter, was Sie immer gern betont haben. Sie sind in Wiesbaden-Biebrich groß geworden und zur Schule gegangen, haben hier im Jahre 1928 die Reifeprüfung abgelegt und anschließend Naturwissenschaften an den Universitäten Frankfurt, Wien und Berlin studiert. Im Jahre 1934/35 leisteten Sie als Freiwilliger Militärdienst bei einem Infanterieregiment am Amberg. Am 1. Juni 1937 sind Sie als Anwärter für den leitenden Kriminaldienst in die Kriminalpolizei eingetreten. Ihre praktische kriminalpolizeiliche Ausbildung erhielten Sie bei der Kriminalpolizei in Frankfurt, anschließend absolvierten Sie einen zweijährigen Kriminalkommissarlehrgang in Berlin-Charlottenburg.
Mit der Leistung des kriminalpolizeilichen Erkennungsdienstes für das Land Baden in Karlsruhe betraut, wurden Sie alsbald nach Kriegsausbruch zur militärischen Abwehr einberufen und zum Leiter der kriminalpolizeilichen Verbindungsstelle beim Wehrkreiskommando in Stuttgart bestellt.
In Ihrer Gegnerschaft zum nationalsozialistischen Gewaltregime trafen Sie im Jahre 1943 eine Gewissensentscheidung, die in Ihrer Kompromißlosigkeit bei der Entscheidung letzter Fragen so charakteristisch für Sie ist und die Ihnen unseren Respekt und unsere Hochachtung sichert: Sie erhielten politisches Asyl – ein Privileg, das die Schweiz in jenen Jahren nur einem kleinen Kreis von Flüchtlingen gewährte.
Nach Kriegsende kamen Sie nach Deutschland zurück, wo Sie die amerikanische Militärregierung als Berater für kriminalpolizeiliche Fragen heranzog. In dieser Eigenschaft konnten Sie dank Ihres Einflusses erreichen, daß die Besatzungsmächte ihren Widerstand gegen die im Grundgesetz vorgesehene Möglichkeit der Errichtung einer zentralen Stelle für die Verbrechensbekämpfung fallenließen.
Nach der Konstituierung der Bundesregierung 1949 wurden Sie als einer der ersten Beamten in das Bundesministerium des Inneren berufen und im November 1951 zum Regierungs- und Kriminalrat ernannt. Am 1. Januar 1953 wurden Sie als Oberregierungs- und Kriminalrat in das inzwischen errichtete Bundeskriminalamt nach Wiesbaden versetzt. Sie übernahmen dort die Leitung der Abteilung Ausland und zugleich die ständige Vertretung des Präsidenten. Im August 1961 wurden Sie zum Leitenden Regierungskriminaldirektor befördert. Da die Präsidenten mehrmals wechselten und dazwischen oft längere Interimszeiten lagen, wurden Sie immer mehr zu einer tragenden Säule dieses Amtes.
Folgerichtig sind Sie daher im Jahre 1965 selbst Präsident dieses Amtes geworden. Ihr hohes fachliches und persönliches Ansehen, das Sie auch im Ausland genießen, fand im Oktober 1968 sichtbaren Ausdruck, als Sie auf der 37. Generalversammlung der Internationalen Kriminalpolizeilichen Organisation für vier Jahre zum Präsidenten dieser Organisation gewählt wurden.
Aus diesen Daten ergibt sich, daß Ihr persönlicher und dienstlicher Werdegang eng mit dem Geschick des Bundeskriminalamtes verbunden ist, dessen 20jähriges Bestehen wir vor kurzem feiern konnten.
Sie haben mit dazu beigetragen, daß die Errichtung einer kriminalpolizeilichen Zentralstelle im Grundgesetz verfassungsrechtlich abgesichert wurde.
Bei der Schaffung der gesetzlichen Voraussetzungen zur Einrichtung dieses Amtes haben Sie an verantwortungsvoller Stelle im Bundesministerium des Innern die ausschlaggebenden fachlichen Vorschläge erarbeitet, auf denen die endgültige Fas-

sung des am 8. März 1951 verkündeten Gesetzes zur Einrichtung eines Bundeskriminalamtes beruht.

Das Änderungsgesetz aus dem Jahre 1969 hat das ursprüngliche Konzept fortentwikkelt. Dieses Gesetz hat die Zusammenarbeit des Bundes und der Länder auf eine organisatorisch sichere Basis gestellt, indem es neben der Errichtung dieses Amtes selbst auch die Länder zur Einrichtung von Landeskriminalämtern verpflichtete. Es hat dem Bundeskriminalamt als einer zentralen kriminalpolizeilichen Nachrichtensammel- und Auswertungsstelle die Aufgabe zugewiesen, die Tätigkeit der Polizeien aller Länder durch Hinweise auf Straftatenzusammenhänge zu unterstützen. Schließlich gibt das Gesetz dem Bundeskriminalamt die Möglichkeit, in Einzelfällen selbst die Erforschung und Verfolgung strafbarer Handlungen unter bestimmten Voraussetzungen zu übernehmen.

Aber nicht nur dem Gesetz, auch dem praktischen Aufbau des Bundeskriminalamtes haben Sie sich gewidmet. Nachdem unter Ihrer Initiative ein geeigneter Platz für den Neubau des Bundeskriminalamtes gefunden worden war, gelang es dank Ihres unermüdlichen Einsatzes, das Amt schon nach einer Bauzeit von knapp einem Jahr fertigzustellen. Es konnte am 1. Oktober 1953 bezogen werden. Auch der innere Ausbau des Amtes in der damaligen Gestalt einschließlich der Errichtung der Sicherungsgruppe in Bad Godesberg ist durch Ihre intensive Mitwirkung zum Abschluß gebracht worden.

Die wichtigen Beziehungen zu den Polizeien des Auslandes konnten Sie wegen Ihrer international bekannten Gesinnung zum demokratischen Staat frühzeitig wieder anknüpfen.

Ihre Hilfe hat es vermocht, daß die Bundesrepublik Deutschland bereits im Jahre 1952 wieder in die Internationale Kriminalpolizeiliche Organisation aufgenommen wurde.

Lieber Herr Dickopf, im internationalen Verkehr werden die Staaten und ihre Behörden vielfach nach ihren Vertretern beurteilt.

Sie sind für Ihren Bereich und darüber hinaus zu einem Botschafter des Vertrauens für unser Land geworden. Ihrer Persönlichkeit ist es auch zu danken, daß Sie sich mit großer Energie weiterhin für die Stärkung des Amtes einsetzten, als die schnellen Aufbauerfolge Anfang der 50er Jahre später sich nicht in gleichem Umfange fortsetzten. Sie bewiesen gerade darin Ihre Stärke, daß Sie ein für richtig erkanntes Ziel auch gegenüber einer aus der Ruhe der fünfziger Jahre zu erklärenden Gegenmeinung zu artikulieren wußten.

Heute sind wir uns angesichts der gestiegenen Kriminalität der Bedeutung des Bundeskriminalamtes bewußt, und aus dieser Sicht kann ich sagen, daß es dank Ihrer Mithilfe gelungen ist, der Öffentlichkeit klarzumachen, gerade eine Demokratie bedarf eines sicheren Schutzes durch eine festgefügte Polizei, deren Organisation durch Nachrichtenaustausch eng verknüpft sind.

Es muß deshalb für Sie, der Sie jetzt am Ende Ihrer Laufbahn stehen, eine Genugtuung sein, zu sehen, daß die Bundesregierung durch ihr Sofortprogramm die Verbrechensbekämpfung energisch vorantreibt und das Bundeskriminalamt zu einer schlagkräftigen und den heutigen Erfordernissen entsprechenden Behörde der Kriminalpolizei in der Bundesrepublik ausbaut, die insbesondere den Nachrichtenaustausch intensiviert.

Nach dem Sofortprogramm wird dieses Amt in wenigen Jahren personell verdoppelt. Die räumliche Unterbringung, ein Problem, mit dem sich das Amt seit mehr als 10 Jahren herumgeschlagen hat, wird durch eine Reihe Neubauten zufriedenstellend

gelöst werden. Die technische Ausstattung des Amtes wird auf einen Stand gebracht, der den modernen Erfordernissen einer effektiven Verbrechensbekämpfung gerecht wird. Bereits nach Ablauf von nunmehr acht Monaten seit Verkündigung dieses Sofortprogramms können wir eine erfolgversprechende Zwischenbilanz ziehen (vgl. BULLETIN Nr. 67 vom 5. Mai 1971, S. 691).
Die Polizei ist in letzter Zeit in fast allen Ländern verstärkt worden. Im organisatorischen Bereich ist nunmehr auch die Verstaatlichung der Gemeindepolizeien in Gang gekommen. Die Voraussetzungen für eine funktionsgerechte Organisation der Polizei auch auf der unteren Ebene werden dadurch in absehbarer Zeit gegeben sein. Bund und Länder arbeiten zur Zeit an einer gemeinsamen umfassenden Sicherheitskonzeption für die gesamte Bundesrepublik.
Wir, das sind die Innenminister der Länder und der Bundesminister des Innern, sind entschlossen, in engster Zusammenarbeit in einem wirklich kooperativen Föderalismus der Entwicklung der Kriminalität entgegenzutreten.
Wir werden dabei insbesondere Vorschläge für eine Verbesserung der Organisation der Polizei, für eine Verbesserung der Personalstruktur, für eine Verbesserung der Kommunikationsmittel und der sonstigen technischen Ausstattung einbringen, kurz: Wir werden versuchen, unseren Beitrag zu leisten, damit die Polizei ihrer Aufgabe in der modernen Industriegesellschaft gerecht werden kann. Die Ausarbeitungen der Kommission zur Reform der Arbeit des Bundeskriminalamtes, die ich eingesetzt habe, sind hierfür eine wertvolle Grundlage.
Meine Damen und Herren, die Polizei wird ihre Aufgabe in unserem Staate nur erfüllen können, wenn die gesellschaftliche Position, die wir dem Polizeibeamten einräumen, auch der Bedeutung seiner Aufgabe in Staat und Gesellschaft entspricht.
Die Polizei braucht das Vertrauen der politisch Verantwortlichen, sie braucht das Vertrauen des Bürgers, sie ist weder Prügelgarde noch Prügelknabe der Nation. Die Polizei muß aber auch die erforderliche Ausbildung und Ausrüstung haben. Sie braucht auch die Gesetze, mit denen sie in unserem freiheitlichen Rechtsstaat ihren Auftrag erfüllen kann. Und – das ist ebenso selbstverständlich – die politisch Verantwortlichen müssen auch bereit sein, die bestehenden Gesetze anzuwenden. Die Polizei, die sich immer als eine Einheit begreifen muß, hat eine wesentliche Aufgabe im Schutz der freiheitlich demokratischen Grundordnung. Sie ist einer der wichtigsten Träger der hoheitlichen Gewalt.
Dieser Staat bedarf eines solchen Instruments, wenn er sich nicht selbst aufgeben will. Und unsere Demokratie wird sich nicht selbst aufgeben. Deshalb wende ich mich mit Entschiedenheit gegen vielleicht nur mißverständlich formulierte Vorstellungen, die zur Zeit die Runde machen, wonach die Polizei sich in einem freiheitlichen demokratischen Rechtsstaat nicht als Instrument der Erhaltung der Staatsgewalt – ich sage mit Betonung: der demokratisch legitimierten Staatsgewalt – verstehen dürfe.
Die Polizei ist nicht nur bloßer Dienstleistungsbetrieb der öffentlichen Hand, der vielleicht nur dazu da ist, die Sicherung oder den Ablauf des Verkehrs zu regeln oder dem Bürger bei der Wiederbeschaffung verlorener Gegenstände behilflich zu sein. Die Polizei ist auch Garant unserer freiheitlich demokratischen Grundordnung.
Ihnen, Herr Präsident Dickopf, hat die Sicherheit des demokratischen Staates immer als hoher Wert gegolten. Sie sind auch insoweit der gesamten Polizei in der Bundesrepublik ein Vorbild. Sie sind deswegen oft angegriffen worden. Das hat Sie aber ebenso wie in anderen Fragen nicht dazu bringen können, den als richtig erkannten Weg zu

verlassen. Sie haben sich durch Ihre Leistungen in den vergangenen Jahrzehnten große Anerkennung verschafft. Dadurch und durch ihre Offenherzigkeit, gepaart mit rauhem Charme, haben Sie sich unzählige Freunde gewonnen im In- und Ausland. Das große im Ausland erworbene Vertrauen spiegelt sich, wie ich erwähnt habe, in Ihrer Wahl zum Präsidenten der Internationalen Kriminalpolizeilichen Organisation wieder. Sie werden diese Funktion in meinem besondern Auftrag weiter ausüben bis zum Ablauf der Amtsperiode Ende 1972.
Für Ihre Arbeit spreche ich Ihnen im Namen der Bundesregierung Dank und Anerkennung aus. Ich wünsche Ihnen für Ihren Ruhestand Gesundheit und einen ausgefüllten Lebensabend, in dem Sie Ihren Neigungen, die bisher zu kurz gekommen sind, in Muße nachgehen können. Sie werden, dessen bin ich sicher, auch von den Höhen des Westerwaldes die weitere Entwicklung dieses Amtes und der gesamten Polizei in der Bundesrepublik kritisch verfolgen und uns dabei Ihren Rat nicht versagen.«

Wie dem auch sei, Paul Dickopf – Paulinus war sein richtiger Name – hat sich um das Bundeskriminalamt, aus welcher Motivation auch immer, verdient gemacht. Ob der Innenminister, als er die Laudatio hielt, über Dickopf rundherum richtig informiert war, ist eine andere Frage.
Dickopf wollte Oberförster werden, soll aber wegen Einführung des Numerus clausus nicht an der Forsthochschule angenommen worden sein. Er hatte 1932 ein ordentliches Rechtsstudium begonnen, das er nach fünf Jahren 1937 abbrach, um in die Reichskriminalpolizei einzutreten. Er hatte 1934 das SA-Sportabzeichen in Bronze (Nr. 186108) erworben und war 1933 dem Nationalsozialistischen Studentenbund, dem er bis 1937 angehörte, beigetreten, um sein Ziel, das, wie er sagt, darin bestand »mit Hilfe einer Stellung in der Kriminalpolizei einen kleinen Teil des staatlichen Machtapparates zu erobern«, erreichen zu können.
In einem 1949 verfaßten Lebenslauf schrieb Dickopf, er sei, um der »verhaßten NSDAP nicht zu verfallen«, zur Kriminalpolizei gegangen.

»Ich sondierte die Lage, in der sich die Kriminalpolizei befand, und stellte zu meinem Erstaunen fest, daß die neuen Machthaber sich bisher mit dem Aufbau der auf Gedeih und Verderb mit ihnen verbundenen politischen (Geheimen) Staatspolizei und der Ablösung ehemaliger Polizeichefs begnügt hatten; ich kam weiter zu der schon weniger überraschenden Erkenntnis, daß der weitaus größte Teil der Frankfurter Kriminalbeamten dem Nazismus ablehnend gegenüberstand. Vor die Wahl gestellt, nur durch den Eintritt in die Partei den Abschluß der Studien zu sichern, oder aber mit Hilfe einer Stellung in der Kriminalpolizei einen – wenn auch kleinen – Teil des staatlichen Machtapparates zu erobern, entschied ich mich für das Letztere.«

1936 bewarb sich Paul Dickopf bei der deutschen Reichskriminalpolizei, wobei er wissen mußte, daß die Einstellungsbedingungen unter anderen unbedingte politische Zuverlässigkeit, SS-Fähigkeit, Angehörigkeit zur NSDAP oder einer ihrer Gliederungen enthielten.

Vom 12. 10. 1938 bis zum 1. 7. 1939 nahm Dickopf am Kriminalkommissars-Lehrgang an der Führerschule der Sicherheitspolizei in Berlin-Charlottenburg, Schloßstraße 1, teil und wurde zum Kriminalkommissar mit SS-Dienstgradangleichung befördert und, hierüber konnte er nicht entscheiden, als Untersturmführer im Sicherheitsdienst ernannt. SS-Brigadeführer Otto Hellwig beurteilte Paul Dickopf 1939 als »nach Charaktereigenschaften, Haltung, Auftreten und Wissen durchaus geeigneten SS-Führer«. Nach relativ kurzer Tätigkeit als Kriminalkommissar war Dickopf zunächst in Frankfurt/M., dann auf Veranlassung von Paul Werner (Stellvertreter des Chefs der Reichskriminalpolizei, Arthur Nebe), in Karlsruhe, von wo er noch 1939 in die militärische Abwehr übernommen wurde.

Die Abwehr/Ausland unter Canaris war Teil der Wehrmacht. Daher konnten, je nach Bedarf oder Zweckmäßigkeit, Kriminalbeamte, auch solche des RSHA, jederzeit zur Wehrmacht eingezogen werden, ohne daß Heydrich dagegen etwas hätte einwenden können. Sie wurden »kriminalpolizeiliche Sachbearbeiter der militärischen Abwehr«, was auch immer darunter verstanden wurde. Die Arbeit der Abwehr hatte nachrichtendienstlichen Charakter und funktionierte neben der, manchmal sogar gegen die Geheime Staatspolizei oder den Sicherheitsdienst. Canaris, der Abwehrchef, und Heydrich, der Chef des RSHA, arbeiteten nicht auf gleicher Wellenlänge. Der Nachrichtendienst Heydrichs geriet immer mehr in Kompetenz- und Konkurrenzstreitigkeiten zu der militärischen Abwehr von Canaris. Dazu »Der Spiegel« vom 2. 6. 1969:

»Die Existenz einiger Regime-Gegner am Tirpitz-Ufer konnte nichts daran ändern, daß die erdrückende Masse der Abwehr-Angehörigen nicht weniger im Banne des Hitler-Kults stand als die übrige Wehrmacht. In der Abwehr herrschten zwei Menschentypen vor: der in Monarchie und Republik zu dünkelhafter Abneigung gegen die Politik erzogene Offizier und der durch NS-Erziehung geprägte Führer. Beiden war gemeinsam, daß sie ausschließliche Maßstäbe an ihre Arbeit legten. Da mußte das Auftauchen undurchsichtiger Zivilisten in Osters Abteilung den Argwohn der Kommißköpfe erregen, zumal diese anderen Offizieren vorgezogen wurden. Sie schienen die nähere Umgebung des Amtschefs Canaris so sehr zu beherrschen, daß unter den Nur-Soldaten das Wort umging, der ›Alte‹ wisse schon gar nicht mehr, was in seinem Hause gespielt wird.«

Im Juni 1944 übernahm, nach einigen Skandalen, das RSHA Funktion und Personal der Abwehr. Canaris war im Februar abgesetzt und am 20. Juli verhaftet worden. Ab jetzt konnte sich Dickopf nicht mehr als Angehöriger der Wehrmacht (Abwehr/Ausland) vor dem zugreifenden Arm des SD in Sicherheit fühlen. Das Gehalt an seine Frau wurde ab 1944 nicht weiter gezahlt. Er selbst änderte sein Verhalten. Sein Bericht vom 30. 11. 1944, etwa 4 Monate nach dem Attentat auf Hitler, enthält folgende Bewertung der Abwehr:

»Wenn ich mir vor Augen halte und dabei an die moralische Verkommenheit vieler – auch der dem ehemaligen Offizierskorps entstammenden – Abwehr-Angehörigen denke, komme ich zu dem Schluß, daß die derzeit übliche Darstellung der Vorgeschichte des 20. Juli 1944 kaum den Tatsachen entsprechen dürfte. Im übrigen stellt sich bei allen diesen Überlegungen immer wieder die Frage, warum Männer wie Canaris und seine Stabsoffiziere, die jetzt auf einmal Antinazis sein sollen, zur Zeit ihres maßgebenden Einflusses auf die Kriegführung nicht versuchten, das Steuer herumzureißen. Es ist anzunehmen, daß sie hierzu keine Zeit hatten, weil sie sich mit Planungen für neue Eroberungen befassen mußten: Wer 1938 gegen den ›Anschluß‹ Österreichs war, braucht das nicht erst am 20. 7. 1944 zu beweisen. Bei aller Objektivität ist darin kein wesentlicher Unterschied zu sehen, ob der Deutsche von einem ›Führer‹ in grauer oder in schwarzer Uniform zu durchsichtigen Zwecken mißbraucht wird.«

Paul Dickopf begründet seine »Flucht« ins Ausland (1942) in seinem Personalbogen für das Bundesministerium des Innern vom 27. 2. 1950 mit seiner anti-nationalsozialistischen Einstellung, seiner Weigerung aus der katholischen Kirche auszutreten und seiner Angst vor bevorstehender Verhaftung:

»Nachdem ich mich mit Unterstützung gleichgesinnter militärischer Vorgesetzten den Nachstellungen des SD hatte entziehen können, erkannte ich im Sommer 1942 aus allerlei Anzeichen, daß der SD vor dem Abschluß eines gegen mich gerichteten Untersuchungsverfahrens stand. Ich erfuhr, daß das Verfahren sich auf meine dienstliche Tätigkeit, meine politische und religiöse Einstellung und frühere Betätigung, ebenso wie auf die belastende Tatsache der nichtgenehmigten Verehelichung erstreckte. Ich kam so zu dem Schluß, daß der SD die folgenden, mich aufs schwerste belastenden Momente zusammengetragen haben könnte, die jedes für sich allein zur Festnahme ausgereicht hätten ... Dieses Tatsachenregister mußte mir bei erster Gelegenheit, spätestens aber bei dem zu erwartenden Zugriff des SD zum Verhängnis werden. Alle Überlegungen führten zu dem Ergebnis, daß ich nur durch einen Aufenthalt im Ausland der Festnahme entgehen könne.«

Paul Dickopf beschreibt seine »Flucht«, oder sein »Verschwinden«, um aus den Klammern des SD zu entkommen eher verschwommen. Namen und Orte werden nur angedeutet, eigenartige Vorgänge verschleiert geschildert. In einem Lebenslauf vom 23. 11. 1949 heißt es:

»In diesen kritischen Tagen (Sommer 1942) wurde ich aufgefordert, mich bei der Zentrale der Abwehr in Berlin zu melden, wo mir vom Leiter der Gegenspionage (Abteilung III), Oberst v. Bentivegni, eröffnet wurde, daß ich zur Übernahme eines selbständigen Postens in der Schweiz vorgesehen sei. Die hierfür notwendige Schulung sollte ich in Paris erhalten... Ich fügte mich dem Befehl und erwog, daß ich durch diese Lösung einmal aus der Einflußsphäre des SD rückte. Andererseits bot sich so die Möglichkeit, eine persönliche Verbindung zum alliierten Nachrichtendienst zu schaffen, was in Anbetracht des inneren und äußeren Zerfalls in Deutschland immer dringlicher erschien. Was ich jedoch ebenfalls beachten mußte, war der Umstand, daß ich auch aus der Schweiz jederzeit zurückbeordert werden konnte und bei Nichtbefolgen eines entsprechenden Befehls die Sicherheit meiner Angehörigen gefährdete. Alle Möglichkeiten erwägend, entschloß ich mich schließlich, nach Paris zu gehen und dort unterzutauchen. Diese Art des Verschwindens im besetzten Gebiet schien mir als das geeignete Mittel, den SD auf eine falsche Fährte zu locken und Repressalien von meiner Familie abzuwenden.
Ende August 1942 reiste ich nach Abschluß der laufenden Arbeiten ab und benutzte die ersten Tage meines Aufenthaltes in Frankreich dazu, mich mit einem Schweizer Freund in Verbindung zu setzen, der über meine Pläne seit langem unterrichtet war. Auf meine Bitte hin besprach er sich mit einem ihm bekannten Offizier des Schweizer Nachrichtendienstes und sondierte die Voraussetzungen für einen Aufenthalt in der Schweiz.
Ich selbst fuhr nach drei Wochen nochmals nach Stuttgart zurück, versorgte mich mit Papieren und Blanko-Ausweisen und riet meiner Frau, alles für einen Umzug in meine Heimat (Hattert) vorzubereiten.
Wieder in Frankreich angekommen, verschwand ich definitiv und hielt mich bis 1943 bei Bekannten in Brüssel auf.«

Weshalb Dickopf sich in Paris und Brüssel aufhielt, bleibt, trotz der von ihm angegebenen Gründe, ungeklärt. Es war ihm von Oberst von Bentivegni gesagt worden, seine Ausbildung würde in Paris erfolgen. Es ist anzunehmen, daß Dickopf in Paris seine Kenntnisse der französischen Sprache auffrischte, um für die Übernahme des »selbständigen Postens in der Schweiz« vorbereitet zu sein.
Der »Schweizer Freund«, der sich mitten im Krieg im besetzten Paris aufhielt und mit dem sich Dickopf sofort nach seiner Ankunft in Verbindung setzte, war François Genoud. Den Namen des Offiziers des Schweizer Nachrichtendienstes, der ihm durch Genoud vermittelt wurde, nennt Dickopf nicht. Darauf angesprochen, sagt Dickopf

gegenüber Dr. Globke im Jahre 1949, es habe sich um einen »Capitaine Olivet« gehandelt, dessen Adresse aber unbekannt sei. Sollte etwa Capitaine Olivet für die »notwendige Schulung« Dickopfs in Paris gesorgt haben? Dann war er sicherlich für den SD oder für die Abwehr, oder, was auch sein konnte, für beide tätig.

Wer sind die Bekannten, bei denen sich Dickopf bis 1943 »verborgen« hielt? Er gibt Namen und Adresse an: Van Cluysen, 2 rempart des moines. Aber kein »van Cluysen« wurde später, nach dem Krieg, bei Dickopf oder sonstwo gesehen.

Dickopf beschreibt seine Flucht 1943 mit Hilfe seines Freundes, der allem Anschein nach Doppel-, sogar Tripel-Agent war, wie folgt:

»Gemeinsame Überlegungen mit Genoud führten zu dem Ergebnis, daß Genoud eine Reise nach Stuttgart unternahm, um die Lage zu sondieren. ›Dr. Wagner‹ erklärte ihm bei dieser Gelegenheit, daß man sehr über mein Ausbleiben beunruhigt sei, aber glaube, daß ich mich noch in Südfrankreich aufhalte. Diese Mitteilung verriet mir, daß sich zumindest der Sicherheitsdienst und die Gestapo noch nicht mit meinem Verschwinden beschäftigten. Anfang Juli aber änderte sich die Situation mit einem Schlage dadurch, daß ›Dr. Wagner‹ erneut in Brüssel auftauchte und abermals nach mir forschte. Genoud teilte mir diese Tatsache umgehend mit, wodurch ich mich genötigt sah, nunmehr ernstlich an eine Flucht nach der Schweiz zu denken. Einige Tage später wurde Genoud von einigen Agenten der Gestapo Stuttgart eingehend nach mir befragt, was uns den Entschluß fassen ließ, schnellstens abzureisen. Genoud fuhr mit dem Zug nach Paris, während ich bei Mons abends schwarz über die französische Grenze ging und die Eisenbahn erst ab Valenciennes benutzte. Von Paris bis Dole und weiter von dort bis Morez gelangten wir ohne Schwierigkeiten. Genoud benutzte bei seiner Reise – wie schon längere Zeit vorher – Passierscheine, die er auf dem schwarzen Markt in Brüssel kaufte, während ich meine Dienstpapiere teilweise auf andere Namen gefälscht hatte, um möglichen Kontrollen begegnen zu können. Von Morez aus gingen wir zu Fuß über Les Jacobeys auf Umwegen zur Schweizer Grenze bis zu dem Punkt (6,2 km südlich von La Cure), den Genoud immer als Passagestelle benutzte. In der Nacht vom 16. zum 17. 7. 1943 betraten wir Schweizer Boden.«

Dickopf hatte sich, darauf deutet manches hin, weder in Paris noch in Brüssel verstecken müssen. Es scheint, als habe der SD stets gewußt, wo er war und weshalb er dort war, wo er war. Bleibt zu ergründen, ob der SD sich scheute, den Abwehrmann im Dienste von Canaris zu belangen. Das Gehalt wurde an Frau Dickopf bis 31. 1. 1944 auf ihren Antrag weiter gezahlt. Nach 1944 nicht mehr.

Dickopf begründete seine »Flucht« in die Schweiz ein andermal wie folgt:

»Fahndungsmaßnahmen des SD und der Geheimen Staatspolizei, die beide bis dahin durch unzutreffende und beruhigende Erklärungen der Abwehrstelle Stuttgart am Einschreiten gehindert worden waren, zwangen mich dazu, im Juni 1943 mein Quartier in Brüssel zu wechseln und einige Wochen später nach der Schweiz aufzubrechen. Nach glücklicher Durchquerung Frankreichs überschritt ich die französisch-schweizer Grenze.«

Diese »Flucht« aus dem von Deutschen besetzten Brüssel über Frankreich in die Schweiz bleibt eine der ungeklärten Merkwürdigkeiten im Leben des Geheimagenten Dickopf.
Die Rolle der Abwehr und die des Sicherheitsdienstes ist, wie bei Geheimorganisationen üblich, undurchsichtig. Dickopf wurde im Deutschen Fahndungsbuch vom 16. 4. 1943 für die Staatliche Geheimpolizei ausgeschrieben, ohne Angabe des Grundes. Höchstwahrscheinlich galt er als vermißt. Denn erst 1944 wurde er auf Betreiben des SD offiziell als »Desserteur« behandelt, und die Weiterbezahlung seines Gehaltes an die Ehefrau wurde eingestellt.
In einem handschriftlichen Vermerk auf Dickopfs SS-Karteikarte heißt es: »Gegen den Obengenannten, der als vermißt gemeldet ist, besteht Haftbefehl.« Der Vermerk ist vermutlich nach dem 23. 10. 1944, entstanden, also zu einem Zeitpunkt, als die Abwehr vom Reichssicherheitshauptamt vollständig übernommen worden war. Ab 1944 bestand das Amt Ausland/Abwehr nicht mehr. Das Reichssicherheitshauptamt hatte Funktion und Personal, also auch Paul Dickopf, übernommen. Es wird zu Recht oder Unrecht vermutet, Dickopf sei im Auftrag des SD in den Untergrund »abgetaucht«. Dann wäre zur ersten »Legende« eine zweite hinzugekommen.
Prante schreibt in seiner Dokumentation über »Paul Dickopf, die Gründungsgeschichte des Bundeskriminalamtes«:

»Die erwähnten DC-Dokumente und andere Unterlagen sind nach dem Kriege auch dritten Personen und Stellen zugänglich gemacht worden und haben die Spekulation über die Hintergründe des Verschwindens Dickopfs nicht ruhen lassen.«

In der DDR-Veröffentlichung »Polizei der BRD« (Deutscher Militärverlag 1972) wird behauptet, daß Dickopf von 1940 an für den Geheimdienst von Canaris arbeitete, unter der Bezeichnung eines »Flüchtlings« im Ausland stationiert wurde, um nach 1945 – wie viele Tausende Mitarbeiter von Gehlens Geheimdienst – zu den Amerikanern überzuwechseln.

Zweifel äußert der amerikanische Journalist Vaughn Young, der Zugang zu Unterlagen eines US-Senats-Komitees gefunden hat, das sich seit 1975 mit der Untersuchung des Nachrichtenaustausches zwischen US-Stellen und der Internationalen Kriminalpolizeilichen Organisation (Interpol) befaßt. Die »Haagse Post« vom 19.2. 1977 schreibt:

»Young war mit der Dickopf-Legende nicht zufrieden: Denn es ist ausgeschlossen, daß ein verschwundener SS-Offizier erst zwei Jahre später auf die Fahndungsliste gesetzt wird. Und die ungenaue Fluchtroute über Paris und Brüssel in die Schweiz – weil Paris und Brüssel doch keine sicheren Städte für SS-Offiziere waren – konnte ihn wenig überzeugen.«

Mich hat die Freundschaft, die Paul Dickopf mit François Genoud aus Lausanne verband und die Nachkriegszeit überdauerte, stutzig gemacht. François Genoud war zu allen Zeiten und ist auch heute noch Hitler-Anhänger. Während des Krieges und auch danach hat er sich um das, meist illegal erworbene, Vermögen der Nazigrößen gekümmert. Er soll der SS angehört haben. Heute wird er als führendes Mitglied der »schwarzen Nazi-Internationale« genannt und, nachdem er zu seiner Zeit die Nazi-Gelder auf Schweizer Nummernkonten hatte verschwinden lassen, soll er heute »Terroristen im Nahen Osten und in Europa kontrollieren«.

Mir scheint, Genoud ist eine Schlüssel- und Kernfigur im Leben des Paul Dickopf. Er erwähnt ihn namentlich nur gegenüber den Amerikanern. In seinem Lebenslauf schreibt er von einem »Freund«, bei dem er unter einem Decknamen 1943 in Lausanne, 2 bis avenue des alpes, gewohnt hat.

Die Freundschaft zwischen Dickopf und Genoud scheint Anfang 1941 begonnen zu haben als ein Sichbeschnüffeln zweier Mehrfachagenten. Genoud soll schon 1939 für Canaris' Abwehr gearbeitet, in seinem Nachtclub »Oasis« in Lausanne einen Treffpunkt für Agenten und Kuriere zwischen Deutschland, dem nahen Osten und Nordafrika eingerichtet und später die Operation »Odessa« (Organisation der ehemaligen SS-Angehörigen) finanziert haben.

Dickopf berichtet in seinem ausschließlich für Allen Dulles (OSS) bestimmten Lebenslauf:

»Von einer meiner Reisen zurückgekehrt, wurde ich vom Leiter der Stuttgarter Abwehr-Abteilung III auf die Ankunft eines Schweizers in Freiburg/Br. aufmerksam gemacht, der nach einer Funkmitteilung der deutschen Vertretung in Bern in Anbetracht seiner früheren Zugehörigkeit zur ›Nationalen Front‹ auf Bereitwilligkeit zur Mitarbeit zu prüfen sei. Da sämtliche Sachbearbeiter abwesend waren, fuhr ich selbst zu der Besprechung, die für meine späteren Entschlüsse maßgebend werden sollte. Der Mann, der sich als François Genoud vorstellte, gab an, zum Zwecke der Anknüpfung von Geschäftsbeziehungen, besonders im Buchhandel, nach Deutschland gekommen zu sein. Ich gewann nach längerer Unterredung den Eindruck, daß es sich bei Genoud um einen verständigen Menschen handle, der über das Stadium einer früheren jugendlichen Begeisterung für Diktaturen längst hinaus sei. Trotzdem bat ich ihn auftragsgemäß, sich wenn möglich und ohne Gefährdung seiner Person nach der Rückreise in die Schweiz über die Stimmung in alliierten Kreisen und einige besonders in Erscheinung getretene Mitarbeiter der verschiedenen feindlichen Nachrichtendienste zu erkundigen, eine Bitte, die Genoud weder zu erfüllen versprach noch direkt ablehnte. Gelegentlich einer zweiten Einreise nach Deutschland berichtete mir Genoud über seine Feststellungen, die sich ausschließlich auf Lausanne erstreckten und in einer späteren Beurteilung des Amtes Ausland/Abwehr als ungenau und bereits bekannt bezeichnet wurden. Gleichzeitig erklärte mir Genoud, daß er es vorziehe keine derartigen Dienste zu leisten, selbst wenn seine Aufenthaltserlaubnis in Deutschland davon abhängig gemacht werden sollte. Diese Offenheit gefiel mir, und das Gegenteil hätte mich dazu bestimmt, die Verbindung mit ihm abzubrechen, und gleichzeitig die Hoffnungen enttäuscht, die ich in die neue Bekanntschaft setzte. Nach vertraulichen Erkundigungen, die ich in der Zwischenzeit eingezogen hatte, wurde Genoud als ehrlicher und zuverlässiger Mensch, gleichzeitig aber als dauerndes Überwachungsobjekt der Sureté in Lausanne bezeichnet. Seiner Familie wurde in jeder Beziehung das beste Urteil ausgestellt und im Gegensatz zu ihm starke Franzosenfreundlichkeit vorgeworfen. Auf diesen Tatsachen baute sich mein Plan auf, der darin gipfelte, mir in Genoud einen Freund zu schaffen, der mir im Falle einer eines Tages notwendig werdenden Flucht bei der Asylbeschaffung behilflich sein und zu dem ich vor allen Dingen Vertrauen haben könnte. Ich sprach deshalb von diesem Zeitpunkt an verhältnismäßig offen mit ihm, ohne ihm allerdings damals schon meine näheren Absichten bekannt zu geben. Meine Intervention ermöglichte es ihm in der Folgezeit, die notwendigen Visa für Reisen nach und von der Schweiz und auch Passierscheine nach dem besetzten Belgien zu erhalten. Um seine Position gegenüber den dortigen Militärbehörden zu sichern, ließ ich ihn einen Wohnsitz in Deutschland suchen (Mannheim), für den ich ihm die Aufenthaltserlaubnis besorgte.

... ging der Abwehrstelle eine Meldung zu, nach der Genoud mehrmals von einem Vertreter des Schweizer Nachrichtendienstes vernommen worden sei, und daß man den begründeten Verdacht hege, daß er mit dem alliierten Nachrichtendienst zusammenarbeite. Diese Mitteilung wurde mir zugestellt, da ich im Auftrag der Dienststelle die ersten Verhandlungen geführt hatte und man wußte, daß ich noch mit ihm in Verbindung stand. Auf meine Fragen gestand mir Genoud, von einem Offizier des Schweizerischen Nachrichtendienstes namens Olivet nach seinen Eindrücken in Deutschland befragt und auch mit Spionageaufträgen versehen worden zu sein. Er habe jedoch nur in beschränktem Umfange Angaben, und zwar meist allgemeiner Natur über Stimmung, Moral, Bombenschäden usw. gemacht. Jede Beziehung zum alliierten Nachrichtendienst leugnete Genoud auf das entschiedenste.

Obwohl ich hinsichtlich der letzteren Angaben Zweifel hegte und auch nur aus Gründen der persönlichen Sicherheit gerne Klarheit darüber gehabt hätte, deckte ich

Genoud der Dienststelle gegenüber, indem ich ihr den Bericht vorlegte, aus dem hervorging, daß nach den im Verkehr mit Genoud gemachten Erfahrungen seinen Angaben Glauben zu schenken sei und nach denen er weder mit dem schweizerischen noch mit einem anderen fremden Nachrichtendienst zusammengearbeitet habe – er sei nur einmal von dem in seiner Familie bekannten Oberleutnant Olivet ganz allgemein über seine Eindrücke befragt worden.
Da in der Folgezeit keine weiteren Vorwürfe gegen Genoud erhoben wurden, machte auch die Abwehrstelle V keine Bedenken gegen seinen weiteren Aufenthalt in Deutschland und im deutschbesetzten Gebiet geltend, zumal er seine Reisen nach der Schweiz für längere Zeit ganz einstellte. Ich benutzte die eingetretene Ruhe, um ihn bei erster sich bietender Gelegenheit sowohl dem Leiter der Abwehrgruppe III, als auch demjenigen meiner Kameraden, zu dem ich persönlich das größte Vertrauen hatte, Hauptmann Waaser (Deckname ›Dr. Wagner‹), vorzustellen. Dies geschah einmal, um ihnen einen persönlichen Eindruck zu vermitteln, und zum anderen, um Genoud für den Fall einer möglichen überstürzten Flucht meinerseits nicht ganz ohne Verbindung zu lassen. Gleichzeitig machte ich ihn mit einem damals bei der Kriminalpolizei Mannheim tätigen Lehrgangskameraden, Kriminalkommissar Griese, bekannt, der ihm in der Folgezeit bei verschiedenen kleineren Angelegenheiten behilflich war, die meist Aufenthaltserlaubnis und Passierscheine betrafen.
Später traf ich mich mit Genoud in Brüssel, wo er seinen zweiten Wohnsitz aufgeschlagen hatte. Da er aus verschiedenen Gründen gerne nach der Schweiz gefahren wäre, ich aber aus dienstlichen Erwägungen seine Ausreise über Basel nicht für opportun hielt, begleitete ich ihn nach der Schweizer Juragrenze, die er in der Nähe von La Cure überschritt. Ich hatte ihm inzwischen offen erklärt, daß ich wegen meiner Stellung zum Sicherheitsdienst wahrscheinlich eines Tages gezwungen sein werde, Deutschland zu verlassen. Gleichzeitig gab ich ihm zu verstehen, daß ich gegen seine Arbeit für den Schweizer Nachrichtendienst nichts einzuwenden habe, vielmehr diese Tätigkeit nach Möglichkeit unterstützen wolle.«

Hier findet sich so viel Dichtung mit so wenig Wahrheit gepaart, daß daraus nicht einmal eine nachweisbare Lüge entsteht. Über den wahren Genoud, den überzeugten Nationalsozialisten, mußte Dickopf genau Bescheid gewußt haben, frühestens 1942, spätestens nach dem Krieg.
Dickopf berichtete, wieso er in der Schweiz den Status eines politischen Flüchtlings erhielt:

»Mitte August 1944 wurde ich in ein militärgerichtliches Untersuchungsverfahren verwickelt: die Überprüfung aller nach der Schweiz gekommenen Flüchtlinge brachte meine wahre Identität einem großen Personenkreis zur Kenntnis und führte dazu, daß ich – in Abwesenheit des sich für meine Loyalität verbürgenden Offiziers – vorläufig festgenommen und nach Bern überführt wurde. Obwohl sich die Richtigkeit meiner Angaben umgehend herausstellte und zuletzt durch die bei den Schweizer Nachrichten- und Polizeidienststellen registrierten Fahndungsersuchen von SD und Geheimer Staatspolizei bewiesen wurden, nahm das von der Schweizer Bundesanwaltschaft geleitete Verfahren seinen bürokratischen Gang. Als es durch Einstellung endigte, wurde mir offiziell der Status eines politischen Flüchtlings zuerkannt und auf meinen Wunsch hin Worb b. Bern als Aufenthalt zugewiesen.«

Daß er in Wahrheit zweimal in der Schweiz Asyl bekommen hatte, davon sagt Dickopf nichts. Das erste Mal, als er am 17. 7. 1943 als »Donaldson« illegal in die Schweiz eingereist, am 29. 10. 1943 als »André Jung«, luxemburgischer Nationalität, Asyl bekam. Er wurde durch das Territorialkommando betreut und lebte in Lausanne bei seinem Freund Genoud in »freier Internierung«. Die »Sureté« nahm ihn am 8. 8. 44 als deutschen Spion fest und brachte ihn nach Bern in Untersuchungshaft. Das Verfahren wurde vom Militärgericht eingestellt, und ab dem 15. Dezember 1944 erhielt Dickopf erneut Asyl in der Schweiz, dieses Mal unter seinem richtigen Namen.

Dickopf hatte seinen »Legenden« entsprechend viele Alias-Namen, zum Beispiel Peter Dickmann, Peter Dorr, Donaldson (hier fallen die perseverierenden Anfangsbuchstaben P. D. auf und der für »Paul« stehende »Peter«), Peter Schermerhorm oder André Jung (er ist am gleichen Tag wie der sich mit seinem Namen tarnende Paul Dickopf geboren) oder F. Kalnofer (der von anderer Seite als Aliasnamen gewählt wurde) usw. Agenten, Spione und andere Falschspieler benötigen zum Arbeiten oder zum Überleben eine Maskerade, die sich auf Name und Identität ausdehnt.

Was an Dickopfs Erzählungen wahr ist, was erfunden ist, wissen wir nicht mit Sicherheit, denn er benutzte eine geschickte Taktik: Er lügt nicht, wenn er annehmen muß, daß seine Angaben nachprüfbar sind und auch nachgeprüft werden. Eine gute Technik, um seine Glaubwürdigkeit unter Beweis zu stellen. Was er preisgibt, stimmt. Was er verschweigt, ahnen wir. Was er glauben machen will, wissen wir.

Dafür, daß der SD den doch wohl bekannten Paul Dickopf, auch wenn er jetzt »Monsieur Paul« oder anders hieß, nicht finden konnte, hat Dickopf eine Erklärung:

»Bedauerlich blieb, daß der in der deutschen Gesandtschaft in Bern besonders stark vertretene SD-Nachrichtendienst durch eine Indiskretion meinen Verbleib entdeckt hatte und meinen Angehörigen in Deutschland erneut nachstellte. Wie sich einige Zeit später herausstellte, war im Herbst 1944 an alle dem SD unterstellten Dienste in der Schweiz die Anweisung ergangen, mich zu beseitigen. Daß dieses Vorhaben nicht gelang, habe ich in der Hauptsache dem außerordentlichen Verständnis du danken, das Leiter und Beamte der Schweizer Bundespolizei mir entgegenbrachten und das mir erlaubte, in der folgenden Zeit inkognito in unmittelbarer Nähe Berns zu wohnen.«

Ab September 1942 will Dickopf sein Vermögen (worin bestand es in Wahrheit?) nach Belgien transferiert und dort in Gold eingewechselt haben. Dazu Prante:

»Geld aus deutschem Besitz in das Ausland – auch wenn dieses von den Deutschen besetzt war – zu transferieren und dort in Gold umzuwechseln war unter den damaligen Verhältnissen ohne illegale Beziehung und Hilfe vollkommen unmöglich und im übrigen als kapitales Kriegswirtschaftsverbrechen mit der Todesstrafe bedroht. Inwieweit D. also – wenn überhaupt – sich bei solchen Unterfangen der Untergrundkanäle einflußreicher Abwehrangehöriger oder seines Freundes François Genoud bedienen konnte und tatsächlich auch bedient hat, ist nicht überliefert.«

Was es mit der »Indiskretion« in der Deutschen Gesandtschaft in Bern auf sich hatte, erfahren wir nicht. Vielleicht war es eine gezielte Indiskretion. Dickopfs Erklärungen sind nicht ohne weiteres von der Hand zu weisen.
Er änderte sein Verhalten in Bern und schien sich besorgt im Versteck zu halten. Er wohnte bei Genoud in Lausanne und wurde von ihm materiell und finanziell unterstützt. Welche Gegenleistung er zu erbringen hatte, wissen wir nicht, wir können nur trübe Ahnungen darüber haben. Dickopf berichtet, daß er aktiv mit der Schweizer Bundespolizei zusammenarbeitete und deren im »Ausland übliche praktisch-kriminalpolizeiliche Tätigkeit studierte«.
Das konnte Paul Dickopf tun, ohne dem SD aufzufallen! Er ist wohl mit falschem Namen, kaum aber mit falschem Bart aufgetreten. Welcher Art die Zusammenarbeit mit den Schweizern war, darüber schreibt Dickopf im Lebenslauf 1:

»Im Winter 1944/45 arbeitete ich gemeinsam mit Beamten der Schweizer Bundespolizei Pläne zur Verhütung weiterer Zerstörungen im deutschen Gebiet an der nordschweizerischen Grenze aus und bereitete 1. die Überführung und Sicherstellung von Aktenmaterial von Deutschland nach der Schweiz vor, 2. die Sicherstellung von kriminalpolizeilichen Unterlagen der südbadischen Dienststellen.
Durch die Gewinnung vertrauenswürdiger Mitarbeiter gelang schließlich die Sicherstellung polizeilicher Akten, Register usw. und auch die Erhaltung der lebenswichtigen Industrien im deutschen Gebiet an der nordschweizerischen Grenze. Diese, die nazistischen Zerstörungspläne durchkreuzenden Erfolge habe ich unter teilweise erheblichen Schwierigkeiten erreicht; sie bedeuteten damals, daß sich die Verhältnisse in einem räumlich ausgedehnten Gebiet mit größerer Beschleunigung zu normalisieren vermochten.«

Und im Lebenslauf 2:

»Wenn es mir 1945 gelungen ist, durch die Gewinnung vertrauenswürdiger Mitarbeiter polizeiliche Akten, Register usw. in großer Zahl sicherzustellen und zur Erhaltung der lebenswichtigen Industrien im deutschen Gebiet an der nordschweizerischen Grenze entscheidend beizutragen, so betrachte ich das zwar nicht als ein überragendes Verdienst, glaube aber, daß durch die Verwirklichung meiner die nazistischen Zerstörungsabsichten durchkreuzenden Pläne immerhin erreicht wurde, daß sich die Verhältnisse in einem räumlich ausgedehnten Gebiet mit größerer Beschleunigung zu normalisieren vermochten.«

Es gibt Quellen, die von einer Zusammenarbeit Dickopfs mit dem von Allen Dulles 1942 in der Schweiz eingerichteten Außenposten des US-Geheimdienstes »Office of Strategic Services« (OSS) berichten. Dickopf konnte den Amerikanern behilflich sein, denn über vieles wußte er als früherer Insider Bescheid. Er lernte Paul C. Blum, einen Mitarbeiter von Allen Dulles, kennen.
Über die amerikanische Gesandtschaft in Bern versuchte Dickopf, sich als Mittelsmann zu den Schweizern zu stilisieren, um vor allem mit den Amerikanern ins Geschäft zu kommen. Ende 1944 berichtete Dickopf laufend schriftlich unter seiner Chiffre (9610) oder unter einem Pseudonym mit Hamburger Postfachadresse an amerikanische Stellen. Dickopf gibt dazu Auskünfte im Lebenslauf 1:

»Kurz darauf (1944) trat ich mit der amerikanischen Gesandtschaft in Bern in Verbindung. Während ich mich in dem ersten Jahr meines Schweizer Aufenthaltes darauf hatte beschränken müssen, politische Nachrichten zu sammeln und auszuwerten, konnte ich nun in ständigem Kontakt mit den zuständigen Schweizer Dienststellen und der amerikanischen Gesandtschaft in Bern diese über die voraussichtliche Weiterentwicklung innerhalb von Wehrmacht, Polizei und Sonderdienststellen laufend unterrichten.«

Und im Lebenslauf 2:

»Von der Wertlosigkeit der Bemühungen der verschiedensten Emigrantengruppen überzeugt, einen Gegner vom Format und der nichts schonenden Rücksichtslosigkeit des Nazismus mit papierenen Erklärungen anzugreifen, zögerte ich nicht, den Sturz des gemeinsamen Feindes dadurch zu beschleunigen, daß ich mein Wissen in den Dienst derer stellte, die allein die Möglichkeit besaßen, die Leiden einer ganzen Welt abzukürzen. Diese, durch die teuflische Verstrickung des Volkes in eine gemeinsame Schuld gleichzeitig gegen und für Deutschland zu fällende Entscheidung habe ich weder bisher bereut, noch werde ich dies künftig tun. Ich bin vielmehr durch die Entwicklung im Nachkriegsdeutschland zu der Überzeugung gekommen, daß Lauheit, Unentschlossenheit und mangelndes politisches Interesse eines Volkes geeignet sind, nach der ersten eine zweite Katastrophe herbeizuführen.
Die sich hieraus ergebende Zusammenarbeit diente einmal der Verhinderung weite-

rer Kriegsverbrechen und der Prüfung von Unterlagen für die Überprüfung von Kriegsverbrechern, zum anderen der Vorbereitung einer die in Auflösung begriffene Reichskriminalpolizei ersetzenden Organisation zur Bekämpfung krimineller Delikte.«

Ab Ende 1944 stand Paul Dickopf im Dienste der Amerikaner. Bis zu diesem Zeitpunkt hatte er manche Pferde geritten. Paul C. Blum attestiert ihm, daß er erst 1944 in der Lage war, rückhaltlos mit den Amerikanern zusammenzuarbeiten. Der Journalist Vaughn Young schreibt in der »Haagse Post« vom 19. 2. 1977 zu einem Blumschen »Persilschein« für Dickopf, daß er Blum angerufen und gefragt habe, ob er Paul Dickopf kenne, worauf dieser geantwortet habe: »›Ja natürlich, ich bin ihm während des Krieges in der Schweiz begegnet. Er studierte in Lausanne.‹ Er bestätigte, dem SS-ler seinerzeit einen Empfehlungsbrief gegeben und von seinen Diensten Gebrauch gemacht zu haben.« Der gleiche Young hatte auch entdeckt, daß Paul Dickopf auf einer britischen Liste von 1945 als Mitglied des deutschen Geheimdienstes aufgeführt war. Das war nichts Besonderes, wäre das Datum nicht gewesen. Der endgültige Einzug Dickopfs in das amerikanische Lager schien noch nicht bis zu den Engländern durchgedrungen zu sein. Im November 1945 ging Dickopf im Auftrag der Amerikaner nach Deutschland, kehrte in die Schweiz zurück und blieb dann ab 1947 endgültig in Deutschland.

1945 arbeitete Dickopf als Agent der Amerikaner. Er sollte Informationen über die Verhältnisse im Osten und in der DDR zusammentragen. 1946 arbeitete er mit einem noch nicht identifizierten Agenten (07) zusammen, der ihm half, aus ehemaligen Offizieren und Soldaten der deutschen Wehrmacht Mitarbeiter zu gewinnen. Er lieferte Berichte, gab Anregungen und machte Vorschläge, die die Anerkennung seiner Auftraggeber fanden. Er plante bereits 1946 die Organisation eines antikommunistischen Nachrichtendienstes und machte sich Gedanken über Organisationen, Arbeitsmethoden und Sitz der Zentrale. Seinen Bericht »Arbeitsvorschläge« (Nr. II/46) vom 30. 9. 1946 schickte er an seinen amerikanischen Auftraggeber Blum. Darin liest man u. a.:

»Abgesehen von diesen beiden Gründen stellt sich aber auch hier wieder die für mich wichtige Frage meiner Verwendung im Polizeidienst, die sich wahrscheinlich jetzt – zwischen den verschiedenen Wahlen in Groß-Hessen – besser lösen läßt als vordem, wo ich gegen das Vorurteil des sozialdemokratischen Innenministers und seines

Anhanges zu kämpfen hatte. (Ich verweise in diesem Zusammenhang auf den beiliegenden Akten-Auszug der Schweizer Bundesanwaltschaft betr. den nunmehr abgesetzten früheren großhessischen Innenminister Hans Venedey.) Meine formell notwendige Denazifizierung ist beantragt und kann deshalb innerhalb kürzester Frist durchgeführt werden, so daß von keiner Seite mehr Einwendungen gegen meine Beschäftigung in der deutschen Kriminalpolizei geltend gemacht werden können. Für eine umgehende Erledigung dieser Angelegenheit halte ich es jedoch für unbedingt erforderlich, daß eine höhere amerikanische Dienststelle gegenüber dem großhessischen Ministerpräsidenten Dr. Geiler und dem neu ernannten Innenminister erklärt, daß sie auf meine Verwendung Wert legt. Ich glaube zu diesem Punkt abschließend versichern zu können, daß ich sowohl politisch wie fachlich geeignet bin, eine neue Kriminalpolizei organisatorisch aufzubauen, und daß meine Ideen sich in dieser Hinsicht mit den amerikanischerseits vertretenen decken. Es ist hierbei weiter zu bedenken, daß eine Position innerhalb der Polizei und speziell der Kriminalpolizei außerordentlich viel Vorteile für unsere übrige – nachrichtenmäßige – Tätigkeit bietet, wobei ich zunächst nur an die Möglichkeit denke, Organe des Polizeidienstes für gelegentliche Hilfeleistungen in Anspruch zu nehmen, dauernd besetzte Wachräume als Ablageorte zu benutzen und sich der Register und Karteien für Auskünfte aller Art zu bedienen.«

Dickopf berichtete in diesem Schreiben an Blum über die eigene konspirative Tätigkeit und seine Vorstellungen für den Ausbau eines Agentennetzes. Ob ihm bereits zu diesem Zeitpunkt die Idee einer Zentrale im Sinne des Bundeskriminalamtes vorgeschwebt hat, kann nur vermutet werden. Jedenfalls wollte er mit Hilfe und im Dienste der Amerikaner seine berufliche Zukunft gestalten:

»Wie ich bereits schriftlich und mündlich berichtete, arbeitet 07 in der Hauptsache mit in der russischen Zone wohnhaften ehemaligen deutschen Offzieren zusammen, mit expropriierten Adeligen und anderen Grundbesitzern und mit einem weiten Kreis ihm durch Beruf und private Beziehungen bekanntgewordenen zuverlässiger Personen, die in der Hauptsache den früher führenden Schichten angehören. Im Gegensatz hierzu beschränken sich meine Verbindungen bis jetzt auf zwei in der Ostzone ansässige ehemalige deutsche Polizeibeamte, deren Zuverlässigkeit für mich außer Frage steht und die sich mit Erfolg bemühen, ihrerseits nachrichtendienstlich interessierende Beziehungen zu schaffen.
Bisher waren sowohl 07 als auch ich auf Nachrichten angewiesen, die auf den verschiedensten Wegen aus dem Osten kamen und die in geringem Umfang mittels offener Post, zum größeren Teil durch die Vermittlung von Grenzgängern und auch direkt auf dem Wege über offiziell von Berlin nach dem Westen reisende Personen (so durch die öfter hin- und herwechselnden Vertreter der CDU) an uns gelangten. Es ist wahrscheinlich, daß die vermehrten Kontrollen an der russischen Demarkationslinie und die Schaffung einer toten Zone auf englisch-amerikanischer Seite den Grenzgängerverkehr größtenteils lahmlegen werden, was jedoch nicht mit Bestimmtheit vermuten läßt, daß dadurch alle Möglichkeiten in dieser Hinsicht erschöpft sind. Leider verlieren wir aber dank dieser Umstände etwas die ohnehin schwer zu behaltende

Übersicht, da die Meldungen immer größere Umwege machen müssen, bis sie an Ort und Stelle eintreffen.

Das z. Z. bestehende Netz von Vertrauensleuten ist sehr ausbaufähig, wenn man sich über gewisse Grundlinien einig ist, die sich aus den bisherigen Erfahrungen ergeben. Die Aufrechterhaltung der zentralen Sammelstelle in Wiesbaden ist aus den verschiedensten Gründen von Vorteil. Zunächst einmal hat 07 dort sein ziviles Tätigkeitsfeld, und auch ich gedenke, wie oben bereits dargelegt, meinen Beruf dort wieder auszuüben. Weiter erscheint Groß-Hessen als einziges Land aller Zonen, das die übrigen drei Besatzungsmächte berührt, dazu prädestiniert, in Zukunft gewisse zentrale Funktionen auszuüben; dieses Land, dessen Hauptstadt Wiesbaden ist, besitzt zudem die für unsere Zwecke geeignetste Grenze mit der Sowjetzone, da diese in hügligem und teilweise sogar gebirgigem und unübersichtlichem Gelände verläuft. Wenn also Wiesbaden als Zentrale beibehalten werden kann, so sind jedoch in organisatorischer Hinsicht manche Veränderungen notwendig, wenn eine zufriedenstellende Tätigkeit in Zukunft ausgeübt werden soll.

Hierzu gehört in erster Linie der straffere Ausbau eines sich über die gesamte Ostzone erstreckenden und an den politischen und militärischen Brennpunkten verstärkten Netzes von Vertrauensleuten; weiter müßten in Berlin und 2–3 anderen wichtigen Orten der Ostzone besonders erprobte Agenten mit der Aufgabe eingesetzt werden, Nachrichten mehrerer Vertrauensleute zu sammeln und an uns weiterzuleiten. Die hierzu geeigneten Leute sind vorhanden und bedürfen nur genauerer Anweisungen und einer kurzen Schulung, um an die Arbeit zu gehen. Bei Erfüllung gewisser Voraussetzungen wird es zweifellos möglich sein, innerhalb von drei Monaten spätestens den uns vorschwebenden Plan zu verwirklichen, so daß um die Jahreswende 1946/47 mit reibungsloser Arbeit gerechnet werden kann.

Was die hier besonders interessierende Frage der zukünftigen Vertrauensleute betrifft, läßt sich sagen, daß 07 beabsichtigt, weiterhin auf eine Vermehrung seiner Vertrauensleute bedacht zu sein, wenn auch die Zahl der bereits für ihn direkt oder indirekt Tätigen ausreichend erscheint, um bei richtigem Ansatz das von den Sowjets besetzte Gebiet in seiner Gesamtheit zu erfassen. Ich selbst dagegen gedenke, mich einer besonderen Werbetätigkeit innerhalb der deutschen Polizei in der Ostzone zu widmen, da ich mir hiervon besondere Erfolge verspreche. Die Verbesserung der bereits bestehenden Verbindungen, ebenso wie die Anknüpfung neuer Beziehungen könnte dadurch erheblich erleichtert werden, daß mir Gelegenheit gegeben würde, zu einem kurzen Aufenthalt nach Berlin zu reisen, wo ich wahrscheinlich innerhalb kurzer Zeit einen Einblick in die russische Polizeiorganisation gewinnen könnte. Es ist mit Sicherheit anzunehmen, daß die Russen eine Reihe ehemaliger deutscher Polizeibeamten wieder beschäftigen, da diese Tatsache sowohl allgemein kolportiert als auch von einem meiner Vertrauensleute bestätigt wird. Unter diesen Voraussetzungen muß es möglich sein, den derzeitigen Aufenthaltsort des einen oder anderen meiner früheren Berufskameraden ausfindig zu machen und mit ihnen in Verbindung zu treten. Ich sehe hier außerordentliche Möglichkeiten, die nicht ungenutzt bleiben sollten, da sie wichtige Auskünfte militärischer, politischer und polizeilicher Art bringen könnten. Ließe sich, was ich mit Bestimmtheit vermute, auf diese Art eine Bresche in die deutsch-kommunistische Front schlagen, so bedeutete das allein schon, daß sich die gesamte Arbeit gelohnt hätte.

Notwendige Voraussetzungen:

- Amerikanische Unterstützung bei meinem Wiedereintritt in den deutschen kriminalpolizeilichen Dienst, d. h. Hinweis gegenüber Ministerpräsident Geiler in Wiesbaden, daß Wert auf meine Verwendung in geeigneter Stellung gelegt wird.
- Benachrichtigung der zuständigen amerikanischen Dienststellen (HQ, ICD und Military Governement).
- Persönliche Vorstellung bei HQ (General Siebert) – nur wenn von Bern für notwendig gehalten. Könnte auch durch 07 geschehen, da dieser dort bekannt.

... Wenn auch die Zusammenfassung des bisher Gesagten etwas grob anmutet, so läßt sich doch damit ausdrücken, daß wir uns bemühen werden, die ideellen Kräfte zu mobilisieren, während es der führenden amerikanischen Dienststelle vorbehalten wäre, die materielle Grundlage für unsere Tätigkeit zu geben. 07 und ich haben die Details für den Aufbau einer Nachrichtenorganisation so weit besprochen, wie das beim Fehlen aller Voraussetzungen überhaupt möglich war. Wir haben hierbei auch die Frage der Erledigung der Schreib- und Kartei-Arbeiten insoweit einer Lösung nähergebracht, als wir vorgesehen haben, für den Fall meiner Überlastung meine Frau in den Dienst miteinzubeziehen und sie – soweit notwendig – im Büro mit Schreib- und Kartei-Arbeiten zu beschäftigen. Hierdurch würde die Gefahr der Preisgabe geheimzuhaltender Tatsachen auf ein Mindestmaß herabgesetzt. Soweit zeitweilig ein Chauffeur benötigt werden sollte, so werde ich einen solchen immer in den Reihen der Kriminalbeamten finden, vorausgesetzt, daß ich dort wieder hauptberuflich tätig werden kann.

Ich nehme an, daß meine Ausführungen verständlich sind und daß ihr Sinn richtig erfaßt wird. Abschließend wiederhole ich jedoch nochmals, daß es sich – wie ich das mündlich bereits mehrfach betont habe – für uns nur darum handelt, Nachrichten zu sammeln, die der amerikanischen Regierung die Möglichkeit geben, die Lage in Deutschland und die Absichten der sowjetischen Führung richtig zu beurteilen; wenn wir gezwungen sind, bei der Erörterung derart wichtiger Fragen gleichzeitig das Problem zu behandeln, das sich für uns durch das Fehlen jeglicher materieller Voraussetzungen stellt, so bedauern wir das selbst am meisten und würden lieber darauf verzichten.«

Dickopf stellte also bereits 1946 die Weichen, die ihn mit amerikanischer Unterstützung wieder in den deutschen kriminalpolizeilichen Dienst bringen sollten. Er wird, nach seiner definitiven Rückkehr (1947) nach Deutschland, offiziell den Dienst der Amerikaner quittieren, um sie auf Umwegen der deutschen Regierung anbieten zu können. Die Verbindung zu den Amerikanern blieb bestehen. Man kann annehmen, daß Dickopf zugleich der Mann der Amerikaner bei der Bundesregierung und der Mann der Bundesregierung bei den Amerikanern war.

Dickopf hatte sich 1945 um Einstellung in die Kripo Hessen bemüht, ist aber nicht in den Polizeidienst eines Landes eingetreten. Ihm schwebte Besseres vor. Mitte 1950 wurde er im Bundesministerium des Innern eingestellt und dann im von ihm, man kann sagen mit amerikanischer Hilfe, gezeugten Bundeskriminalamt. Er blieb bedeckt in amerikanischen Diensten. Sein Verbindungsmann war Tom Polgar, von dem er als »politischer Berater« bezeichnet wurde. Um erfolgreich als Mittelsmann zwischen Amerikanern und Deutschen arbeiten zu können, brauchte er eine neue »Legende«. Zu ihr gehörte, daß der erfolgreiche »Politische Berater« der Amerikaner seine Arbeit niederlegte und sich ins Privatleben zurückzog. Auch der »Privatmann« ist eine Legende im Leben des Paul Dickopf.

Die Stunde Null

Die Stunde Null liegt in der Gründungsstory des BKA, in der Zeit, als aus Reichskriminalpolizisten Bundeskriminalisten wurden, als das Gespenst des Reichssicherheitshauptamtes in anderer Form zu spuken begann, die Gestalt wechselte und sich anstellte als Bundeskriminalpolizeiamt nicht mehr dem Bösen, sondern dem Guten zu Diensten zu sein.

Die Stunde Null war die Stunde der Vergangenheit. Das Gewesene war nicht auszulöschen, obwohl tot. Die Menschen, die vor der Stunde Null die Vergangenheit gestaltet hatten, lebten, und wenn sie Böses getan hatten, versuchten sie es zu vergessen, zu verdrängen, oder sie wollten es nicht wahrhaben.

Besonders betroffen waren die Beamten der Exekutive und der Judikative von damals, die auch nach der Stunde Null gebraucht wurden, wie Polizisten, Staatsanwälte und Richter.

Der Umlernprozeß vollzog sich relativ schnell. Die Vergangenheit wurde abgelegt, der bis zum letzten Augenblick bekämpfte Feind wurde zum Befreier, und es gab keine Besiegten, sondern Erlöste. Die Auseinandersetzung mit der Vergangenheit schien nicht erforderlich.

Auch die Angehörigen der Polizei bauten das am Anfang schlechte Gefühl, das aus ihrer SS-Zugehörigkeit entstanden war, schnell ab und machten sich selbst und andere glauben, sie seien nur »formell«, nicht aber auch in der Sache, SS-Männer gewesen.

Paul Dickopf hatte die Stunde der Vergangenheit richtig erkannt. Er hatte sie sogar vorausgesehen und sich darauf vorbereitet, sie zweckdienlich zu nutzen. Die Zukunft machte er der Bewältigung der Vergangenheit dienlich, noch bevor die Zeit stehengeblieben war. Aus der Vergangenheit hob er die Schätze, den Unrat warf er unbesehen fort, oder er verwandelte mit Magierhand die bösen Inhalte in den guten Formen zu nützlichen Funktionen um. Da Paul Dickopf Diktatur und Demokratie erlebt hatte, wußte er mit der Macht des Machtinhabers umzugehen. In das besetzte Deutschland

zurückgekehrt, bemühte er sich, die gemachten Erfahrungen zu seinem Wohl und dem der Bürger nach seinen Vorstellungen zu nutzen.
Dickopf wollte die Kriminalpolizei in seinem Sinne und vielleicht auch im Sinne der Amerikaner reorganisieren. Das Schema des Aufbaus kannte er und auch die ehemaligen Fachkollegen.
Alle seine Anstrengungen galten der Errichtung eines Bundeskriminalamtes. Tom Polgar stand ihm an der einen Seite bei und an der anderen sein alter Freund Rolf Holle, der ihn mit kompetenten Persönlichkeiten wie Dr. Max Hagemann bekannt machte.
Dickopf verfügte über Kenntnisse über Intimes innerhalb der deutschen Polizei, die er nur aus direkter Quelle hat bekommen können. Über das Kriminalpolizeiamt für die Britische Zone (KPABrZ) war er genauestens informiert. Er mußte über offizielle, aber geheimgehaltene Unterlagen des KPABrZ verfügt haben. Zum Beispiel über ein Schreiben des Amtes an den Senat der Stadt Hamburg vom 4. 3. 1950, in dem zu lesen war:

»Auf Anweisung des Leiters des Reichskriminalpolizeiamtes wurde am 24. 4. 1945 dieses Amt mit allen Einrichtungen des kriminaltechnischen Instituts von Berlin in den Raum zwischen Hamburg und Glücksstadt verlegt. Es bestand Anweisung, sich mit der Außenstelle des RKPA in Grambow i. M., welche bereits Befehl zur Absetzung nach Norden hatte, in Verbindung zu setzen. Am 1. 4. 1946 erfolgte die Vereinigung aller Kräfte des RKPA in Hamburg.«

Der Brief enthielt weitere Angaben, die sich auf früher gemachte Vorschläge bezogen:

»Am 10. 12. 1945 hatte der Leiter der britischen Public Safety Branch (PSB), Oberst Timmerman, mit dem Aufbau eines ›Zonal Crime Records Bureau‹ begonnen, welche Bezeichnung zu deutsch als ›Kriminalpolizeiamt für die Britische Zone‹ (KPABrZ) übersetzt worden ist. Die gesetzliche Grundlage für das KPABrZ stellt die ›Fachliche Anweisung Nr. 2‹ dar, in welcher Aufgaben und Einrichtung niedergelegt sind.«

Die Rolle des KPABrZ und die Bedeutung der Arbeitsgemeinschaft der Landeskriminalämter wurde bereits gewürdigt. Helmut Prante gibt eine Zusammenfassung und die Quellen:

»Nachdem alle nichttauglichen Kräfte von der englischen Militärregierung ausgesondert waren, bestand das Personal aus 48 Angehörigen des RKPA. Durch Heranziehung weiterer Spezial- und Bürokräfte wurde der erforderliche Bestand (Anm. 57 Beamte, 104 Angestellte, 2 Arbeiter am 30. 9. 1947) erreicht.«
(Schreiben des KPABrZ vom 4. 3. 1950)

»Nach seiner Errichtung unterstand das KPABrZ in jeder Hinsicht der PSB und wurde wirtschaftlich vom Zentralhaushaltsamt für die Britische Zone unterhalten. Personell konnte der Leiter des Amtes Beamtenernennungen und -beförderungen nach Einholung der Zustimmung des britischen Aufsichtsoffiziers selbst aussprechen. Im Zuge der Auflösung des gebietsmäßig verwalteten Teils des früheren Reichshaushalts und dessen Übernahme auf die Länderhaushalte wurde das KPABrZ unter Aufrechterhaltung und Anerkennung als zonale Institution in wirtschaftlicher Hinsicht auf die Länder der Zone übertragen. Der Senat der Hansestadt Hamburg wurde dadurch im November 1947 Dienstherr des Personals des Amtes und übte alle aus der Haushalts- und Personalhoheit resultierenden Befugnisse als Mandatar der Länder der Britischen Besatzungszone aus.«
(Vorschlag des KPABrZ zur Errichtung eines Länderkuratoriums für das Amt vom 9. 3. 1948.)

»Seine Arbeiten erstreckten sich in erster Linie auf das englische Besatzungsgebiet. Infolge der vorhandenen technischen Ausrüstung wurden kriminaltechnische Untersuchungen jedoch für alle Besatzungsgebiete Westdeutschland sowie für Berlin laufend ausgeführt.«
(Schreiben des KPABrZ vom 4. 3. 1950)

»Die aus dem RKPA hervorgegangenen Angehörigen des KPABrZ setzten dort unverzüglich und nahtlos, wenn auch eingeschränkt durch Vorgaben der Besatzungsmacht, die ihnen aus ihrer früheren Tätigkeit geläufigen zentralen Arbeitsmethoden fort. Dabei konnten sie sich auf evakuierte Unterlagen des RKPA stützen: In relativ kurzer Zeit wurde so – zunächst nur für die Länder der Britischen Besatzungszone – ein größerer Teil der in der Weimarer Republik und im ›Dritten Reich‹ geltenden kriminalpolizeilichen Richtlinien und Vorschriften wörtlich, allerdings unter Abstrich politisch suspekter Teilinhalte, neu in Kraft gesetzt. Diese Entwicklung macht begreiflich, daß im Selbstverständnis der ehemaligen RKPA-Angehörigen nunmehr das KPABrZ auch offiziell den Anspruch vertrat, ›die direkte Nachfolgebehörde des RKPA zu sein‹«.
(Schreiben des KPABrZ vom 4. 3. 1950 a. a. O.)

Mindestens seit Anfang 1947 wurden unter Federführung des KPABrZ regelmäßige Besprechungen mit den Leitern der Kriminalpolizeiämter in der Britischen Zone durchgeführt und Kontakte zu den entsprechenden Behörden der Amerikanischen und Französischen Zone unterhalten. (Daraus entwickelte sich später die »Arbeitsgemeinschaft der Leiter der Landeskriminalämter mit dem Bundeskriminalamt« – AG-Kripo.) Neben der Erörterung aktueller Probleme der kriminalpolizeilichen Tagesarbeit wurden dabei auch zukunftsweisende kriminalpolizeiliche Grundsatzfragen angeschnitten. Im Protokoll Nr. 1 vom 23. 4. 1947 wird unter der Überschrift »Vorbereitung für eine künftige Organisation der Kriminalpolizei nach Wegfall der Zonengrenzen und Schaffung einer deutschen Zentralregierung« u. a. ausgeführt:

»Es wird deshalb vorgeschlagen, daß bei den einzelnen LKP-Ämtern ein Beamter beauftragt wird, sich über diese Probleme Gedanken zu machen, damit entsprechende Vorschläge für eine Neuorganisation ausgearbeitet werden können.«

»Es liegt kein schlüssiger Beweis dafür vor, daß diese Initiative und die sich alsdann langsam entwickelnden Denkanstöße in Richtung auf eine Zentralstelle der deutschen Kriminalpolizei schon unter dem direkten oder indirekten Einfluß von Dickopf gestanden haben. Dennoch ist die geistige Verwandtschaft der später von Dickopf artikulierten Inhalte und Zielvorstellungen unverkennbar.«

Dickopf hatte durch seinen Freund Rolf Holle den Leiter des Hamburger Amtes, Voss, kennengelernt. Es gelang Dickopf, den Kriminalpolizeioberinspektor Voss für seine Pläne zu gewinnen. Dazu Helmut Prante:

»Der Kontakt von Dickopf zu Amtschef Voss wurde hergestellt und aufrechterhalten durch den Lehrgangskollegen und Freund von Dickopf, Rolf Holle, der zu den 48 RKPA-Angehörigen zählte, die in erster Stunde zum KPABrZ gestoßen waren, und der als KPOI ›z. B. V.‹ dem Behördenleiter unmittelbar zuarbeitete. Auf diesem Wege benutzte Dickopf das KPABrZ fortan, um sich die für seine Weiterarbeit benötigten amtlichen Unterlagen zu verschaffen, um seine Vorschläge, Pläne und Argumente, die er vorher mit den Amerikanern abgestimmt hatte, in die offiziellen deutschen Kanäle einfließen zu lassen, um in seinem Sinne geschriebene Artikel in die deutsche Fachpresse zu lancieren und um materielle Unterstützung (Material und Dienstleistungen) zu erhalten.«

Seinem Freund Holle schrieb Dickopf am 18. 5. 1949 und motivierte ihn, am Aufbau eines Bundeskriminalamtes aktiv mitzuarbeiten:

»Es ist jetzt der Augenblick gekommen, in dem wir unseren ganzen Einfluß gemeinsam geltend machen können, damit aus der deutschen Kriminalpolizei in absehbarer Zeit wieder eine vernünftige Sache wird. Diese Chance, auf die ich vier Jahre gewartet habe und die Du Dir unter – wie ich weiß – manchmal unerträglich scheinenden Bedingungen im wahren Wortsinn erdient hast, wird uns nur einmal und ganz bestimmt nie wieder geboten; es wäre heller Wahnsinn und bedeutete den Verzicht auf kriminalistische Ausrichtung der Kriminalpolizei, wenn wir beide kurz vor dem Ziel die Waffen streckten.
Was unser persönliches Schicksal anbetrifft, so bin ich der Ansicht, daß wir, nachdem wir beide, was ohne Überheblichkeit gesagt werden kann, in den letzten Jahren eine äußerst unbefriedigende Tätigkeit ausüben mußten, immerhin unsere eigene Zukunft sicherstellen sollten, und zwar indem wir – auch als Gegenleistung für die tatkräftige Unterstützung Voss' – mit dem neuen Amtschef die Besetzung der wichtigeren Planstellen noch vor seiner Ernennung aushandeln sollten. Ich bin überzeugt, daß wir hierdurch weder für uns selbst etwas Unbilliges verlangen noch der Sache der

Kriminalpolizei selbst einen schlechten Dienst erweisen, sondern im Gegenteil deren zukünftiger Entwicklung gute Hilfestellung leisten.«

Ab 1949 arbeitete Paul Dickopf ausschließlich an dem Projekt Bundeskriminalpolizeiamt. Hier sah er seine und seiner Freunde Zukunft. Dickopf schien seine Vergangenheit verdrängt oder vergessen zu haben. Mit seinem Schweizer SS-Freund François Genoud, der noch immer Verehrer des Nationalsozialismus und Betreuer seiner geflüchteten Vertreter und ihres Vermögens ist, unterhielt Dickopf weiterhin enge Beziehungen. Genoud verhalf Dickopf zur Interpol-Präsidentschaft, und der hat sich mit Brief für den Freundschaftsdienst bedankt. Umgekehrt hat Dickopf, als er im Bundeskriminalamt das Sagen hatte, die Hand über Genoud gehalten, wenn dieser Schutz oder gar Hilfe benötigte. Über Genoud schwieg Dickopf dennoch so beharrlich, als gäbe es ihn nicht und als habe es ihn nie gegeben.
Als Bundeskanzler Adenauer seinem Staatssekretär Globke und Dr. Hagemann gegenüber seine Bedenken äußerte, alte SS-Chargen im Bundeskriminalamt anzustellen, reagierte Dickopf allergisch. In seinen Notizen vom 10. und 15. Dezember 1949 schreibt er:

»Obwohl weder KPOI Holle noch ich Mitglieder der SS waren, durch die mit der Beförderung zum Kriminalkommissar verbundene zwangsweise Ernennung zum Untersturmführer im SD nach allgemeinem Sprachgebrauch aber als SS-Angehörige betrachtet werden, reagieren wir... mit aller Schärfe. Da die Weitergabe der Äußerung des Bundeskanzlers an Dr. Hagemann durch den Personalsacharbeiter Dr. Adenauers Min. Dir. Klopke (gemeint ist der Staatssekretär im Bundeskanzleramt Dr. Globke) mit Sicherheit vermuten läßt, daß keine falsche Interpretation der Ansichten des Regierungschefs vorliegt, erkläre ich mit Nachdruck, für wie abwegig ich diese Einstellung halte... Ich bemerke hierzu u. a., daß ich mich veranlaßt gesehen habe, die amerikanische Militärregierung von der Auffassung des Bundeskanzlers zu unterrichten. Dr. Hagemann erwidert darauf, daß er selbst die nächste Gelegenheit wahrnehmen wird, Globke auf das Ungesetzliche und Unvernünftige einer solchen Haltung aufmerksam zu machen. Ich lasse keinen Zweifel darüber, daß ich ggf. alle Mittel in Bewegung setzen werde, um eine öffentliche Erklärung Dr. Adenauers zu dem strittigen Punkt herbeizuführen und zum anderen eine Kettenreaktion in Gang zu setzen, über deren Folgen ich mir nicht den Kopf zerbrechen werde.«

Dickopf ging die »Fähigkeit« zu trauern ab. Er war auch unfähig, Scham zu empfinden. Mit halsbrecherischer Dickköpfigkeit, gepaart mit der penetranten Arroganz des Draufgängers und der blinden Selbstsicherheit des Egozentrikers setzte sich Dickopf durch. Er hielt sich stets ver- und bedeckt. Auch seinem Freund Holle gegenüber

sagte er nicht immer die Wahrheit. Deutsche und Amerikaner brachte er durch Intrigenspiel zusammen oder auseinander, wie es gerade für seine Pläne paßte. Die Taktiken, welche Dickopf anwendete, sind die eines Geheimagenten, der sich nicht offen ins helle Licht stellen kann oder darf.
In der Wahl seiner Mittel war Dickopf nicht gerade zimperlich. Durch seine vergangene Tätigkeit wußte er vieles über viele. Und diese seine Kenntnisse benutzte er, wenn es ihm zur Durchsetzung seiner Pläne zweckmäßig schien. Er wußte um die Polen- und Osteinsätze seiner ehemaligen Charlottenburger SS-Kollegen und kannte ihre Namen. Allein diese Tatsache war eine versteckte Waffe, die, obwohl von jedermann als vorhanden erkannt, im Hinterhalt gelassen wurde, solange Gefahr bestand, daß der Schuß nach hinten losgehen konnte. Das hatte auch Dickopf erkannt. Deshalb benutzte er niemals die Nazivergangenheit, die SS-Zugehörigkeit oder ähnliche kompromittierende Fakten, die er von Kollegen wußte, zur Erreichung seiner Zwecke, sondern er wich auf das andere, zur Zeit zweckmäßigere politische Gebiet aus: den Kommunismus. Herrn Dr. Globke hängte er nicht Nazismus an, Herrn Venedey jedoch Kommunismus. Und das war in den Augen Paul Dickopfs und vieler anderer das schlimmere Übel. Dazu Helmut Prante aufgrund eines Briefes:

»Offenbar hatte in dieser Zeit u. a. der damalige ›Groß-Hessische‹ Innenminister Hans Venedey (SPD), der nach 1933 in die Schweiz und vorübergehend auch nach Frankreich emigriert war, wegen seiner ›zum Moskauer Kommunismus tendierenden Haltung‹ das besondere Mißfallen von Dickopf erregt, denn – wieder in die Schweiz zurückgekehrt – stellte er in seinem Bericht Nr. III/46 vom 30. 9. 1946 einen Auszug aus der Personalakte der Schweizer Bundespolizei zusammen, der sich insbesondere mit dem politischen Vorleben des Hans Venedey befaßt.«

In seinem Brief vom 18. 5. 1949 an seinen Lehrgangskameraden und Freund Rolf Holle, inzwischen KPOI im KPABrZ, gab Dickopf zu erkennen, daß er sich ggf. dieser Arbeit als politische Waffe zur Durchsetzung seiner eigenen Pläne zu bedienen gedachte:

»Jedenfalls ist so viel sicher, daß der designierte erste Innenminister der Republik Deutschland, Dr. Menzel (Anm.: SPD), keinen amerikanischen Einspruch zu befürchten hat, wenn er sich zur Ernennung des derzeitigen Leiters des KPABrZ zum BKA-Direktor entschließen sollte ... Voraussetzung ist allerdings, daß Dr. Menzels Parteihörigkeit nicht so weit geht, daß er sich der besseren Einsicht verschließt, welch letztere ihn unbedingt dazu bestimmen müßte, Amtschef Voss vorzuschlagen bzw. zu ernennen. Auch dann noch, wenn Dr. Menzel hannoverischen Einflüssen erliegen sollte, gibt es die Möglichkeit, ihn eines besseren zu belehren, und ich kann Dir verraten, daß ich für diesen – und nur für diesen Fall eine kleine Zeitbombe gelegt habe, die im Falle der Explosion ein ganz nettes Loch in die Fassade reißen würde, die man im Zuge der Verdunkelung parteipolitischer Fehlgriffe errichtet hat; (das Bömbchen ist, ›Made in Hessen‹ und trägt die Schutzmarke ›Venedey‹.) Hoffentlich brauche ich die Schnur nicht anzuzünden, denn an sich liebe ich den lauten Knall ebensowenig wie Du – nur Schwerhörige bedürfen seines zu Zeiten.«

Auf solche Art mischte Dickopf in der Personalpolitik des BKA mit, noch bevor das Amt errichtet war. Die Art seines Vorgehens war konspirativ und deshalb vielleicht auch erfolgreich. Die Karten wurden vor den Spielern (amerikanisches Militärgouvernement und bundesdeutsche Regierung) verdeckt gehalten, Dickopf jedoch kannte sie, da er sie ausgeteilt hatte.
Dickopf arbeitete rastlos, verhandelte mit den Amerikanern, die auch stellvertretend für die Franzosen und Engländer sprachen, unterrichtete die Deutschen über die Wünsche der Alliierten, verfaßte Exposés und Berichte, stellte Pläne auf, brachte offiziell oder diskret-inoffiziell Bekannte und Freunde ins Spiel. Er wartete nervös auf Antworten, war ungeduldig, gab aber nie auf und bewegte sich im Echternacher Springprozessionsschritt stetig nach vorne.
Von den Alliierten über grundsätzliche Fragen unterrichtet, gab Dickopf seine Kenntnisse in einem Exposé v. 28. 7. 1949 weiter:

»1. Die drei westlichen Besatzungsmächte befürworten die beschleunigte Errichtung eines BKA.
2. Das BKA soll am Sitz oder in nächster Umgebung des Sitzes der Bundesregierung untergebracht werden.
3. Die Tätigkeit des BKA muß sich im wesentlichen darauf beschränken, die Arbeit der Kriminalpolizei der Länder zweckmäßig zu koordinieren und Nachrichten kriminalpolizeilicher Art zu sammeln und auszuwerten. Daneben soll einem kleinen Team der Beamten Exekutivaufgaben übertragen werden, um die Aufklärung sog. internationaler Straftaten (wie Rauschgift, Geldfälschungen, Mädchenhandel etc.) tätigen zu können. Die Exekutivgruppe soll weiter eine Dienststelle mit 10–12 – unbedingt parteilosen – Beamten umfassen, die solche »politischen« Straftaten verfolgt, die unter die Jurisdiktion des künftigen Bundesgerichtes fallen werden. Der deutsche kriminalpolizeiliche Verkehr mit dem Ausland wird zunächst noch über die Besatzungsmächte geleitet werden müssen; in absehbarer Zeit soll diese Beschränkung jedoch aufgehoben werden.
4. Der Aufbau der notwendigen Karteien, Sammlungen und sonstigen Einrichtungen steht frei; desgleichen werden kriminal-wissenschaftliche Forschungsarbeiten und die Mitarbeit bei der Gestaltung von Strafgesetzen etc. nicht den Einspruch der Besatzungsmächte herausfordern. Die Herstellung und Verteilung eines

Fahndungsbuches und Sachfahndungsnachweises wie eines Bundeskriminalblattes wird für erforderlich gehalten. Die maßgebliche Mitarbeit bei der Gestaltung und Erteilung von Pässen und Ausweisen ist eine Notwendigkeit. Die Abhaltung von Lehrgängen für einzelne Beamtengruppen, die Ausbildung und Prüfung von Sachverständigen bedürfen ebenfalls keiner Sondergenehmigung, sofern die Entsendung der Beamten auf dem Wege freier Vereinbarung erzielt wird.

5. Organisation und personelle Besetzung sind rein deutsche Angelegenheiten; letztere unterliegt jedoch der Bestätigung durch die Militärregierungen, die sich ein Veto-Recht vorbehalten. Von diesem Recht wird jedoch nur in Ausnahmefällen Gebrauch gemacht werden. Das Personal sollte anteilig aus den westdeutschen Ländern herangezogen werden; eine Entsendung fällt unter Rechte und Pflichten der Länder.
6. Die Gründung einer kriminalpolizeilichen Länderkommission mit ständigem Sekretariat beim BKA wird begrüßt.
7. Das derzeit bestehende KPABrZ in Hamburg kann als Basis Verwendung finden. Das bedeutet jedoch nicht, daß Einrichtungen und Personal en bloc übernommen werden sollen.
8. Die Ausstattung darf – besonders auf Wunsch der französischen Militärregierung – eine Kopfzahl von insgesamt 350–400 nicht übersteigen.
9. Die Exekutivgruppe »Verfassungsschutz« erhält ihre Aufträge ausschließlich vom Bundesanwalt; sie besteht sachlich und personell unabhängig neben der »Nachrichtensammelstelle für Verfassungsschutz«, die dem BKA nicht angegliedert ist.«

Dickopf hatte den Bericht vorher mit seinem amerikanischen Mittelsmann Tom Polgar, in dieser Eigenschaft wohl Nachfolger von C. Blum, dem Chef des KPABrZ Voss und Rolf Holle durchgesprochen und abgestimmt. Polgar fand den Entwurf konform mit der Auffassung der Besatzungsmächte und hielt ihn geeignet als Grundlage für die Beratung deutscher Stellen.

Dickopf trug diese Vorstellungen schriftlich und mündlich CDU-Politikern und Beamten im Innenministerium vor. Seine Gesprächspartner waren Dr. Menzel, der ihm von seinem Freund Holle als »designierter Bundesinnenminister« vorgestellt worden war, und Dr. Hagemann, Referent im Innenministerium. Dickopf versuchte, die Zügel in der Hand zu behalten, und tat alles, um zu vermeiden, daß die SPD Einfluß gewann. In seinem Bericht Nr. III/49 schrieb er:

»Ich halte es für zweckmäßig, die vorbereitete Information für Dr. Menzel über das KPABrZ an diesen gelangen zu lassen. Es wäre empfehlenswert, gemeinsam die definitive Fassung des Schreibens festzulegen.

Es ist klar, daß versucht werden muß, die Vertreter der CDU und möglichst auch der FDP dafür zu gewinnen, daß keine übereilten Beschlüsse gefaßt werden, die einen eindeutig sozialdemokratischen Kurs des BKA gutheißen.

Wie verlautet, soll sich der derzeitige Staatskommissar zur Bekämpfung von Mißwirtschaft und Korruption, Jacobi, bei Dr. Menzel um die Leitung des künftigen BKA beworben haben. Jacobi war ab 1945 Oberbürgermeister in Iserlohn, verlor diesen Posten jedoch nach den letzten Gemeindewahlen. Er ist ein alter Kämpfer der SPD und war 1933 als juristischer Assessor tätig. Jacobi ist Verfolgter des Naziregimes und besitzt keine kriminalistischen Fachkenntnisse.«

Dickopf benutzte nachrichtendienstliche Methoden, um sich über seine Geprächspartner auf dem laufenden zu halten, und er tat immer wieder »vertrauliche« Quellen auf, die ihm zweckdienliche Nachrichten zukommen ließen. Sein Freund Holle schrieb ihm am 10. 7. 1949:

»Jacobi, der Halbjude ist und über großen Einfluß im Landtag NRW verfügt, hat einen Plan über die künftige Organisation des BKA. Will sogar die LKÄ direkt und ausschließlich dem BKA unterstellen. Er steht contra Dr. Menzel und soll wegen BKA direkte Verbindung zu Dr. Schumacher anknüpfen.
Richter, innerhalb des Staatskommissariats zur Bekämpfung von Mißwirtschaft und Korruption, ehemaliger Staatsanwalt, soll bezüglich BKA eigene Wege gehen und Verbindung zu CDU-Kreisen aufgenommen haben.
Lobbes war unumstritten als Fachmann im RKPA. Ich halte es für richtig, daß die Kreise, die sich um die Planung eines vernünftigen BKA bemühen, ihn mit seinen Erfahrungen zu Rate ziehen. Sein Verhältnis zu Klapproth und Gisevius will er vor allem dazu ausnutzen, daß seiner Tochter durch ihre Vermittlung ein zweisemestriges Studium in Lausanne ermöglicht werden soll.«

Es scheint, als hätte Dickopf Angst gehabt, man könne Emigranten, Halbjuden oder vom Naziregime Verfolgte seinen Kandidaten vorziehen. Er reagierte entsprechend und taktisch klug.
Er kannte sich aus in seinem alten Metier. Im Bericht Nr. IV/49 zeigte er sich über die Vorschläge von dritter Seite bestens informiert.

»Wir kommen zu dem Schluß, daß sowohl ein von Dr. Menzel vertretener als auch ein von Klapproth unterstützter Vorschlag nicht ohne Chancen sein könnte. Alle anderen scheinen weniger ernst zu nehmen zu sein, da deren Autoren als noch weniger kompetent anzusehen sind.«

Die Liste der »Vorschläge« kannte er. Er schreibt:

»Ein Exemplar wurde wahrscheinlich durch Dr. Menzel selbst dem KPA der Hansestadt Hamburg zugestellt. Von dort konnte es durch Vermittlung eines Beamten dem KPABrZ ausgeliefert werden. Bei dieser Gelegenheit wurden einige Fotokopien hergestellt. Der Vorschlag ist von den Kriminalpolizeiräten

Jagusch
: Sachbearbeiter für kriminalpolizeiliche Fragen im Innenministerium NRW, unter den Nazis Verwaltungspolizeioberinspektor im Polizeipräsidium Berlin, als Leiter des BKA vorgesehen.

d'Heil

Leiter des LKPA NRW, unter den Nazis Kriminalrat in verschiedenen Dienststellen, Anfang des Krieges bei Kripo Hamburg, später im Einsatzkommando (wahrscheinlich Dänemark), von wo er nach Internierung um die Jahreswende 47/48 zurückkehrte,

abenteuerlicher Charakter, als ständiger Vertreter von Jagusch vorgesehen,

Lehnert

Leiter des KPA Düsseldorf, angeblich politisch Verfolgter, als Leiter der ›Sonderdienststelle‹ (politische Polizei) vorgesehen,

gemeinsam eingebracht worden. Zu dem Entwurf läßt sich sagen, daß hier Postenjäger am Werk waren. Es ist aus Zeitmangel leider nicht möglich, dem Vorschlag die Kritik angedeihen zu lassen, die er wegen seiner miserablen Qualität verdient. Ich bemerke jedoch abschließend, daß er seinen Erzeugern und Verteidigern ein denkbar schlechtes Urteil ausstellt. Immerhin ist seine Existenz ein weiterer Beweis dafür, daß meine seit Jahren geäußerten Bedenken über die personelle Besetzung der Kriminalpolizei nur allzu berechtigt sind.

Klapproth hat nach wie vor die Absicht, Leiter des BKA zu werden. Der frühere ORKR Lobbes (RKPA) hat in Hamburg berichtet, daß der Klapprothsche Entwurf fix und fertig sei. Im Hintergrund der Planung soll Gisevius stehen. Klapproth hat als seinen ständigen Vertreter einen Offizier der Schutzpolizei namens Form o. ä. vorgesehen; nahezu alle leitenden Posten sollen mit Schutzpolizisten besetzt werden. Klapproth soll der Unterstützung der süddeutschen Länder sicher sein, da er ihnen Beteiligung an der personellen Ausstattung des Amtes eingeräumt haben soll.

Lobbes, von dem ich vermute, daß er versucht, mit Hilfe Klapproths in das neue Amt zu kommen, ist z. Z. im US-Sektor Berlins in einer Ernährungs- oder Wirtschaftsdienststelle der Militärregierung beschäftigt.

Auch von seinem amerikanischen Mittelsmann, Tom Polgar, erhielt Dickopf Informationen. Polgar schickte ihm im August 1949 einen vertraulichen Bericht über die »Sitzung der sozialdemokratischen Polizeifachleute«, die am 25. 7. 1949 in Schwerte stattfand. Er kommentierte die Arbeit der sozialdemokratischen Kriminalisten abfällig, um nicht zu sagen bösartig, wenn er einen »nazistisch-doktrinären Geist« bei seinen politischen Gegnern entdeckte und ihnen unterschob, das zu gründende BKA als politisches Machtinstrument benutzen zu wollen, wie es zu seiner Zeit Heydrich und Himmler mit dem RKPHA taten.

»Der Bericht gibt eine ausgezeichnete Übersicht über die Bestrebungen der SPD, die Kontrolle des gesamten politischen Lebens in ihrer Hand zu vereinigen. Was den von Dr. Menzel protegierten ›Abwehrspezialisten‹ Kleinberg (angeblich 2. Adjutant von Canaris; referierte bei der Sitzung über den Aufbau nachrichtendienstlicher Informationsstellen zur ›Überwachung des politischen Lebens in den einzelnen Ländern‹) betrifft, so ist festzustellen, daß dieser in Kreisen früherer Stabsoffiziere der Abwehr

fast unbekannt ist; es wird dort bestritten, daß er über mehr als mittelmäßige Kenntnisse der nachrichtendienstlichen Organisation und Arbeitsweise verfügen kann.
Sowohl der Entwurf Menzel, als auch der hiervon nur wenig abweichende Vorschlag Stürmer (MR im Hessischen Innenministerium) lassen erkennen, wie stark die Autoren noch im nazistisch-doktrinären Geist verhaftet sind. Gleiches läßt sich von den fachlich kaum noch zu qualifizierenden Vorschlägen anderer SPD-›Polizeifachleute‹ sagen. Ohne Übertreibung kann deshalb gesagt werden, daß auch Schumacher, mehr vielleicht noch als seine getreuen Paladine, geneigt sein wird, einem Vorschlag zuzustimmen, der das künftige BKA als Superzentrale der politischen Polizei und als Machtinstrument zur Verwirklichung sozialdemokratischer Parteiziele in den westdeutschen Ländern sieht. Gerade deshalb aber sollte ein Schlußpunkt hinter die Zeit gesetzt werden, in der sich potenzierte Unfähigkeit die Ausübung auch der Dienste anmaßte, die die Sicherheit des Einzelnen und der staatlichen Gemeinschaft verbürgen sollen.«

Dickopf wollte in seiner Zielstrebigkeit nicht darauf verzichten, Methoden anzuwenden, die sich am Rande der Unfairneß bewegen. Er intrigierte und konspirierte, wobei er vertraulich erlangte Informationen über seine Gegenspieler bereithielt, um sie im richtigen Augenblick auf den Tisch zu legen. In einem Brief an Holle (30. 8. 1949) berichtete er über seine Interventionen bei Vertretern der »wahrscheinlich als Koalitionspartner in Frage kommenden Parteien«, seine Besprechungen mit »dem für das BKA wichtigsten Personenkreis«. Über die in Hiltrup errichtete Polizeischule sagt er:

»Über Hiltrup sollten wir insoweit diskutieren, als ich es für erforderlich halte, alle erreichbaren personellen Einzelheiten über die Teilnehmer, ihre Haltung zu den Grundproblemen und ihre möglichen Beziehungen zu sammeln.«

Dickopf befürchtete, daß die Bayern sein BKA torpedieren könnten. Das Verhältnis zu Dr. Menzel, seinem früheren Gesprächspartner, hatte sich abgekühlt. Er nahm Kontakt zu Dr. Hermes auf und wurde im Innenministerium zusammen mit dem Chef der KPABrZ, Voss, empfangen. Daß Dickopf an der Erstellung des »Polizeibriefes«, von dem wir bereits gesprochen haben und der das BKA möglich machte, beteiligt war, kann angenommen werden.
Als Geheimrat Dr. Hagemann am 10. 11. 1949 seinen Dienst im Bundesinnenministerium antrat, verstärkte Dickopf sofort seine Beziehungen zu ihm, denn in Hagemann sah er »seinen Mann« in Bonn. Dickopf kannte den Brief, den Hagemann am 8. 11. 1949 an seinen Kollegen, Geheimrat Dr. Robert Heindl, geschrieben hatte, um ihm folgendes mitzuteilen:

»Am 4. d. M. erhielt ich plötzlich die telefonische Aufforderung, mich in Bonn vorzustellen, sollte gleich dort bleiben, was natürlich nicht angängig war, und werde nun am 10. d. M. meine Tätigkeit antreten. Da das BMI noch im Entstehen begriffen ist, ist die Verteilung der Tätigkeit noch nicht ganz zu übersehen. Jedenfalls aber werde ich das Referat Kriminalpolizei und alles, was mehr oder weniger damit zusammenhängt, übernehmen und zuerst einmal ein Gesetz über die Gründung des Bundeskriminalpolizeiamtes entwerfen müssen. ... mangels eines Etats und Stellenplans sind einstweilen alle Beamten nur kommissarisch beschäftigt.«

Dickopf verstärkte seine Bemühungen bei den Amerikanern, sprach mit Halls Nachfolger McCraw, dem Vertreter der US-Militärregierung, und bekam die Zustimmung der amerikanischen Militärregierung zu seinen Plänen. Es gelang ihm über Dr. Hagemann, die Gespräche und Verhandlungen zwischen Amerikanern und Deutschen derart zu intensivieren, daß die Ergebnisse konkrete Formen annahmen.

»In einer Unterredung mit Dr. Hagemann stellte sich heraus, daß von den vorliegenden Entwürfen für ein BKA nur zwei zur Diskussion stehen, und zwar ein Memorandum des der SPD angehörenden Staatskommissars zur Bekämpfung der Korruption in NRW, Jacobi, und mein Vorschlag. Der Jacobi'sche Entwurf, der immerhin einen fachlichen Hintergrund hat und mit Sicherheit von dem in den letzten Monaten bei Jacobi beschäftigt gewesenen früheren KR Estenfeld (1938/39 Lehrer an der Führerschule der Sicherheitspolizei in Berlin-Charlottenburg) stammt, sagt Dr. Hagemann nicht zu. Der kriminalpolizeiliche Informationsdienst, wie Jacobi ihn sieht, ist ein der ›Politischen Polizei‹ entlehntes Requisit und ein Nonsens für den kriminalpolizeilichen Dienst. An dem von mir vorgelegten Entwurf bemängelt Dr. Hagemann den Einbau der Staatsschutz-Exekutive.«

Am 25. 11. 1949 bewarb sich Dickopf mit Unterlagen um einen Posten im BKA, nachdem er folgendes erfahren hat:

»Nach Information Dr. Katzenbergers soll Dr. Heinemann die Idee fallen gelassen haben, Amtschef Voss und das KPABrZ in das kommende BKA zu übernehmen. Nachdem sich Dr. Heinemann von der fachlichen Unbrauchbarkeit Voss' und vieler seiner Beamten überzeugt habe, trage er sich mit dem Gedanken, Dr. Hagemann die Leitung des BKA in Personalunion mit der ihm verliehenen Stellung als ministerieller Sachbearbeiter zu übertragen. Es sei jedoch beabsichtigt, brauchbare Kräfte des KPABrZ und dessen gesamte Einrichtung zu übernehmen.«

Der früher hofierte Voss wurde nun für Dickopf uninteressant. Dafür schloß er sich enger an Geheimrat Dr. Hagemann an, war ihm zu Diensten und in jeder Hinsicht gefällig. Aus seiner Notiz vom 29. 11. 1949 wird ersichtlich, daß Paul Dickopf Erfolg bei Hagemann hatte:

»Näher auf meine persönliche Lage eingehend, teilt Dr. Hagemann mit, daß er beabsichtige, KDI Holle demnächst nach Bonn zu berufen, damit er, Dr. Hagemann, in seiner Arbeit etwas entlastet werde. Er hoffe, mich nicht zu vergrämen, was ich glaubhaft verneinen kann. Ich bestärke Dr. Hagemann vielmehr in seiner Absicht, weil ich mir hiervon die bisher vermißten Fortschritte und eine einheitliche Führung der Vorarbeiten für den Aufbau eines BKA verspreche, während ich selbst durch meinen engen Kontakt zur Spitze der US-Militärregierung auf alliierter Seite etwa noch entstehende Hindernisse auszuräumen hoffe. Dr. Hagemann erklärt schließlich, daß er mich bei erster Gelegenheit nachziehen wolle, um mich dann offiziell mit Entwürfen für den Aufbau der kriminalpolizeilichen Standard-Abteilungen zu beauftragen. Da ich mir einerseits der Größe und Wichtigkeit dieser Aufgabe bewußt bin, andererseits aber eine Tätigkeit im Auslandsreferat bzw. im Kriminalistischen Institut vorziehe, sage ich weder zu noch ab, sondern versichere Dr. Hagemann meiner weiteren Mitarbeit.«

Dickopf hatte das Vertrauen der Amerikaner. Er mischte in Personalfragen mit und gab Tom Polgar seine Meinung über Holle und Hagemann im Hinblick auf spätere Positionen im BKA.

»Polgar hat keine Bedenken gegen die Berufung Holles. Er empfiehlt jedoch, daß ich mich einer etwa erfolgenden Berufung zu Dr. Hagemann nicht entziehe, da die Entwicklung der letzten Wochen der Hohen Alliierten Kommission Veranlassung gebe, an der demokratischen Grundhaltung einiger Personen zu zweifeln, die in einflußreiche Stellungen berufen wurden. Ich wiederhole anschließend, daß ich sowohl Dr. Hagemann als auch Holle für geeignet halte, dem kommenden BKA sowohl fachlich als auch personell die richtige Grundlage zu geben.«

Der Dickopfs Bewerbungsschreiben beigefügte Lebenslauf hatte Dr. Hagemann, Referent im Innenministerium, nicht befriedigt. Er bat in einem Brief vom 23. 12. 49, Dickopf möge sich in Ergänzungen zu seinem Bewerbungsschreiben vom 25. 11. 1949 vorsorglich zu kritischen Punkten seiner Darstellung äußern:

»Sie wissen ja, daß ich es nicht aus Pedanterie tue, sondern nur, weil mir so unendlich viel daran liegt, daß gerade Ihr Gesuch nicht auf überflüssige Einwendungen stößt. Ich fasse daher die Punkte noch einmal zusammen, von denen ich vorhersehe, daß sie zu Rückfragen führen können:

- Weshalb haben Sie sich in der Schweiz nicht an die deutsch-demokratische Vereinigung in Zürich gewandt? (Vorsitzender der ehemalige Reichskanzler Dr. Wirth, der noch in Luzern, Halbestr. 6 leben soll)
- Weshalb nicht von vornherein an Herrn Högner? Wie kam es, daß es erst Jahre später einer Einführung zu ihm durch Herrn v. S. Gaevernitz bedurfte, während der antinationalsozialistische Kreis, dessen Mittelpunkt Herr Högner war, doch allgemein in der Schweiz bekannt war?
- Aus den ›Unterlassungen‹ könnte gefolgert werden, daß Sie von Anfang an in der Schweiz im Besitz von Geldmitteln waren und weiter daß diese von einer Stelle stammten, in deren Nachrichtendienst Sie gleich zu Beginn traten.

Verzeihen Sie bitte diese scheinbare, mir gleichwohl höchst peinliche Indiskretion. Aber ich will ja die Antworten auf diese Fragen gar nicht wissen, sondern nur andeuten, was mir in Ihrem und im Interesse der Sache als erwähnenswert erscheint.«

Hagemann sollte nie die Antworten auf seine Fragen bekommen. Dickopf blieb sie schuldig. Daß er seine Freundschaft zu François Genoud nicht erwähnte, ist nur daraus zu verstehen, daß dieser das Gegenteil einer Referenz gewesen wäre. Dickopf mußte um die Einstellung, die finanziellen und politischen Geschäfte seines unbekehrten SS-Freundes gewußt haben.

Trotzdem holte ihn Hagemann zu sich in sein Büro, weil er für die Pflege der Beziehungen zu den Alliierten keinen anderen Mittelsmann kannte und auch keinen besseren für die Auskunftbeschaffung, Beeinflussung und Informierung der alliierten Haltung finden konnte. Das hieß aber nicht, daß Dickopf sich nicht Gedanken über mögliche Bewerber für das BKA gemacht hätte. So z. B. über

Lobbes,
der als guter Praktiker galt und – wenn keine politischen Hinderungsgründe vorlägen – unbedingt eingestellt werden sollte;

Mommsen,
der für das geplante Kriminalistische Institut prädestiniert schien, sich aber bisher noch nicht beworben hatte;

Schwarzer,
der nach übereinstimmender Auffassung als Renegat keinesfalls übernommen werden konnte, sondern in Hiltrup bleiben sollte;

Kalicinski,
für den sich Flüchtlingsminister Lukaschek persönlich bei Dr. Hagemann einsetzte, der aber – da nicht Kriminalist – von vornherein ausschied;

d'Heil,
der als Leiter des LKA NRW besser am Platz als im BKA schien;

Braschwitz,
der aufgrund seiner Fähigkeiten einen Platz im BKA verdiente, vorausgesetzt, daß von alliierter Seite kein Widerspruch erhoben würde;

Müller,
den Dr. Hagemann offensichtlich nicht mochte und der deshalb in Hamburg bleiben sollte.

Natürlich war das Personalproblem vordergründig im Prinzip zu klären. Die Schwierigkeit bestand darin, qualifizierte, ausgebildete Beamte ohne schwere politische Belastung zu finden. Von den Osteinsätzen des SD wurde nicht gesprochen. Auch Dickopf sprach darüber nicht. Er war selbst belastet, schien aber unfähig zu sein, die eigene Situation objektiv zu sehen. Es gelang ihm, den Alliierten vorzumachen, die alten Kämpfer aus Charlottenburg seien in Wahrheit verhinderte alte Demokraten gewesen und was sie vielleicht getan hätten, wäre im Halbtaumel geschehen. Er, Dickopf, müsse es ja wissen, da er selbst dem SD nominell angehört habe.
Die Masche mit der nur »nominellen« Zugehörigkeit zur SS wurde immer wieder mit Erfolg ausgesponnen, und die Amerikaner waren, bewußt oder unbewußt, oder nur aus pragmatischen Gründen auf dem braunen Auge blind oder geblendet. Dafür war das rote doppelt scharfsichtig. Nazis fanden ihr Verständnis, Sozialisten, und, schlimmer noch, ehemalige Kommunisten konnten mit Wohlwollen nicht rechnen. Waren sie damals als Widerstandskämpfer in Hitlers Konzentrationslagern von SS-Männern geschunden worden, setzen jetzt die früheren SS-Männer ihre Hatz mit anderen Mitteln fort!
Über eine Aussprache mit Tom Polgar notierte Dickopf am 9. 12. 1949:

»Mr. Polgar teilt mir mit, daß Dr. Zeitz mit der Einrichtung der Verfassungsschutz-Abteilungen (›Politische Polizei‹) beauftragt worden sei, was ich lebhaft begrüße. Mit der Ernennung würde ein Großteil der Bedenken entfallen, die die US-Militärregierung hinsichtlich der demokratischen Führung der politisch-polizeilichen Geschäfte hatte; das bedeutet, daß auf die Trennung der Exekutivgruppe von der Nachrichtensammelstelle für Verfassungsschutz verzichtet werden kann, was Dr. Hagemanns Wünschen ebenso wie meinen eigenen entgegenkommt.
Zur personellen Besetzung des BKA erklärt Mr. Polgar, daß keinerlei Einwendungen gegen die Beschäftigung von in Gruppe 4 bzw. 5 eingestuften ehemaligen Kriminalbeamten gemacht werden, und daß auch die nominelle Zugehörigkeit zu SS bzw. SD keinen Ausschließungsgrund bedeute. Maßgebend sei das Urteil, das sich aus einer Betrachtung der Person und dem Verhalten des Betroffenen in der Nazizeit ergebe. – Die bisherige Praxis habe dazu geführt, daß viele ›verhinderte‹ Nazis in maßgebende Stellungen berufen worden seien, während fachlich ausgezeichnete Kräfte wegen irgendwelcher nomineller Belastungen für ihren früheren Beruf verloren gegangen seien. Dies habe z. B. in Berlin dazu geführt, daß dort eine große Zahl guter Kriminalisten immer noch auf Wiederverwendung hoffe. Mr. Polgar gibt deshalb zu bedenken, diese Männer irgendwie zu erfassen und auf Tauglichkeit zu prüfen. Er schlägt vor, etwa vorhandenes Adressenmaterial zu sammeln und die Sichtung der Personen ggf. in Berlin selbst vorzunehmen. Ich sage zu, diese Frage mit Dr. Hagemann zu besprechen.«

Daß das »Urteil, das sich aus einer Betrachtung der Person und dem Verhalten des Betroffenen in der Nazizeit« von Mitbetroffenen und Mitgliedern der alten SD-Seilschaft abgegeben wurde, schien die Amerikaner nicht zu stören. So kam es, dank der Überredungskunst Dickopfs, daß Heydrichs Reichssicherheitshauptamt mit seinen getreuen SD- und SS-Männern über Hamburg (das KPABrZ) zum Grundstock des Bundeskriminalamtes wurde.
Immerhin hatte Dickopf in seinem, dem Bewerbungsschreiben beiliegenden Lebenslauf mit Nachdruck auf seine »hochverräterische Tätigkeit« während seiner SD-Zeit aufmerksam gemacht. Hier hatte er es unterlassen, von nur »nomineller« Zugehörigkeit zum Widerstand gegen Hitler zu sprechen. Denn es gibt keine Unterlagen, aus denen hervorgeht, Dickopf habe effektiv zu den Gegnern der Nazis gehört.
Am 23.12. 1949 wurde Dickopf von Bundeskanzler Adenauer und Staatssekretär Dr. Globke empfangen. Ein Ministerpräsident hatte ihn für die Besetzung einer leitenden Stellung im Bundeskriminalamt empfohlen. Daß das Sondierungsgespräch mit den Karten der parteipolitischen Farben zum garstigen Spiel wurde, kann man einer Notiz Dickopfs vom 23.12. 1949 entnehmen:

»Eine Frage des Kanzlers, ob ich mich nach 1945 parteipolitisch gebunden habe, verneine ich, wobei auf Gründe nicht eingegangen wird. Einen Einwurf Dr. Arnolds, daß die heutige Polizei ihm parteipolitisch (sozialdemokratisch) verseucht scheine, unterstreiche ich durch einige Bemerkungen über die Praxis der Innenministerien der Länder und führe aus, daß der CDU zweifellos ein Großteil der Schuld zufalle, da sie diese entscheidende Frage mit einer unverantwortlichen Nonchalance behandele. Der Kanzler bemerkt lachend, daß meine Feststellungen aufs Haar genau seine Meinung ausdrücken.
Die Sprache kommt auch auf den bisherigen Staatskommissar Jacobi. Ich erkläre, daß ich Jacobi als Vertreter der sozialdemokratischen Parteiinteressen in ihrer krassesten Form ansehe. Die Reaktion Dr. Arnolds verrät, daß er den ehrgeizigen und äußerst rührigen Jacobi höchstwahrscheinlich durchschaut, dessen Bindung an die SPD-Parteileitung in Hannover jedoch nicht genau übersieht. Ich zögere deshalb nicht, die Frage des Kanzlers, ob Jacobi ›als Sprachrohr Schumachers‹ zu bezeichnen sei, zu bejahen und hinzuzufügen, daß hier eine Änderung nicht zu erwarten steht.
Nach einigen weiteren Bemerkungen zur Frage der Schaffung einer mit politisch-polizeilichen Aufgaben zu betrauenden Bundesbehörde, fragt der Regierungschef, ob ich mich schon um eine Verwendung in der Bundespolizei beworben habe. Ich antworte, daß eine entsprechende Bewerbung bei Dr. Hagemann liege, der ich auch einige, ein zukünftiges BKA betreffende Vorschläge beigefügt habe.«

Die Dinge liefen den Amerikanern und Dickopf zu langsam ab. Man befürchtete, daß das gesamte Projekt unterging. Dickopf aber ließ nicht locker. Er machte das Bundesinnenministerium darauf aufmerksam, daß der US-Hochkommissar zu der Auffassung gelangen könne, auf deutscher Seite bestehe kein Interesse an einer Zentralisierung technisch-kriminalpolizeilicher Dienste und man doch mehr für die Dezentralisierung der Polizei sei.

In seinem Bericht Nr. I/50 vom 26. 1. 1950 hielt er fest:

»Harder brachte eine Stellungnahme des bayerischen Innenministers mit, die den Gesetzentwurf in fast allen Teilen angreift und dem Bund nur noch die Zahlung der Kosten für die bei den einzelnen LKÄ zu errichtenden ›Zentralstellen‹ überlassen will. Dieses Elaborat ist ein Musterbeispiel für falsch verstandenen Föderalismus, fachliche Unkenntnis und politische Verschlagenheit, die nur noch dadurch überboten wird, daß der Verfasser vorgibt, der Errichtung eines BKA im Prinzip zuzustimmen. Es wurde gemeinsam mit KPOI Holle eine offiziell unter Firmierung des KPABrZ laufende Antwort entworfen und nachgewiesen, daß die bayerischen Machenschaften auf eine Verhinderung der Bekämpfung des Verbrechertums hinauslaufen und außerordentliche Verteuerungen in der gesamten Exekutive mit sich bringen werden.«

Und in einem Brief beruhigte er seinen Freund Holle:

»... will ich Deine Ängste insoweit zerstreuen, daß Egidi nicht – wie vermutet – Bayer sondern Märker ist. Es ist ein Glück, daß somit nur ein uns touchierender Ultra-Föderalist (Lex) im BMI ist, der ja nun allein auch nicht alles nach seinem Kopf (oder dem seiner Auftraggeber) wird machen können.
Bei der Tagung der Sicherheitsreferenten müssen sich neben den Bayern die Württemberger am dümmsten benommen haben. (Mir könnet doch dän Fahndungsnachweis wider drugge, das leift so schö bei uns!)
Hagemann war über den Entwurf der Gewerkschaft sehr erfreut, da er so ziemlich das dämlichste darstellt, was man sich auf diesem Gebiet denken kann. (Für mich sieht die Sache so aus, als ob die Herren einen Möbelträger mit der Ausarbeitung beauftragt hätten, der für sich und seinesgleichen die Pensionsberechtigung gesetzlich verankern will.)
Bei Hagemann sah ich ein neues Elaborat der Hiltruper. Vielleicht kannst Du es nach hier bringen, damit man sich einige Abschriften fertigen kann (man weiß nie, wofür man sie einmal braucht).«

Im bereits erwähnten Bericht Nr. I/50 schilderte er die derzeitige Situation aus seiner Sicht:

»Dr. Hagemann scheint durch die Entwicklung wenig befriedigt und äußerte tiefstes Mißtrauen hinsichtlich des guten Willens seiner Vorgesetzten; nicht zuletzt vermißt er die starke Hand des Innenministers, der sich nicht genügend für eine praktisch durchführbare und erfolgversprechende Lösung einsetzt. Die Langsamkeit, mit der gearbeitet wird, bedrückt Dr. Hagemann ebenso wie die Verschleppungstaktik, die v. Lex offensichtlich anwendet, um das BKA-Gesetz zu einer Farce werden zu

lassen. Dr. Hagemann scheint beabsichtigt zu haben, die US-Hochkommission vom Stand der Angelegenheit zu unterrichten, ist aber von Egidi und v. Lex daran gehindert worden.
Da ein ›Dezentralisierung der Kriminalpolizei‹ betitelter Artikel in der Presse erschienen ist, fürchtet Dr. Hagemann, daß die US-Hochkommission – so wie sie sich gegen eine Zusammenfassung der Kriminalpolizei der Länder in LK-Ämtern wendet – auch gegen eine Zentralisierung der technischen Dienstzweige in einem BKA Stellung nehmen könnte, womit alle bisherigen Planungen vergebens würden. Ich bemerke hierzu, daß ich mit Sicherheit annehme, daß die Alliierten einer vertretbaren – wie von uns angestrebten – Rationalisierung (nur um eine solche handelt es sich im Endeffekt) nicht im Wege stehen werden; es scheint mir, daß der ungenau gefaßte Artikel vielmehr besagt, daß der – besonders in Bayern – üppig wachsende Länderzentralismus gestoppt werden soll. Immerhin wäre es von Vorteil, wenn so bald als möglich eine klare Entscheidung im Sinne unserer früheren Vereinbarungen getroffen würde, da hiervon im wahren Wortsinn alles abhängt. In der Hamburger Zeitung ›Die Welt‹ ist ein von Holle inspirierter Artikel ›Zentrale Verbrechensbekämpfung‹ erschienen, der in kurzer Aufzählung die Aufgaben umreißt, wie sie vernünftigerweise einem BKA zugewiesen werden sollen.
Lobbes hat sich unter Vorlage eines guten Zeugnisses seiner letzten Berliner US-Dienststelle offiziell beworben; es erscheint angebracht, zu überprüfen, welche der widersprechenden Beurteilungen den Tatsachen gerecht wird. Weiter hat sich der bisherige Leiter des Hessischen LKA, RD Mührdel, um Übernahme in das BKA beworben.«

Im Februar 1950 trafen sich Dickopf, der Chef des Kriminalpolizeiamtes für die Britische Zone, Voss, Holle und Hagemann zu einem Grundsatzgespräch. Als Ergebnis wurde festgehalten:

1. Das KPABrZ wird zum 1. 4. 1950 etatmäßig vom Bund übernommen, bleibt jedoch bis zum definitiven Aufbau des BKA als selbständige Behörde bestehen.
2. Der Leiter des KPABrZ bleibt über den 1. 3. 1950 hinaus (Erreichung der 60-Jahr-Altersgrenze) im Dienst, bis die Überleitung durchgeführt ist; er wird nach diesem Zeitpunkt als Beamter der Hansestadt Hamburg in den Ruhestand treten.
3. Die Angehörigen des KPABrZ werden auf ihre Verwendbarkeit im Bundesdienst untersucht. Da der Übergang freiwillig erfolgt, wird Wert auf umgehende Entscheidung der geeigneten Angehörigen gelegt. Es darf angenommen werden, daß die geeigneten Beamten, qualifizierte Wissenschaftler (bisher Angestellte) und auch einige besonders befähigte weibliche Hilfskräfte umzuziehen gewillt sein werden.
4. Die unbrauchbaren Kräfte werden – soweit sie Beamte sind – von den Ländern der britischen Zone anteilig übernommen werden müssen. Die Angestellten werden vorsorglich ab 1. 4. 1950 gekündigt.
5. Nach Errichtung des BKA werden die übernommenen männlichen Angestellten in Beamten-Planstellen überführt, da nach den bisherigen Plänen für männliche Angehörige des BKA keine Angestellten-Stellen vorgesehen sind.

Dickopf drängte die Amerikaner, endlich die Initiative in die Hand zu nehmen:

»Es wäre zweckmäßig, wenn die Hohe Kommission den jetzigen Zeitpunkt zu einer neuerlichen, zusammenfassenden Präzisierung ihrer Wünsche wählen würde. Damit könnte erreicht werden, daß

1. die in weit überragendem Maße nicht-exekutiven Aufgaben des BKA soweit festgelegt wären, daß falsche und teilweise böswillige Interpretationen von Seiten einiger Länder ebenso unmöglich würden, wie deren unberechtigte Befürchtungen hinsichtlich Einbußen an ihrer Polizeihoheit;
2. die saubere Trennung von BKA und Nachrichtensammelstelle für Verfassungsschutz Voraussetzung für die Errichtung des BKA bleibt;
3. das BMI den dringend notwendigen Impuls erhält, die Vorlage eines durchdachten Gesetzentwurfes und die technischen Vorarbeiten für die Errichtung des BKA schneller voranzutreiben.

Wie bereits bemerkt, wäre es für die laufenden Arbeiten von großem Vorteil, wenn ich die einzelnen, die Errichtung eines BKA berührenden Anweisungen etc. der Hohen Kommissare zur Verfügung hätte (bei dem Durcheinander in Bonn sind diese Unterlagen dort kaum aufzutreiben!).«

Endlich, am 15. 2. 1950, übergab Dickopf erneut sein Bewerbungsschreiben in der endgültigen Fassung an Dr. Hagemann. Es ist auf den 25. 11. 1949 datiert.

Am 17. 2. 1950 besuchten Dickopf und Rolf Holle Dr. Max Hagemann in Bonn, um die Listen der für die Übernahme ins BKA geeigneten Beamten des KPABrZ durchzugehen. Es waren keine Unparteiischen, die hier prüften.

Dickopf und Holle waren als ehemalige »Charlottenburger« und SD-Funktionäre à priori nicht unverdächtig. Außerdem hatten beide eine dezidierte parteipolitische Einstellung. Es ist merkwürdig, daß der Amtschef Voss nicht mehr um seinen Rat gebeten wurde. Zu erwarten wäre auch gewesen, daß, bei der Klärung einer so wichtigen Frage wie der der Personalbesetzung, ein aus verschiedenen fachlichen und politischen Richtungen kommenden Persönlichkeiten zusammengesetztes Gremium wenigstens konsultativ gehört würde. Über das Gespräch mit Hagemann und Holle notierte Dickopf am 17. 2. 1950:

»Es wird die Liste mit Namen zur Übernahme in das BKA geeigneter Angehöriger des KPABrZ durchgegangen. Hierbei wurden von den 115 ›Bewerbern‹ rund 35 vorläufig ausgeschieden, da sie wenig geeignet erscheinen. Weiter werden die von Dr. Hagemann aus der Vielzahl von Bewerbungen herausgezogenen Namen durchgesprochen, wobei sich herausstellt, daß sich hierunter auch einige schlecht beleumdete frühere Beamte finden, die ich persönlich kenne, wie z. B. Dr. Niggemeyer (Karlsruhe und Geheime Feldpolizei Frankreich), Willmann (Frankfurt/M. und Einsatz Polen) etc. Bei dieser Gelegenheit wird Dr. Hagemann darauf hingewiesen, daß der vorläufige Stellenplan des BKA keine Experimente zuläßt und – um einen Einzelfall zu zitieren –

nicht verträgt, daß ein früherer Schutzpolizist, der angeblich etwas vom ›Funken‹ (von der Kripo natürlich nicht das Geringste) versteht, hier eine RR-Stelle als Leiter der ›Funk-Abteilung‹ einnimmt; es wird hinzugefügt, daß als Leiter des Funkwesens ein in der kriminalpolizeilichen Tätigkeit wie auch im Funkbetrieb gleichermaßen erfahrener KI (Funk-Ingenieur) vorgesehen ist, womit die zur Diskussion stehende Stelle ihrer Bedeutung entsprechend dotiert ist. Auch gegen die Übernahme einer bestimmten Anzahl ehemaliger Angehöriger des Staatssekretariats zur Bekämpfung von Mißwirtschaft und Korruption im Lande NRW machen Holle und ich unsere Bedenken geltend, da für eine Aufnahme in das BKA ausschließlich fachliche Gesichtspunkte maßgebend sein sollen. Dr. Hagemann, der etwas verstimmt zu sein scheint, räumt schließlich ein, daß die Bewerber sich mit den vorhandenen Stellen zufrieden geben müssen.
Am Schluß der Unterredung übergibt Dr. Hagemann KPOI Holle ein Exemplar des zuletzt im BMI entstandenen Entwurfs V für ein BKA-Gesetz, der auf Anordnung des Innenministers erstellt und mit einer wesentlich gekürzten Begründung versehen wurde; allem Anschein nach will Dr. Hagemann diesen Entwurf – und nicht, wie zunächst vorgesehen, alle vier früheren Entwürfe – dem Kabinett vorlegen. Kopie des Entwurfes wird von Holle an mich gesandt werden.«

Daß Dickopf Dr. Niggemeyer vorwarf, wegen seiner Tätigkeiten beim SD und bei der Feldpolizei für eine Übernahme ins BKA nicht in Frage zu kommen, ist befremdlich, war Dickopf doch von Karlsruhe und der dortigen Tätigkeit an mit Niggemeyer bekannt und hatte er doch im gleichen Stall sein Futter bekommen für die gleiche Arbeit. Übrigens, Dr. Niggemeyer wurde trotz Polen und Frankreich ins BKA übernommen und leitete ab 1954 das Kriminalistische Institut. Ich habe ihn als Gasthörer in meinen Vorlesungen kennengelernt.
Dickopf selbst wurde vom Personalsachbearbeiter des Bundesministeriums des Innern, Ministerialrat v. Perbandt, zugesagt, daß er eine außerplanmäßige Stelle im Ministerium erhalten würde, da das Bundeskriminalamt ja noch nicht existent sei.

Über diese Besprechung hielt Dickopf fest:

»Am 27. 2. 1950 hatte ich eine längere Unterredung mit dem Personalsachbearbeiter v. Perbandt. Hierbei wurde mein zukünftiges Aufgabengebiet als Vertreter Dr. Hagemanns festgelegt; ich werde hiernach als apl. KD oder RR im BMI geführt, bis das BKA errichtet wird. Von diesem Zeitpunkt an soll ich – ebenfalls als ständiger Vertreter Dr. Hagemanns – die Leitung der Abteilung Koordination und zunächst auch die Personalstelle übernehmen.«

Dickopf wurde ins Innenministerium bestellt. Unzufrieden schrieb er seinem Freund Holle:

»In einer von pessimistischen Gedanken erfüllten Luft wurde die Besprechung nach gut ¾ Stunden von dem Minister abgebrochen mit der Bemerkung, daß die ganze Angelegenheit nochmals von dem verbleibenden Gremium beraten werden müsse. Ich warte also wieder – wie schon so oft – und hoffe, daß mich der Minister und seine Adlati nicht für einen hochbezahlten Agenten der United States halten, der ihnen – wie die Erfahrung lehrt – schlecht gehütete Geheimnisse zu entreißen versucht. Es bleibt mir nur übrig, analog der Rechtfertigung seines der Kollaboration zu Unrecht verdächtigten Genfer Geographen festzustellen: ›Devant Dieu je suis criminaliste – rien d'autre‹. Nebenbei erwarte ich von einer bisher etwas trübäugigen Vorsehung, daß sie die Gedanken über mein Schicksal – und damit sicher auch über einen wenn auch noch so kleinen Teil der Kriminalpolizei – Entscheidenden insoweit erleuchten möge, daß diese rechts als rechts und links als links erkennen mögen.«

Am 27. 3. 1950 notierte er:

»Wie nicht anders zu erwarten, hat der Minister meine Einberufung wieder hinausgeschoben. Dr. Hagemann hat auf eine entsprechende Bemerkung des Ministers erklärt, daß ein Vollakademiker mit guten Fachkenntnissen weder in Hamburg noch sonst irgendwo zu finden sei, und daß z. Z. niemand auch nur annähernd den Überblick über die Lage und Möglichkeiten der Kriminalpolizei in Deutschland habe, wie ich.«

Dickopf hatte kein Studium abgeschlossen, dafür hatte er andere, zum Beispiel politische Qualitäten. Aber noch war er nicht definitiv eingestellt. Er wollte seine Einstellung erzwingen, und dazu kam ihm ein Angebot des Landes Rheinland-Pfalz zum rechten Augenblick auf den Tisch. Das wollte er ausspielen. Sein gutes Recht, denn er mußte wissen, woran er war.
Am 25. 4. 1950 hielt er über einen Besuch bei Dr. Hagemann, in dem natürlich über sein Problem und die Personalfrage im Allgemeinen gesprochen wurde, fest:

»Einige Bemerkungen Dr. Hagemanns zur Personalfrage geben Veranlassung, darauf hinzuweisen, daß das Amt unmöglich mit politisch – und sei es auch nur formell – belasteten Personen überfüttert werden kann. Dr. Hagemann selbst hat neuerdings starke Bedenken, durch gute praktische Leistungen ausgewiesene Leute wie Lobbes oder Braschwitz einzustellen. Er erklärt, daß sich unter den in die engere Wahl gezogenen Männern meist in Gruppe V Kategorisierte befinden, während nur einige wenige frühere Beamte der Gruppe IV vorgemerkt seien. Nicht-PG's scheinen die ganz große Ausnahme zu bilden – genannt wird kein einziger (!).
Wie sich herausstellt, wurde der bereits einmal erwähnte, frühere KK Dr. Niggemeyer (1939 Karlsruhe) auf Wunsch Staatssekretär v. Lex' zur bevorzugten Einstellung vorgemerkt; Niggemeyer hat vor einigen Tagen einen nach Dr. Hagemanns Worten frechen Brief an ihn gerichtet, den dieser jedoch umgehend barsch beantwortet hat. Es sollte mich trotzdem wundern, wenn Radfahrer wie Niggemeyer nicht doch über kurz oder lang wieder in leitender Stellung tätig wären und sich durch kräftiges Treten nach unten und devotes Bücken nach oben rücksichtslos vorwärtskämpften. Bei Nigge-

meyer jedenfalls steht nach seiner in Karlsruhe gespielten Rolle zu vermuten, daß er die bei dem ›heimlichen‹ alten Kämpfer Greiner mit Erfolg angewandte Taktik auch heute wieder befolgen wird: Damals begeisterter junger Nazi-Kommissar, heute Katholik und morgen?
Zufällig wird von Dr. Hagemann auch der frühere Direktions-Kommissar (Personalsachbearbeiter) Willmann (1937 Frankfurt/M.) erwähnt, der – vor 1933 der SPD treu – zur Zeit meiner Einstellung diesen früheren Fauxpas dadurch vergessen zu machen sich bemühte, daß er mich und andere Antinazis zwang, in die NSDAP oder eine ihrer Gliederungen einzutreten. Jetzt also will man unter der Vorgabe, ›Spieler-Spezialist‹ zu sein, in das BKA: Zuerst SPD, dann scharfer NSDAP-PG, dann zum KR im Generalgouvernement befördert, heute ›nur‹ Spieler-Spezialist und morgen?
Es kann heiter werden, wenn ein paar Dutzend solcher Kapazitäten für das BKA eingefangen werden. Dr. Hagemann fürchtet das ebenso wie ich. Der ihm durch Dr. Pickel (BMI I C 2) empfohlene Verwaltungspolizist mit Stapo-Praxis, Skiba, über den Holle ziemlich erschöpfend Auskunft aus Hamburg beibrachte, gehört ebenfalls zu den wenig erfreulichen Erscheinungen im Bewerbungswettkampf.
Dr. Hagemann, der durch ›Protektions-Maßnahmen‹ schon jetzt mit einem absolut unfähigen Angestellten (entfernten Verwandten des nach dem 20. 7. 44 hingerichteten Dr. Goedeler) gesegnet ist, teilt meine Bedenken hinsichtlich der sich anbahnenden Personalpolitik, die nur zu Katastrophen führen kann. Er ist erbost darüber, wie er selbst durch dieses Verhalten schon heute geschädigt wird, ganz abgesehen davon, daß es eine Provokation bedeutet, ihn ohne Hilfskraft zu lassen. Ich berichte ihm kurz über das mir offiziell gemachte Angebot und bitte ihn, die Angelegenheit vorerst vertraulich zu behandeln, damit ich im BMI nicht in den Verdacht der versuchten Erpressung gerate. Dr. Hagemann scheint konsterniert und bittet, bei MR v. Perbandt zumindest anzudeuten, daß ich ein verlockendes Angebot habe, durch das ich dem BKA verloren gehen werde, wenn sich das Ministerium nicht zu einem schnellen Entschluß aufraffen könne. Ich erkläre mich nach einigem Zögern damit einverstanden, betone jedoch wiederholt, daß mir nichts ferner liege, als einen Druck auszuüben; ich setze hinzu, daß ich andererseits natürlich gezwungen sei, nach irgendeinem passenden Unterkommen zu suchen, das mir eine gewisse berufliche Bewegungsfreiheit und ein menschenwürdiges Auskommen sichere.«

Diese Notiz Dickopfs ist sich selbst Kommentar. War er ein Künstler im Verdrängen, oder lebte er nur den Augenblick unter Ausradierung der Vergangenheit? Nimmt er sich als Maßstab zur Be- und Verurteilung ehemaliger Kameraden, oder glaubt er an die eigenen Verwandlungen? Ist er nur enttäuscht oder schon böse? Einsichtig ist er jedenfalls nicht.
Am 16. Mai 1950 hatte Dickopf sein Ziel erreicht: Er wurde als Kriminalkommissar im Bundesministerium des Innern eingestellt und Dr. Hagemanns Mitarbeiter. Hier arbeitete er zielstrebig an den Planungsarbeiten für das Bundeskriminalamt weiter. Als In-

nenminister Genscher am 29. 6. 1971 den BKA-Präsidenten Paul Dickopf verabschiedete sagte er:

»Bei der Schaffung der gesetzlichen Voraussetzungen zur Einrichtung dieses Amtes haben Sie an verantwortungsvoller Stelle im BM die ausschlaggebenden fachlichen Vorschläge erarbeitet, auf denen die endgültige Fassung des Gesetzes zur Errichtung eines BKA beruhten.«

In der Tat war Dickopfs Organisationskonzept vom 7. 3. 1950 die Grundlage für das BKA. Prante sieht nur einige wenige Änderungen:

a) die vorgesehenen Unterabteilungen »Verwaltung« und »Hilfsdienste« werden in einer Abteilung zusammengefaßt;
b) die vorgesehene Abteilung »Koordination« wird in die Abteilungen »Inland« (designierter Abteilungsleiter: Holle) und »Ausland« (designierter Abteilungsleiter: Dickopf) sowie das von Anfang an geplante »Kriminalistische Institut« (Leiter ab 1954: Dr. Niggemeyer) zerlegt;
c) eine Abteilung »Sicherheitsgruppe« wird neu vorgesehen (vgl. hierzu die Ausführungen zum 24. u. 31. 5. 1949);
d) die Abteilungen gliedern sich nur noch in Referate.

Dickopf hatte sich auch darum bemüht, einen geeigneten Ort für das Bundeskriminalamt zu finden. Wiesbaden, das, so Dickopf, »wegen seiner zentralen und für den Auslandsverkehr besonders günstigen Lage unter den verschiedenen Bewerberstädten den Vorzug verdient«, wurde ausgewählt und durch einen Kabinettsbeschluß vom 1. 4. 1950 zum Sitz des BKA bestellt. Die Stadt verpflichtete sich, Gelände und Bauten zur Verfügung zu stellen.

Am 15. 3. 1951 trat das Gesetz über die Errichtung eines Bundeskriminalamtes in Kraft. Geheimrat Dr. Max Hagemann wird erster BKA-Präsident und Paul Dickopf sein ständiger Stellvertreter.

Dickopf hatte sein Ziel erreicht. Was man auch immer denken, sagen oder vermuten mag, dafür gebührt ihm Anerkennung. Für die Weiterentwicklung des BKA hat er weniger getan, vielleicht war er sogar ein Hemmschuh.

In seiner Rede vom 8. 3. 1976 anläßlich der Feier zum 25jährigen Bestehen des BKA sagte Horst Herold:

»Knapp sechs Jahre nach der Kapitulation standen die langen und schwierigen Beratungen noch unter dem fortwirkenden Eindruck des Schreckens, mit dem die zentral dirigierte Polizei des Dritten Reiches sich in die Erinnerung gegraben hatte. Die Furcht vor einem möglichen Mißbrauch zentraler polizeilicher Einrichtungen überwog. Kein Gehör fand, daß zentrale polizeiliche Einrichtungen das Unheil eher verhindert hätten, zumal das sogenannte ›Dritte Reich‹ solche nicht übernommen, sondern erst geschaffen hatte. Das Gesetz blieb daher in allen Teilen hinter dem Gesetz über das Reichskriminalpolizeiamt zurück. Das BKA wurde Nachrichtensammelstelle, jedoch nur für den überregionalen Täter und ohne das Recht, die Nachrichtenanlieferungen zu regeln. Es sollte kriminaltechnische und erkennungsdienstliche Einrichtungen unterhalten, jedoch ohne Aufgabenzuweisung; es sollte in Einzelfällen Ermittlungen führen, jedoch nur kraft Auftrages und ohne die Befugnis der Abwehr von Gefahren. Insbesondere gewährte das Gesetz keine Befugnisse zur Gestaltung einheitlicher Geschäfts- und Aktenführung, einheitlicher Ausbildung, einheitlicher Informationsverarbeitung und zur polizeilichen Forschung.«

Was Herold bei dem 1951 gegründeten BKA vermißte, wurde später realisiert, teils gegen den Willen Paul Dickopfs, der den überkommenen Methoden des kriminalistisch angefärbten Nachrichtendienstes verhaftet blieb ...

5

Seilschaft mit Knoten
(1951–1965)

Gesetz über die Einrichtung eines Bundeskriminalpolizeiamtes (Bundeskriminalamtes).

Vom 8. März 1951.

Der Bundestag hat das folgende Gesetz beschlossen:

§ 1

Der Bund errichtet ein Bundeskriminalamt zur Zusammenarbeit des Bundes und der Länder in der Kriminalpolizei. Seine Aufgabe ist die Bekämpfung des gemeinen Verbrechers, soweit er sich über das Gebiet eines Landes hinaus betätigt oder voraussichtlich betätigen wird.

§ 2

Das Bundeskriminalamt hat

1. alle Nachrichten und Unterlagen für die kriminalpolizeiliche Verbrechensbekämpfung und die Verfolgung strafbarer Handlungen zu sammeln und auszuwerten, soweit die Nachrichten und Unterlagen nicht eine lediglich auf den Bereich eines Landes begrenzte Bedeutung haben;
2. die Behörden der Länder über die sie betreffenden Nachrichten und die in Erfahrung gebrachten Zusammenhänge strafbarer Handlungen zu unterrichten;
3. nachrichten- und erkennungsdienstliche sowie kriminaltechnische Einrichtungen zu unterhalten.

§ 3

(2) Mehrere Länder können ein gemeinsames Landeskriminalamt im Sinne von Absatz 1 unterhalten.

§ 4

(1) Die vorbeugende Verbrechensbekämpfung und die Verfolgung strafbarer Handlungen bleiben Sache der Länder.

(2) Das Bundeskriminalamt verfolgt jedoch eine strafbare Handlung selbst, wenn

a) eine zuständige Landesbehörde darum ersucht oder

b) der Bundesminister des Innern es aus schwerwiegenden Gründen anordnet.

(3) Die Landesregierung ist unverzüglich zu benachrichtigen, wenn das Bundeskriminalamt die

Rechts: Paul Dickopf

Rechts unten: Rolf Holle

Max Hagemann, BKA-Präsident von 1951 bis 1952

Das Bundeskriminalamt

Hans Jess, BKA-Präsident von 1952 bis 1955

Reinhard Dullien, BKA-Präsident von 1955 bis 1965

Am 1. März 1951 trat das BKA-Gesetz in Kraft. In den Jahren 1969 und 1973 wurde dieses Gesetz geändert, und die Kompetenzen des Bundeskriminalamtes wurden erweitert.
An dieser Stelle scheint es mir angebracht, die Selbstdarstellung des Bundeskriminalamtes ohne Kommentar wiederzugeben:

Das Bundeskriminalamt: Verankert im föderalistischen System

„Die Ausübung der staatlichen Befugnisse und die Erfüllung der staatlichen Aufgaben ist Sache der Länder, soweit dieses Grundgesetz keine andere Regelung trifft oder zuläßt." So steht es im Grundgesetz für die Bundesrepublik Deutschland . Damit üben die Bundesländer – gemäß dem föderalistischen Aufbau der Bundesrepublik – auch die Polizeihoheit aus: Die Aufgaben der polizeilichen Gefahrenabwehr sowie grundsätzlich auch die Aufgaben der polizeilichen Strafverfolgung (Verbrechensbekämpfung) obliegen den Polizeien der Länder. Mit dieser Regelung knüpfte der Verfassungsgeber an die ebenfalls föderalistisch strukturierte Weimarer Republik an; auch deren Länder verfügten über das „Polizeimonopol".

Da jedoch „Kriminalität nicht an Ländergrenzen haltmacht", schufen die Väter des Grundgesetzes die Voraussetzung für eine länderübergreifende polizeiliche Zusammenarbeit im Bereich der Verbrechensbekämpfung: Das Grundgesetz bestimmt, daß der Bund die ausschließliche Gesetzgebung über „die Zusammenarbeit des Bundes und der Länder ... in der Kriminalpolizei" sowie über „die Einrichtung eines Bundeskriminalamtes und die internationale Verbrechensbekämpfung" hat . Das Grundgesetz räumt dem Bund die Möglichkeit ein, durch Bundesgesetz u. a. „Zentralstellen für das polizeiliche Auskunfts- und Nachrichtenwesen, für die Kriminalpolizei ..." einzurichten .

Auf der Grundlage dieser Verfassungsbestimmungen wurde 1951 das „Gesetz über die Einrichtung eines Bundeskriminalpolizeiamtes (Bundeskriminalamtes) – BKA-Gesetz (BKAG)" geschaffen. Nach diesem Gesetz regeln sich Aufgaben und Tätigkeiten des Bundeskriminalamtes (BKA), das als eine dem Bundesminister des Innern nachgeordnete Bundesbehörde errichtet wurde. Schon aus der ersten Fassung des BKA-Gesetzes geht hervor, daß das BKA vor allem als Instrument der Zusammenarbeit und Koordinierung zwischen Bund und Ländern gedacht ist und daß das Amt insofern die Funktion einer zentralen Nachrichten- und Informationsstelle der deutschen Kriminalpolizei mit dem Auftrag auszufüllen hat, alle Nachrichten und Unterlagen für die Verbrechensbekämpfung zu sammeln und die Strafverfolgungsbehörden des Bundes und der Länder unverzüglich über die sie betreffenden Erkenntnisse zu unterrichten. Zudem wurde dem BKA – ohne weitere Spezifizierung – aufgegeben, erkennungsdienstliche und kriminaltechnische Einrichtungen zu unterhalten. Auch bei Umschreibung dieser seiner Zentralstellenfunktionen hat sich 1973 eine Novelle zum BKA-Gesetz um größere Klarheit bemüht.

Im übrigen ist Aufgabe des BKA die Bekämpfung des Straftäters, der sich über Ländergrenzen hinaus oder im internationalen Bereich betätigt oder voraussichtlich betätigen wird. Dieser umfassende Generalauftrag war zunächst im Gesetz in nur sehr ungenügendem Maße präzisiert und in bescheidenem Umfang durch Einzelbefugnisse untermauert. Das BKA-Gesetz 1951 stellte hinsichtlich der Verfolgung strafbarer Handlungen die grundsätzliche Zuständigkeit der Bundesländer fest, übertrug jedoch entsprechende Aufgaben auch dem Bundeskriminalamt, sofern

- eine zuständige Landesbehörde darum ersucht oder
- der Bundesminister des Innern es aus schwerwiegenden Gründen anordnet.

Diese sogenannte Auftragszuständigkeit des BKA als ermittelnde Polizeibehörde wurde 1969 und 1973 den realen Gegebenheiten entsprechend insofern erweitert, als seitdem das BKA für die polizeilichen Aufgaben im Bereich der Strafverfolgung ebenfalls zuständig ist, wenn

- der Generalbundesanwalt darum ersucht oder einen Auftrag erteilt.

Das Änderungsgesetz zum BKA-Gesetz von 1973 stellte auch die Tätigkeiten des Bundeskriminalamtes im Bereich des Personenschutzes auf eine gesetzliche Grundlage , die bereits seit 1951 durch die BKA-Abteilung „Sicherungsgruppe“ wahrgenommen worden waren .

Gleichzeitig wurden durch die Novellierung des BKA-Gesetzes von 1973 dem Amt zusätzlich originäre Strafverfolgungsaufgaben zugewiesen in Fällen international organisierten ungesetzlichen Handels mit Waffen, Munition, Sprengstoffen oder Betäubungsmitteln und der international organisierten Herstellung oder Verbreitung von Falschgeld, die eine Sachaufklärung im Ausland erforderlich machen . Die Auftragszuständigkeit des Amtes blieb daneben in vollem Umfang bestehen. Auch die Verfolgung von Angriffen gegen Leben oder Freiheit des Bundespräsidenten, der Mitglieder der Bundesregierung, des Bundestages oder Bundesverfassungsgerichts, von Staatsgästen und Angehörigen diplomatischer Vertretungen in der Bundesrepublik obliegt dem Bundeskriminalamt, wenn anzunehmen ist, daß der Täter aus politischen Motiven gehandelt hat und die Tat bundes- oder außenpolitische Belange berührt . Die Novelle 1973 legt auch fest, daß das BKA Zentralstelle im Polizeibereich für den elektronischen Datenverbund zwischen Bund und Ländern ist.

Schon seit der Novellierung des BKA-Gesetzes im Jahre 1969 ist das Bundeskriminalamt darüber hinaus in der Lage, auf Ersuchen oder nach eigenem Ermessen im Einzelfall Beamte zur Unterstützung der polizeilichen Ermittlungsbehörden der Bundesländer zu entsenden oder im Einvernehmen mit der Justiz und zuständigen Landesbehörden bei über den Bereich eines Landes hinausgreifenden Tatzusammenhängen die Strafverfolgung einem Land zuzuweisen.

Bereits das BKA-Gesetz 1951 verpflichtete die Bundesländer, Zentralstellen (Landeskriminalämter) zu schaffen, die dem Bundeskriminalamt die zur Erfüllung seiner Aufgaben erforderlichen Nachrichten und Unterlagen zu übermitteln haben. Die Befugnis zur Entscheidung indessen, das Erfordernis und den Umfang des dem Bundeskriminalamt zuzuleitenden Materials festzulegen, wurde im Gesetz nicht geregelt. Auch wenn die Novelle von 1973 in Umschreibung des BKA als Zentralstelle durch die katalogartige Aufgabenaufzählung mehr zur Verdeutlichung beitrug, so muß das BKA ständig bemüht sein, zur bestmöglichen Erfüllung der zugewiesenen Funktionen die fehlenden Voraussetzungen und Ermächtigungen in Wege der Zusammenarbeit und Koordination mit den Polizeibehörden der Länder zu ersetzen. Eine wesentliche Rolle spielen dabei die unter dem ständigen Vorsitz des Präsidenten des Bundeskriminalamtes durchgeführten Tagungen der „Arbeitsgemeinschaft der Leiter der Landeskriminalämter mit dem Bundeskriminalamt (AG Kripo)". Im Rahmen des dabei stattfindenden Erfahrungsaustauschs und der Meinungsbildung werden kriminalpolizeiliche Fragen und Probleme, die das Verhältnis des Bundes zu den Ländern und der Länder untereinander berühren, einer einheitlichen Lösung zugeführt. So wurden in wichtigen Bereichen der Verbrechensbekämpfung für die gesamte deutsche Kriminalpolizei verbindliche Formen und Methoden entwickelt, die trotz der Schwierigkeiten, die aus der Uneinheitlichkeit und Unübersichtlichkeit der Strukturen und Zuständigkeiten der Polizeibehörden in den Ländern erwuchsen, der deutschen Kriminalpolizei zu ihrem anerkannt hohen Leistungsstand verhalfen und ohne die das reibungslose Zusammenwirken von Bundes- und Länderbehörden in der Verbrechensbekämpfung undenkbar wäre. Richtlinien, die diesem Ziele dienen, ergingen z. B. für den gesamten (kriminal)polizeilichen Nachrichtenaustausch, die bundeseinheitliche Kriminalstatistik, die Führung zentraler Sammlungen und Karteien, die Bearbeitung von Vermißtensachen, Rauschgift- und Falschgelddelikte sowie im Bereich der Terrorismusbekämpfung.

Das Bundeskriminalamt ist also nicht „Führungszentrale" der deutschen Kriminalpolizei, sondern – gemessen am überwiegenden Teil seiner Aufgaben und Tätigkeiten – ein „Dienstleistungspool" für die polizeiliche Verbrechensbekämpfung, wenngleich den vom BKA wahrgenommenen Strafverfolgungsaufgaben wegen der Sozialschädlichkeit der betreffenden Straftaten besonderes Gewicht zukommt.

Das Bundeskriminalamt steht wie sonst kaum eine Behörde inmitten des Spannungsfeldes zwischen Länderhoheit und Bundeskompetenzen. Es verfügt über keinen organisatorischen Unterbau in den Bundesländern und ist damit zur Erfüllung seiner Aufgaben auf die Unterstützung und Mitarbeit der Länderpolizeien angewiesen, denen gegenüber dem BKA ein Weisungsrecht im Regelfall nicht zusteht. Die spezifische Aufgabenstellung des Bundeskriminalamtes, die aus der vom Verfassungsgeber geschaffenen Struktur der Bundesrepublik Deutschland resultiert, läßt Erwägungen, die auf eine Ausweitung der Ermittlungs- oder der sonstigen Exekutivkompetenzen des BKA abzielen, nicht zu. Die immer wieder gestellte Frage nach dem Aufbau einer bundesweit zentralisierten Kriminalpolizei ist damit beantwortet. Es gibt keinerlei Ambitionen, die Polizeihoheit der Bundesländer derart zu beeinträchtigen.

Das Funktionieren der grundsätzlich dezentralisierten polizeilichen Verbrechungsbekämpfung mit dem BKA als Zentralstelle ist ein Beispiel für kooperativen Föderalismus in einem demokratischen Bundesstaat.

Zum ersten Präsidenten des Bundeskriminalamtes wurde Geheimrat Dr. Max Hagemann ernannt. Er war auch der erste Leiter des 1926 gegründeten, dem Preußischen Innenminister unmittelbar unterstellten Polizei-Instituts Berlin-Charlottenburg gewesen . . .

»Der Spiegel« vom 6. 4. 1950 hatte bereits ein Jahr zuvor in Dr. Hagemann den Mann gewürdigt, der für die Organisation der Kriminalpolizei zuständig war:

»Der Herr Geheimrat ist den Kriminalisten auf der ganzen Welt ein Begriff. Obwohl in der Naziära ausgebootet und ›nur‹ Oberverwaltungsgerichtsrat, ist der Berliner Universitätslehrer für Kriminalistik und Kriminologie und ehemalige Kripo-Chef vom Berliner Alex der gute Geist der Polizei des Arthur Nebe am Werderschen Markt gewesen: Der hohe Stand der deutschen Kripo vom Jahre 1933, der sich schon damals sehen lassen konnte, war nicht unwesentlich auf Hagemanns Wirken zurückzuführen. Seit er (nach 1945) über drei Jahre als Generaltreuhänder das Vermögen der Stinnes-Unternehmen am Rhein und Ruhr entflocht, begann er in Bonn das Katz- und Mausspiel mit den landeseigenen Kriminalämtern und ihren Institutionen. Die föderalen Landeslöwen knurren schon. ... Heute kämpft der temperamentvolle alte Herr um die Ausgangspositionen für die Neuentwicklung der deutschen Kriminalpolizei. In Bonn geht es jetzt um die Frage, wo wieder anfangen: von einer möglichst jungen Entwicklungsstufe aus neu zu beginnen.«

Was »Der Spiegel« vielleicht nicht wußte, war, daß es Paul Dickopf war, der die Fäden aus amerikanischer und aus deutscher Seite in der Hand hielt und sie mit Dr. Hagemann als Erfüllungsgehilfen zu der fertigen Stickerei, nach selbst entworfenem Muster, zusammenfügte. Dickopf wurde ständiger Stellvertreter des Präsidenten. Und auch Holle war mit von der Partie. Das war der Beginn der »Seilschaft«.

Dr. Hagemann blieb in Bonn. In Wiesbaden kümmerte sich sein ständiger Stellvertreter um das BKA und besonders um die Besetzung der Stellen. Dickopfs Personalpolitik war eindeutig von seiner Auffassung über die Methoden der Kriminalitätsbekämpfung geprägt und von seiner Abneigung gegenüber Akademikern und allem, was von links kommen könnte. Er wollte keine Technik, schon gar keine elektronisch gesteuerte, baute auf veraltete kriminalistische Methoden und ließ als Hilfsmittel nur die wissenschaftlichen Arbeiten in den Labors gelten. Am 25. 5. 1951 berichtete Präsident Dr. Hagemann an Ministerialdirigenten Egidi über die personellen Schwierigkeiten.

»Die vorliegenden Bewerbungen für das BKA sind einer abschließenden Neusichtung unterzogen. In die engere Wahl sind etwa 200 Personen aufgenommen. Neu zu besetzen sind 43 Beamtenstellen und 78 Stellen für männliche Angestellte. Diesen Möglichkeiten stehen rund 8000 Bewerber gegenüber. Die abgelehnten Personen drängen erneut auf Aufnahme und versuchen durch Empfehlungen über Abgeordnete, politische Parteien usw. ihre Aufnahme zu erzwingen. Es entsteht dadurch ein ungeheurer Leerlauf, da mindestens die Hälfte der Bewerber drei- oder viermal beschieden worden ist und jetzt wieder neu beschieden werden muß ...«

Paul Dickopf half bei der Bearbeitung der unerquicklichen Personalfragen und war darauf bedacht, ergebene, verläßliche und gehorchende Männer in seine Seilschaft zu bekommen. Die alten Kameraden aus Charlottenburg boten sich an.

Als das Bundeskriminalamt mit Beamten besetzt wurde, ließ man Nazivergangenheit mit SS-Zugehörigkeit, Kriegseinsätze mit Polizeigreueltaten, Berufsausübung unter dem Zeichen des Totenkopfes ruhen. Natürlich hielt sich das Amt selbst bedeckt, man wollte nicht auffallen und zu keinem Skandal Anlaß geben. Man fürchtete Rampenlicht.

Im Mai dieses Jahres hatte die Bundesregierung Wiesbaden als Sitz des Amtes bestimmt.

Dr. Hagemann und sein ständiger Stellvertreter gingen diskret bei der Organisation des Amtes vor. 1951 erschien die erste Ausgabe des Deutschen Fahndungsbuches und des Bundeskriminalblattes, die Bildung der Abteilung »Sicherheitsgruppe« in Bonn wurde in Angriff genommen, und das Bundeskriminalamt wurde in den internationalen Polizeifunkverkehr eingeschaltet. Ende 1951 hatte das Bundeskriminalamt bereits 231 Mitarbeiter, das Haushaltsvolumen betrug ca. 3,6 Millionen DM.

Im Oktober verordnete die Bundesregierung die Überführung des Kriminalpolizeiamtes für die Britische Zone als »Außenstelle Hamburg« in die Verwaltungskompetenz des Bundeskriminalamtes. Später zog das Hamburger Kriminaltechnische Institut (KTI) mit seinem gesamten, ausgewählten Personal nach Wiesbaden und wurde dem BKA auch räumlich eingegliedert. Das Amt, das nach außen spektakulär nicht in Erscheinung trat, war im wesentlichen eine Informations-Zentrale, die Nachrichten weitergab. Exekutive Funktionen hatte es von sich aus noch nicht. Nur auf Anfrage konnte es aktiv werden.

Die Landeskriminalämter sahen der Installation des BKA mit gemischten Gefühlen zu. Sie profitierten zwar von den Wissenschaftlern des Kriminaltechnischen Institutes, deren Gutachten beweiskräftiger waren als die der Techniker im Labor mancher Landeskriminalämter, aber unter die Fuchtel wollten die Landeskriminalisten nicht geraten. Noch verfügten sie über genau so gut, gelegentlich sogar über besser ausgebildete Beamte als das BKA.

Als der Frankfurter Polizeipräsident Dr. Hans Jess am 29. März 1952 Dr. Hagemann als Präsident des BKA ablöste, wurde Dickopf, der inzwischen zum Kriminalrat im Bundesministerium des Innern ernannt worden war, Chef der Abteilung Sicherungsgruppe. Seinen Platz im Bundesministerium des Innern nahm Dr. Niggemeyer ein. Die Seilschaft formierte sich, aber das Seil neigte zur Knotenbildung. Dr. Jess, dessen »ständiger Stellvertreter« ab 1953 Paul Dickopf werden sollte, war ein erfahrener alter Kriminalist. Er war 1923 Leiter des Mecklenburgischen Landeskriminalamtes und Mitglied der Deutschen Kriminalpolizeilichen Kommission. 1932, als die Nationalsozialisten in Mecklenburg zu regieren begannen, wurde er kaltgestellt. H. Albrecht schreibt:

»Nach dem Zusammenbruch des 3. Reiches wurde Mecklenburg von russischen Truppen besetzt. Da Jess nicht politisch belastet war, übertrug ihm die Besatzungsmacht das Amt des Präsidenten der Reichsbahndirektion Schwerin. Dieses Amt behielt er aber nur bis 1948, dann wurde ihm gekündigt, vermutlich, weil er Mitglied der CDU war. Jess floh daraufhin in den Westen und erhielt ab 1949 die Stelle des Polizeivizepräsidenten und Leiters der Kriminalpolizei in Frankfurt.

Von dort aus bewarb er sich um eine angemessene Verwendung im Bundesinnenministerium; er erhielt ab 2. 1. 1952 das Referat Hagemanns und wurde nach dessen Pensionierung Präsident des BKA. Um den Aufbau des Amtes weiter kontinuierlich fortsetzen zu können, wurde Jess' Dienstzeit bis zum 31. 7. 1954 verlängert.«

Im Juni 1952 wurde die BRD auf der 21. Tagung von Interpol in Stockholm als 36. Staat als Mitglied aufgenommen mit dem BKA als Nationalem Zentrum. Neben BKA-Präsident Dr. Jess nahm auch Dickopf in seiner Eigenschaft als Leiter des Auslandsreferates an der Tagung teil. Noch zehn Jahre vorher war Heydrich Präsident der IKPK, dem Vorgänger von Interpol...

Die AG-Kripo, die am operativen Aufbau des BKA beteiligt war, führte am 1. Januar 1953 einheitlich polizeiliche Kriminalstatistiken ein. Im Juli 1953 wurde in Wiesbaden der BKA-Neubau »Hauptgebäude« (fünf Stockwerke mit 300 Räumen), unter der Aufsicht von Paul Dickopf errichtet und bezogen. Die Außenstelle Hamburg konnte aufgelöst werden. Als im Oktober die offizielle Einweihung

erfolgte, war Dickopf mittlerweile zum Regierungskriminaldirektor avanciert. Er leitete die Abteilung Ausland, das Deutsche Nationale Zentralbüro und vertrat seinen Präsidenten ständig.
Auf der Feier wurde die Arbeit Dickopfs vom Präsidenten Dr. Jess gewürdigt:

»... möchte ich hervorheben, daß der Leiter der Abteilung Bau, ORKR Dickopf, in unermüdlicher Sorge um jede kleinste Einzelheit des Baues und die sachgemäße Ausführung besorgt war und besonders durch fachliche Beratung die Raumgestaltung und die einzelnen baulichen Einrichtungen bis in die kleinsten Kleinigkeiten geplant, vorgeschlagen und die Ausführung überwacht hat.«

Während im Bundeskriminalamt nichts Außergewöhnliches passierte, höchstens daß es auf Anordnung des Bundesinnenministers, Dr. Gerhard Schröder, eine Organisationsprüfung über sich ergehen lassen mußte, sorgte ein Vorgang in einem anderen Bundesamt für Aufregung. Dr. Otto John, Präsident des Bundesamtes für Verfassungsschutz, verschwand am 20. Juli 1954 unter noch ungeklärten Umständen aus Berlin. Als er am Abend dieses Tages in Ostberlin auftauchte, verkündete er, daß er von dort gegen die »neonazistische Gefahr« kämpfen wolle. Ein Jahr später sollte Otto John in die Bundesrepublik zurückkommen, wo er, obwohl er seine Unschuld beteuerte (das tut er auch heute noch), 1956 wegen Landesverrates zu einer Gefängnisstrafe von 4 Jahren verurteilt wurde. Ebenfalls in die DDR wechselte der CDU-Bundestagsabgeordnete Wittmark. Die Spionagetätigkeit lief hüben wie drüben auf Hochtouren.
Das Amt für Verfassungsschutz konnte nicht ohne Präsidenten sein. Daher wurde Dr. Jess als kommissarischer Leiter des Amtes für Verfassungsschutz eingesetzt.
Hans Jess hatte, obwohl CDU-Anhänger, nicht in Dickopfs Seilschaft gepaßt, denn er war politisch unverdächtig, sogar als Nazigegner damals seines Amtes enthoben worden. Er war promovierter Jurist mit gründlicher Kriminalpolizeipraxis, ohne in Charlottenburg zu Füßen von SS-Lehrern gesessen zu haben. Als er das BKA verließ, konnte kein Knoten im Seil entstehen. Im Gegenteil, sein Weggehen hat vielleicht eine Knotenbildung verhindert. Die kommissarische Leitung des Bundeskriminalamtes übernahm Paul Dickopf. Zwei Ämter, das Amt für Verfassungsschutz und das Bundeskriminalamt, waren nun ohne Präsidenten. Beide unter kommissarischer Leitung! Reinhard Gehlen wurde Präsident des Bundesnachrichtendienstes.

Der Bundesrechnungshof interessierte sich erneut für das BKA, wie man vermuten muß, auf Betreiben des »ständigen Vertreters«, jetzt kommissarischen Leiters. Was mag Dickopf, der später in einem Memorandum vom 31. 1. 1955 heftig gegen die Festlegungen des Bundesrechnungshofes protestieren sollte, dazu bewegt haben, die zweite Prüfung zu veranlassen? Er wußte, seine Zeit für das Amt des Präsidenten war noch nicht gekommen. Hatte er im Sinn, dem kommenden Präsidenten das Leben schwer zu machen, oder wollte er den Ausbau des BKA solange bremsen, bis er nicht nur kommissarisch oder stellvertretend, sondern effektiv das Sagen hatte? Reinhard Dullien sieht die Dinge so:

»Wohl in der Voraussicht, daß ein endgültiger Präsident die Gewichte der Arbeit verlagern könnte, ließ der ständige Vertreter – ob aus Eitelkeit oder aus seinem starken Hang zur Besserwisserei, sei dahingestellt – schon Anfang 1954 bei noch nicht überschaubarer Entwicklung durch den Beauftragten für Wirtschaftlichkeit in der Verwaltung (Bundesrechnungshof) ein abschließendes Gutachten über Aufbau und Organisation des Bundeskriminalamtes erstellen. Er war sich hierbei bewußt, daß die Prüfer wegen fehlender Erfahrung in allen kriminalpolizeilichen Fachfragen sich auf seine, des ständigen Vertreters, Angaben stützen mußten. Daß er aber auf die nächsten Jahre damit jede Hilfestellung des Bundesrechnungshofes bei den Haushaltsverhandlungen torpedierte, die über die Festlegungen des Gutachtens hinausgingen, störte ihn nicht. Das Gutachten entsprach grundsätzlich seiner Vorstellungswelt, nach der Sicherungsgruppe, Kriminaltechnik und Kriminalistisches Institut sachlich und vor allem personell eingeschränkt und unterbesetzt zu bleiben hatten.«

Dickopf hatte das BKA mitgeplant, aber seine Entwicklung gebremst. Horst Herold, ab 1971 Präsident des Amtes, stellte am 8. 3. 76 in seiner Rede zum 25jährigen Bestehen des Amtes dazu fest:

»Alsbald nach Abschluß der arbeitsreichen Aufbauphase begann die Entwicklung des Amtes im vorgegebenen engen Haushaltsrahmen zu stagnieren. Von 1956 bis 1966 blieben die Sachausgaben mit jährlich 4 Millionen DM – in den meisten Jahren noch darunter – konstant und gerieten damit in ein kaum erklärbares Mißverhältnis etwa zu den enormen Aufwendungen für die äußere Sicherheit in den gleichen Jahren. Unter dem Zwang dieser Umstände drohte dem Amt trotz unablässiger, durch zahlreiche Berichte belegter, aber leider erfolgloser Gegenwehr in der zweiten Hälfte der sechziger Jahre die Funktionsunfähigkeit. Die ständig anschwellende Informationslawine verfing sich und erstickte, meist unauswertbar, in den veralteten manuellen Kartei- und Aktentechniken, in inaktuellen Fahndungsbüchern und -karteien. Wertvolle Geräte und vertrauliche Akten mußten auf Gängen und Fluren gelagert werden.«

Wir wissen, Paul Dickopf war ein Gegner der Technik.

Am 1. April 1955 wurde Reinhard Dullien mit der Wahrnehmung der

Geschäfte beauftragt, am 28. September zum BKA-Präsidenten ernannt. Dullien sollte zum Knoten in Dickopfs Seilschaft werden, denn der neue Präsident stammte aus einer ostpreußischen Juristenfamilie, war kein Kriminalist, sondern Verwaltungsmensch mit abgeschlossenem Studium der Rechtswissenschaft, zudem begeisterter Rotarier und Liebhaber von Kunst und Literatur.

Mit seinem ständigen Stellvertreter verstand sich Dullien nicht. In seinen unveröffentlichten Aufzeichnungen »Farbige Blätter« liest man:

»So kam es, daß R. Dullien bei der Übernahme des Bundeskriminalamtes am 1. April 1955 eine Dienststelle vorfand, die ihren fachlichen Aufbau den Gedankengängen und dem Gesichtswinkel des ständigen Vertreters aller drei Präsidenten verdankte, dem ruhenden Pol in der Erscheinungen Flucht. Nach erprobten konservativen Mustern waren die Abteilungen Zentralfahndung, Erkennungsdienst und Nachrichtensammlung aufgezogen. Sie hatten außerdem den großen Vorteil, daß an ihrer Spitze eingefahrene Abteilungsleiter standen, die auch guten menschlichen Kontakt zu ihren Mitarbeitern besaßen. Das war bei der teilweise eintönigen Arbeit in diesen Bereichen von besonderer Bedeutung für das Betriebsklima und damit auch für den Arbeitsertrag. Sie waren somit im Allgemeinen qualitäts- und personalmäßig dem damaligen Zustand entsprechend eingerichtet.

Anders lag es bei den Abteilungen, die infolge der gegen früher veränderten staats- und verwaltungsrechtlichen Lage, sowie wegen der neueren Erkenntnisse in der natur- und geisteswissenschaftlichen Forschung keine unmittelbaren Vorgänger in der Vergangenheit hatten. Sie waren jetzt aber die wichtigsten Bindeglieder für die Zusammenarbeit mit den Kriminalpolizeien der Länder.

Die Vernachlässigung dieser Teile des Amts hatte ihren Grund darin, daß der »Schöpfer des Bundeskriminalamtes«, wie er sich gerne nennen ließ, eine Abneigung gegen die von ihnen bestrittenen Aufgabengebiete hatte. Bei der Sicherungsgruppe störte ihn der politische Einschlag, bei der Kriminaltechnik das Fehlen der ›absoluten‹ Wahrheit im geisteswissenschaftlichen Sinn. Er stand ihren Ergebnissen daher mißtrauischer, ja ablehnender gegenüber als jedem Geständnis. Eine Ansicht, die in dieser Form bei der ständig gestiegenen Fortentwicklung auf technischem und psychologischem Gebiet schon damals antiquiert war. Beim Kriminalistischen Institut wollte er die bedeutenden, direkten und indirekten Einwirkungsmöglichkeiten auf die Länderpolizeien aus persönlichen Gründen nicht wahrhaben. Ihm lag dessen Leiter nicht, der sich, ebenso wie auch die beiden zuvor genannten Abteilungsleiter, die Selbständigkeit des Denkens und Arbeitens bewahrt hatte.

Mit Verzögerung gelang es R. Dullien daher nur auf anderen Wegen, gewisse personelle Ergänzungen zu erreichen. Am einfachsten ging es noch über die klassischen Abteilungen. Die in Haushaltsfragen von allem mitsprechenden Instanzen (Haushaltsausschuß des Bundestages, Bundesrechnungshof, Bundesfinanz- und Bundesinnenministerium) einigten sich nach Vorschlag auf die Gewährung eines Pensenschlüssels, wonach auf eine festgelegte Anzahl von neuen Arbeitseinheiten eine zusätzliche Arbeitskraft bewilligt wurde, z. B. für 20000 neu angelegte Personalakten ein Sachbearbeiter. Durch Schwerpunktverlagerungen und Einschränkungen be-

stimmter Kontrollen und unter Ausnutzung des Spielraums, den jeder Pensenschlüssel läßt, wenn hierauf bei der Anlage geachtet wird, konnten die so gewonnenen neuen Arbeitskräfte dann zum Teil auch in den nichtklassischen, aber besonders notleidenden Abteilungen eingesetzt werden. Allerdings waren sie im Allgemeinen nur Mitarbeiter eines einfachen mittleren Dienstes und nicht eines höhere Anforderungen stellenden, wie sie dort vor allem gebraucht wurden.
Der Sicherungsgruppe brachte die Wiedereinführung der Hoch- und Landesverratsbestimmungen in das Strafgesetzbuch neue Aufgaben und damit neue Stellen. Ihre Angehörigen wurden jetzt offiziell Gehilfen der Bundesanwaltschaft für diesen Bereich. Das gestattete auch dem Bundesrechnungshof seine Zustimmung zu einer nicht unerheblichen zahlenmäßigen Erweiterung.
Nicht überwunden werden konnten dagegen die Schwächen im Bestand bei den akademisch Vorgebildeten, vor allem den Naturwissenschaftlern und erfahrenen Betriebswirten. Die aus dem Jahre 1951 oder 1952 stammenden Laufbahnrichtlinien waren ausschließlich auf den aus der Polizei kommenden und sich dort in einer sogenannten Einheitslaufbahn heraufarbeitenden Beamten abgestellt. Für den Akademiker mit abgeschlossenem Staatsexamen, auf den sie trotzdem angewandt wurden, boten sie schlechtere Berufsaussichten und Aufstiegschancen als in anderen Aufgabengebieten außerhalb des Bundeskriminalamtes. Daher fehlten die geeigneten Bewerber und Planstellen. Es war dringend erforderlich, auch hier auf Abhilfe zu sinnen. Sie war schon nach dem Vorhergesagten nicht einfach zu erreichen. Zusätzlich sollte sie aber auch eine neue den modernen Arbeitsanforderungen entsprechende Entwicklung einleiten.«

Dulliens Personalpolitik paßte Dickopf in keiner Weise. Der ständige Stellvertreter begann gegen seinen Chef zu arbeiten, als dieser dem Bundesinnenminister den Entwurf einer neuen Laufbahnrichtlinie mit eingehender Begründung zur Genehmigung vorlegte. Dullien konnte seine Personalpolitik nicht durchsetzen. Über seinen Entwurf und die Folgen schreibt er:

»Es war kein einseitig polizeilich ausgerichteter Entwurf, sondern er trug allen Bedürfnissen des Amtes Rechnung. Er hatte nicht nur, wie schon hervorgehoben, die Zustimmung aller beteiligten Stellen des Bundes, selbst die der Personal- und der Beamtenrechtsabteilung des Bundesinnenministeriums gefunden, sondern auch nach Einzelbesuchen der Innenminister der Länder deren Stillhalteversprechen erhalten.
Als die Genehmigung trotzdem auf sich warten ließ, meldete sich Dullien bei dem für sie zuständigen Staatssekretär im Bundesinnenministerium zum Vortrag und mußte von diesem erfahren: ›Er habe zufällig (!) R. Dulliens Vertreter getroffen und mit ihm über den Richtlinienentwurf gesprochen. Dieser habe dringend von ihm abgeraten. Da R. Dulliens Vertreter aber ein alter Kripohase sei, könne er dem Entwurf nicht zustimmen.‹ Die von R. D. an ihn gerichtete Frage, ob er als Verwaltungsbeamter einen Regierungsinspektor auf Probe mit 2–3 Jahren Lehrlingsausbildung und einem halben Jahr Praxis im Probedienst auch als ›alten Verwaltungshasen‹ ansprechen würde, blieb unbeantwortet. Das war aber genau die Vorbildung, die der ›Vertreter‹ im kriminalpolizeilichen Dienst hatte, bevor er Bundesbeamter im Bundesinnenmini-

sterium wurde. Auch der Hinweis wurde überhört, daß der ›Vertreter‹ eine vorgefaßte Meinung gegen alle habe, die ein mit dem Staatsexamen abgeschlossenes akademisches Studium aufweisen könnten, während ihm diese Prüfung fehlte. So blieb es bei anerkannt unzulänglichen Richtlinien, weil eine Wiederholung des Antrags in späterer Zeit aus anderen, formalen Gründen nicht erfolgversprechend war. Sie hier aufzuzählen würde zu weit führen.«

In der Tat, Dullien paßte nicht in Dickopfs Seilschaft. Der neue Präsident ist von den kriminalistischen Möglichkeiten der Computer- und Elektroniktechnologie angetan, was Dickopf gründlich mißfällt. Es paßt ihm überhaupt nichts an seinem Präsidenten, der das BKA nach eigenen Ansichten zu führen gedenkt und keineswegs bereit ist, sich in eine bereits mit Zielstrebigkeit kletternde Seilschaft einzureihen.

Ein Erfolgserlebnis besonderer Art hatte Paul Dickopf, der Sprachgewandte mit Auslandsbeziehungen, als die Neufassung der Interpol-Statuten, an der er mitgearbeitet hatte, am 7. 6. 1956 in Wien ohne Gegenstimmen (eine Enthaltung) angenommen wurden. Im Herbst 1959 wurde er auf der Generalversammlung von Interpol mit 28 gegen 17 Stimmen auch noch zum Delegierten ins Exekutivkomitee gewählt und zwei Jahre später leitender Regierungskriminaldirektor.

Dullien, der Präsident, blieb zeit seiner Amtszeit hinter seinem Stellvertreter im Schatten. Er verstand es einfach nicht, sich energisch gegen ihn durchzusetzen, und eloquent schien er nur im Kreise seiner Rotarierfreunde zu sein.

Noch zu Dulliens Zeiten war Franz Josef Strauß Verteidigungsminister und Hermann Höcherl Innenminister. Dullien aber konnte es mit keinem. Am 27. 1. 1965 schrieb »Der Spiegel«:

»Der Preuße Dullien und der Bayer Höcherl harmonisierten nicht. Nur zweimal trafen Minister und Behördenchef zu einem Gespräch zusammen. Danan brach der Kontakt zwischen beiden ab. Seit Ende 1962 verkehrten Höcherl und Dullien nur noch auf untergeordneter Ebene miteinander: durch ihre Untergebenen ließen sie ausrichten, was sie einander zu sagen hatten.«

In einer Blitzaktion wurden auf Anordnung des Ermittlungsrichters beim Bundesgerichtshof in Karlsruhe in der Nacht zum 27. Oktober die Redaktionsräume des »Spiegel« von Beamten der Sicherungsgruppe des BKA durchsucht. »Spiegel«-Herausgeber Rudolf Augstein und mehrere Redakteure wurden wegen des Verdachts des

Landesverrats verhaftet. Conrad Ahlers, stellvertretender Chefredakteur und Militärexperte des »Spiegel«, wurde ebenfalls in der Nacht zum 27. Oktober in Spanien festgenommen.
Begründet wurden die Verhaftungen mit einem Artikel im »Spiegel« (»Bedingt abwehrbereit«) über das NATO-Manöver Fallex 62. In einem Gutachten des Verteidigungsministeriums wurde dargelegt, daß »Der Spiegel« wichtige Geheimnisse bekanntgemacht habe. Bereits am 23. Oktober waren die Haftbefehle erlassen, die Aktion gegen den »Spiegel« jedoch ist erst drei Tage später durchgeführt worden.
Die Umstände der Verhaftung von Ahlers in Spanien waren zunächst undurchsichtig, später ergaben die Ermittlungen, daß die Festnahme auf ein Gespräch des Verteidigungsministers Franz Josef Strauß mit dem deutschen Militärattaché in Madrid, Oberst Oster, in der Nacht vom 26. zum 27. Oktober zurückging. Das Telegramm mit dem Haftbefehl gegen Conrad Ahlers wurde jedoch erst am 27. Oktober um 12 Uhr vom Bundeskriminalamt in Wiesbaden aufgegeben. Zum Zeitpunkt des Eintreffens des Telegramms in Spanien war Ahlers bereits aufgrund eines am 27. Oktober um 2 Uhr morgens geführten Telefongesprächs mit dem Leiter des deutschen Interpolbüros verhaftet worden. Im Fall Ahlers war also eine vorläufige Festnahme erfolgt, ein Tatbestand, der wegen politischer Delikte laut Satzung der Interpol nicht zulässig ist. Die »Spiegel«-Affäre führte zur Erschütterung des Vertrauens in die Regierung. Die Gründe dafür liegen vor allem im Verhalten der beteiligten Personen:

Im Parlament verharmloste Bundeskanzler Adenauer die rechtswidrige Verhaftung von Ahlers und bezichtigte ihn – ohne daß ein gerichtliches Urteil gesprochen worden wäre – des Landesverrats (»Abgrund«),

und Bundesverteidigungsminister Franz Josef Strauß leugnete zwei Wochen lang seine Beteiligung an der Angelegenheit und verzichtete erst im Dezember auf sein Ministeramt.

Durch das Verhalten der Inhaber höchster Regierungsämter geriet die Rechtsstaatlichkeit ins Wanken.

Die Polizeiaktion gegen den »Spiegel« verursachte erhebliche Zweifel daran, ob der Grundsatz der Verhältnismäßigkeit der Mittel gewahrt worden ist. Unbehagen löste aus, daß die Regierung die

Staatsräson, wie sie sie versteht, über den Schutz der verfassungsmäßigen Rechte gesetzt hatte.

Paul Dickopf wirkte als »ständiger Stellvertreter« an der Schlüsselstellung entscheidend mit. Reinhard Dullien berichtet zwar aus seiner Sicht, aber es besteht kein Anlaß, ihm nicht zu glauben. Dickopf hat ihm nicht widersprochen, weil er es nicht für opportun hielt, es vielleicht auch nicht konnte oder nicht wollte. Seinen Rükken deckten die einflußreichen Minister Höcherl und Strauß. Dullien war zum Spielball geworden. Er mußte gehen, vorzeitig und unter unwürdigen Umständen.

Die Zeitschrift »Deutsche Polizei« vom August 1970 erinnert »wehmütig« an Reinhard Dullien, der ein Knoten in Dickopfs Seilschaft war und deshalb abgeseilt wurde:

»Es gibt noch viele Kollegen und Kolleginnen, die sich eines traurigen Anlasses erinnern. Das war die Zurruhesetzung unseres hochverehrten ehemaligen Präsidenten Reinhard Dullien im Jahre 1964. Weil noch nach dem 60. Lebensjahr zum Exekutivbeamten erklärt, mußte er vorzeitig aus seinem Amte scheiden.«

Dullien wurde »gegangen«, obwohl er integer und beliebt war, obwohl man ihm nichts vorwerfen konnte, außer daß er nicht am gleichen Seil mit Dickopfs Mannschaft hing.

Zu den Vorfällen um seine Zwangspensionierung schreibt Dullien mit Bezug auf die »Spiegel-Affäre«:

»Die Motive für das Handeln des Ministers:
Das von Bundesinnenminister Höcherl eingeschlagene Verfahren wäre unverständlich, wenn es ihm nur darum gegangen wäre, den amtierenden, in seiner Amtsführung nicht angegriffenen Präsidenten 2 Jahre vor seiner normalen Pensionierung – sagen wir – aus Gründen persönlichen Nichtgefallens abzulösen. Als gewiegter Taktiker, der er zweifellos war, wußte er auch, wie gefährlich sein schließlich angewandtes Vorgehen für sein Ansehen in der Öffentlichkeit sein konnte. Dies hat sich denn auch gezeigt. Es müssen also andere schwerwiegende Gründe für seine Haltung maßgebend gewesen sein. Sie gehen auf die sogenannte ›Spiegel-Affäre‹ im Jahre 1962 zurück.
Das politische Wochenblatt ›Der Spiegel‹ veröffentlichte in der damaligen Zeit besonders zugespitzte, fesselnd formulierte und auf breitem Archivmaterial beruhende Tatbestände und Kritiken. Sie beschäftigten sich bevorzugt mit der großen Regierungspartei im Bund: der CDU/CSU. Nach seiner Wirkungsbreite wurde der Spiegel in jenen Jahren unter der Bevölkerung vielfach als *die* Opposition der Regierung bezeichnet. Besondere Angriffe richtete er dabei gegen den Vorsitzenden der bayerischen CSU, Franz Josef Strauß, den damaligen Bundesverteidigungsminister. Strauß war ein temperamentvoller, dazu vielfach emotional reagierender, empfindsamer Politiker, der nicht nur, wenn er angegriffen wurde, in seiner Vertei-

digung das rechte Maß verlor, sondern auch beim Durchsetzen und Ausbau seiner Stellung in der Wahl der Mittel und Mitarbeiter nicht zimperlich war. Es war deswegen nicht überraschend, daß er trotz seiner starken Intelligenz viele Gegner hatte, die ihn nicht für herausgehobene Posten geeignet hielten. Er war nicht nur in der CSU – der bayerischen Form der CDU – allmächtig und bestimmte Aufstieg und Ende der politischen Laufbahnen seiner Parteifreunde, sondern auch in der CDU, die im Deutschen Bundestag zusammen mit der CSU nur eine Fraktion bildete und die ohne die CSU keine Mehrheit hatte.

Der Schreiber der ›Spiegel‹-Artikel auf dem Verteidigungssektor war der spätere Bundespressechef und SPD-Bundestagsabgeordnete Conrad Ahlers. Es blieb nicht aus, daß Strauß bald offene Gegnerschaft zeigte, ohne jedoch lange Zeit die Möglichkeit eines Angriffs auf den Spiegel, seinen Herausgeber Augstein und den Redakteur Ahlers zu sehen.

Da kam ihm ein Ahlers'scher Aufsatz über das Nato-Herbstmanöver ›Fallex 1962‹ zu Hilfe. Er brachte zusammengefaßte Einzelheiten über neue Waffen und Gedankengänge strategischer Art, die der Übung zu Grunde lagen. Hier glaubte Strauß auf Grund einer Rechtsprechung des Bundesgerichtshofes einen Ansatzpunkt für ein Landesverratsverfahren gegen Ahlers und Augstein zu haben. Er begründete sein Vorgehen weiter damit, nur in einem solchen Verfahren könne man die Mittelsmänner aus dem Bundesinnenministerium zum ›Spiegel‹ ermitteln. Denn nur von dort könne dem Spiegel das Material zu dem Artikel gegeben worden sein, da es sich vielfach um noch nicht veröffentlichte Unterlagen handle. ›Der Spiegel‹ konnte später das Gegenteil nachweisen. In den fraglichen Punkten beruhte der Aufsatz auf schon veröffentlichtem, wenn auch in der Hauptsache ausländischem, insbesondere US-amerikanischem Material. Damit waren die Tatbestandsmerkmale des Landesverrates nicht erfüllt.

Zunächst wurde aber ein entsprechendes Ermittlungsverfahren gegen Augstein, Ahlers und andere durch die Bundesanwaltschaft eingeleitet, das angeblich wegen der Notwendigkeit eines besonderen Geheimhaltungsschutzes unter sonst nicht üblichen Sicherheitsvorkehrungen lief. Für ihr Vorgehen hatte sich die Bundesanwaltschaft vom Ermittlungsrichter beim Bundesgerichtshof einen auch in der Nacht durchführbaren Durchsuchungsbefehl für das Spiegelhaus geben lassen. Die praktische Durchführung sollte auch für diesen Fall wie üblich in den Händen der in Bonn stationierten Abteilung des Bundeskriminalamtes, der Sicherungsgruppe, liegen. Aus diesem Grunde bestellte der Bundesinnenminister Höcherl (CSU), ein einmaliger Fall, den Leiter dieser Abteilung und dessen Einsatzleiter unmittelbar zu sich in das Ministerium, um nähere Anweisungen zu geben. Gleichzeitig verbot er diesen Beamten, ihren Vorgesetzten, den Präsidenten des Bundeskriminalamtes, Reinhard Dullien, von dem Vorgang zu unterrichten. Angeblich, um das Risiko eines möglichen Geheimnisbruchs nicht zu vergrößern. Die Beamten beschlossen, dieser Anordnung zwar zunächst Folge zu leisten, aber unmittelbar vor der Durchführung der Aktion ihren Vorgesetzten doch zu unterrichten. So geschah es, daß Dullien bei seinem routinemäßigen Anruf bei dem Leiter der Sicherungsgruppe auf seine Mitteilung, er sei von Mittwoch, den 24. 10. 1962, bis Sonntag, den 28. 10. 1962, auf Dienstreise, die Antwort erhielt, es läge nichts vor, was nicht noch bis Montag, den 29. 10. 1962, Zeit hätte. Denn die Durchsuchung des Spiegelhauses sollte planmäßig erst in der Woche darauf erfolgen, mußte dann aber aus anderen Gründen plötzlich am Freitag, den 26. 10., vorgenommen werden.

So kam es, daß Dullien in der Nacht vom 26. zum 27. 10. nicht in Wiesbaden war, sondern nur sein Vertreter Dickopf. Er berichtete am Montag, den 29. 10., nach der Rückkehr Dulliens, diesem von den Ereignissen der Nacht und warum er am Morgen danach, da die Aktion ja doch schon gelaufen gewesen sei, von einer NNOOOOO-fernmündlichen Unterrichtung Dulliens Abstand genommen habe. Hierbei gab er an, er sei von dem Bundesverteidigungsminister Strauß persönlich in der Sache angerufen worden, was Strauß stets bestritten hat und auch jetzt noch bestreitet. Er habe von Dickopf verlangt, er müsse den Wortlaut eines inzwischen herausgekommenen Haftbefehls gegen den in Spanien befindlichen Ahlers über den Interpolweg den spanischen Behörden zum weiteren Eingreifen umgehend übersenden. Trotz des Hinweises, Interpol sei für diesen politischen Fall nicht zuständig und daher nicht anzuschreiben, sondern der diplomatische Weg über das Auswärtige Amt zu wählen, habe Strauß' Druck auf Erfüllung seines Ansuchens nicht nachgelassen und sei so stark geworden, wie er es in seinem ganzen Beamtenleben noch nicht erfahren habe. So sei er schließlich gezwungen gewesen nachzugeben.
Er habe daher den Wortlaut des Haftbefehls gegen Ahlers an Interpol Madrid gefunkt, jedoch mit dem Zusatz, es handle sich um keine Interpolsache, da ihr ein politischer Tatbestand zu Grunde läge, für den Interpol keine Zuständigkeit besäße.
Im Anschluß an die Unterredung mit Dullien fuhr Dickopf nach Bonn zum angeforderten persönlichen Bericht beim Bundesinnenminister Höcherl. Bei seiner Rückkehr meldete er Dullien, der Minister sei mit seinen, Dickopfs, Erklärungen zufrieden, er werde, wenn er noch Fragen habe, diese unmittelbar an den Tatzeugen Dickopf richten und der Einfachheit halber nicht den Instanzenzug wählen.
Da die öffentlichen Meinungsbildner wie Presse, Rundfunk und Fernsehen in dem Vorgehen gegen den ›Spiegel‹ einen gefährlichen Eingriff in die Pressefreiheit sahen, die Bevölkerung zudem das Empfinden hatte, Minister Strauß habe ein persönliches Rachegefühl in der ganzen ›Spiegel‹-Angelegenheit walten lassen, bemühte Strauß sich, sein persönliches Einschreiten als möglichst geringfügig erscheinen zu lassen. So wurde im Gegensatz zu den Erklärungen Dickopfs Dullien gegenüber in einer zweitägigen erregten Debatte vor dem Plenum des Bundestags direkt und indirekt jede persönliche Verbindung zwischen Minister und Bundeskriminalamt sowohl von Strauß selbst als auch von seinem Parteifreund, dem Bundesinnenminister Höcherl, abgestritten.
Das auf Druck der Öffentlichkeit erzwungene Ermittlungsverfahren der Staatsanwaltschaft wegen Amtsmißbrauch und Freiheitsberaubung im Amt gegen Strauß, seinen Staatssekretär Hopf und Dickopf wurde eingestellt. Zunächst wurde das Verfahren gegen Dickopf bearbeitet. In ihm erklärte er, es sei kein Verhaftungsauftrag auf dem Interpolweg an die spanischen Dienststellen weitergegeben worden, sondern nur eine nachrichtliche Unterrichtung über den vorliegenden Haftbefehl gegen den augenblicklich in Spanien befindlichen Ahlers. Das ergäbe sich aus einer zusätzlichen Mitteilung in dem Funkspruch, den die spanische Interpolstelle erhalten habe. Im übrigen habe er, Dickopf, in der fraglichen Nacht nur wiederholt mit Staatssekretär Hopf und nicht mit Minister Strauß persönlich gesprochen. Daraufhin wurde das Ermittlungsverfahren gegen Dickopf eingestellt. Seine Strauß entlastende Aussage wurde als Zeugenaussage in dem Verfahren gegen Strauß und Hopf verwertet. Dies war nun möglich, da das vorgezogene Verfahren gegen Dickopf nach seiner Einvernahme förmlich abgeschlossen war. Da Hopf als Beschuldigter seine Aussage in dem verbundenen Verfah-

ren gegen Strauß und Hopf rechtmäßig verweigerte, wurde das Verfahren gegen ihn und Strauß mangels Beweismöglichkeit eingestellt. Es läge zwar objektiv Freiheitsberaubung im Amt vor, subjektiv sei sie indessen Strauß bei seiner Zurückhaltung in dem ganzen Geschehen nicht zu unterstellen.

Dieser Spruch der Ermittlungsbehörde war berechtigt nach dem ihr vorliegenden Ergebnis, in dem zwei Tatsachen unbekannt blieben: Einmal die entgegengesetzte Aussage Dickopfs gegenüber Dullien wegen Strauß' Bestätigung und weiterhin der tatsächliche Text des Funkspruchs an die spanische Interpolstelle, der den behaupteten Vorbehalt nicht aufwies. Diesen Tatbestand konnte Dullien allerdings erst nach seiner Pensionierung aufklären. Zu der Zeit konnte er aber keinen Gebrauch mehr von ihm machen. Die Aussage des gegen seinen Willen vorzeitig pensionierten Dullien hätte gegen drei Aussagen gestanden, nämlich die von zwei aktiven Ministern (Strauß und Höcherl) und die von dem aktiven Präsidenten des Bundeskriminalamts (Dickopf). Sie wäre zum mindesten als subjektiv unglaubwürdig erklärt worden. Das sah Dullien ein. Er hatte als Zeugen nur seine Frau. Ihr hatte er am gleichen Tag den Inhalt des Berichts von Dickopf weitergegeben, den dieser ihm am 29. 10. 1962 über die ›Spiegel‹-Nacht erstattet hatte.

Es weist alles darauf hin, wie es sich vor allem aus dem Verhalten und Vorbringen des Ministers während des Verwaltungsprozesses ergibt, daß Dickopf für sein Eintreten in diesem Fall die von ihm sehnlichst begehrte Stelle des Präsidenten des Bundeskriminalamtes erhalten sollte. Das konnte mit Sicherheit jedoch nur erreicht werden, wenn es gelang, Dullien vor 1965 abzubauen. Denn 1965 fanden Bundestagswahlen statt, von denen niemand wußte, wie sie auslaufen und wie die Ressortverteilung in der neuen Bundesregierung sein würde. Würde der CSUler und Strauß'sche Parteifreund Höcherl wieder Bundesinnenminister werden? Damit Ressortchef über das Bundeskriminalamt und zuständig für die Ernennung seines Präsidenten? Es mußte also spätestens 1964 gehandelt werden, um mit der Berufung Dickopfs auf den Präsidentenposten auf Nummer Sicher zu gehen.«

In seiner Nr. 45 vom 7. 11. 1962 schrieb »Der Spiegel«:

»Am Sonntag, den 27. 10. 62, behaupteten die spanischen Behörden erstmals, der Sistierte sitze dort auf ausdrücklichen Wunsch der Interpol ... Bundesanwalt Loesdau am 2. 11. 1962: ›Es war nicht Interpol ...‹ Der spanische Informationsminister legte der Presse am Dienstag, den 6. 11. 62, ein nach Madrid übermitteltes Telegramm des BKA mit dem Haftbefehl vor. Als Absender war deutlich ›Interpol Wiesbaden‹ zu erkennen. Die deutsche Reaktion am Dienstag: Reinhard Dullien, Präsident des BKA dementiert. Obschon am gleichen Tag auch noch die Interpol-Zentralstelle in Paris jede Beteiligung ihrer Organisation bestritt, blieben die Caballeros in Madrid bei ihrer Version ... Nach Ablauf von zwölf Tagen stellte sich heraus: ein namentlich nicht Genannter im BKA schickte den Haftbefehl am Samstagmorgen um 11.25 Uhr über den Interpol-Fernschreiber nach Madrid und erweckte damit bei den Spaniern den Eindruck, daß Interpol beteiligt sei. Rechtfertigte sich der stellvertretende Chef des BKA, Paul Dickopf, seine eigene Täterschaft nachdrücklich dementierend: ›Wir haben für das Ausland nur den einen Fernschreiber, und der druckt Interpol‹. Von hartnäckigen Interpellanten gereizt, war Innenminister Höcherl immerhin dazu zu bewegen, die vermutete Kollaboration von Polizeikameraden deutscher und spanischer Nationalität einzugestehen: ›Kurzgeschlossener Verkehr‹. Er präzisierte sogar, wie ein solches Verfahren rechtlich zu werten sei: ›Das liegt etwas außerhalb der Legalität... Aber moralische Vorwürfe würde ich deshalb niemanden machen‹.«

Und später:

»Dickopf hatte am 27.10. 1962 durch seinen Namen das Fernschreiben Nr. 11677 gedeckt, in dem über die Telex-Maschine des BKA der Deutschen Botschaft in Madrid der Haftbefehl gegen Conrad Ahlers übermittelt worden war. Als Absender war ›Interpol Wiesbaden‹ angegeben. Dabei hatte Dickopf von sich aus das Fernschreiben mit der Anmerkung versehen, nach seiner Ansicht handle es sich in diesem Verhaftungsfall nicht um eine Interpolsache. Bundesinnenminister Höcherl brauchte später Tage, ehe er endlich dem Bundestag mitteilen konnte, wer jenes Fernschreiben aufgegeben hatte. Ob der damalige Verteidigungsminister Strauß, oder dessen Staatssekretär Hopf in jener Nacht Dickopf angerufen haben, welche Forderungen dem Beamten gestellt, ob und in welcher Form er zu bestimmten Handlungen gedrängt wurde, ist bis heute ungeklärt.«

Die strittigen, bislang im BKA nicht mehr auffindbar gewesenen Fernmeldeunterlagen hat Dickopf im Original bei seinen persönlichen Papieren aufbewahrt. H. Prante hat sie gefunden.
Bei dem vom »Spiegel« erwähnten FS Nr. 11677 vom 27.10. 1962, 10.45 Uhr Aufgabezeit, handelt es sich um ein von Dickopf unterschriebenes Telex-(Post-)Telegramm von »Interpol Wiesbaden« unmittelbar an die Deutsche Botschaft (»Diplogerma«) in Madrid, »z. Hd. Oberst Oster« (damaliger deutscher Militärattaché) mit dem Haftbefehl gegen Ahlers in deutscher Sprache. Ein Zusatz ist nicht angebracht.
Nach der inzwischen – offenbar aufgrund einer Intervention von Oberst Oster bei den zuständigen Behörden unter Vorlage des Haftbefehls erfolgten Festnahme Ahlers' in Spanien setzte Dickopf am selben Tage, 14.16 Uhr, den Polizeifunkspruch Nr. 15566 von »Interpol Wiesbaden« direkt an »Interpol Madrid« ab mit dem Haftbefehl in spanischer Sprache und dem Zusatz:

»Das BKA schlägt vor, den Festgenommenen, Ahlers, zu befragen, ob er einem Transport mit einer Maschine der Deutschen Lufthansa zustimmt, die ohne Zwischenlandung von Madrid nach Frankfurt/M. fliegt. Bitte umgehend antworten.«

Entsprechend wurde dann später auch verfahren.
Zwischen diesen beiden Mitteilungen hat Dickopf mit dem Leiter des Spanischen Nationalen Zentralbüros der Interpol, Pozo, telefoniert. Über den Inhalt dieses Ferngespräches liegen von beiden Seiten unterschiedliche Angaben vor, die auch durch einen späteren Ver-

mittlungsversuch des Generalsekretärs der IKPO-Interpol, Nepote, nicht zur Übereinstimmung gebracht werden konnten:

»Angesichts der widersprechenden Erklärungen und im Hinblick auf die politische Seite dieser Sache lehnte Herr Nepote jede Stellungnahme ab, um keine Polemik – keinen Federkrieg – in der Presse auszulösen« (Bericht des Generalsekretärs an den Präsidenten der IKPO-Interpol vom 17. 11. 1962.)

Auch zu solch zwielichtigem Falschspiel war Dickopf fähig.
Für Dullien war die Zeit gekommen. Er hatte in der Seilschaft »nicht die Gewähr« geboten.
Am 30. 5. 1964 wurde BKA-Präsident Dullien ins Bundesinnenministerium bestellt, wo der zuständige Staatssekretär ihm im persönlichen Auftrag des Bundesinnenministers Hermann Höcherl eröffnete, er habe demnächst vorzeitig in Pension zu gehen. Dullien hat über die erste Mitteilung des Staatssekretärs I des Bundesinnenministers des Innern folgende Aufzeichnung hinterlassen:

St. I: Ich habe Ihnen eine für Sie wahrscheinlich sehr unangenehme Nachricht zu übermitteln. Der Herr Minister hat zur Ausführung des Bundespolizeivollzugsbeamtengesetzes eine Verordnung ausarbeiten lassen, wonach der Präsident des Bundeskriminalamtes Polizeivollzugsbeamter sein muß. Da für diese Verordnung die Zustimmung der Bundesregierung nicht erforderlich ist, tritt sie mit der Veröffentlichung des Bundesministers in Kraft. Durch Ihre von dem Herrn Minister angeordnete Unterrichtung soll verhindert werden, daß Sie Ihre Zurruhesetzung aus der Tatsache der Veröffentlichung der Verordnung erfahren. Denn da Sie nicht Vollzugsbeamter sind und auch über 60 Jahre, daher auch kein Vollzugsbeamter mehr werden können, müssen Sie mit dem Tage der Veröffentlichung der Verordnung wegen Fehlens der neuen Voraussetzung für das Amt pensioniert werden. (Polizeivollzugsbeamte werden mit der Vollendung des 60. Lebensjahres pensioniert, die anderen mit der des 65.) Der Herr Minister kann aber verstehen, wenn Sie des optischen Gesichtspunktes wegen von sich aus einen Antrag auf Pensionierung stellen, was Sie ja ohne Angabe von Gründen können, da Sie das 62. Lebensjahr überschritten haben.

RD: Ich nehme die Eröffnung zur Kenntnis. Es ist aber falsch, davon auszugehen, mit der Umwandlung meines bisherigen Amtes in ein Vollzugsamt hätte ich in Pension zu gehen. Ich habe auch dann einen rechtlichen Anspruch, in einem anderen gleichrangigen Amt der Verwaltung des Bundes bis zur Vollendung meines 65. Lebensjahres beschäftigt zu werden. Ich weiß noch nicht, ob ich davon Gebrauch machen muß, da von meinen fünf Kindern noch drei studieren. Im übrigen wäre es meines Erachtens zweckmäßiger und fairer gewesen, wenn man die Absicht dieser Verordnung schon in den Anfangstadien der Überlegungen mit mir besprochen hätte und nicht mit anderen Personen.

St. I: Wen meinen Sie damit?

RD: Herrn Dickopf.

St. I: Der war es nicht.

RD: Von ihm kommt aber dieser Gedankengang, und er ist von ihm in das Ministerium hineingetragen worden. Ich selber habe, wie im Ministerium bekannt sein muß, gegen die seinerzeit teilweise vertretene Ansicht des Ministeriums, die – in entgegengesetzter Richtung als der jetzige Entwurf – überbetont für den Juristen eintrat, stets folgenden Standpunkt vertreten. Dem Grundsatz nach soll man anstreben, auch die Spitzenstellen des kriminalpolizeilichen Dienstes mit Beamten dieser Laufbahn zu besetzen, um einen weiteren Anreiz für diese Laufbahn zu schaffen. Wegen der der Zahl nach sehr schmalen Basis von entsprechenden Anwärtern dafür läge es aber nicht im Bundesinteresse, andere Möglichkeiten zu verstopfen, wie es z. B. jetzt der Verordnungsentwurf tut. Ich kann mich des Eindruckes nicht erwehren, als wäre die Verordnung nur vorgeschoben. Wäre es nicht richtiger und damit aufrichtiger gewesen, der Herr Minister hätte mir gesagt, welche Fehler ich nach seiner Ansicht gemacht haben soll. Denn immerhin hat in den über neun Jahren meiner Amtsführung das Bundeskriminalamt Gestalt gewonnen und Ansehen im In- und Ausland erworben.

St. I: Solche Fehler werden Ihnen nicht vorgeworfen. Das Bundeskriminalamt ist aber eine so mit den Spezialitäten des Polizeivollzugsdienstes durchtränkte Behörde, daß diese nur ein aus diesem Dienst stammender Beamter leiten kann. Der Grund folgt damit auch nur den Ländern, in denen bis auf zwei ausschließlich Polizeivollzugsbeamte an der Spitze der Landeskriminalämter tätig sind.

RD: Ich bin nunmehr über neun Jahre Präsident des BKA und glaube nach dieser Zeit auch alles das zu beherrschen, was für die Leitung dieser Behörde notwendig ist. Auch ist es in den Ländern umgekehrt als dargestellt: Der überwiegende Teil der Leiter der Landeskriminalämter ist gelernter Volljurist. Er ist vorher Richter, Staatsanwalt oder Verwaltungsbeamter gewesen. (Nämlich die sieben Leiter in den Landeskriminalämtern Berlin, Hamburg, Niedersachsen, Hessen, Rheinland-Pfalz, Baden-Württemberg und Bayern. Nur vier kommen aus der kriminalpolizeilichen Laufbahn: Saarland, Schleswig-Holstein, Bremen und Nordrhein-Westfalen, wovon zwei Ämter wahrscheinlich in Kürze mit Volljuristen besetzt werden.)

St. I: Das ist mir neu. In jedem Fall hat man aber diese Lösung vor und hat dann nur für die derzeitigen Stelleninhaber noch eine Ausnahme von der Polizeivollzugsvorbildung gemacht. Wo studieren Ihre drei Kinder?

RD: In Wien, Frankfurt und Mainz.

St. I: Ich werde Ihre Stellungnahme zu der Frage der sofortigen Pensionierung bei Erlaß der vorgesehenen Verordnung überprüfen. Es handelt sich um eine Rechtsfrage, die ich von mir aus nicht hier beantworten kann. Im übrigen bitte ich, die Angelegenheit nicht so schwer zu nehmen. Sicherlich finden Sie noch eine Möglichkeit, woanders in der Wirtschaft tätig zu werden.«

Das nächste Gespräch verlief laut Dulliens Aufzeichnungen folgendermaßen:

St. I: Haben Sie sich die Frage Ihrer Pensionierung nicht doch noch anders überlegt? Welches ist Ihre endgültige Entscheidung?

RD: Für mich gibt es keine Entscheidung. Ich kann nicht verhindern, daß mir das Amt des Präsidenten des Bundeskriminalamtes genommen wird. Ich erwarte dann aber eine dem Gesetz entsprechende Regelung. Keine vorzeitige Pensionierung, sondern eine Beschäftigung in einem gleichwertigen Amt mit gleichem Gehalt bis zu meinem 65. Lebensjahr.

St. I: Dann wird also die Ihnen neulich eröffnete Regelung in Kraft treten. Sie können ja dagegen klagen. Ich muß Ihnen nun aber auch eröffnen, daß die vorgesehene Regelung nicht von ungefähr kommt, sondern in Ihrer Person gegeben ist. Sie haben sich mit den Fachfragen der Kriminalpolizei nicht genügend vertraut gemacht; Sie besitzen keine Ausstrahlung. Sie haben daher in den von Ihnen beschickten Arbeitskreisen für den Bund nicht das herausgeholt, was dieser erwarten konnte. Schließlich hat sogar der Bundestagsabgeordnete Mengelkamp, der jetzige Berichterstatter im Haushaltsausschuß des Bundestags für das Bundeskriminalamt, erklärt, er könne mit Ihnen nicht weiter zusammenarbeiten, da er mit Ihren Auskünften nichts anfangen könne.

RD: Ich nehme diese neue Eröffnung zur Kenntnis. Andere Stellen scheinen zu den einzelnen Punkten anderer Ansicht zu sein. So habe ich gerade jetzt auf Bitten von Mister Hoover, dem bekannten Direktor von FBI, im FBI-Bulletin, dem Schulungs- und Unterrichtungsblatt für FBI-Beamte, als Leitaufsatz einen umfassenden Fachartikel über die Bekämpfung des Kraftfahrzeugdiebstahls in der Bundesrepublik geschrieben. Darin liegt eine Anerkennung durch das FBI, wie sie nur sehr selten ausländischen Fachkräften widerfährt, was jederzeit beim Durchblättern der FBI-Bulletin-Hefte der letzten Jahre festgestellt werden kann. Oder auf der vor einigen Tagen abgehaltenen Pressekonferenz, auf der auf ausdrücklichen Wunsch des Ministeriums Herr Dickopf das Bundeskriminalamt für die Interpolfragen vertreten hat, wurden die gleichen Themen behandelt, die ich schon vor etwa zwei Jahren gleichfalls vor der Presse auf Bitten der Gewerkschaft der Polizei bis ins Einzelne behandelt habe. Die von Herrn Dickopf gegebenen Beispiele z. B. sind nur ein Teil der von mir seiner Zeit angeführten gewesen.
Ich habe bis jetzt den Eindruck, daß die Zusammenarbeit in den Arbeitskreisen, in denen ich saß, zwischen deren Mitgliedern und mir eine enge und vertrauensvolle war; die in der Arbeitsgemeinschaft der Leiter der Landeskriminalämter, in der ich den ständigen Vorsitz führte, ist stets auch von dritten Stellen als vorbildlich und beispielgebend bezeichnet worden.«

Für das Ministerium wurde die Situation peinlich, als sich herausstellte, daß jener Kronzeuge, der Bundestagsabgeordnete Mengelkamp, Dullien nur flüchtig kannte und ihm schriftlich versicherte, er sei über die Unterstellungen des St. I empört. Es habe für ihn gar keinen Anlaß gegeben, sich über Dullien zu äußern.

Dullien protestierte nicht nur, er agierte auch. Er galt als integrer, aufrechter Mann, der gegen Intrigen keine Abwehrmöglichkeiten zur Verfügung hatte. So beschritt er den für ihn einzig möglichen Weg, den Rechtsweg.

Am 31. 7. 1964 wurde Reinhard Dullien vorzeitig in den Ruhestand versetzt. Vor dem Verwaltungsgericht in Wiesbaden focht er diese Entscheidung an. Der Prozeß sollte zwei Jahre später mit einem

Vergleich enden, in dem der »Beklagte sich bereit erklärte, die Differenz zwischen Pension und Gehalt des Klägers zu zahlen«.
Offiziell wurde Reinhard Dullien nicht verabschiedet. Auf der 2. Delegiertentagung der Bezirksgruppe Bundeskriminalamt der Polizei (GdP) am 26. 9. 1964 nahm er Abschied von seiner Belegschaft. In seiner Rede vertrat er seine Personalpolitik und erteilte damit der alten Seilschaft eine Absage:

»Das Bundeskriminalamt ist nach seinem Aufgabenbereich und nach seinem Aufbau darauf angewiesen, einen möglichst großen Teil seiner Mitarbeiter aus den Kriminalpolizeien der Länder zu erhalten. Dies gilt besonders für die späteren herausgehobenen Sachbearbeiter, für die das umfassende Wissen und die eigene Anschauung über den Tatort und die Ermittlungsarbeit dort vorausgesetzt werden muß. In der langen laufbahnlosen Zeit haben aber die meisten Länder was Gruppeneinstufung und Stellenkegel betrifft, den Bund bei vergleichbarer Betrachtung weit überrundet. Es war daher nur unter besonderen Umständen und mit außerordentlichen Schwierigkeiten möglich, Kriminalpolizeibeamte der Länder für das Bundeskriminalamt anzuwerben. Dies ist Ihnen allen bekannt. Die Zahl der offenen Planstellen spricht ein deutliches Wort hierfür. Mit den Laufbahnrichtlinien haben wir den Schlüssel in die Hand bekommen, den Dienst im Bundeskriminalamt auch den Länderbeamten wieder schmackhaft zu machen. Voraussetzung hierfür ist die künftige beschleunigte Ausrichtung des Stellenplans auf diese Richtlinien, wofür in der Vergangenheit keine hinreichende rechtliche und tatsächliche Möglichkeit bestand.«

Aus eigener Erfahrung schöpfend, gab er seinen Beamten gut gemeinte Ratschläge:

»Kommen Sie neuen Mitarbeitern besonders aufgeschlossen entgegen. Betonen Sie nicht, daß Sie die Älteren und Erfahreneren sind und vielleicht auch einmal einen besonderen Kursus abgelegt haben, auf den Sie stolz sind. Denken Sie vielmehr daran, daß Sie auch einmal angefangen haben und in neue Verhältnisse sich einarbeiten mußten, und wie gern Sie sich derjenigen erinnern, die Ihnen damals auch menschlich entgegenkamen. Wenn Sie sich prüfen, werden Sie aus Ihrer nunmehr gewonnenen Erfahrung feststellen können, daß auch Ihren alten Kollegen und Lehrherrn damals nicht alles an Ihnen gefallen haben kann.«

Dullien war beinahe zehn Jahre BKA-Präsident gewesen. Er hatte sein Amt geliebt und stand stolz zu ihm, auch im Augenblick des Hinauswurfs. Er beschwor die gute Kameradschaft.
Und weiter:

»Der Sprung zum Bundeskriminalamt ist nicht nur für den Neuling aus fremdem Beruf, sondern auch für den erfahrenen Polizeibeamten schwierig, der an die selbstverständliche Kameradschaft kleiner, sich genau kennender Gruppen gewöhnt ist.
Sind Sie aber erst eingeschlossen in dieses Zusammengehörigkeitsgefühl und den Stolz auf Ihr Amt, so wird es Ihnen leicht fallen, sich um Intriganten und Meckerer aus

Profession nicht zu scheren. Die wird es immer geben, das ist menschlich. Sie müssen dem nur innerlich positive Werte entgegensetzen, die Sie sich selber geschaffen haben...«

In seinem Heft Nr. 4 vom 27. 1. 1965 schrieb »Der Spiegel«:

»Am Dienstag letzter Woche hatte es Bundesinnenminister Hermann Höcherl geschafft: Sein Favorit Paul Dickopf wurde neuer Chef des Bundeskriminalamtes (BKA) in Wiesbaden. Dickopfs Vorgänger Reinhard Dullien wurde zwangspensioniert.
Um diesen Wechsel durchzusetzen, exerzierte Höcherl einen Kraftakt vor, der sich hart am Rande der Legalität bewegt. Der Innenminister kreierte einen Entlassungsgrund, der in dieser Form – auf eine einzige Person zugeschnitten – dem Beamtenrecht bisher unbekannt war: Per Rechtsverordnung änderte er Dulliens Beamtenstatus.
Neun Jahre lang war Dullien als Präsident des Bundeskriminalamts Verwaltungsbeamter, der erst mit 65 die Altersgrenze erreicht. An diesem Status rüttelten weder das neue Polizeibeamten-Gesetz von 1960 noch zwei spätere Rechtsverordnungen, die im einzelnen festlegten, wer als ›Polizeivollzugsbeamter‹ (Altersgrenze 60 Jahre) zu gelten habe.
Der Präsident des Bundeskriminalamts blieb auch nach diesen Neuordnungen weiterhin Verwaltungsbeamter, also dienstfähig bis 65.
Erst in Dulliens zehntem Präsidentenjahr entdeckte Hermann Höcherl per Rechtsverordnung, daß der Chef des Bundeskriminalamts Polizeivollzugsbeamter sein und folglich bereits mit 60 Jahren pensioniert werden müsse. Dullien ist 62.
Dabei ist es fraglich, ob der Chef des Bundeskriminalamts wie ein Polizeivollzugsbeamter sogenannten unmittelbaren Zwang ausüben kann oder nicht. Im Unterschied zum amerikanischen FBI, zum britischen Scotland Yard und zur französischen Sûreté ist das BKA in erster Linie eine Verwaltungsbehörde, die vornehmlich Nachrichten über Verbrechen und Verbrecher sammelt; ihre Exekutivgewalt wurde zugunsten der Länder außerordentlich beschnitten.
So bestimmt das Gesetz über das Bundeskriminalamt, daß – bis auf wenige Ausnahmen – ›die vorbeugende Verbrechensbekämpfung und die Verfolgung strafbarer Handlungen Sache der Länder‹ bleiben.
Es sprechen denn auch viele Gründe dafür, daß nicht sachliche, sondern persönliche Motive Höcherls plötzliche Rechtsverordnung inspirierten. Der Preuße Dullien und der Bayer Höcherl harmonisierten nicht...«

Ein Rotarier-Freund Dulliens, Chefredakteur Koertgen vom »Wiesbadener Kurier«, widmete den zwischenmenschlichen Beziehungen einen Leitartikel. Darin nannte er als Ursache für die Spannungen neben den »recht verschiedenen Temperamenten« vor allem die »Andersartigkeit preußischer und bayerischer Beamtentradition«. Solche »natürlichen Reibungsflächen« seien wahrscheinlich von der Wellenbewegung des persönlichen »Nichtmögens« verstärkt worden.
Die Beziehungen zwischen Minister und Behördenchef erreichten im

Mai des Jahres ihren Tiefpunkt, als Dullien sein 40jähriges Beamtenjubiläum beging, und Höcherl nicht bereit war, den BKA-Präsidenten zu empfangen. Der Bundesminister beauftragte seinen Staatssekretär, die Ehrung vorzunehmen. Dullien verzichtete dankend und bat darum, das Jubiläums-Geldgeschenk von 350 DM auf sein Konto zu überweisen und die Jubiläums-Urkunde mit der Post zu schicken. Höcherls Staatssekretär Hölzl zitierte daraufhin Dullien nach Bonn und eröffnete dem Jubilar, der Minister habe eine Verordnung unterzeichnet, die ihn, Dullien, automatisch pensioniere. Man erwarte jedoch von Dullien, daß er, um die Form zu wahren, von sich aus um die Versetzung in den Ruhestand bitten werde. Dullien lehnte ab.

Am 17. Dezember 1964 traf das Entlassungsschreiben im Bundeskriminalamt ein. 14 Tage später, zum 1. Januar 1965, trat Höcherls Rechtsverordnung in Kraft, und Dullien mußte gehen.

Höcherls Hohes Haus kommentierte die Begebenheit recht sparsam: Die neue Regelung solle die Leistungsfähigkeit des Bundeskriminalamts »steigern«. Es habe sich als notwendig erwiesen, daß an der Spitze der zentralen Kriminalpolizeibehörde des Bundes ein Polizeivollzugsbeamter »mit der fachlichen Erfahrung eines solchen« stehe. Dem Leiter des berühmtesten Kriminalamts der Welt, dem FBI-Chef Edgar Hoover, waren Dulliens Erfahrungen immerhin so wertvoll geworden, daß er den deutschen Kriminalisten gebeten hatte, für das FBI-Bulletin zu schreiben ...

An Höcherls Argumentation zweifelte denn auch der SPD-Abgeordnete Schmitt-Vockenhausen, Vorsitzender des Bundestags-Innenausschusses. In der »Welt am Sonntag« verlangte er Aufklärung über die wahren Hintergründe der vorzeitigen Pensionierung Dulliens.

»Hat er das Amt gut geführt und lediglich das Mißfallen des Herrn Höcherl erweckt, oder hat er sein Amt entgegen allen bisherigen Beteuerungen nicht gut geführt?«

Die Hamburger »Welt« ließ sich aus Wiesbaden »bösartige, aber keinesfalls ausgeräumte Gerüchte« melden, wonach Dullien pensioniert worden sei, »damit Dickopf endlich für sein Verhalten während der Spiegel-Affäre belohnt werde«, in der er seinen Kopf wochenlang für höhere Chargen habe hinhalten müssen ...

Auch die »Zeit« vom 19. 8. 1966 interessierte sich für die »Lex Dullien« und den Ausgang des Streites, der damals zwischen dem ehemaligen BKA-Präsidenten und dem ehemaligen Innenminister, zwischen dem Bayern Höcherl und dem Preußen Dullien, entstanden war und meint, der Ex-Präsident habe im Streit mit dem Ex-Innenminister gesiegt:

»Genau zwei Wochen hatte das Bundesinnenministerium Zeit, sich zu überlegen, ob es dem Vergleich zustimmen sollte, der vor dem Verwaltungsgericht Wiesbaden zwischen der Bundesregierung und dem früheren Präsidenten des Bundeskriminalamtes Reinhard Dullien vereinbart worden war. Nun hat das Ministerium zu diesem Kompromiß seinen Segen gegeben: Dullien wird seinen Anspruch auf Wiedereinstellung in den aktiven Bundesdienst nicht weiterverfolgen, dafür erklärt sich die Bundesregierung bereit, die Differenz zwischen Pension und Gehalt des Ex-Präsidenten für die Zeit vom 1. 1. 1965 bis zum 28. 2. 1967 zu zahlen.
Wichtiger als dieses Ende des Streites ist für Reinhard Dullien, daß ihm in dem Vergleich bestätigt worden ist, er habe seine Klage aus sachlichen Gründen erhoben, ›um bestimmte Grundsätze zu betonen, auf denen die Erhaltung eines verantwortungsbewußten Beamtentums beruht‹. Unzufrieden mit dem Vergleich ist dagegen der Vorsitzende des Innenausschusses des Bundestages, der SPD-Abgeordnete Schmitt-Vockenhausen. Er meint: ›Die Tatsache, daß in dem jetzt vor Gericht geschlossenen Vergleich die Bundesregierung an Dullien die Bezüge bis zu seinem 65. Lebensjahr in voller Höhe weiterzuzahlen hat, kann als Eingeständnis gewertet werden, daß Dullien nicht so behandelt worden ist, wie es einem verdienten Beamten zugestanden hätte. Doch auch ein Geldbetrag kann den Schaden, den der damalige Bundesinnenminister Höcherl verursacht hat, nicht wettmachen.«

Der Bundestagsabgeordnete Schmitt-Vockenhausen könnte indessen noch andere Gründe für seine Unzufriedenheit mit dem Ausgang des Verfahrens vor dem Wiesbadener Verwaltungsgericht haben. Sein Innenausschuß wurde nämlich damals von Minister Höcherl nur sehr unzureichend über Sinn und Zweck jener Verordnung unterrichtet, der Präsident Dullien zum Opfer fiel. Auch die Gewerkschaft der Polizei, so argumentierte Höcherl vor den Parlamentariern, habe sich für eine Neuordnung eingesetzt. Was der Innenminister verschwieg, war die Meinung der Gewerkschaftler, man müsse selbstverständlich mit einer solchen Verordnung warten, bis der Präsident des Bundeskriminalamtes in den Ruhestand trete. Die Polizeigewerkschaftler hatten nicht nur Bedenken, daß man bei einer Pensionierung des Präsidenten mit dem Beamtenrecht in Konflikt geraten könnte; sie waren auch davon überzeugt, daß ein solcher Akt den Eindruck erwecken müsse, es handele sich um eine Aktion gegen Dullien. Dem Präsidenten bis zu seiner regulären Pensionierung, also nur noch wenige Jahre, die Leitung des Wiesbadener Amtes zu

belassen, gebiete schließlich auch die Fürsorgepflicht des Staates seinen Beamten gegenüber.
Dieses sei auch der einzige Grund gewesen, so Reinhard Dullien heute, daß er sich vor dem Verwaltungsgericht gegen die vorzeitige Pensionierung gewehrt habe. In der Art, wie er behandelt worden sei, sehe er Gefahren für eine ordnungsgemäße Verwaltung. »Diese Gefahren betreffen in der Hauptsache drei Ebenen: die staatspolitische, die rechtliche und die des Fair play in der Personalpolitik«. Mit der Pensionierung habe Minister Höcherl die Rechtsprechung des Bundesverfassungsgerichts auf dem Gebiet des Berufsbeamtentums beiseite geschoben und ihn nach freiem Ermessen, also dem eines politischen Gremiums, aus dem Amt entfernt. Und ebenso habe der Minister nicht die Grundsätze des Fair play beachtet.
Paul Dickopf wurde am 18. Januar 1965 Präsident des Bundeskriminalamtes. Seine Seilschaft war eher auf Biwakieren als auf Erklettern des Gipfels eingerichtet.
Um diese Zeit nahm die Bundesrepublik diplomatische Beziehungen zu Israel auf, und der Deutsche Bundestag verlängerte die Verjährungsfrist für NS-Morde bis zum 31. 1. 1969

6

Biwak und Alpenveilchen
(1965–1971)

Rechts: *Paul Dickopf, BKA-Präsident von 1965 bis 1971*

Unten: Bundeskriminalamt – Neubau für Datenverarbeitung und Fernmeldewesen

undeskriminalamt – Krimi-
altechnisches Institut

ten: François Genoud

ten rechts: Am Grabe
ul Dickopfs

Die Kriminalpolizeistatistik wies, trotz des großen Dunkelfeldes der nicht zur Kenntnis der Kontrollorgane gekommenen Verbrechen, eine beunruhigende Entwicklung der Kriminalität auf. Die Gewerkschaft der Polizei sprach in einer Denkschrift von der »Kapitulation vor dem Verbrechen« und beklagte die mangelnde Effektivität sowohl der Kriminalpolizei der Länder als auch des Bundes. Die AG-Kripo suchte nach Möglichkeiten, diesen Zustand zu beenden und machte entsprechende Vorschläge. Bernd Wehner sah die Ursachen für die geringe Effektivität und die Mißerfolge und Pannen der Kripo:

»Personelle Unterbesetzung, Behinderung durch peinlich genau eingehaltene Arbeitszeitverordnungen, fehlende Einheitlichkeit der Kriminalpolizei in Bund und Ländern, fehlende Befugnisse des BKA wenigstens in bestimmten Fällen der Verbrechensbekämpfung, mangelnde Befugnisse der Landeskriminalämter, sich auch unmittelbar in die Verbrechensbekämpfung einzuschalten, zumindest aber Weisungen geben zu können, der Mangel an qualifiziertem Nachwuchs, der dem immer komplizierter werdenden Verbrechen nur mit entsprechenden Spezialkenntnissen begegnen könnte, fehlendes technisches Gerät, unzureichende Observation durch die Kripo, stagnierender Erkennungs- und kriminalpolizeilicher Meldedienst sowie ungenügende Bekämpfung des für die Volkswirtschaft schädlichsten Verbrechens, des Wirtschaftsstraftäters.«

Dieser Katalog war ein geballter Vorwurf an die Regierungen von Bund und Ländern, aber auch nicht zu überhören, an das BKA, denn hier geschah seit 1966 zunächst wenig.
Zwar wurde das Bundeskriminalamt räumlich ausgebaut, das Kriminalistische Institut zog in einen Neubau und ein Kasino wurde eingerichtet (1967). Aber die Kriminalität wuchs, ohne daß das BKA sich darauf einstellte. Charakteristisch war, daß die Rauschgiftkriminalität und die damit verbundene organisierte Kriminalität nicht gesehen wurde. Dafür sah man in der Bekämpfung der Pornographie eine Aufgabe. Es gab eine Abteilung, bestehend aus drei Mann, in der die Bekämpfung der Rauschgiftkriminalität an die der Pornographie gekoppelt war. Welch eine kriminalistische Einsicht!

Die Kritik an der Kriminalpolizei und besonders am BKA wurde vernehmlich und laut. 1967 veröffentlichte die Illustrierte »Stern« eine Serie: »Deutschland, Deine Kripo«. Dazu schrieb Wilhelm Pfister in der »Kriminalistik«:

»Unter der Schlagzeile ›Deutschland, Deine Kripo‹ veröffentlichte die Illustrierte ›Stern‹ in den Heften Nr. 7 bis 14 (12. Februar bis 2. April) 1967 eine Artikelserie über die Situation der deutschen Kriminalpolizei. Sie beruhte teils auf Ergebnissen der Kriminalstatistik, teils auf einzelnen sensationellen Ermittlungsverfahren sowie auf Interviews, Berichten und Auskünften von Kriminalbeamten aller Dienstgrade, vor allem der großstädtischen Kriminalpolizei. Im einzelnen ging die Artikelserie von folgenden Fakten aus:
Die westdeutsche Kriminalpolizei wird von einer Lawine des Verbrechens überrollt. Die Bundesrepublik ist zum Tummelplatz für deutsche und ausländische Gangster geworden. Gegen mehr als 60000 Verbrecher liegen Haftbefehle oder Festnahmeersuche vor, aber die Polizei ist außerstande, diese Ganoven aufzuspüren. Die Kriminalität in der Bundesrepublik nahm in den vergangenen zehn Jahren dreimal so schnell zu, wie die Bevölkerung. Fast jede zweite Straftat bleibt unaufgeklärt. Die deutsche Kriminalpolizei, einst in der ganzen Welt bewundert, führt heute einen aussichtslosen Kampf gegen das Verbrechertum.
Die Hilflosigkeit der Kriminalpolizei beruhe auf organisatorischen, personellen und technischen Mängeln sowie auf der Liberalisierung des Strafverfahrens.
Die Gesamtsituation wurde mit den Schlagworten ›machtlos‹, ›aussichtslos‹, ›hilflos‹, ›erfolglos‹ und ›verbittert‹ charakterisiert: Machtlos, da die Zahl der rund 12000 Kriminalbeamten zur Verfolgung von über 1 Million Rechtsbrecher unzureichend sei; aussichtslos, da sie als Stiefkinder des Staates schlechter bezahlt würden als alle anderen Beamten in Deutschland; hilflos, weil Tausende von bekannten Einbrechern frei herumliefen, ohne daß die Kriminalpolizei die Möglichkeit habe, sie hinter Schloß und Riegel zu bringen; erfolglos, da mehr als 60000 Täter allein zur Festnahme gesucht würden und die Zahl der aufgeklärten Straftaten beängstigend niedrig sei; verbittert, weil sich keine Möglichkeiten abzeichneten, die Situation in personeller, organisatorischer oder finanzieller Hinsicht grundlegend zu bessern.
Das sind zwar Schlagworte, aber sie sind nicht ohne realen Hintergrund. Insgesamt zeigte sich der ›Stern‹ trotz einiger übereilter Schlußfolgerungen und Fehlinterpretationen, erstaunlich gut informiert.«

Heinz Schülert schrieb in der »Kriminalistik« (H. 1, 1968):

»Die kriminalpolizeiliche Verbrechensbekämpfung ist nicht mehr zeitgemäß. Die meisten der alten Prinzipien haben immer noch Gültigkeit, aber die Methoden sind überholt. Auch neue Gedanken müssen entwickelt werden.
Dazu ist eine Reform notwendig, um die zweckmäßigsten, modernsten und technisch vollkommensten Verfahren auf der Basis der geltenden Gesetze zu entwickeln. Die Reform muß die gesamte kriminalpolizeiliche Verbrechensbekämpfung umfassen und von allen Bundesländern in ›konzertierter Aktion‹ mit dem Bundeskriminalamt durchgeführt werden. Es sollten sich alie bewußt sein, daß die kriminalpolizeiliche Verbrechensbekämpfung ein unzertrennliches, einheitliches Ganzes ist.«

Die Gewerkschaft der Polizei gibt ein Schwarzbuch heraus, in dem von »Kapitulation vor dem Verbrechen« die Rede ist.

Das Personalproblem im BKA schien schier unüberwindbar. In der personellen Versorgung des Amtes gab es Engpässe, da die Landeskriminalämter nicht geneigt waren, ihre besten Kriminalisten an das BKA abzugeben. Das BKA war aber auf qualifizierten Nachwuchs angewiesen. Für den einzelnen Beamten bot der Übertritt vom Landesdienst in den Bundesdienst keinen speziellen Reiz, besonders weil weder Laufbahn noch Besoldung zufriedenstellend waren. In seiner 110. Sitzung am 12. Mai 1967 hatte das Plenum des Bundestages einen Antrag des Innenausschusses auf Besserung der Verhältnisse im Bundeskriminalamt angenommen. Nach den Erläuterungen des Berichterstatters ergäbe sich die Dringlichkeit aus der Zunahme der Straftaten um 7,2% im Jahre 1966 gegenüber dem Vorjahr. Schwerpunkte lägen bei schwerem Diebstahl, beim Raub und beim Autodiebstahl. Die Aufklärungsquote läge z. Z. bei 53% bei langsam sinkender Tendenz. Es würden daher weitere Berichte erbeten. Das Augenmerk müsse man darauf lenken, das Bundeskriminalamt personell und räumlich zu stärken und der weiteren technischen Erschließung der Möglichkeiten der Verbrechensbekämpfung zu folgen, ohne dabei den Sirenentönen einer sehr starken Lobby zu erliegen, die sich im Bereich der elektronischen Datenverarbeitung bemerkar mache. Das Parlament werde dem Bundesminister seine Unterstützung nicht versagen. Das war 1967, zwei Jahre nach Dickopfs Amtsantritt. Resignierend wird dann festgestellt:

»Leider wird es nicht möglich sein, alle freien Planstellen mit kriminalpolizeilichen Vollzugsbeamten zu besetzen, so daß wohl oder übel auf nicht entsprechend geschulte Angestellte zurückgegriffen werden muß.«

Das war Kapitulation. Dabei hatte man diese Fragen bereits 1964 auf der BKA-Tagung »Präventive Tätigkeit der Polizei« ausführlich nach allen Seiten hin durchleuchtet.

Das Bildungsniveau der Beamten war damals schon als ein Kriterium unter anderen herausgestellt und in Beziehung zu der Nachwuchsproblematik gestellt worden. Beamten mit Abitur oder Hochschulabschluß müßte eine einheitliche intensive Schulung angeboten werden, um sie mit ihrem Arbeitsgebiet, auf dem sie noch unerfahren

seien, vertraut zu machen. Damals schon hatte man vorgeschlagen, neue Wege zu gehen.
Aber diese Wege sind nicht die des BKA-Präsidenten. Sein Vorgänger R. Dullien hatte vieles getan, um die »neuen Wege« in Stand zu setzen. Bereits 1960 hatte eine BKA-Tagung zum Thema: »Polizei und elektronische Datenverarbeitung« stattgefunden. Sieben Jahre später (1967) war im BKA noch nichts passiert. »Man hat jedoch erkannt, daß vor der Verwendung elektronischer Datenverarbeitungsanlagen für kriminalpolizeiliche Zwecke noch umfangreiche Grundarbeiten zu leisten sind.«
In der »Kriminalistik« war dazu 1967 folgendes zu lesen:

»Nach Auffassung der deutschen Experten befindet sich die elektronische Datenverarbeitung – soweit sie für den kriminalpolizeilichen Meldedienst in Frage kommt – noch im Experimentierstadium. Sicher ist allerdings, daß verantwortliche Persönlichkeiten der deutschen Kriminalpolizei sowohl aus einer gewissen konservativen Einstellung als auch aus fiskalischen Erwägungen dem Einsatz von Computern eine gehörige Portion Skepsis entgegenbrachten und die notwendigen Vorarbeiten über Gebühr hinauszögerten. Inzwischen wurde jedoch allgemein erkannt, daß der kriminalpolizeiliche Meldedienst als Rückgrat jeder kriminalpolizeilichen Organisation auf den Einsatz von elektronischen Datenverarbeitungssystemen nicht verzichten kann. Diese Erkenntnis ist heute Allgemeingut.
Der Vorwurf, daß es bis jetzt nicht gelungen sei, die Elektronenexperten zu einem Team zusammenzufassen und in einem Forschungszentrum unter einem gemeinsamen Dach zu vereinigen, ist teilweise richtig. Insofern ist die derzeitige Organisationsform der Kriminalpolizei in der Bundesrepublik sicherlich nicht von Vorteil. Zu berücksichtigen ist allerdings, daß vorschnelle Entscheidungen für ein bestimmtes System schon aus finanziellen Gründen nicht zu verantworten wären. Das Experimentieren etwa in München, in Stuttgart oder in Berlin kann deshalb nur von Vorteil sein. Die deutsche Kriminalpolizei kann und wird sich dem Zug der Zeit und Technik hier nicht entziehen. Sie ist andererseits aber auch nicht gewillt, auf diesem Sektor mit Teilergebnissen eine Show abzuziehen, die dazu geeignet wäre, die Schwierigkeiten der ganzen Materie in personeller und technischer Hinsicht zu verdecken. Allein die Ausbildung und Beschäftigung von Programmierern in genügender Zahl wäre geeignet, das gesamte Besoldungsgefüge in Bewegung zu bringen.«

Keine Frage, im BKA war man gegenüber dem Einsatz elektronischer Datenverarbeitung im Dienste der Verbrechensbekämpfung skeptisch und nahm den Vorwurf der Rückständigkeit in Kauf.
Die Kritik an der Politik des Bundeskriminalamtes und seines Präsidenten wurde immer heftiger, brachte aber nicht den gewünschten Umschwung. Laut »Welt« vom 3. 3. 1967 kritisierte Willi Weyer das BKA und warf ihm »Betriebsblindheit und Versagen« vor:

»Mit ungewöhnlich scharfen Worten hat der nordrhein-westfälische Innenminister Willi Weyer (FDP) den Präsidenten des Bundeskriminalamtes in Wiesbaden, Paul Dickopf, kritisiert.
In einem Gespräch mit der ›Welt‹ warf der Minister dem obersten Kriminalbeamten der Bundesrepublik ›eindeutiges Versagen‹, ›Betriebsblindheit‹ und ständiges ›Neinsagen‹ vor. Bei der Intensivierung der Verbrechensbekämpfung durch den Einsatz von Computern habe sich Dickopf immer nur als ›Bremsklotz‹ betätigt...
Weyer sieht in der Verwendung von elektronischen Datenverarbeitungsanlagen eine große Chance, die Schlagkraft der Polizei zu erhöhen. Durch eine bundeseinheitliche Kriminalstatistik und Täterkartei könne die Verfolgung von Verbrechern erleichtert und damit die Aufklärungsquote erhöht werden. Endziel sei die Erfassung und Auswertung des bei allen Polizeidienststellen vorhandenen Kartei- und Aktenmaterials. Damit werde der Polizei ein wirkliches Fahndungsmittel in die Hand gegeben.«

Im »Wiesbadener Kurier« vom 23. 5. 1967 las man, daß der Hamburger Innensenator Ruhnau dem BKA-Präsidenten geraten habe, sich besser zu informieren und endlich in der richtigen Richtung aktiv zu werden:

»Der Hamburger Innensenator Ruhnau hat das Bundeskriminalamt in Wiesbaden wegen seines Widerstandes gegen die Computer in der Verbrechensaufklärung scharf kritisiert. In einer Pressekonferenz, die er in Hamburg nach seiner Rückkehr von einer Informationsreise in die USA gab, forderte Ruhnau gleichzeitig ein einheitliches System in Bund und Ländern für die Anwendung der modernen Datenverarbeitung im Dienste der Polizei. Ruhnau erklärte, im Gegensatz zum Bundeskriminalamt sei die amerikanische Institution FBI ›kein Klotz am Bein‹. Es sei nur zu hoffen, daß der Präsident des Bundeskriminalamtes bei seinem Besuch in der nächsten Woche in Washington ›etwas von dem dortigen Geist mitbringt‹.«

Als Folge des Zögerns und Zauderns des BKA-Präsidenten hatte die Gewerkschaft der Polizei die Eigeninitiativen mancher Kriminalpolizeiämter gesehen und auf die unnötigen Erschwernisse hingewiesen. Die »Frankfurter Allgemeine Zeitung« vom 7. 1. 1966 sprach von »Kriminalisten ohne Code«:

»Die Kritik an der mangelnden Bereitschaft des Bundeskriminalamtes, sich moderner elektronischer Techniken der Datenauswertung bei der Bekämpfung von Verbrechen zu bedienen, hat die Gewerkschaft der Polizei (GdP) am Wochenende in Düsseldorf geübt... Das Landeskriminalamt Berlin erwäge jetzt... bei der Datenverarbeitung, wie zuvor schon in Nordrhein-Westfalen, eigene Wege zu gehen... Auch in München sei man... enttäuscht... Den entscheidenden Impuls für die moderne Verbrechensbekämpfung hätte das Bundeskriminalamt geben müssen, weil es die zentrale Stelle von Nachrichtensammlung und deren Auswertung sei.
Es sei zwar zu begrüßen, wenn jetzt die einzelnen Landeskriminalämter ›auf eigene Faust‹ versuchten, sich die Elektronik dienstbar zu machen. Darin stecke jedoch die Gefahr, daß die Kriminalpolizei in den Ländern nun auf einem Gebiet verschiedene

Wege gehe, wo ›nur eine allgemein verbindliche Sprachregelung und eine aufeinander abgestimmte Technik Erfolg verheißen . . .‹«.

Über Dickopfs Skepsis gegenüber der Elektronik schrieb der »Vorwärts« vom 16. 3. 1966:

»Er werde sich sogar mit des Teufels Großmutter verheiraten, wenn er für diesen Preis einen Computer bekäme, der sich wirklich für den Einsatz bei der Kriminalpolizei eigne. Mit diesem absurden Heiratsversprechen wollte der Präsident des Bundeskriminalamtes, Paulinus Dickopf, unlängst die Kritik wegwischen, die seit Wochen seinen Dienstsitz auf dem Wiesbadener Geisberg umspült. Der Präsident fügte hinzu, leider gebe es noch keine Maschine, die vergleichen könne – und auf Vergleichbarkeit komme es bei der Kriminalpolizei ja gerade an.
Nun sind . . . leibhaftige Kriminalisten als Zeugen aufgestanden, die genau das Gegenteil behaupten. Der Direktor für die Mechanisierung der Polizeiverwaltung in Italien, Alvaro Gomez y Paloma . . . Der zuständige Polizeireferent in Wien, Ambrosi, warf dem BKA-Präsidenten sogar vor, seine Äußerungen seien unsachlich und gehässig. Er sei bekannt dafür, daß er das Computer-System bekämpfe. Aber auch innerhalb der bundesdeutschen Grenzen meldeten sich zwei Zeugen zu Wort . . .
Solche Äußerungen tut BKA-Präsident Dickopf mit einer Handbewegung ab: ›Wenn man derartige Geräte angeschafft hat, die viel Geld gekostet haben, dann gibt man natürlich nicht gern Mißerfolge zu‹. Seine Worte können angesichts harter Tatsachen nur verwundern. Ist Dickopf schlecht, falsch oder ungenügend unterrichtet? Oder sollten jene Kritiker Recht behalten, die des Präsidenten mangelnden Mut zum Fortschritt in seiner konservativen Grundhaltung und seiner konventionellen Ausbildung suchen . . .
Kein Wunder, daß auch in einigen Landeskriminalämtern der Unmut . . . wuchs. Die Berliner ließen wissen, daß sie erwägen, künftig bei der Datenverarbeitung eigene Wege zu gehen.
Der Vertreter Bayerns kündigte ähnliche Maßnahmen an. In Nordrhein-Westfalen hat der Innenminister schon längst das Heft in die Hand genommen.
Diese Initiativen bergen jedoch die Gefahr in sich, daß die Kriminalpolizeien der Länder auf einem Gebiet verschiedene Wege gehen, wo nur eine allgemeinverbindliche ›Sprachregelung‹ und eine aufeinander abgestimmte Technik Erfolg versprechen kann. Auf eine kleine Anfrage der SPD-Bundestagsfraktion antwortete Bundesinnenminister Lücke, daß er dieser Gefahr durch seinen persönlichen Einsatz begegnen wolle. Gleichzeitig habe sich das Bundesinnenministerium eingeschaltet, um eine Klärung der noch offenen Computer-Fragen zu beschleunigen . . .«

Genau eine Woche vorher, am 11. März 1966, hatte die »Welt« mitgeteilt, die Kriminalämter würden Computer erhalten. Es sei soweit: Der Einsatz von Elektronengehirnen gegen das Verbrechertum sei für die Bundesrepublik beschlossene Sache. Innenminister Willi Weyer habe am Donnerstag in Düsseldorf mitgeteilt, daß das Bundeskriminalamt und die Landeskriminalämter sich in vier bis fünf Jahren auf Computer umgestellt haben würden. Auch Präsident

Paulinus Dickopf vom Bundeskriminalamt sei von dieser Notwendigkeit überzeugt worden! Minister Weyer wolle mit seinen Fachleuten Ende April nach Washington, New York und Chicago reisen, um dort die Computer der Kripo zu studieren.

Willi Weyer war zu optimistisch. Auch er kannte die Dickköpfigkeit des BKA-Präsidenten noch nicht ...

In der Kriminalitätsszene war ein Generationswechsel eingetreten. Die Rauschgiftkriminalität hatte alle Kontrollorgane, die sich, trotz vieler Warnungen, nicht auf die auf sie zukommenden Aufgaben vorbereitet hatten, überrannt. Noch glaubt man im BKA, so etwas wie »auf internationaler Ebene organisierte Kriminalität« gäbe es nicht in Deutschland.

Die Verbrecher praktizierten sie, führten vor, was organisiertes Verbrechen ist. Parallel zu den organisierten Erscheinungsformen im Berufsverbrechertum liefen verwandte, ohne Schwierigkeit in die Kategorie einzureihende Abarten, wie Umweltverschmutzung und Wirtschaftsverbrechen. Bank- und Wirtschaftsskandale deuteten sich an, aber die Kontrollorgane waren entweder blind oder gehemmt oder in ihrer schwer begreiflichen Autoritätsgläubigkeit mit Palmström einig in der Annahme, »daß nicht sein kann, was nicht sein darf«.

Auf anderer Ebene brutalisierte sich die Szene. Gewalt wurde immer stärker als Instrument benutzt. Die Verbrecher hatten sich angepaßt und machten sich die Errungenschaften der Technik zunutze. Die Welt war für die Menschen, auch für die Verbrecher, kleiner geworden. Dies erschwerte die Fahndung bis fast zur Unmöglichkeit, wenn den Kontrolleuren nichts Neues einfiel, wenn sie auf althergebrachten Methoden der Kriminalitätsbekämpfung, der Personen- und Sachfahndung beharrten und das Angebot der Wissenschaft und der Technik nicht nutzbringend und mit Erfolg einsetzen wollten.

Weder die Landeskriminalämter noch das Bundeskriminalamt waren in der Lage, der Herausforderung aus der Kriminalitäts- und Verbrechensszene mit adäquaten Mitteln zu begegnen.

Die Verbrecher jedoch hatten, wie es schien, keine Schwierigkeiten mit diesem »Angebot« der Technik. Banken wurden beraubt, Flugzeuge entführt, Geiseln zu Erpressungszwecken genommen. Der Terrrorismus lag in der Luft.

Im Jahr 1968 beschäftigte sich der Innenausschuß des Bundestages in

einer öffentlichen Sitzung mit den Problemen der Verbrechensbekämpfung, nachdem die Massenmedien über die deutsche Kriminalpolizei (»Stern«) ausführlich berichtet hatten.
Der Präsident des BKA mußte sich sagen lassen, daß er die Entwicklung seines Amtes eher bremse als vorantreibe. Er nütze die gegebenen Möglichkeiten der Zusammenarbeit mit den Ländern nicht aus und verschließe sich modernen kriminalistischen Einsichten. Dickopf sehe im kriminalpolizeilichen Meldedienst immer noch nicht das »Kernstück« des gesamten kriminalpolizeilichen Apparates und sei über die Mentalität eines »Einmannkriminalisten mit pfiffigen Detektivallüren« nicht hinausgekommen.
In einer Rede beschrieb Dickopf die aktuelle Lage der Kriminalität, forderte Unterstützung für sein Amt und eine neu zu konzipierende Kriminalpolitik. Es schien, als sei der BKA-Präsident sich der verfahrenen Situation bewußt geworden, als habe er zum Fenster seines »Biwaks« hinausgeschaut.
Es war höchste Zeit, denn mittlerweile war das Bundeskriminalamt funktionsunfähig geworden.
Die Berliner Tageszeitung schrieb am 25. 4. 1969 unter der Überschrift »Bundeskriminalamt am Ende?«:

»Das Bundeskriminalamt ist nicht mehr funktionsfähig. Diese alarmierende Mitteilung machte jetzt der Diplom-Mathematiker des Amtes, Leo Rouette, in Wiesbaden bei der ›Arbeitstagung über Grundlagenforschung und Kriminalpolizei‹. Rouette sprach vor 250 Kriminalisten aus dem gesamten Bundesgebiet in dem Amt, dessen Chef Paul Dickopf jahrelang jedem technischen Fortschritt auf dem Gebiet der Datenverarbeitung mit Mißtrauen begegnet war.«

Drei Tage lang hatte Dickopf auf der Tagung ausgeharrt. Als aber das Scherbengericht über ihn begann, war er nicht mehr anwesend. Die Erbitterung darüber, daß sich Dickopf allzu lange gegen die elektronische Verbrechensbekämpfung gesperrt und damit sein Amt in die nun auch offiziell eingestandene Misere geführt hatte, formulierte Hamburgs Kriminaldirektor Günter Bertling auf der Tagung: »Das ist die Bankrotterklärung des Bundeskriminalamtes«.
Deutlicher konnte es nicht gesagt werden. Die friedliche, einschläfernde Atmosphäre, die bisher im Saal geherrscht hatte, war zerstoben. Die Männer des Bundeskriminalamtes hörten mit betretenem Schweigen, was noch nie so deutlich gesagt worden war. Kriminalbeamte von der »Front« klatschten Beifall, als der Hamburger Krimi-

naldirektor den Verantwortlichen des Bundeskriminalamtes Versagen vorwarf.
Einige Bundesländer – darunter Hamburg, Niedersachsen, Bayern und Berlin – hatten sich auf dem Gebiet der elektronischen Verbrechensbekämpfung zur Selbsthilfe entschlossen. In Berlin gab es eine solche Stelle bereits seit zwei Jahren.
Dagegen wurden die Weichen für die elektronische Verbrechensbekämpfung beim BKA erst wesentlich später gestellt. Entgegen der Ansicht von Elektronikexperten sagte Dickopf bis vor kurzem: »Es gibt noch keinen Computer, dessen Arbeit zufriedenstellend und eine echte Hilfe für uns ist.« Der Schweizer Elektronikexperte Prof. Martin hielt dem Chef des Bundeskriminalamtes bereits 1966 entgegen, wenn Herr Dickopf die letzte Perfektion abwarten wolle, dann komme es zu einer kriminalistischen Pleite. Daß die Prophezeiung schon nach drei Jahren wahr werden würde, überraschte nicht.
Mit der rapide gewachsenen Zahl der Verbrechen in der Bundesrepublik war auch der Informationsfluß aus den Dienststellen der Kripo, die das Bundeskriminalamt unterrichten, so stark angeschwollen, daß die Auswertung von Hinweisen manuell, wie es immer noch geschah, nur lückenhaft sein konnte.
Der Nichtkriminalist Rouette erkannte im Bundeskriminalamt schnell, daß der riesige Apparat, der die Arbeit der Kripo draußen erleichtern sollte, nicht mehr funktionierte. Er bestätigte, was Präsident Dickopf immer bestritten hatte: »Die automatische Datenverarbeitung war und ist in der Lage, der Kripo entscheidend zu helfen.«
Am 19. 9. 1969 trat das »Gesetz zur Änderung über die Einrichtung eines Bundeskriminalpolizeiamtes« in Kraft. Es bringt dem BKA erweiterte Kompetenzen und ermächtigt den Generalbundesanwalt, das BKA mit polizeilichen Ermittlungen zu beauftragen.
Das BKA erhielt eine originäre Zuständigkeit für die Bearbeitung des Waffen- und Rauschgifthandels, der Falschgelddelikte und einiger anderer Verbrechensarten, die einen organisatorischen Hintergrund vermuten lassen und ihrem Wesen nach zur, die Grenzen überfliegenden, mobilen Kriminalität gehören.
Dies brachte jedoch keine Lösung der Probleme, sondern nur eine Verlagerung. Das BKA war weder personell noch instrumentell in der Lage, die neuen Aufgaben anzugehen. Es war überbelastet. Und es gab noch die Kompetenzstreitereien mit den Ländern, die mehr

1717

Bundesgesetzblatt

Teil I Z 1997 A

1969	Ausgegeben zu Bonn am 24. September 1969	Nr. 100

Gesetz zur Änderung des Gesetzes über die Einrichtung eines Bundeskriminalpolizeiamtes (Bundeskriminalamtes)

Vom 19. September 1969

Der Bundestag hat das folgende Gesetz beschlossen:

Artikel 1

Das Gesetz über die Einrichtung eines Bundeskriminalpolizeiamtes (Bundeskriminalamtes) vom 8. März 1951 (Bundesgesetzbl. I S. 165) wird wie folgt geändert:

1. In § 1 Satz 2 werden die Worte „gemeinen Verbrecher" durch das Wort „Straftäters" ersetzt.

2. § 4 wird wie folgt geändert:

   a) Absatz 2 und Absatz 3 erhalten folgende Fassung:

   „(2) Das Bundeskriminalamt nimmt jedoch die polizeilichen Aufgaben auf dem Gebiet der Strafverfolgung selbst wahr, wenn

   a) eine zuständige Landesbehörde darum ersucht oder

   b) der Bundesminister des Innern es aus schwerwiegenden Gründen anordnet oder

   c) der Generalbundesanwalt oder der Untersuchungsrichter in Verfahren, in denen der Generalbundesanwalt die Ermittlungen führt, darum ersucht oder einen Auftrag erteilt (§§ 161, 189 StPO).

   (3) Die oberste Landesbehörde ist unverzüglich zu benachrichtigen, wenn das Bundeskriminalamt polizeiliche Aufgaben auf dem Gebiet der Verbrechensbekämpfung wahrnimmt."

   b) In Absatz 4 Satz 2 werden die Worte „zuständige Landesregierung" durch die Worte „oberste Landesbehörde" ersetzt.

3. Folgende §§ 4a und 4b werden eingefügt:

„§ 4a

(1) Zur Unterstützung von polizeilichen Strafverfolgungsmaßnahmen kann das Bundeskriminalamt Bedienstete zu den Polizeibehörden in den Ländern entsenden, wenn die zuständige Landesbehörde darum ersucht oder wenn dies den Ermittlungen dienlich sein kann. Die Zuständigkeit der Polizeibehörden in den Ländern bleibt unberührt.

(2) Die oberste Landesbehörde ist unverzüglich zu benachrichtigen.

§ 4b

(1) Berührt eine strafbare Handlung den Bereich mehrerer Länder oder besteht ein Zusammenhang mit einer anderen strafbaren Handlung in einem anderen Land und ist angezeigt, daß die polizeilichen Aufgaben auf dem Gebiet der Strafverfolgung einheitlich wahrgenommen werden, so unterrichtet das Bundeskriminalamt die obersten Landesbehörden und die Generalstaatsanwälte, in deren Bezirken ein Gerichtsstand begründet ist. Das Bundeskriminalamt weist im Einvernehmen mit einem Generalstaatsanwalt und einer obersten Landesbehörde eines Landes diesem Land die polizeilichen Aufgaben auf dem Gebiet der Strafverfolgung mit der Maßgabe zu, diese Aufgaben insgesamt wahrzunehmen.

1718 Bundesgesetzblatt, Jahrgang 1969, Teil I

(2) Zuständig für die Durchführung der einem Land nach Absatz 1 übertragenen Aufgaben ist das Landeskriminalamt; die oberste Landesbehörde kann an Stelle des Landeskriminalamtes eine andere Polizeibehörde im Lande als zuständig erklären."

4. § 5 erhält folgende Fassung:

„§ 5

Vollzugsbeamte des Bundes und der Länder, die einen schriftlichen Ermittlungsauftrag besitzen, können in den Fällen des § 4 Abs. 2 und des § 4b im ganzen Bundesgebiet Amtshandlungen vornehmen; sie sind insoweit Hilfsbeamte der zuständigen Staatsanwaltschaft. Sie sollen zu ihren Ermittlungen tunlichst Beamte der örtlich zuständigen Polizeidienststellen hinzuziehen."

Artikel 2

Die dem Bundesbesoldungsgesetz in der Fassung der Bekanntmachung vom 18. Dezember 1963 (Bundesgesetzbl. I S. 916), zuletzt geändert durch das Sechste Gesetz zur Änderung des Bundesbesoldungsgesetzes vom 28. Juli 1969 (Bundesgesetzbl. I S. 1004), als Anlage I beigegebene Besoldungsordnung B wird wie folgt geändert:

1. In der Besoldungsgruppe B 6 wird unter „Unmittelbarer Bundesdienst" gestrichen:

   „Präsident des Bundeskriminalamtes".

2. In die Besoldungsgruppe B 7 wird unter „Unmittelbarer Bundesdienst" eingefügt:

   „Präsident des Bundeskriminalamtes".

Artikel 3

Dieses Gesetz gilt nach Maßgabe des § 13 Abs. 1 des Dritten Überleitungsgesetzes vom 4. Januar 1952 (Bundesgesetzbl. I S. 1) auch im Land Berlin.

Artikel 4

Dieses Gesetz tritt am 1. Januar 1970 in Kraft.

Die verfassungsmäßigen Rechte des Bundesrates sind gewahrt.

Das vorstehende Gesetz wird hiermit verkündet.

Bonn, den 19. September 1969

Der Bundespräsident
Heinemann

Der Bundeskanzler
Kiesinger

Der Bundesminister des Innern
Benda

Der Bundesminister der Justiz
Horst Ehmke

Vertrauen in ihre Beamten als in die des Bundeskriminalamtes hatten. Die »Zentrale« als fließende Informationsquelle funktionierte noch immer nicht. Kompromisse brachten keine durchgreifenden Reformen.

Der Terrorismus profilierte sich. Brandlegungen, Attentate, Banküberfälle, versteckte und offene Drohungen, Geiselnahmen und Erpressungen deuteten ihre konkreten Ausführungsformen nicht nur an, sie zeigten Verwirklichungen.

Am 28. 10.1969 kündigte der Bundeskanzler ein Sofortprogramm zur Modernisierung und Intensivierung der Verbrechensbekämpfung an. Das BKA sollte in jeder Hinsicht zügig ausgebaut und ausgestattet werden. Es wurde eine Kommission zur Reform der Arbeit des BKA einberufen, und die Regierung verkündete am 19. 10. 1970 das vom Kanzler angekündigte Sofortprogramm. Das BKA wurde erweitert, personell und technisch verbessert, aber die elektronische Datenverarbeitung immer noch nicht, wie es absolut erforderlich gewesen wäre, mit konsequenter Zügigkeit ein- und durchgeführt.

Präsident Dickopf stellte zwar 1969 einen Fünfjahresplan zur Erhöhung der Effektivität des BKA auf und erhöhte den Personalbestand zuerst auf 933, dann auf 964 Bedienstete. Darüber hinaus geschah aber nichts Wesentliches. Als er dann aktiv wurde, war es reichlich spät. Die »Außerparlamentarische Opposition«, die politischen Oppositionsgruppen der Linken, die in der Parlamentarischen Opposition der FDP zur Zeit der »Großen Koalition« keine wahre Opposition mehr sehen mochten, hatten bereits 1967 und 1968 der Baader-Meinhof-Gruppe den Weg geebnet. Ab 1968 nahmen die Brand- und Sprengstoffanschläge zu. Im BKA hatte man zu lange biwakiert.

Schwere Vorwürfe erhob in diesem Zusammenhang Dr. Herbert Schäfer, Beamter des BKA unter Präsident Dickopf und dann Chef des Bremer Landeskriminalpolizeiamtes, in den »Grundlagen der Kriminalistik« (Band 5, S. 7, 1970):

»Es gibt z. B. immer noch kein einheitliches Auswahlsystem mit erprobten Kriterien für die Übernahme geeigneter Kräfte aus freien Berufen und aus der Schutzpolizei in die Kriminalpolizei. Es gibt keinen einheitlich abgestimmten Ausbildungsgang für Kriminalisten in der Bundesrepublik. Es fehlt an einem System von fort- und weiterbildenden Lehrgängen. Es fehlt nach 20 Jahren Nachkriegskriminalistik immer noch

an abgestimmten Lehrunterlagen. Es fehlt an einer einheitlichen Ausbildungsstätte für Kriminalisten. Die Kriminalakademie für leitende Kriminalisten wird von einigen offensichtlich als eine Utopie angesehen. Kurz: es wird dort mit kurpfuscherischer Fahrlässigkeit und arroganter Selbstherrlichkeit ›gewirkt‹, wo koordiniert gearbeitet werden sollte. Die intuitive Improvisation und das ad-hoc-Denken werden geheiligter Dauerzustand. Jahr für Jahr werden so neue Chancen vertan.
Ein weiteres Musterbeispiel für eine eklatante Fehlentwicklung gibt die automatische Datenverarbeitung im Bereich der Kriminalistik. An zahlreichen Stellen werden verschiedene auseinanderstrebende Entwicklungen auf diesem Gebiet unter Verwendung verschiedener technischer Systeme vorwärtsgetrieben. Weil die fehlende Koordination und die Fehler der Koordination in der ersten Stunde wohl kaum noch zu beheben sein werden, wird es lange, lange Jahre dauern, bis wieder eine Übereinstimmung auf diesem Sektor moderner Kriminalistik erzielt werden kann. (Ähnliche andere Beispiele verschiedener Größenordnung ließen sich hier noch anführen.)
Es sollte rechtzeitig festgehalten werden, welche Personen für solche letztlich die Sicherheit der Bürger unmittelbar berührenden und gefährdenden Fehler die Verantwortung tragen. Allerdings läuft sich das Feststellen der Verantwortung allein für die Verantwortlichen folgenlos im Beamtenrecht tot, da das Beamtenrecht leider keinen ›Trottelparagraphen‹ kennt.«

Als Dickopf aus dem Amt ausschied, war er resigniert und deprimiert. Man kann ohne Emotion fragen: Hat das von ihm geschaffene Amt Dickopf geschafft?
Bernd Wehner beschreibt den erfolglosen Kampf, den Dickopf gegen Bürokratie, Politiker, Engstirnigkeit, falsch verstandenen Föderalismus geführt haben soll:

»Aber Polizei ist Sache der Länder, und auf diesem Standpunkt beharren – rechtlich durchaus richtig – seine (Dickopfs) Gesprächspartner aus den Ländern, die, oft genug mit Weisungen ihrer Bürokratie wohl versehen, zu den Besprechungen mit dem BKA gingen. Wollten etwa die Länder ein starkes Bundeskriminalamt? Hätten sie es gewollt, und hätten sie die entsprechenden Opfer, zum Beispiel an ausgesuchtem Personal für das BKA gebracht, Dickopfs Aufgabe wäre leichter gewesen, wäre in entscheidenden Phasen überhaupt erst möglich geworden ... Ermutigend waren vor Jahren die EDV-Bestrebungen der Länder für das BKA freilich nicht, die sämtlich andere Vorstellungen hatten und, nicht vor den finanziellen Schwierigkeiten wie das BKA stehend, auf eigene Faust loswurstelten. Allerdings hätte das beginnende Durcheinander innerhalb der Länder für Dickopf ein Fanal werden sollen ... Aber die Weichen waren für ihn erst dann gestellt, als sich das Parlament in Bonn den Problemen der Verbrechensbekämpfung gar nicht mehr entziehen konnte, obwohl Dickopf, und neben ihm andere, keine Gelegenheit ausgelassen haben, auf die Gefahr aufmerksam zu machen, die mit der steigenden Verbrechensflut auf uns zukommen mußte.«

Kann man auch sicher sein, daß Dickopf ein starkes BKA wollte? War denn klar, was Dickopf überhaupt mit dem BKA gewollt, wie er es sich vorgestellt hatte? Sind ihm nicht die Ereignisse und Entwicklungen im sozialen, wissenschaftlichen und kriminellen Bereich voraus- und davongelaufen?

Im September 1969 wurde in Änderung des Gesetzes der Generalbundesanwalt ermächtigt, das BKA mit polizeilichen Ermittlungen zu beauftragen. Der Terrorismus hatte die kriminalpolizeiliche Lethargie aufgerüttelt.

Das BKA bedurfte dringend einer Reform. Im April 1970 berief der Innenminister eine Kommission, und im Oktober gab die Bundesregierung ein Sofortprogramm zur Modernisierung und Intensivierung der Verbrechensbekämpfung heraus. Im November war der Ausbau des kriminalpolizeilichen Telebildnetzes zwischen BKA und den Landeskriminalämtern abgeschlossen. Am Ende des Jahres betrug der Personalbestand 964 Bedienstete, das Haushaltsvolumen 38,9 Millionen Mark.

Im Oktober 1968 war Paulinus Dickopf, der im Bundeskriminalamt biwakierte und kaum aufgelegt war, seinem Amt neue Impulse zu geben, mit Hilfe seines Nazifreundes aus der Schweiz, François Genoud, für vier Jahre zum Präsidenten der Internationalen Kriminalpolizeilichen Organisation, Interpol, gewählt worden. Vor ihm hatten bereits andere Deutsche dieses Amt inne: Reinhard Heydrich und dann Ernst Kaltenbrunner. Damals, im Krieg, hatte Genoud den Freund, wie er sagt, »durch alle Wirrnisse« gelotst, und jetzt sorgte er dafür, daß Dickopf Interpol-Präsident wurde.

Genoud machte kein Hehl aus seiner auch heute noch bestehenden Verehrung für Hitler und seine Mannen, auch nicht aus seiner noch fortdauernden Freundschaft mit Dickopf. Durch seine vielfältigen, intimen Beziehungen zu den arabischen Staaten habe er die entsprechende Stimmenmehrheit für die Wahl des Freundes Paulinus zum Interpol-Präsidenten zusammengetrommelt. Auch sei ihm Dickopf stets dankbar gewesen, und im Gegenzug, wenn es beispielsweise um die Verfolgung irgendwelcher Araber in der BRD gegangen sei, habe Dickopf ihm »diesen oder jenen Gefallen« getan.

François Genoud gehört in der Schweiz zu den »unheimlichen Patrioten«. Nach seinen eigenen Aussagen war Genoud anfangs der dreißiger Jahre als 17- oder 18jähriger einige Monate Mitglied einer faschistischen Organisation gewesen. Eine Lausanner Zeitung charakterisierte ihn so: »Sympathisant von Nazi-Deutschland, dem Genfer Faschisten Georges Oltramare nahestehend und Militanter bei rechtsextremen Gruppen in der Schweiz« (24 heures, 10. 10. 73). Nach dem Krieg tauchte Genoud als Verleger in Belgien und in der Bundesrepublik auf, bevor er im Juni 1958 nach Lausanne zurückkehrte.

Genoud verkehrt nicht nur im nazistischen, sondern auch im arabischen Milieu. Er sei ein Freund des palästinensischen Volkes, das er seit 1936 kenne und mit Sympathie verfolge, erklärte er 1969 anläßlich des Winterthurer Prozesses gegen die palästinensischen El-Al-Attentäter. Genoud verfolgte den Prozeß als Freund und Vertrauter der arabischen Anwälte.

1958 hatte Genoud in Genf die »Banque Commerciale Arabe« (BCA) gegründet, deren Hauptsubstanz der legendäre Kriegsschatz der algerischen Befreiungsfront FLN war. Genoud bezeichnet sich als Freund von Mohammed Khider, der 1962 als FLN-Finanzminister vierzig Millionen Franken bei der BCA einbezahlt hatte und 1963 Hauptaktionär geworden war. Nach der Ermordung von Khider im Jahre 1967 blieb der Kriegsschatz unauffindbar; die algerische Regierung prozessierte, ohne an das große Geld heranzukommen. 37 der 40 Millionen blieben verschwunden. 10 Millionen habe Khider 1963 zum Kauf der BCA- Aktienmehrheit verwendet, erklärte Genoud. Und die restlichen 27 Millionen? Genoud:

»Das Geld stammte aus Sammelaktionen algerischer Gastarbeiter in Europa, Khider, der ein Ehrenmann war, hat es wiederum für soziale Stützungsaktionen und zur Finanzierung der algerischen Oppositionsgruppen in Europa ausgegeben.«

Hans Fleig, ein Spezialist in Fragen der arabischen Welt, kommentierte:

»Diese Erklärung stößt aber auch bei Kennern, die nicht Feinde Khiders waren, auf große Skepsis. Irgendwo liegen nach diesen Schätzungen noch zehn bis 15 Millionen Franken, die möglicherweise ›treuhänderisch‹ verwaltet werden und eines Tages bei günstiger politischer Gelegenheit doch wieder auftauchen« (Blick, 25. 4. 79).

Genoud ist als Privatbankier dauernd in arabische Konflikte und zwielichtige Geldgeschichten verwickelt. Im Nahen Osten hat er komplizenhafte Freunde. Seine »Banque Commerciale Arabe« in Genf ist geheimnisumwittert, und Genoud weiß seine Beziehungen, besonders wenn er in eine Klemme geraten ist, spielen zu lassen. Als er im Oktober 1964 in Algier unter dem Verdacht, dubiose Bankge-

schäfte getätigt, in seiner Bank in Algier »doppelte Buchführung« für illegale Zwecke eingeführt, Kassenoperationen ohne Quittungen oder Belege durchgeführt und noch so manches angestellt zu haben, verhaftet wurde, mußte die algerische Botschaft ein Communiqué veröffentlichen, um feststellen zu lassen, daß Genoud ein faires Verfahren vor Gericht bekommt und bekam.
Die Affäre hatte zwar einen Niederschlag in der internationalen Presse gefunden, wurde aber, wie immer, wenn Genoud Mittelpunkt eines Skandals war, schnell vergessen und nur am Rande kommentiert.
Cornelius hat in der Schweizer »Weltwoche« vom 19. 3. 1965 unter der Überschrift: »Von Goebbels zu Ben-Bella – Wandlungen eines Lausanner Bankiers« versucht, die mysteriöse Affäre zu beleuchten. Er schrieb unter anderem:

»Was steckt nun wirklich hinter der ›Affäre Genoud‹? Waren es nur die löblichen Interventionen der Schweizer Diplomatie, die unserem Landsmann aus der algerischen Patsche halfen, oder hat der Lausanner Bankier persönlich Trümpfe in der Hand, welche im Zwielicht gewisser untergründiger internationaler Beziehungen härter stechen als Demarchen von akkreditierten Diplomaten?
Ungefähr zur selben Zeit als Genoud in Algier verhaftet wurde ›platzte‹ die Affäre Khider.
Ben Bella bezichtigte in Algier seinen einstigen Kampfgefährten, den Kriegsschatz des FLN, rund 60 Millionen Franken, veruntreut und nicht der Parteikasse abgeliefert zu haben, sondern ihn für die Opposition zu verwenden. Das Geld wurde sequestiert und Khider aus der Schweiz ausgewiesen.
Sofort brachte man den ›Fall Genoud und die Affäre Khider‹ miteinander in Zusammenhang. Am 22. Februar 1965 schrieb Eddy Bauer in ›Feuille d'Avis de Neuchâtel‹:
›Wir wollen uns, und zwar mit Berechtigung, nicht über den Grund dieser nebelhaften Affäre aussprechen. Sie ist gewiß – aber wie? – mit dem Verschwinden des FLN-Kriegsschatzes verbunden . . . Hat in dieser Affäre unser Miteidgenosse die Interessen seines Freundes Mohammed Khider, des Rebellen, unterstützt zum Schaden seines anderen Freundes Ben Bella?‹
Bauer bezieht sich dann auf einen Artikel von Jean Hugli in der ›Nouvelle Revue de Lausanne‹ vom 5. Februar, worin dieser schrieb, daß Genoud der algerischen Revolution wertvolle Dienste geleistet, daß er, ohne bestraft zu werden, die Gesetze mißachtet habe, welche den Schweizer Bürgern verbieten, ihre Neutralität zu verletzen, durch Teilnahme an einem ausländischen Krieg oder Hilfe von Schweizer Boden aus an einen Geheimdienst, welcher vom Ausland aus gegen eine dritte Macht arbeitet.
Kaum war Genoud übrigens in der Schweiz angekommen, wurde bei der Genfer Staatsanwaltschaft eine neue Klage gegen die ›Banque Commerciale Arabe‹ deponiert. Diesmal durch das algerische Waisenhilfswerk ›Djil el Djadid‹. Wegen Veruntreuung im Betrag von sechs Millionen Franken. Diese Summe hatte der Emir von

Kuwait im April 1963 auf der Bank zugunsten der algerischen Waisen hinterlegt. Die arabische Handelsbank hat prompt mit einer Gegenklage auf Verleumdung geantwortet.

Wer ist also der ›Lausanner Bankier François Genoud‹?

Finanzmann der algerischen Revolution, der sich nun mit seinen linksradikalen Herren überworfen hat? Genoud selber kann man kaum als linksradikal bezeichnen! Vor rund acht Jahren sprach man nämlich bereits von ihm. Im Zusammenhang mit dem literarischen Nachlaß von Josef Goebbels!

Am 3. Mai 1956 schrieb die ›Kölnische Rundschau‹ unter dem Titel ›Josef Goebbels würde grinsen‹ über einen Prozeß an der 10. Zivilkammer des Landgerichtes Köln. Dem Schweizer Verleger François Genoud wurde damals das Veröffentlichungsrecht des Goebbels-Nachlasses zugesprochen.

Wer aber ist nun eigentlich dieser schweizerische Verleger... der einen so kostspieligen Prozeß zu führen wagt, obwohl man seinen Verlag in Frankfurt gar nicht kennt? fragte das Kölner Blatt und fährt fort:

›Genoud stammt aus einer angesehenen Lausanner Familie. In der Nazizeit soll er der schweizerischen Frontistenbewegung angehört haben...‹

Der Anwalt Genouds, Dr. Kurt Runge (Köln) dementierte zwar am 15.6. 1956 in derselben Zeitung einige Punkte des Artikels, aber nicht die Tatsache, daß Genoud Frontist gewesen ist. Es scheint übrigens festzustehen, daß er ein Freund des Genfer Faschisten Geo Oltramare war.

Wer ist also der ›Lausanner Bankier François Genoud‹?

Finanzmann, roter arabischer Revolutionär mit brauner Vergangenheit? Nur braune Vergangenheit? Das ist die Frage.

Im November 1964 veröffentlichte die Baseler ›National Zeitung‹ eine Artikelserie von Serge Fliegers: ›Auf der Suche nach verschwundenen Nazis‹. In der Sonntagsausgabe vom 7/8. November 1964 handelte ein Artikel von jener Organisation, genannt ›Die Spinne‹, der Nachfolgeorganisation der in der Nachkriegszeit tätigen ODESSA (Organisation der ehemaligen SS-Angehörigen). Fliegers schreibt nun, unter dem Zwischentitel:

›Der ‚Herr X‘ in Lausanne... Die Spinne spann ihre ersten Fäden lange vor dem Zusammenbruch des Dritten Reiches, nämlich als die SS geheime Geldmittel auf anonyme Konten in der Schweiz deponierte. Der Mann, der dieses Nazivermögen verwaltete und auch heute noch verwaltet, ist Schweizer Staatsbürger und wohnt in Lausanne. Seine Wohnung hat das Aussehen eines Hitler-Museums: an den Wänden hängen Hakenkreuzfahnen und lebensgroße Porträts des Führers. Dieser Nazibankier reist heute ungehindert in Europa umher, um Investitionen und Überweisungen vorzunehmen.‹

Wie verwirrend sind doch die Verhältnisse in gewissen Finanzkreisen Lausannes! Da gibt es also einen Bankier François Genoud, momentan auf Ehrenwort aus dem algerischen Gefängnis befreit. Derselbe Bankier ist aber auch literarischer Nachlaßverwalter Josef Goebbels' und ehemaliger Frontist. In der gleichen Stadt gibt es auch einen geheimnisvollen ›Herrn X‹, Verwalter von Nazivermögen und Finanzmann der Neonazistischen Internationale!

Es müßte doch eigentlich für die kompetenten Behörden ein leichtes sein festzustellen, in welcher Wohnung die Hakenkreuzfahnen und die lebensgroßen Führerporträts hängen...«

Daß Genoud zur Terroristenszene Beziehungen hatte und hat wurde immer vermutet. In der »Welt« vom 15. März 1982 berichtet Werner Kahl in einem Artikel »Rechts-links-Bankier« unter anderem:

»Dieser Tage wird bekannt, daß der Hintermann, der die Verteidigung des Schweizer Terroristen Bruno Brequet finanzierte, der Schweizer Bankier François Genoud ist. Brequet ist eine Art rechte Hand von ›Carlos‹, der ein gut Teil der Drähte der deutschen Terroristenszene zieht; Brequet steht in engsten Beziehungen zu Magdalena (›Vera‹) Kopp, einer Terroristin aus den linken ›Revolutionären Zellen‹ in der Bundesrepublik, die das Erbe der Baader/Meinhof-Bande weiterzuführen suchen. Genoud aber hat langjährige Naziverbindungen und betreibt einen Spezialverlag für Nazi-Literatur. Und er hat vorzügliche Verbindungen zur arabischen Welt und ihrem Geld.
Verbindungen zu den Schätzen Arabiens suchten gerade die ›Friedens‹-Bewegten Schily, Mechtersheimer und Voigt bei Khadhafi in Wien. Welche Kreise sich da schließen oder kurzschließen, wäre auf unser Bundesinnenministerium mehr Verlaß, erführen wir vielleicht bald manch Interessantes dazu.«

Schon in den sechziger Jahren war François Genoud Berater der ›Union des avocats arabes‹ gewesen und hatte in dieser Eigenschaft verhaftete Palästinenser gelegentlich eines Prozesses, der gegen Terroristen in Winterthur (1969) wegen versuchten Attentats auf ein Flugzeug der El Al durchgeführt wurde, besucht. Der »Nouvel Observateur« fragte sich (22. 12. 1969), was François Genoud, der der Verteidigung seine Hilfe angeboten hatte, in der ›Union des avocats arabes‹ zu suchen hat und wunderte sich. Dazu sagte Genoud laut »Die Woche» (19. 3. 1982):

»Der Verband der arabischen Anwälte hatte Freunde von mir beauftragt, sich mit dieser Angelegenheit zu befassen. Die sind dann zu mir gekommen und ich habe ihnen geholfen und sie beraten.«

Als 1982 der Schweizer Bruno Brequet in Paris im Besitze von Sprengladungen und Waffen zusammen mit einer gesuchten deutschen Terroristin verhaftet wurde und seine Beziehung zu »Carlos« (W. I. Sanchez) offenbar wurde, erinnerte man sich an das Wirken von François Genoud und die Rolle, die er 1970 gespielt hatte, als Brequet in Israel wegen Zusammenarbeit mit einer palästinensischen Widerstandsbewegung zu 15 Jahren Haft verurteilt, bereits 1977 in die Schweiz zurückkehrte. Damals, 1970, als Brequet in Israel verurteilt wurde, sei Genoud spontan in den Tessin zu Brequets Eltern gefahren, um sie zu beraten. Dazu Genoud: »Irgendwie hat mich das

Schicksal meines jungen Landsmannes berührt, der vielleicht etwas dumm ausgezogen ist, etwas Interessantes zu unternehmen.«

Genoud hatte Brequet 1977, als er aus der israelischen Haft entlassen war, »richtig« kennengelernt. »Ich hatte den Eindruck, daß er seine Einstellung nicht geändert hatte, daß er noch immer mit den Palästinensern sympathisierte, was mich freute«, sollte Genoud 1982 sagen.

Spätestens seit 1942 scheint François Genoud eine Schlüsselfigur in Dickopfs Leben gewesen zu sein. Die beiden haben sich immerhin mehr als dreißig Jahre die Freundschaft gehalten. Ob Paul Dickopf sich als Gegner des Nazitums gegenüber dem Freund Genoud, der ihm auch in späten Nachkriegsjahren geholfen und sogar zur Interpol-Präsidentschaft verholfen haben will, ausgewiesen hat, ist ungewiß.

Man muß von Genoud wissen, wer er war bzw. noch ist, um Paul Dickopfs Persönlichkeit näherzukommen. Verstehen wird man manches, nachvollziehbar ist Paul Dickopfs Verhalten und Handeln nur schwer. Hatte Dickopf im Glauben, ein Alpenveilchen zu pflücken, in eine Distel gegriffen, deren Stich er nicht los werden konnte, oder war das Alpenveilchen Genouds Tarnung für ein Edelweiß, oder war alles Lüge? Auf jeden Fall gibt die Blume aus der Schweiz, am Genfer See, in Pully bei Lausanne ein rätselhaftes Geheimnis auf, das nicht gelöst ist. Dickopf hat es mit ins Grab genommen. Sein Freund Holle kann oder will bei der Lösung nicht helfen, und Genoud schweigt. Er sagt nur, was er sagen will. Und das wissen wir bereits.

Paul Dickopf hat dafür gesorgt, daß er nicht vergessen wird, denn ungelöste Rätsel halten das Interesse wach und erregende Geheimnisse bleiben im Bewußtsein.

Auf der internationalen Studienkommission zur Kontrolle von Interpol am 22. März 1983 mußte sich Interpol herbe Kritik gefallen lassen. Im Mittelpunkt stand die Diskussion über den Datenschutz und die internationale Reglementierung. Am Rande standen Personen im Zwielicht.

In der »Deutschen Polizei« vom Juli 1983 berichtete S. Brugger unter anderem:

»Zu einem weiteren Round-table-Gespräch, das am 29. April 1983 in Paris stattfand, wurde auch ein Vertreter der Internationalen Union der Polizeigewerkschaften (UISP) eingeladen. Beim ersten Round-table-Gespräch hat man zur Einstimmung auf die Diskussion, besonders zum datenschutzrechtlichen Teil des neuen Sitzabkom-

mens, einen kurzen Abriss der Geschichte der IKPO-Interpol gegeben. Es wurde dargestellt, daß einer der Präsidenten der IKPO-Interpol SS-Führer Reinhard Heydrich gewesen sei. Und, so wurde ergänzt, wer da geglaubt habe, daß nach dem Krieg ein Nazieinfluß auf die Organisation Interpol beendet gewesen sei, wäre enttäuscht worden, denn von 1968 bis 1972 sei Paulinus Dickopf, ein ehemaliger SS-Offizier, Präsident dieser Organisation gewesen. Mit dem Hinweis auf einige Beispiele angeblichen Fehlverhaltens der IKPO-Interpol verwies man schließlich darauf, welche Gefahren entstehen könnten, wenn Länder wie Argentinien, die Türkei oder die Philippinen Einfluß auf Interpol gewännen. Amnesty International habe mitgeteilt, daß auf den Philippinen politische Gefangene durch die dortige Polizei Folterungen unterzogen würden. Der derzeitige Präsident der IKPO-Interpol sei der Chef der philippinischen Polizei.
Bei dieser Darstellung wird verständlich, weshalb in Frankreich öffentlich besonders der datenschutzrechtliche Teil des neuen Sitzabkommens mit der Zielrichtung kritisiert wird, es dürfe kein Vertreter der IKPO-Interpol in dem Kontrollausschuß vertreten sein.«

Darauf brachten Vertreter der Internationalen Union der Polizeigewerkschaften die bekannte Legende als abwehrende Erklärung und boten sie als Richtigstellung an. Der Geist Dickopfs hatte Grund, zufrieden zu sein.
Über Interpol brannte ein Zwielicht, wenn Brugger weiter schreibt:

»Es wurde darauf hingewiesen, daß der Deutsche Paulinus Dickopf, der von 1968 bis 1972 Präsident der IKPO-Interpol gewesen ist, nach heutigem Erkenntnisstand im Frühsommer 1943 in Frankreich und Belgien untergetaucht ist und am 17. Juli 1943 schließlich in die Schweiz emigrierte, wo er bis Kriegsende blieb.
Im Fahndungsbuch vom 16. April 1943 sei Dickopf erstmals zur Festnahme im damaligen Nazi-Deutschland ausgeschrieben worden; er sei danach bis Kriegsende ununterbrochen zur Festnahme gesucht worden.
Tatsache ist, daß der nationale Interpol-Vertreter der Philippinen heute Präsident der IKPO-Interpol ist. Unterstellt, daß es sich bei ihm auch um den Chef der Polizei der Philippinen handelt, und die Vorwürfe von Amnesty International (AI) zutreffen, dann stellt sich die Frage, wie es zu dieser Wahl zum Präsidenten der IKPO-Interpol kommen konnte. Bei einer Stichhaltigkeit der Vorwürfe von AI ist es kaum vorstellbar, daß Vertreter demokratischer Mitgliedstaaten der IKPO-Interpol ihre Stimme für die Wahl des Philippinos abgegeben haben. Die Darstellungen anläßlich des Roundtable-Gesprächs am 22. März 1983 bei der internationalen Studienkommission zur Kontrolle von Interpol lassen deutlich werden, daß sich die nationalen Vertreter der IKPO-Interpol, zumindest so weit sie aus demokratischen Staaten kommen, auch ihrer politischen Verantwortung bewußt sein müssen, geht es doch bei solchen Vorgängen um das Ansehen dieser Organisation, aber auch das der Polizei schlechthin.
Es bleibt im Interesse der internationalen polizeilichen Zusammenarbeit zu hoffen und zu wünschen, daß ein Weg gefunden wird, der aus der derzeitigen Sackgasse herausführt und die Zustimmung der französischen Nationalversammlung findet.«

Als Paulinus Dickopf als Präsident von Interpol verabschiedet wird, zählt die Organisation 136 Mitgliedstaaten. Als er als BKA-Präsident verabschiedet wird, beschäftigt das Amt 1113 Bedienstete, davon 545, also etwa die Hälfte, Kriminalbeamte.

Am 29.6. 1971 wurde BKA-Präsident Dickopf in den Ruhestand versetzt. Auf Wunsch von Bundesinnenminister Genscher war er noch ein Jahr nach Erreichen der Altersgrenze im Amt verblieben. Sein Amt als IKPO-Interpol nahm er noch bis Herbst 1972 (Ablauf der Wahlperiode) wahr. Die Entgegennahme einer hohen Auszeichnung der Bundesrepublik Deutschland lehnte er ab.

Dickopf hatte, so scheint es, resigniert. Bereits ein Jahr vorher, am 7.6. 1970, hatte er in einer »Bestandsaufnahme der gegenwärtigen Situation der Kriminalpolizei in der Bundesrepublik Deutschland« damit begonnen, im fachlichen und personellen Bereich Bilanz zu ziehen:

»Die Kriminalität unserer Zeit, verschieden von der von gestern und morgen, lastet schwer auf der Gesellschaft. Sie bewirkt Unsicherheit, die sich selbst in hochzivilisierten Staaten bis zur Unerträglichkeit steigert und tiefgreifende politische Folgen hat. Was der einzelnen Straftat an Gewicht fehlen mag, wird in vielen Fällen durch die Publizität mehr als ausgeglichen.

Auch die Bundesrepublik Deutschland, die lange Jahre hindurch von einer in allen Teilen der Welt gängigen Bandenkriminalität, von einer Massierung von Gewaltverbrechen und vom Rauschgift wenig betroffen war, gerät mehr und mehr in den Sog dieser Straftaten. Damit fallen der deutschen Kriminalpolizei neben ihrer Überforderung durch die Bekämpfung der sprunghaft wachsenden Diebstahlskriminalität neue schwere Aufgaben zu, die sie selbst bei einer wesentlichen Verstärkung der personellen und materiellen Mittel nicht erfüllen kann.

Niemand ist zu der Annahme berechtigt, daß die Kriminalpolizei einer Kriminalität Herr werden könnte, deren Wurzeln nicht in persönlicher Not liegen, sondern offensichtlich gesellschaftsbedingt sind. Niemand darf glauben, daß die Kriminalpolizei jemals in der Lage wäre, den kriminellen Möglichkeiten unserer Tage dadurch zu begegnen, daß man sie quantitativ und qualitativ besserstellt. Mit solchen Verbesserungen wird man ihre Arbeit zwar erleichtern; die Entwicklung der Kriminalität in ihrer Gesamtheit wird jedoch damit nur unwesentlich beeinflußt werden können. Die Mitglieder einer Gesellschaft, deren Ziel ganz eindeutig Wohlstand ist, und die sich einer kaum noch gehemmten Mobilität erfreut, haben einen uneinholbaren Vorsprung vor denen, deren Tätigkeit durch gesetzliche Vorschriften, politische Grenzen, Betonung der Rechte und Vernachlässigung der Pflichten des Einzelnen eng umrissen ist.

So betrachtet, erweist sich die Verbrechensbekämpfung als vorrangige Aufgabe des Gesetzgebers, der den Boden dafür bereiten muß, daß der Anstieg der Kriminalität abgebremst und die Kriminalpolizei in die Lage versetzt wird, die Gesellschaft vor Schaden zu bewahren.«

Persönliches sagte Dickopf offiziell zum erstenmal, soweit mir bekannt ist, am Tage seiner Verabschiedung:

»Ich gehöre zu einer Generation, die die Kehrseite der deutschen Geschichte voll erlebt hat: Zwei Weltkriege, zwei Besatzungszeiten, zwei Inflationen, den Nazismus und die Massenarbeitslosigkeit. Ich gehöre als heute 61jähriger zu denen, die zwar nicht für alles verantwortlich sind, aber doch für alles verantwortlich gemacht werden, und die mehr oder weniger alles falsch gemacht haben – sonst hätte es ja nicht so kommen können.
Über die Richtigkeit dieser Behauptung wird die Geschichtsschreibung im dritten Jahrtausend befinden; sie wird sich auch dazu äußern, ob das Vierteljahrhundert nach dem Ende des Zweiten Weltkrieges tatsächlich zu einem solchen Chaos, zu einem solchen Skandal und zu einer derartigen Katastrophe geführt hat, wie der derzeitige Zustand in unserem Staat von nicht wenigen mit Vorbedacht dargestellt wird.
Dieses Haus, das schon fast eine ganze Generation von Kriminalisten beherbergt hat, ist mir durch meine besonderen Lebensumstände bedingt zu einer zweiten Heimat geworden. Ich habe hier – wie viele meiner Mitarbeiter – aufregende Stunden erlebt, das Halali nach der Jagd und die Verzweiflung über den Mißerfolg. Wir haben eine Menge Fehler gemacht – ich zu allererst –, aber wir haben nicht nur Fehler gemacht. Manche dieser Fehler sind uns oder mir im Alleingang gelungen, bei anderen brauchten wir die Mithilfe weiterer Instanzen, die uns fast immer bereitwillig gewährt wurde – unser Ministerium nicht ausgenommen.
Ich habe in dieser oder jener Funktion allen sieben bisherigen Innenministern des Bundes und damit der jeweiligen Regierung gedient. Ich scheue mich nicht, das Wort ›dienen‹ zu gebrauchen, denn ich bin durch meinen Dienst nicht in Knechtschaft geraten.
Ich möchte meine Aussage damit beschließen, daß ich feststelle: Als Kriminalist gewinnt man sicher nicht die exakten Erkenntnisse, die dem Naturwissenschaftler, dem Astronomen oder dem Geographen beschieden sind. Man kommt dafür durch die nahe Betrachtung des Menschen zu anderen Einsichten, die ich für mich behalten will.«

Sprach Paul Dickopf in diesem Augenblick nicht nur von anderen Einsichten in fremde Menschen, sondern auch von Einsichten in sich selbst? War er auf dem Wege, über sich selbst klar zu sehen? Dann wäre wenigstens ein Mensch in der Lage gewesen, Paul Dickopf zu verstehen und zu würdigen: Er selbst.
Am 1. September 1971 wurde Dr. Horst Herold zum Präsidenten des Bundeskriminalamtes ernannt. Eine neue Ära begann.

7

Die Herausforderung (1971–1981)

Links: Horst Herold, BKA-Präsident von 1971 bis 1981

Links unten: Das Bundeskriminalamt, Wiesbaden

Rechts unten: Eingang zum BKA, Wiesbaden

Rechts: Herold nimmt die Beccaria-Medaille in Gold der Deutschen Kriminologischen Gesellschaft aus den Händen ihres Präsidenten entgegen.

Arbeitstagung im BKA

Horst Herold war 48 Jahre alt, als er am 1. September 1971 die Nachfolge von Paul Dickopf antrat. Er wird zehn Jahre lang unermüdlich arbeiten, um das von ihm nur bedingt funktionsfähig übernommene Amt von Grund auf und bis in den Kern hinein neu zu gestalten und zu organisieren, ihm ein Gesicht zu geben, das unverkennbar seine Gesamtkonzeption auch nach außen hin dokumentiert.

Der neue Präsident, der Kriminalität als Herausforderung an die Gesellschaft erkennt, hat diese Herausforderung persönlich genommen. Und er hat sich ihr mit klarem Bewußtsein, mit Mut und mit Vertrauen zu sich und in seine Konzeption, gestellt. Die Kriminalität forderte die Gesamtgesellschaft, und Horst Herold stand als Geforderter für diese Gesellschaft.

Mit Sicherheit kommt diese Wertung zu früh und klingt etwas pathetisch. Tragödien haben ein Vorspiel, eine Entwicklung bis zum Höhepunkt und ein tragisches Ende, wobei der Held durch das Schicksal, wenn nicht durch den Unverstand oder die Dummheit seiner Mitmenschen, zu Fall gebracht wird.

Herold hat eine doppelte Herausforderung angenommen. Sie zwang ihn zur Wahrheit und zur Hilfe. Er ist auch heute noch, nach der Tragödie Ende, Humanist geblieben, der weiß, daß dem Unschuldigen am sichersten geholfen wird, wenn der Schuldige gefunden und identifiziert ist, daß der Gesellschaft am besten gedient ist, wenn Wesen und Inhalt der zur Antisozialität gewordenen Asozialität durch Aufdeckung bewußt gemacht werden.

Die Deutsche Kriminologische Gesellschaft hat ihm im Jahre 1976 die Beccaria-Medaille in Gold verliehen. Mit Beccaria verbindet Herold Idealismus im Humanismus, Gerechtigkeit in der Wahrheit.

»Könnte ich, indem ich die unüberwindliche Wahrheit verteidige, der Tyrannei oder der Dummheit ein einziges Schlachtopfer entreißen, so würden die Segenswünsche eines einzigen Unschuldigen in der Entzückung seiner Freudentränen mich wegen Verachtung des ganzen menschlichen Geschlechts entschädigen«, schrieb Beccaria in der Einleitung seiner Abhandlung über »Verbrechen und Strafen«. Er sah in der Tyrannei und in der Dummheit oder Unwissenheit Opponenten zur Wahrheit in der Menschlichkeit. Die Tyrannei kann durch Freiheit und Toleranz unblutig geschlagen werden; die Unwissenheit durch Aufklärung und vorurteillos betriebene, objektive Forschung.

Nirgends, auch nicht bei seinen mühevollen Arbeiten, hat Horst Herold die Rolle der Gemeinschaft, der Gesellschaft, des Staates übersehen. Wie Beccaria hat er den Menschen in einen menschlich ausgefüllten Raum gestellt und sich Gedanken über Aufgaben und Pflichten, besonders des Staates und seiner Organe gemacht, bevor er in ihrer Verletzung oder Mißachtung Verbrechen sah, denen er schonungslos ihre geheuchelte Unwahrhaftigkeit vom Leibe riß, um die strafenden Folgen humanen Verhältnissen im Bereiche der unüberwindlichen Wahrheit anpassen zu können.

In der akademischen Feierstunde, in der Dr. Herold 1976 die Medaille aus den Händen des Autors entgegennahm, legte er unter »Polizeiliche Informationsverarbeitung als Basis der Prävention« Grundlagen und Anwendunsmöglichkeiten seiner kriminalpolizeilichen und kriminalpolitischen Konzeption dar.

»In den Wissenschaften, die sich mit der Integration unserer Erkenntnisse über Natur, Gesellschaft und Mensch befassen, hat sich längst die Einsicht durchgesetzt, daß von Menschen getragene Institutionen und Großorganisationen der beständigen inneren und äußeren Adaptation bedürfen, um innerhalb von sich rasch wandelnden Situationen effektiv im Sinne ihrer Aufgabenstellung zu bleiben. Dies gilt in besonderem Maße für Justiz und Polizei. Unter dem Einfluß beschleunigter sozialer und wirtschaftlicher Entwicklungen ist die Fiktion des Positivismus, daß alle Lebenssachverhalte durch Gesetz geregelt seien, in sich zusammengebrochen, wurden die traditionellen rechtlichen Leitbilder in Frage gestellt, werden Lücken in dem bisher für lückenlos gehaltenen Rechtssystem offenbar, die sich nur durch den Rückzug auf Generalklauseln und allgemeine Prinzipien von Treu und Glauben, Angemessenheit, Zumutbarkeit, Billigkeit unter gleichzeitigem Rückgriff auf das Wissen um gesellschaftliche und ökonomische Veränderungen schließen lassen.

Die Kluft zwischen dem gewaltigen Überbau an Gesetzen, Verordnungen, Erlassen, Anordnungen, Richtlinien, Weisungen und dem technischen und sozialen Entwicklungsstand der Gesellschaft öffnet sich zunehmend spannungsreicher Rechtsfragen, die sich innerhalb der Lücken und Klüfte ergeben, sind nicht mehr allein juristisch lösbar, hinter ihnen erscheint die Soziologie des Rechts. Dennoch bleibt das Hauptaugenmerk der Justiz auf die Bewältigung bereits historisch gewordener Sachverhalte gelenkt, dient der juristische Geistesaufwand der intellektuellen Verfeinerung und peripheren Erweiterung des Überbaus, dessen Beharrungsspirale sich damit unablässig weiterdreht. Zwar weicht die Polizei im Bereich der Gefahrenabwehr von diesen Strukturen weitgehend ab, weil sie keine in der Vergangenheit liegenden abgeschlossenen Sachverhalte zu subsumieren, sondern künftige Entwicklungen zu erahnen und voreinzuschätzen, also Prognosen, Wahrscheinlichkeitsurteile zu treffen hat. Dennoch sind auch die Rahmenbedingungen der Polizei eindimensional eingeengt, indem sie sich der Statik einer eher schematisierenden Verwaltung und der Überstülpung durch Gesetze ausgesetzt sieht, die sie vollziehen soll, die aber oft die Wirklichkeit nicht treffen oder nicht durchgängig praktikabel sind. Der Mangel an gestalterischer, zukunftsorientierter oder gar experimenteller Bereitschaft, der Justiz und Polizei gleichermaßen zeichnet, begründet die Schwerfälligkeit, das Gleichgewicht zwischen der rapiden Geschwindigkeit technischer und materieller Veränderungen und den gesellschaftlichen Aufgabenstellungen von Polizei und Justiz zu bewahren. Gegen Ende des 20. Jahrhunderts stellt sich daher die dringende Aufgabe, die Institutionen Polizei und Justiz regelkreisartig ablaufenden Prozessen der Selbststeuerung und Selbstoptimierung zu unterstellen, um auf diese Weise eine Lernfähigkeit zu entwikkeln, die auf einer höheren qualitativen Stufe Repression durch Prävention ersetzt, Beharrung durch Dynamik, Hypothesen durch Prognosen, Führung durch Steuerung und vermeintliche Erfahrung durch logische Sachlichkeit.

Eine neue Betrachtungsweise liefert die Kybernetik, die Theorie der dynamischen selbstregelnden und selbstorganisierenden Systeme. Die Kybernetik gehört zu den bedeutendsten wissenschaftlichen Errungenschaften unseres Jahrhunderts.

Die Anwendung ihrer Erkenntnisse müssen Polizei und Justiz befähigen, sich wie ein lebendiger Organismus zu verhalten, der Techniken entwickelt, die in einer sich verändernden Umwelt die Lebensfähigkeit erhalten. Polizei und Justiz müssen sich an ihre ökonomische, soziale und politische Umwelt anpassen, um aus Erfahrungen lernen zu können. Jedes Lernen vollzieht sich im Wege des Erkennens, von dort zum Handeln und von diesem zu neuer verbesserter Erkenntnis, die wiederum das Handeln leitet. Jedes Lernen stellt sonach einen Regelkreislauf erfaßter, verarbeiteter und angewendeter Informationen dar, der mit der Neuaufnahme von Informationen von Stufe zu Stufe zu verbesserter Erkenntnis steigt. Wer die Lernfähigkeit von Polizei und Justiz erreichen will, muß daher Niveau und Intensität der Informationsverarbeitung anheben und ihre Prozesse beschleunigen. Nur mit der Beschleunigung des Informationskreislaufes wird jene innere und äußere Adaption bewirkt, die Gesetz und Recht, Politik und Staat der permanenten Umformung unterwirft, die sie zur Abkehr von geistigen Verkrustungen, zu einem inneren und äußeren Mitgehen mit dem gesellschaftlichen Gesamtwandel und zur Beschränkung auf Sachentscheidungen zwingt.

Polizeiliche Tätigkeit setzt seit jeher das Sammeln, Auswerten, Anwenden von Informationen, also von Daten, voraus. Ob es sich um die Feststellung von Personalien eines Verkehrssünders oder um eine Zeugenvernehmung, um die Beurteilung eines Sachverhaltes oder eines Tatortes handelt, stets ging und geht es um die Erfassung, Erhebung und Verarbeitung von Informationen und Daten. Dennoch setzt sich nur zögernd die Erkenntnis durch, daß mit der Automatisierung der Datenverarbeitung durch die Elektronik die beschriebene Beschleunigung des Informationskreislaufes und die Anpassung der Institutionen an die Wirklichkeit erzielt werden kann. Mit der Erfindung der Schrift ist das menschliche Wissen überlieferungsfähig, erhalt- und übertragbar geworden. Mit der Erfindung des Buchdrucks ist das menschliche Wissen

verbreiterungsfähig geworden, er hat den geschichtlichen Umbruch zur Neuzeit bewirkt. Mit der Erfindung der automatischen Datenverarbeitung aber wird das menschliche Wissen erstmals verarbeitungsfähig in allen gewünschten Zusammenhängen und Kombinationen. Erstmals wird in diesem dritten menschheitlichen Kulturabschnitt, in dem wir leben, in der Form der Datenverarbeitung ein Motor beschleunigter Regelkreisläufe angeboten.
Bei der Umschau, welche Denkmethode es wohl gestatten würde, ein System zu konstruieren, das die Informationen für seine Arbeit unmittelbar aus der Wirklichkeit gewinnt, sie zum Steuerungselement einer Tätigkeit erhebt, die aufgrund immer wieder neu gewonnenen Informationszustroms sich verbessert und zu höherem Niveau aufsteigt, sieht man sich mit dem Angebot herkömmlicher Denkmethoden weitgehend im Stich gelassen. Auch solche, die behaupten, Anleitungen für ein methodisch-logisches Vorgehen von vorläufigem aber zukunftsweisenden Charakter zu bieten, halten keine tauglichen Kategorien für den Untersuchungsgegenstand bereit. Sie alle sind überwiegend auf die Erkenntnis des Bestehenden fixiert. Die Vorstellungen aber von Polizei und Justiz in einem Regelkreis findet sich lediglich in der Idee, dort allerdings berechenbar im Schnittpunkt prognostischer Perspektiven, also nicht nur als Traum nach vorn, als Zukunftsintension, sondern – so möchte ich meinen – als mögliche Antizipation schlechthin. Ich selbst sehe keine andere Möglichkeit, als nach dem Prinzip der Analogierechnung zu verfahren, das konkret stofflich noch nicht realisierte System, gleichsam analog zur Idee, zu antizipieren und durchzurechnen.
Dabei können Teilsystemen, wie etwa der kriminalgeographischen Informationsgewinnung oder Teilbereichen, die sich auf das Suchen und Finden von Personen und Sachen beziehen, bestimmte Positionen im Gesamtsystem von vornherein gedanklich zugewiesen werden. Da die Wirkungsweise solcher Teilsysteme allgemein vorstellbar ist, genügt es, diese Einzelteile zunächst als ›black box‹ zu betrachten, deren künftige Innenstruktur nicht unmittelbar untersucht zu werden braucht, da für die Vorstellung der Wirkungsweise des Gesamtsystems die vorstellbaren Eingangs- und Ausgangsgrößen der Teilsysteme zunächst genügen. Auf diese Weise kann die Wirkung ganzer Teilsysteme in die Betrachtung eingestellt werden, ohne daß deren innere Struktur von vornherein bekannt sein muß. Es genügt, sie mit Hilfe von Hypothesen zu fixieren, die sich schrittweise in Prognosen verwandeln lassen. Mit fortschreitender Realisierung können dann zunehmend Beweise erwartet werden, die sich streng logisch erbringen lassen und die die ursprünglich angewendete Stützungsmethode eines gleichsam analogen ›black box‹-Verfahrens im nachhinein überflüssig machen. Die Distanz von der Idee zu den aktuellen Formen der polizeilichen Informationsgewinnung einmal überspringend, darf ich feststellen: Jeder bisher und seither zurückgelegte Schritt von der Hypothese über die gesicherte Prognose zu den realen Formen der Wirkungsweise in realisierten Teilbereichen, jeder Schritt des Aufsteigens von niederen zu höheren Erkenntnisstufen also, hat bisher die prinzipielle Machbarkeit und Richtigkeit eines Systems der Kriminalitätsbekämpfung ergeben, das von den anfallenden Fakten des Phänomens Kriminalität selbst gesteuert, in Gang gehalten und optimiert wird und in dem die traditionellen Begriffe der Führung und Organisation zugunsten der Steuerung und Anpassung umgekehrt, die Unterschiede zwischen Verbrechensverfolgung und Verbrechensverhütung, zwischen den bisherigen örtlichen und sachlichen Sparten der Polizei, zwischen Theorie und Praxis in der Beständigkeit eines Prozesses aufgehoben werden. Galt schon immer die Einsicht, daß Lösungen für Probleme nicht in den

Köpfen zu erfinden seien, sondern in der Wirklichkeit gefunden werden müßten, so beginnt dieser Satz beschleunigt sich dahin abzuwandeln, daß die Wirklichkeit es ist, die diese Lösungsfindung im Rahmen automatischer Prozesse selbst produziert.

Angesichts der gereizten Ablehnung und der heftigen emotionalen Reaktionen aus dem Bereich der Polizei, denen sich diese Gedanken der Dynamisierung zunächst gegenüber sahen, wollte ich dem allseits erhobenen Utopievorwurf experimentell in der Praxis mit einem Modell begegnen, mit dem sich das Gesamtsystem auf einen Teilbereich der Informationsverarbeitung signifikant beweisen ließe. Bildlich gesprochen, suchte ich nach einem Treibstoff für eine modellhaft ablaufende, kontrollier- und meßbare Einleitung einer Regelkreisbewegung. Hierzu bot sich in geradezu idealer Weise an, den Begriff der Kriminalgeographie, der in der Literatur allgemein die Deutung einer Kriminalitätsverteilungslehre im Sinne einer Zuordnung von juristischen Tatbeständen zu geographischen Flächen erfahren hatte, neu zu beschreiben, ihn von allen subjektiven oder nicht rational bestimmbaren Einflüssen zu reinigen und ihn in erster Linie geographisch neu zu bestimmen. Deshalb wurde der bisher in der Kriminalgeographie allein verwendete Begriff der Fläche zum Raume hin erweitert, also zum Inbegriff aller Strukturen und Funktionen, die sich typischerweise auf einer Fläche erheben (Acker, Häusergruppe usw.), die also gleichsam die vergegenständlichte Soziologie einer Fläche bilden. Von einem solchen Raumbegriff ausgehend, konnte erwartet werden, daß die Zusammenhänge zwischen Kriminalitätsanfall im Raum, Informationsgewinnung, Rückkoppelung und Gegensteuerung von polizeilichen Aktivitäten in den Raum hinein auflösen, wie überhaupt also der ›Kriminalitätsmagnetismus‹ bestimmter Räume zu erklären ist. Die Beantwortung solcher Fragen greift weit hinein in die Stadt- und Raumsoziologie, in Städtebau und Architektur, wie überhaupt in alle Zusammenhänge von Kriminalität und Wohnen. Es leuchtet aber auch unmittelbar ein, daß es möglich sein muß, örtliche und zeitliche Kriminalitätsdichtewerte dann zu senken, wenn ihnen eine adäquate Polizeidichte gegenübergestellt wird. Deshalb muß das modellhaft zu erprobende Teilsystem derart konstruiert sein, daß örtlichen und zeitlichen Massierungen und Ballungen der Kriminalität automatisch entsprechende Polizeieinsatzstärken zugeführt werden. Ausgangspunkt eines solchen Systems ist die Gewinnung von Daten über die örtliche und zeitliche Kriminalitätsdichte innerhalb eines Raumes, die seine Täterwohnsitzdichte dem Täterzustrom oder dem Täterausstrom aus dem Raum, also die Tätermobilität, belegen. Ein solches System konnte ich aufgrund günstiger Umstände unter Einsatz einer Datenverarbeitungsanlage von vor 10 Jahren für den kommunalen Polizeiverband einer süddeutschen Großstadt erproben. Die elektronische Datenverarbeitungsanlage, die mir zur Verfügung gestellt wurde, bildete die technologische Basis für die Informations- und Rückkoppelungsprozesse, also deren Regler. Die Organisationsstruktur des Polizeiverbandes mußte dafür nur soweit vorbereitet werden, die gewonnenen Informationen von Kommentaren und Meinungen freizuhalten und sie direkt in die Ausführungsstrecken zu leiten. Entsprechende Programme sorgten für eine Kriminalitätskartographie, also für statistische Karten mit geographischer Position, die vom Rechner unmittelbar durch Angabe von Kriminalitätsdichtewerten, örtlichen Tatzeitdichten, Täterwohnsitzdichten und Kriminalitätszu- und -abflüssen für den gesamten großstädtischen Raum, einschließlich dessen Kleinstbestandteilen hinunter bis zum Häuserblock, geliefert wurden. Diese Informationen wirkten sich wie Weisungen für den exekutiven Polizeidienst aus. Die Polizeikräfte waren zu den Zeiten an die Orte in

der Stärke zu lenken, die sich aus dem Umfang der örtlichen und zeitlichen Kriminalitätsmassierungen ergaben. Aufgrund der von der Datenverarbeitung zur Verfügung gestellten Werte konnte dies in einer weit exakteren und angemesseneren Form geschehen, als nach der bis dahin geübten Einsatzsteuerung aufgrund vermeintlicher Erfahrungen.
Infolge der hohen Informationsgüte, die sich unmittelbar auf die Wirklichkeit abstützen konnte, wurde die Steuerung durch Vorgesetzte rasch durch die Selbststeuerung abgelöst. Der Kriminalitätsanstieg wurde zunächst abgebremst, dann aufgehalten und allmählich in einen Rückgang überführt. Wie Helldörfer und Steiner in der Literatur 1975 unter Vorlage von Zahlenmaterial dargelegt haben, hat sich dieser Prozeß über Jahre kontinuierlich, wenn auch mit gewissen Verdrängungserscheinungen, fortgesetzt. Rasch griff die Selbststeuerung auch auf den Bereich der Organisation über. Es genügte, den für die Polizei zuständigen politischen Entscheidungsgremien die Kriminalitätsdichtekarten einerseits und die Organisationsübersichten der Polizei andererseits zum Vergleich vorzulegen, um dort nahezu reflexartig den Befehl auszulösen, die augenfällige Divergenz zwischen Kriminalitätswirklichkeit und gegebenen organisatorischen Strukturen durch sofortige Anpassung der Organisation an die Kriminalitätsrealität zu beheben, d. h. den Kriminalitätsschwerpunkten entsprechende Organisationsschwerpunkte gegenüberzustellen. Nach mehrmaligen ruckartigen Organisationskorrekturen wurden Korrekturintervalle immer kürzer. Damit trat auch im Organisationsbereich die unmittelbar steuernde Wirkung der Fakten ein. In kurzer Zeit wurden die bestehenden örtlichen Grenzziehungen zwischen Abschnitten und Revieren aufgehoben, neu geordnet, verschwanden die Hälfte aller bisherigen Organisationseinheiten zugunsten weniger, jedoch leistungsstarker Einheiten mit dem jeweiligen Sitz im Mittelpunkt von Kriminalitätsmassierungen. Aufgrund dieser Erfahrungen wandte sich das Interesse der Polizei alsbald der Prognose künftiger Kriminalitätsschwerpunkte zu, um aus ihnen Anhaltspunkte für die künftige Organisationsanpassung zu gewinnen. Hierzu mußten die einzelnen Elemente eines Raumes ausgefiltert und auf ihre spezielle Kriminalitätsattraktivität hin untersucht werden, um sodann die Sogkraft sämtlicher Elemente in eine Wertigkeitszwangsfolge zu bringen. Denn: Bei vorausberechenbaren künftigen Stadt- und Raumstrukturen muß auch die Vorausberechnung künftiger Kriminalitätsdichte prinzipiell möglich sein. Deshalb habe ich stets den geographischen Ansatz der Kriminalgeographie gegenüber Bestrebungen mehr ökologischer Art verteidigt, die eine Typisierung von Siedlungsgebieten nach soziologischen Aspekten, wie etwa Studentenviertel, Ausländerghetto und dgl. erstreben. Begriffsbildungen also, die m.E. in der Sache nicht weiter führen. Es erscheint vielmehr notwendig, die strukturellen und funktionellen Raumelemente unbewertet und ohne Vorabtypisierung zu erheben. Soweit der Mensch eben strukturelle oder funktionelle Mängel in den Raum hineinbaut und dadurch meist ungewollt die Kriminalitätsattraktivität dieses Raumes begründet, müssen diese Mängel unmittelbar und deshalb unverfälscht ihre kriminalgeographische Gegensteuerung selbst auslösen.
Die Kriminalgeographie stellt sonach den Muster- und Modellfall der Anwendung kybernetischer Prinzipien dar. Sie vermag durch Lieferung von örtlichen und zeitlichen Kriminalitätsereignis- und Verkehrsdichtewerten und deren Hochrechnung, d. h. die Vorausberechnung von Trendwenden, die Polizeikräfte repressiv und präventiv zu der Zeit, in der Stärke, an die Orte zu lenken, zu denen zu dieser Zeit adäquate Polizeidichten gebraucht werden. Die Kriminalgeographie verwandelt die allgemeine

Polizeiverteilungsdichte, die das Sicherheitsprogramm von Bund und Ländern im Verhältnis zur Einwohnerzahl mit 1:4000 beschreibt, in eine spezielle adäquate Polizeischwerpunktdichte. Die kriminalgeographisch gewonnenen örtlichen und zeitlichen Kriminalitätsdichtewerte, Täterwohnsitzdichte und Werte der Tätermobilität steuern automatisch den örtlichen und sachlichen Organisationsprozeß. Sie dienen als Grundlage für die Ermittlung von örtlichen Grenzlinien für die Zuständigkeitsabgrenzung von polizeilichen Organisationseinheiten. Die zeitlichen Komponenten der kriminalgeographischen Werte regeln den Dienstzeitrhythmus der eingesetzten Beamten. Hochgerechnete Werte lassen langfristige Prognosen zu Haushalt- und Personalplanung zu.
Die Verknüpfung kriminalgeographischer Daten mit solchen der Stadt- und Raumsoziologie bedingt die Zusammenarbeit mit Ordnungsämtern, Jugendämtern, Wohlfahrtsbehörden, Schulen usw., die auf ihren Sektoren eigene kriminalgeographisch orientierte Initiativen entfalten. Die Gesamtsumme aller kriminalgeographisch aktivierten Tätigkeiten verändert die Kriminalitätsstruktur, auf deren Basis sich dann erneut veränderte kriminalgeographische Werte ergeben. Der technische Leistungsstand der elektronischen Datenverarbeitung gestattet es, die Prozesse der Informationserfassung, Informationsverarbeitung und Informationssteuerung so zu raffen, daß sie zeitlich zu einer Einheit zusammenrücken. Überall dort, wo die Kriminalgeographie in regionalen Bereichen als Steuerungsmittel eingesetzt wurde, hat sie deshalb zu raschen und tiefgreifenden Strukturumbrüchen sowie überraschenden Erfolgsoptimierungen geführt.
Daneben ist Kriminalgeographie mit wohltuend dynamisierenden Wirkungen in zahlreiche Forschungsbereiche eingedrungen. Mit ihrer Hilfe treten die Zusammenhänge zwischen Kriminalität und Wohnen plastischer hervor. In Amerika werden Untersuchungen für eine kriminalitätsabwehrende Architektur gefördert. Dort hat sich auch ein Wissenszweig der Kriminalitätsgeographie abgespaltet, der die Antwort auf die Frage sucht, ob Gesetzmäßigkeiten für eine spezifische Tatortgestaltung bei bestimmten Delikten existieren. Die Forschungen nach dem Zusammenhang zwischen dem Täterwohnsitz und dem Tatort, die bisher nur in dem Bereich der Sexualdelikte betrieben wurden, wurden beträchtlich aktiviert. Kriminalgeographische Spezialuntersuchungen versuchen die Kriminalitätstransportfunktion, die bei bestimmten Gütern, geographischen Wegen oder bestimmten Transportmitteln wie Flugzeug, Eisenbahn oder Auto anhaftet, zu erklären. Kriminalgeographisch orientierte Bewegungs- und Verteilungsbilder für Reiseströme, Verteilerwege oder das Auftauchen sichergestellter Gegenstände leisten international wertvolle Hilfe zur Erkennung von Strukturen der organisierten Kriminalität.
Erscheint sonach auf einem Teilbereich der Informationsverarbeitung der Beweis für die Einleitung von Prozessen der Selbstorganisation und Selbstoptimierung geführt, so bestehen prinzipiell keine Hindernisse, die gleiche Wirkung von der Gesamtheit aller informationsverarbeitenden Prozesse anzunehmen. Auch hier kommt es darauf an, die Lernfähigkeit des Gesamtsystems, die Fähigkeit, sich selbst zu organisieren und zu optimieren, aus den Daten der Wirklichkeit selbst zu entnehmen. Es gilt, die Informationserfassung dezentral und arbeitsteilig nach einheitlichen Normen, jedoch hierarchisch ungefiltert und einflußfrei zu organisieren durch die Vielzahl jener polizeilichen Sachbearbeiter, die in unmittelbarer Berührung zur Wirklichkeit stehen und die für die sofortige Überführung der Informationen in die Verarbeitung sorgen. Diese permanente dezentrale arbeitsteilige und unmittelbare ›Datenernte‹ auf den Feldern der

kriminellen Wirklichkeit in Verbindung mit dem neuesten technologischen Stand der Datenverarbeitung erzeugt jene fließbandartige Unablässigkeit eines in Arbeitstakten wirkenden Zwanges zum Um- und Dazulernen und zur Anpassung. Erreicht der Ansturm des Adaptionszwanges bestimmte Grenz- und Schwellwerte, so verlieren die bisherigen Struktur- und Organisationsformen, innerhalb deren Geltung die Tätigkeiten bisher vollzogen wurden, ihr Adaptionsvermögen. Sie schlagen zu neuen, andersartigen Formen um, bis auch diese neuen Formen erneut wiederum besseren und adäquateren weichen müssen. Treibstoff und Tendenzen bildet der unablässige Strom erfaßter und verarbeiteter Informationen, die nach den bisherigen traditionellen Arbeitstechniken lediglich nach grob selektierenden Rastern eindimensional verflochten werden konnten, nunmehr aber einer nahezu unbeschränkten mehrdimensionalen Verknüpfung zugängig sind. Mit der Steigerung von Effizienz und Anpassung des polizeilichen Gesamtsystems wird ein Stadium erreicht, in dem sich die Güte der Erkenntnisse zu Einsicht in das Wesen des Verbrechens selbst steigert, in dem die auf Massenbasis verarbeiteten Einblicke gestatten in die objektiven Gesetzmäßigkeiten, die Ursache, Anfall und Verbreitung des Verbrechens bestimmen. Nach Aufhebung der Enge und faktenmäßigen Beschränktheit aller bisherigen Untersuchungsmethoden der Wissenschaft vom Verbrechen und mit der Möglichkeit, alle Fakten in allen gewünschten Zusammenhängen quantitativ zu erfassen, werden neue qualitative Aussagen und Entscheidungshilfen zu der noch dahinsiechenden Aufgabe der Verbrechensverhütung zu erwarten sein.

Mit dem Beschluß der Innenminister von Bund und Ländern vom Januar 1972, ein arbeitsteilig funktionierendes elektronisches Informationssystem zu schaffen, das sämtliche polizeilichen Informationsbedürfnisse zu befriedigen vermag, wurde der Anfang des beschriebenen Prozesses gesetzt, der schon jetzt, im Stadium des Teilausbaues, die kriminalpolizeilichen Denk- und Arbeitsweisen tiefgreifend verändert hat. Zugleich dürften die bisherigen Erfahrungen auch Skeptikern bewiesen haben, daß die schöpferische Eigeninitiative, Dynamik und ingeniöses Denken keineswegs eingeschränkt oder gar ausgeschaltet werden, sondern im Gegenteil, sich auf qualitativ und quantitativ höherem Niveau entfalten. Aspekte des Datenschutzes und des Schutzes der Persönlichkeitssphäre berücksichtigt das System in einer so überlegenen, präzisen, nachprüfbaren und die rechtsstaatlichen Erfordernisse penibel beachtenden Weise, daß den denunziatorischen Schreckensbildern vom ›Großen Bruder‹ und von der ›Verkabelten Gesellschaft‹, die den Menschen auf marionettenhafte Reflexe reduziert beschreiben, der gute Glaube schlechthin abgesprochen werden muß.

Zu allen Zeiten, über die wir Zeugnisse besitzen, hat der Mensch seine eigenen Umstände als dekadent, von anonymen Mächten bedroht und als Absturz ins Böse empfunden und deshalb die Rückkehr zu den vermeintlich besseren Lebensformen der Vergangenheit erstrebt. Erstmals in unseren Tagen scheint dieser konservierende Grundzug einseitiger Idealisierung des Vergangenen und der oft lebensscheuen Abwertung alles Künftigen und Technischen auf eine beklemmende Weise in das Lager der sich revolutionär Gebärdenden überzugehen.

Es soll hier nicht im einzelnen auf Art, Umfang und Ausbaustand des elektronischen, polizeilichen Informationssystems INPOL eingegangen werden, dessen Elemente und Funktionen sicher als bekannt vorausgesetzt werden können. Aufmerksam zu machen ist jedoch auf die bereits jetzt deutlich hervortretende Fähigkeit des Systems zur Selbstoptimierung und zur eigengesetzlichen Beseitigung von Redundanz. Sie zeigt sich in vier praktischen Beispielen im polizeilichen Gesamtsystem. Die ›Personenfahndung‹, die derzeit über 850 Terminals im Bundesgebiet elektronisch betrieben wird, eine Zahl, die auf mehrere Tausend anwachsen soll, hat das gesamte Fahndungswesen nahezu schlagartig von seinen Schwerfälligkeiten befreit. Während vorher 6 bis 10 Wochen vergingen, um Fahndungsausschreibungen auf Formularen niederzulegen, sie per Post über LKA und BKA und von dort zur Redaktion, Setzerei, Druck im Fahndungsbuch und dessen Verwendung zu bringen, steht die Fahndungsinformation, die heute von einem der 850 Terminals aus in das System eingestellt wird, in derselben Sekunde sämtlichen mitfahndenden Polizeidienststellen zur Verfügung.

Die Fahndungsbücher, die heute vornehmlich noch für das Ausland gedruckt werden müssen, liefert die Datenverarbeitungsanlage im Lichtsatzverfahren als jederzeit gewinnbares Nebenprodukt gleichsam en passant. Nach wenigen Monaten wurden die etwa 90 Personenfahndungskarteien im Bundesgebiet, die fast ein halbes Jahrhundert lang in manuellem Kartei-Tag- und Nachtbetrieb von über 500 Kriminalbeamten unterhalten worden waren, ersatzlos aufgelöst. Zugleich wuchsen die Fahndungsbestände von vorher 110000 zur Festnahme und zur Aufenthaltsermittlung gesuchter Personen auf jetzt 255000 an, nicht etwa weil das mobile Verbrechen zugenommen, die Sicherheitslage sich also verschlechtert hätte, sondern weil die bisher lediglich regional gebliebenen Fahndungen ebenfalls in das alle Bedürfnisse abdeckende System geflossen sind. Eine solche ›Materialsuche‹, wie sie hier zu beobachten ist, kann als typisch gelten für die Auffassung von Redundanz und für den Übergang zu Regelkreisformen, indem das System jetzt gleichsam den gesamten ›Markt‹ erschlossen hat, leitet sich die Adaption ein, nach innen durch die angedeuteten Umstrukturierungen, nach außen durch die Steigerungen der Erfolge, deren Umfang nunmehr vom Gesamtbestand her gemessen werden kann. Die Messung ergibt, daß die Zahl der Erledigungen in diesem Jahr auf über 100000 Löschungen steigen wird, das ist gegenüber dem Jahre 1972 eine Verdreifachung, so daß abzusehen ist, daß mit wachsender Terminalzahl jene Wendemarke rasch erreicht wird, wenn sie nicht schon überschritten ist, von der an das mobile Verbrechen, das sich hinter den Zahlen der Personenfahndung verbirgt, durch drastische Senkung der Fahndungsnotierungen in großen Stufenschritten auf das Fernziel eines unausrottbaren Bodensatzes zurückgeführt wird.

In ganz ähnlicher Weise hat sich die Entwicklung der ›Kraftfahrzeugfahndung‹ vollzogen. Auch hier hat sich mit der Steigerung von ursprünglich ca. 50000 abhanden gekommenen Kraftfahrzeugen auf nunmehr 130000 Fahndungsnotierungen die Kraftfahrzeugfahndung ihren ›Gesamtmarkt‹ erschlossen. Kraftfahrzeuge, die nur Stunden oder Tage verschwunden waren und deshalb nicht in die Zentrale Fahndung durch Fahndungsbücher und Karteien aufgenommen worden waren, finden nunmehr Aufnahme im elektronischen System. Gleichzeitig ist die Zahl der Kraftfahrzeugentwendungen von 1973 mit 86000 jährlich auf (hochgerechnet) 52000 im Jahre 1976 zurückgegangen, eine nicht nur statistische, sondern reale Entwicklung, da der Kraftwagendiebstahl so gut wie kein Dunkelfeld kennt. Dieser enorme Rückgang von 40% im Zentralbereich der Kriminalität ist mit großer Wahrscheinlichkeit den unmittelbaren oder mittelbaren und ganz sicher den abschreckenden Auswirkungen der elektronischen Kraftfahrzeugfahndung zuzuschreiben. Erwiese sich diese Ursachenannahme als zutreffend, was trotz der naheliegenden Umstände, die für sie sprechen, noch sorgfältig untersucht werden muß, so gäbe es wohl kaum ein überzeu-

genderes Argument für die im System liegende Selbstoptimierung, hier als ein exemplarischer Fall der Prävention durch Repression.
Für die Entwicklung der ›Daktyloskopie‹ ist eine ähnliche Prognose der zunächst erfolgenden Ausweitung bis zu einer zahlenmäßigen Obergrenze zu stellen, bei deren Erreichung sodann der Prozeß der Rückführung und Senkung der Kriminalitätsbestände einsetzt. Das Daktyloskopie-Projekt, mit dem die vorhandenen 2,8 Millionen Zehnfingerabdruckblätter in einem Mehrjahresprogramm auf die Elektronik umgestellt werden, gestattet in seinem Endausbau erstmals den Vergleich einzelner am Tatort vorgefundener klassifizierbarer Einzelspuren mit Millionenbeständen. Damit dringt das System zu den klassifizierbaren Spuren des ›Gesamtmarktes aller Tatorte‹ vor, von denen bisher nur ein Bruchteil berücksichtigt werden konnte. In gleicher Weise wie die kriminalgeographischen Kriminalitätsdaten die Polizeiexekutive selbst auf sich lenken, beginnen die nunmehr in voller Breite verwertbaren Spuren, als die hinterlassenen Visitenkarten des Verbrechers, automatisch die sich ständig verbessernde Gegensteuerung einzuleiten. Wenn es gelingt, was technisch absehbar ist, die am Tatort gewonnenen Informationen mit so großer Beschleunigung durch die Verarbeitung zu führen, daß noch am Tatort die Rückkoppelungsinformation verfügbar ist, wird dieser daktyloskopische Teilbereich ein wesentliches, beschleunigendes Drehmoment im Regelkreis des Gesamtsystems sein.
Das technisch bereits realisierte und für die kriminalistische Literatur der Jahre 1974 bis 1976 auch installierte Systeme der ›Literatur-Dokumentation‹ soll zur elektronischen Zentral-Bibliothek ausgebaut werden, in der der wesentliche Inhalt der kriminalistisch-kriminologischen Literatur und sämtlicher kriminaltechnischer Gutachten in der Form von Deskriptoren und die einzelnen Dokumente nach Autor, Titel und Fundstellen erfaßt werden sollen. Mit Hilfe einzelner oder beliebig vieler Deskriptoren, die beliebig kombinierbar sind, können einschlägige Dokumente gefunden, nach Fundstellen bezeichnet und mit Inhaltskurzangaben elektronisch vom System oder im Originaltext vom Mikrofilm ausgegeben werden. Kraft der vorgesehenen unmittelbaren Befragung des Dokumentationssystems durch den polizeilichen Sachbearbeiter kann das gesamte theoretische Wissen, das ihm vollständig und auf aktuellstem Stande präsent gehalten wird, direkt in die polizeiliche Sachbearbeitung einfließen und deren Qualität beträchtlich steigern, ganz abgesehen von der ökonomischen Freistellung von Doppelarbeit auf dem gesamten Feld der Kriminaltechnik und der in ihrer Bedeutung noch gar nicht abschätzbaren Unterstützung der Fachwissenschaften, die bisher leider das Angebot der Kooperation noch nicht aufgegriffen haben.
Die bisher gewonnenen Erfahrungen lassen erwarten, daß auch die ›Straftaten/Straftäter-Datei‹, das umfassendste und ehrgeizigste Projekt der deutschen Kriminalpolizei, erfolgreich verwirklicht werden kann. Mit Hilfe standardisierter Merkmalskataloge, die mit einheitlich vorgeprägter Sprache arbeiten und mit Begriffen, die, gleichsam vorausschauend, alle denkbaren Tat- und Tätervarianten beschreiben, sollen alle Angaben zu Straftaten und Straftätern in Kleinstbestandteile zerlegt, verformelt und damit einem maschinellen Vergleichsprozeß mit beliebig wählbaren Verknüpfungen zwischen allen gespeicherten Merkmalen vom Arbeitsplatz des polizeilichen Sachbearbeiters aus unterworfen werden. Damit kehrt die Auswertungstätigkeit – bisher infolge der unzulänglichen Informationstechniken den örtlichen abgehobenen Zentralen vorbehalten und von den übrigen Polizeitätigkei-

ten isoliert – in die logische Einheit des von allen räumlichen Beschränkungen befreiten Ermittlungsverfahrens zurück. Mit der Fähigkeit, die gewaltigen Datenbestände mehrdimensional nach beliebig gewählten Zusammenhängen zu durchdringen, lassen sich durch Kombination früher nicht verknüpfbarer Feinstbestandteile oder ganzer Daten- oder Merkmalsgruppen rationale Einsichten in das Wesen des Verbrechers selbst gewinnen, sind Einblicke in objektive Gesetzmäßigkeiten der Kriminalitätsursachen und der Kriminalitätsentwicklung wie auch ihrer strukturellen gesellschaftlichen Zusammenhänge auf einer Massenbasis von Daten zu erwarten. Damit stößt das Informationssystem über konkrete quantitative Suchziele zu abstrakten qualitativen Erkenntnissen und damit vom Bereich des Fahndens zu dem des Forschens vor.

Diese Forschung wird erweisen, daß der Kreis der bisher für kausal gehaltenen Faktoren erheblich erweitert werden muß und daß die zunächst ungeordnet erscheinende Fülle von Faktoren – aus einer größeren Distanz betrachtet – sich in Gruppen und Klassen fügt, die der Wahrheit näher kommen als die zahllosen, widersprüchlichen und meist hypothetischen Einteilungsversuche bisheriger Wissenschaft. Dies macht die Teilnahme und sachkundige Hilfe anderer Wissenschaften, Behörden oder Institutionen nötig, die diese Erkenntnisse für ihre speziellen Arbeitsgebiete brauchen. Daraus erwachsen wiederum neuartige Formen der Informationserfassung und -verarbeitung in einem ununterbrochenen sich stärker verknüpfenden Netz von Einsichten, die das Gesamtproblem der Verbrechensverhütung und -verfolgung zu einem weit über den herkömmlichen Polizeibereich hinausgreifenden, allgemein gesellschaftlichen Inhalt erweitern, der wiederum durch den unablässigen Informationszustrom beständig verfeinert wird.

Die ständige analytische und prognostische Durchdringung des Datenmaterials, die zu jeder Zeit von dem allerneuesten Stand ausgehen kann, gestatten es insbesondere der Gesetzgebung und Kriminalpolitik, sich den Veränderungen und Entwicklungen der Kriminalität wandlungsfähig anzupassen, ohne auf langfristige Beobachtungen und dann ruckartig nachgeholte, stets unvollkommene und bruchstückhafte Teilreformen angewiesen zu sein.

Mit Hilfe der neuartigen Formen der Informationsverarbeitung wächst sonach ein lernfähiges, sich selbst verbesserndes Teilsystem der Verbrechensbekämpfung, das, vom Anstoß der unmittelbar aus der Wirklichkeit abgeleiteter Informationen in Gang gehalten, die bisherige Starre und Einseitigkeit der Institution durch eine vorwärtsgerichtete Betrachtung überwinden kann. Längst in Gang befindliche Entwicklungen, die hier lediglich konsequent in die Zukunft verlängert werden, weisen auf ein gesellschaftliches Instrument, das Gefahren erkennt, bevor sie entstehen, erst recht, bevor sie bedrohlich werden.

Dies zu erreichen, muß das Ziel unser aller Anstrengung sein.«

Dies ist eine der wichtigsten Reden, die Herold je gehalten hat. Denn sie gibt Aufschluß über Inhalt, Form und Methode seiner Konzeption.

Zum Führungswechsel im BKA schrieb »Der Spiegel«:

»Nun soll Dickopf just von einem Computer-Spezialisten abgelöst werden: Horst Herold, Polizeipräsident von Nürnberg. Er will das BKA mit Elektronik-Hilfe zum

›Großhirn der deutschen Polizei‹ machen, das bei ›raschestem Datenfluß Informations- und Kommunikationszentrum zugleich‹ sein soll ... Zwar will Herold in Wiesbaden nicht gegen die ›Vielfalt organisatorischer polizeilicher Selbständigkeiten‹ angehen, denn ›das ist eher befruchtend und anregend‹ ... Das BKA hat für Horst Herold eine ›gesellschaftssanitäre Aufgabe‹, und er selber empfängt gesellschaftspolitische Impulse bei der Lektüre von Marx und Engels: ›Der dialektische Marxismus liefert auch heute noch wesentliche neue Aspekte des Denkens.‹«

»Der Spiegel« hatte Herold ungenau gesehen und mit aus dem Kontext herausgezerrten Torsozitaten vorlaut zu charakterisieren versucht.
Horst Herold wurde als 18jähriger in den Krieg geworfen und blieb bis zum Kriegsende Soldat. Im Wintersemester 1945, das heißt, mitten im Chaos der Nachkriegszeit, begann er das Jurastudium, promovierte und legte in München das große juristische Staatsexamen ab. 1953 wurde er Staatsanwalt in Nürnberg, drei Jahre später Amtsgerichtsrat, aus dieser Funktion heraus auch Ermittlungs- und Haftrichter, 1957 Landgerichtsrat beim Landgericht Nürnberg-Fürth, wo er auch als Strafrichter fungierte.
Bereits 1964 ging Herold zur Kriminalpolizei, als Kriminaldirektor und Leiter der Kripo. 1967 wurde er Polizeipräsident von Nürnberg. Sein Wirken in Nürnberg machte ihn in Polizeikreisen bestens bekannt. Stets zeigte er offen, was er im Sinne hatte, und scheute sich nie, in die Tat umzusetzen, was er sich vorgenommen hatte. Von Anfang an suchte er bei der Bekämpfung der neuen Formen von Kriminalität nach entsprechenden Methoden. Er fand sie in der Technik. Bernd Wehner nennt das, was Herold 1967 in der »Kriminalistik« schrieb, eine Prophezeiung:

»Die Datenverarbeitung wird die Polizei nicht nur zwingen, ihre Datenmengen systematisch, analytisch und prognostisch zu durchdringen, sie wird auch die Einsichten liefern, um dem Verbrechen in einer der Technik angepaßten stürmischen Entwicklung überlegt entgegenzutreten.«

Als Herold das Amt übernahm, hatte er zwar eine umfassende Erfahrung in Theorie und Praxis der juristischen und kriminalistischen Verbrechens- und Kriminalitätsbekämpfung, aber es fehlte ihm das notwendige Instrumentarium, um seine Pläne in Wirklichkeit umzusetzen und ihre Effektivität zu erproben. Herold mußte sich das Instrumentarium selbst beschaffen. Die Zeit war günstig, denn Bürger und Politiker bekamen es allmählich mit der Angst zu

tun vor der neuartigen Kriminalität, die sich als Terror mit Brandstiftungen, Geiselnahmen, Attentaten, Banküberfällen immer stärker ausbreitete und deutlich den Hintergrund der Organisation zeigte.
Die Organisationen bekannten sich zu ihren Taten. Sie gestanden sie nicht nur, sie wollten, daß man wußte, wer welche Tat weshalb begangen hatte; sie suchten die Publizität in der Öffentlichkeit und scheuten sich nicht, der derzeitigen Gesellschaft den Kampf anzusagen.
Die Kriminalität war in eine neue Dimension eingedrungen. Ihre Qualität hatte sich dem materialistischen Zeitgeist angepaßt. Organisiertes Verbrechen, Rauschgift- und Waffenhandel, Kriminalität in Wirtschaft und Politik, politisch motivierte Gewaltkriminalität, gaben den Kontrollorganen Probleme auf, denen sie mehr oder weniger hilflos gegenüberstanden.
Auf der anderen Seite stand die Reaktion auf die Große Koalition und die zunehmende Unbeweglichkeit der Bundesregierung. 1967 war bei den Unruhen anläßlich des Schah-Besuches der Demonstrant Benno Ohnesorg erschossen worden; in Frankfurt war ein Brand gelegt worden. 1968 hatte das Attentat auf Rudi Dutschke z. T. blutige Studentendemonstrationen ausgelöst, die Verabschiedung der Notstandsgesetze und Fragen der Hochschulreform hatten für anhaltende Unruhen gesorgt, 1970 Rechtsanwalt Mahler hatte mit Andreas Baader und der Journalistin Ulrike Meinhof die »Rote Armee Fraktion« (RAF) gegründet.
Herold hob den von der Kriminalitätsszene geworfenen Fehdehandschuh auf und bereitete sich für den Kampf vor. Die Unterstützung der Regierung war ihm gewiß, denn die Politiker sahen voller Schrekken in eine von Terroristen bedrohlich geprägte Zukunft und setzten all ihre Hoffnung auf den neuen Mann im Bundeskriminalamt.
Herold war in allem das Gegenteil seines Vorgängers. Als unermüdlicher Realisator und dynamischer Schöpfer sah er seine Pläne bereits in Gedanken verwirklicht. Er wußte, daß kriminalpolizeiliche Arbeit nur zum Erfolg führen konnte, wenn sie auf verläßliche, umfassende, schnell greifbare Information zurückgreifen konnte. Der Datenfluß mußte derart rasch erfolgen, damit das Zentrum als echte Kommunikationsquelle die Informationen möglichst sofort entgegennehmen und weitergeben konnte. Sein wissenschaftlich begründeter Zugang wurde deutlich, als er verkündete:

»Es gilt die einmalige Chance zu nutzen, per Computer den Täter in seiner vielfachen Verstrickung zu seiner Anlage, seiner Umwelt und seiner Gesellschaft zu erforschen, die Ursachen seines Handelns aufzuzeigen und die dahinsiechende Aufgabe der Verbrechensverhütung gleichrangig neben die Verbrechensverfolgung zu stellen.«

Herold trat mit seinem Amt an die Öffentlichkeit. Er spielte mit offenen Karten, wollte nichts verbergen. Im Gegenteil, er bat die Bürger, Politiker und Wissenschaftler, ihm zu helfen. Er hielt Vorträge, gab Zeitungs- und Fernsehinterviews, publizierte in den Medien und in der Fachpresse. Die Zeitschrift »Kriminalistik« berichtete in jeder Nummer in einer eigenen Rubrik »Aus dem Bundeskriminalamt«, und die Beamten, aber auch der verschiedenen Abteilungen publizierten regelmäßig in der Fachpresse.
In hartnäckigen Verhandlungen mit den Regierungen von Bund und Ländern verstand es Herold, durch Überzeugungskraft und vorzeigbare Resultate auf charmante Art seine Ideen zu verkaufen. Vom ersten Tag der Amtsübernahme bis zum letzten blieb Herold und sein Amt gefordert.
Die Bundesländer, die noch nicht auf die Bekämpfung der neuen Erscheinungsformen der Kriminalität eingerichtet waren, pochten auch nach dem Führungswechsel noch gelegentlich auf die landeshoheitlichen Kompetenzen, waren aber schlußendlich auf das effektive Eingreifen der BKA-Spezialisten und die Hilfe der zentralen Datenauswertungsstelle angewiesen. Ohne BKA-Einsatz hätten 1972 die führenden RAF-Mitglieder kaum festgenommen werden können.
Die Baader-Meinhof-Gruppe betrachtete Gewalt als legitimes Mittel zur Durchsetzung ihrer politischen Ziele. 1972 erklärte das Kommando Thomas Weisbecker nach einem Bombenanschlag, bei dem sechs Mann verletzt wurden:

»Die Fahndungsbehörden haben nunmehr zur Kenntnis zu nehmen, daß sie keinen von uns liquidieren können, ohne damit rechnen zu müssen, daß wir zurückschlagen.«

Die Herausforderung der Terroristen lag in den Bekennerbriefen schriftlich vor. Der Kampf war klar und unmißverständlich angesagt, und die 1970 gegründete Rote Armee Fraktion hat ihn bereits mit spektakulären Aktionen begonnen.
Eine Bombe explodierte im Auto des Bundesrichters Wolfgang

Buddenberg, einer der Baader-Meinhof-Ermittler. Mehrere Anschläge gegen das Axel-Springer-Hochhaus in Berlin forderten zahlreiche Verletzte. Bei Explosionen in Hessen und Bayern kommt ein Oberstleutnant des fünften amerikanischen Armeekorps in Frankfurt ums Leben. Zwölf Tage später forderte ein Anschlag auf das Hauptquartier der Streitkräfte in Heidelberg drei Tote. Für viele öffentliche Gebäude mußte Polizeischutz angeordnet werden.

Ein entscheidender Schlag gelang im Juni der deutschen Polizei gegen die Terroristen-Szene: Andreas Baader, Holger Meins und Jan-Carl Raspe wurden nach einer Schießerei in Frankfurt verhaftet, wenige Tage später Gudrun Ensslin in Hamburg. Damit waren die führenden Köpfe der Baader-Meinhof-Gruppe festgenommen. Die Frage nach den Ursachen des Terrors in der Bundesrepublik führte gleichzeitig zu Beschuldigungen von Außenstehenden. In einer Bundestagsdebatte bezichtigte ein CDU-Abgeordneter »die Bölls und Brückners« der Wegbereitung und geistigen Mittäterschaft. Aus Protest gegen diesen Vorwurf solidarisierten sich vierzehn deutsche Schriftsteller mit Heinrich Böll.

Am 5. September überfielen arabische Terroristen das Quartier der israelischen Olympiamannschaft und töteten zwei Sportler. Sie verlangten die Freilassung von arabischen Häftlingen aus den israelischen Gefängnissen. Nach der Ablehnung dieser Forderung wurde den Terroristen und ihren Geiseln ein Flugzeug auf dem Flughafen Fürstenfeldbruck zur Verfügung gestellt. Dort eröffneten abends Präzisionsschützen der Polizei das Feuer auf die Geiselnehmer. Bei dem Schußwechsel starben fünf Terroristen, ein Polizist und alle neun Geiseln.

Neben dem Terrorismus, der das Bundeskriminalamt in Atem hielt, weitete sich die organisierte Kriminalität im Bereich der Wirtschaft und des illegalen Handels mit Waffen und Rauschgift unaufhaltsam aus.

Die Kriminalpolizei war völlig überfordert. Es fehlte an genügend ausgebildeten Beamten in genügender Zahl, es fehlte an einem durchsetzbaren Konzept. Auf der Arbeitstagung der Hiltruper Polizeiakademie sprach Karl-H. Gemmer vom »Interpol-Debakel«: Interpol arbeite zu langsam, sei nicht effektiv und könne die herangetragenen Ersuche nicht im sachgebotenen Umfang erledigen.

Da ihre Mitglieder nicht Nationen als souveräne Staaten verträten,

sondern die jeweiligen Polizeibehörden, bliebe die nationale Souveränität voll erhalten und das jeweilig geltende nationale Recht habe absoluten Vorrang. Die Probleme lagen auf der Hand.
Wie schwierig sich die Einführung der elektronischen Datenverarbeitung gestaltete, zeigte ein Bericht von Jeschke über die Arbeitstagung vom März 1972 in Saint Cloud:

»Auch in Fachkreisen mag man erstaunt sein, daß sich die IKPO-Interpol erst zu diesem Zeitpunkt dem Problem zuwendet. Dabei darf jedoch nicht übersehen werden, daß sie naturgemäß nicht in der Lage war, die in den souveränen Mitgliedsstaaten sich anbahnenden Entwicklungen auf diesem Gebiet in irgendeiner Weise zu beeinflussen. Sie verfolgte deshalb bewußt die Politik des Abwartens, bis auf breiterer Ebene ein gewisses Stadium der Planung und Durchführung erreicht war, um sodann zu versuchen, eine unter Berücksichtigung der vorgegebenen Umstände möglichst optimale Verbund-Lösung herbeizuführen. Selbst hierbei wird, wie die Tagung deutlich machte, eine nicht zu unterschätzende Fülle von Schwierigkeiten rechtlicher, finanzieller, technischer und struktureller Art zu überwinden sein . . .
Die Erörterung der Frage, welche Stellen die Befugnis für die Dateneingabe und -abfrage erhalten sollen, verdeutlichte die in den meisten Staaten bestehenden zentralen Strukturen auf dem Gebiet von Polizei und Datenverarbeitung. Dadurch wurde der Standpunkt vertreten, daß nur jeweils eine Behörde in jedem Staat, das nationale Zentralbüro, dieses Recht besitzen solle. Lediglich die deutsche Delegation setzte sich nachdrücklich und schließlich mit Erfolg dafür ein, daß die Möglichkeit, Eingabe und insbesondere Abfrage auf nationaler Ebene in bestimmtem Umfange zu dezentralisieren, nicht von vornherein versperrt wurde.«

In Deutschland machte man sich Gedanken über die »innere Sicherheit«. Die ständige Konferenz der Innenminister der Länder bildete eine Kommission, die ein gemeinsames Programm »Innere Sicherheit« erarbeiten sollte. Neu geregelt werden sollte die Kompetenzabgrenzung zwischen Bundeskriminalamt und Landeskriminalämtern. Weiter sollten Überlegungen angestellt werden über die Organisation, Ausstattung und Ausrüstung der Polizei sowie die Führungsauslese und Ausbildung von Polizeibeamten. Außerdem wurde die Bundesregierung aufgefordert, die Rechtsgrundlagen für Kontrollen und Maßnahmen zur Sicherheit des Luftverkehrs neu zu regeln.
Horst Herold arbeitete unermüdlich an der Neustrukturierung seines Amtes und an der Realisierung seines Konzeptes, dem EDV-Verbund der Polizei. Auf die Frage der Bundesregierung, ob schon konkrete Erfolge in der Verbrechensbekämpfung aufgrund des Sofortprogramms und der Intensivierung erzielt worden seien, wurde vom BKA geantwortet:

Ziel des Sofortprogramms sei es, das Bundeskriminalamt zu einer leistungsfähigen und den modernen Erfordernissen entsprechenden Zentrale für die Verbrechensbekämpfung auszubauen. Es sei sicherzustellen, daß es seinen gesetzlichen Auftrag als Nachrichtensammel- und Auswertungsstelle besser als bisher erfüllen könne. Wesentlich dabei sei die Verbesserung der personellen und materiellen Ausstattung. Schon jetzt, nach einem halben Jahr, ließen sich bereits positive Auswirkungen erkennen. Durch die Personalvermehrung und die Vervollkommnung der Kommunikationsmittel sei die Auskunftsfähigkeit des BKA verbessert worden, vor allem durch den inzwischen abgeschlossenen Aufbau des Bildübertragungsnetzes. In der Zeit vom 1. Januar bis Anfang März 1971 hätten dadurch 610 Personen identifiziert werden können, davon 82 mit Alias-Namen. Die Nachrichtentätigkeit sei auf die politisch motivierte Ausländerkriminalität ausgeweitet worden. In der Antwort wurden dann noch einige exekutive Erfolge des BKA aufgeführt, die erkennen ließen, daß das mit dem Sofortprogramm erstrebte Ziel auch erreicht werden könnten.

Das klang optimistisch, entsprach aber nur bedingt den Tatsachen. Die Terrorismusbekämpfung schien sich selbst in einer Sackgasse gefangen zu haben. Die zunächst unerträglich erfolglose Fahndung nach den RAF-Mitgliedern hatte die Polizei bei der Bevölkerung in Mißkredit gebracht. Man zweifelte, wurde unruhig oder man lächelte und belächelte. Gefährlicher war der beobachtbare »Robin-Hood-Effekt«. Man begann, die Terroristen zu bewundern und sich an den Mißerfolgen der Polizei heimlich zu ergötzen.

Als dann endlich der Erfolg kam, erging es der Polizei, so sagt B. Wehner, »wie einer Fußballmannschaft, die zunächst alle, dann weniger und zuletzt keine Spiele mehr verliert. Die Pfeifkonzerte werden weniger, die Ermunterungsrufe mehren sich und zuletzt bleibt Jubel.«

Es bestand kein Grund zum Jubeln, denn der Terrorismus war nicht mit einem Schlag in den Griff zu bekommen. Die Polizei blieb gefordert, mehr denn je. Die RAF konnte auf Sympathisanten bauen. Das machte die Szene noch undurchsichtiger. In dem Rotbuch Nr. 29, das der Verlag Wagenbach herausgab unter dem Titel »Über den bewaffneten Kampf in Westeuropa«, verkündete ein Autorenkollektiv offen Ziele, Thesen und Aktionsmittel ihrer Organisation, der RAF. Dazu Dr. Helmut Seiter in der »Kriminalistik« (Heft 8, 1972):

»Die Bullen sind Schweine, wir sagen, der Typ in Uniform ist ein Schwein ... und natürlich kann geschossen werden. Natürlich! So Ulrike Meinhof auf dem Tonband, das sie dem ›Spiegel‹ übereignete. Was aus diesem ›natürlichen‹ Schießen (und Bombenlegen) geworden ist, hat man ja inzwischen ausgiebig erfahren. Das ist aber nur der Anfang! Das Meinhof-Rezept wurde weiterhin systematisiert und ausgebaut durch die ›Rote Armee Fraktion‹ (RAF), welche eine revolutionäre Organisation ›im und durch den bewaffneten Kampf‹ schaffen will. Diese Formel ist außerordentlich bemerkenswert, da ja sonst der bewaffnete Kampf lediglich als Mittel zum Zweck betrachtet und eigentlich nur dann gesucht wird, wenn alle anderen Mittel erschöpft sind. Hier hingegen ist der Kampf Selbstzweck. Er wird gesucht, um weitere Kämpfer anzuziehen. Daß solches nicht als Utopie zu betrachten ist, haben die Ereignisse in Vietnam gelehrt.«

Das Bundeskriminalamt und sein Präsident mußten sich simultan auf zwei Fronten stellen, der von den Kriminellen und der von den Gegnern der elektronischen Datenverarbeitung zu kriminalpolizeilichen Zwecken errichteten.
Horst Herold hatte große Mühe, sich durchzusetzen, aber es gelang ihm. Anläßlich eines Interviews antwortete er auf die Frage, ob die Länder, da er eine weisungsberechtigte Zentrale nicht für nötig halte, mitziehen würden, um dem Verbrechen auf einheitliche Art und damit am wirkungsvollsten zu begegnen: »Die Entwicklung der Kriminalität wird ihnen gar keine andere Wahl lassen.« Er sollte recht behalten.
Die Diskussion über die Legitimität des Speicherns von Daten, auch informatorischen Charakters, wollte kein Ende nehmen. Ein Bundes-Datenschutzgesetz stand in Aussicht, das begründete Angst hervorrief, die kriminalpolizeiliche Arbeit könnte nicht nur behindert, sondern unmöglich gemacht werden. Im Dezember 1971 hatte eine interfraktionelle Gruppe von Abgeordneten des Bundestages einen Entwurf für ein Gesetz zum Schutz von unbefugter Verwendung personalbezogener Daten vorgelegt. In der Präambel wurde gesagt, worum es ging:

»Durch den wachsenden Einsatz moderner technischer Methoden der Datenverarbeitung können gewisse in Wirtschaft und Verwaltung benötigte Daten immer schneller und leichter beschafft werden. Integrierte Systeme ermöglichen es, Daten, die z. B. zu einer Person an verschiedenen Stellen vorhanden sind, abzurufen und so eine Übersicht zu erhalten, die die Privatsphäre beeinträchtigen kann. Die Handhaben zum Schutz der Privatsphäre sind nicht ausreichend, um möglichen Mißbrauch weitgehend zu unterbinden. Der Gesetzgeber darf es nicht versäumen, rechtzeitig Schutzvorrichtungen zu erlassen ... Der Entwurf will die Problematik hinsichtlich personenbezogener Daten, soweit sie vom Bund und durch wirtschaftlich verwertbare Datenbanken Privater erfaßt werden, regeln.«

Es wird von Wirtschaft und Verwaltung gesprochen. Unter »Verwaltung« fällt das Bundeskriminalamt, wenigstens, was die Datenverarbeitung angeht.

Bis heute ist das an sich sterile Diskutieren über die Frage, die in einer freiheitlichen Demokratie keine ist oder keine sein sollte, welche Daten wann, von wem über wen zu schützen, zu tilgen, zu gebrauchen sind, nicht beendet. Sie wird noch lange andauern. Bringen wird sie wenig oder nichts. Was »personenbezogene Daten« sind, die nicht gespeichert werden dürfen, weiß ich nicht. Denn Geburtsdatum und Geburtsort, Familienstand etc. sind »personalbezogene Daten«, die mich als den ausweisen, der ich bin. Wo beginnt das Verbot der Speicherung von welchen Daten? Mir scheint, die Datenschützer haben und werden eher Verwirrung als Schutz in die Intimsphäre bringen.

Nachdem im März 1972 von der Bundesregierung ein Schwerpunktprogramm »Innere Sicherheit« angenommen worden war, hatte die ständige Innenministerkonferenz im Mai Grundsätzliches über die Zusammenarbeit zwischen Bund und Ländern bei der Bekämpfung politisch motivierter Gewalttäter beschlossen, was dann im Juni zur Verabschiedung des »Programms für die Innere Sicherheit in der Bundesrepublik Deutschland, Teil I« führte. Dort stand:

»Das Bundeskriminalamt muß die Informations- und Kommunikationszentrale der deutschen Polizei für die Verbrechensbekämpfung werden. Das Schwergewicht seiner Tätigkeit liegt in der Unterstützung der Länder durch Spezialisten und Spezialeinrichtungen. In besonderen Fällen hat es ... auch eigene Ermittlungstätigkeit zu betreiben.«

Es war im ersten Amtsjahr Herolds, sowohl auf der Ebene der Kriminalität als im Bereich der polizeilichen Antwort auf das Verbrechen, viel geschehen. Bei den Politikern war ein aufkommendes ungutes Gefühl, vielleicht auch Angst, vernehmlich zu spüren. Ihre Hoffnungen und ihr Vertrauen setzten sie in und auf Horst Herold und sein Amt. Viel anderes blieb nicht übrig.

Im November 1972 wurde das INPOL-Fahndungssystem problemlos in Betrieb genommen. Auch auf dem baulichen Sektor ging es voran.

Das kriminaltechnische Institut mit seinen diversen Abteilungen wurde fach- und sachgerecht untergebracht, ebenso die Datenverarbeitung und die Fernmeldetechnik. Das Sofortprogramm der Bundesregierung zur Modernisierung und Intensivierung der Verbrechensbekämpfung vom 29. 10. 1970 war im Kriminaltechnischen Institut des BKA bereits realisiert worden: Am 17. 11. 1972 erfolgte die Schlüsselübergabe für das 4000 qm große neue Gebäude, das mit einem Kostenaufwand von 7,2 Mio. DM errichtet worden war. Fast gleichzeitig mit der Inbetriebnahme des Neubaus wurden über 100 neue Mitarbeiter beschäftigt: Biologen, Chemiker, Fotografen, Ingenieure, kriminaltechnische Spezialbeamte, Laboranten, Physiker, Psychologen, Techniker, wissenschaftlich-technische Assistenten u.a. Für neue (z.B. Rasterelektronenmikroskop) und bereits vorhandene Großgeräte (z.B. Massenspektrometer) konnte angemessener Raum geschaffen werden, und es wurde eine neue Abteilung zur Koordination und Betreuung von Forschungsprojekten eingerichtet.

Mittlerweile war die Datenspeicherung in anderen Gebieten als unverzichtbares Instrument erkannt. In der Bundesrepublik steht die größte biomedizinische Datenbank der Welt.

Am 27. 1. 1972 entstand die Zentralstelle für den Anschluß des elektronischen Datenverbunds an die regionalen EDV-Netze. Sie sind an den Zentralcomputer im BKA angeschlossen. In der Presse hieß es dazu:

»Voraussichtlich bis Mitte 1973 wird das Bundeskriminalamt in Wiesbaden über das modernste elektronische Fahndungssystem verfügen. In einem Zentralcomputer sollen die Namen und Daten sämtlicher von der Polizei gesuchten Personen, die Merkmale und Kennzeichen aller gestohlener Kraftfahrzeuge sowie die Typen und Nummern aller gesuchten Waffen gespeichert werden. Später sollen noch weitere Daten hinzukommen.

An diesen Computer werden möglichst alle großen Polizeidienststellen in den Bundesländern als Datenstationen – man rechnet mit 130 – und vor allem die Grenzdienststellen (400–500) angeschlossen werden.«

Der elektronische Datenverbund wurde im November 1972 aufgenommen. Dazu ein »Kriminalistik«-Bericht »Aus dem Bundeskriminalamt«:

»Am 13. November 1972 nahm Bundesinnenminister Hans Dietrich Genscher auf dem Rhein-Main-Flughafen in Frankfurt offiziell den elektronischen Datenverbund mit dem Bundeskriminalamt im Bereich der Personenfahndung auf.

Nach den Worten Genschers wird es der elektronische Datenverbund dem Straftäter schwerer machen, unerkannt zu bleiben. ›Die Chance für den flüchtigen Verbrecher, sich der Fahndung zu entziehen, wird geringer. Er wird kaum noch Gelegenheit haben, sich in ein anderes Land abzusetzen, denn auch die Grenzdienststellen nehmen an dem Verbundsystem teil. Schon bisher wurden im Laufe eines Jahres 14000 Personen beim Grenzübertritt festgenommen. Wenn sich die Grenzpolizeibeamten nunmehr in Sekundenschnelle darüber informieren können, ob Person oder Sache zur Fahndung ausgeschrieben sind, wird die Grenzkontrolle noch wesentlich effektiver werden.‹ Als eines der besten Beispiele für den kooperativen Föderalismus in unserem Lande wertete der Bundesinnenminister die gemeinsamen Anstrengungen, die zum elektronischen Datenverbund geführt haben. An die Gäste aus den Ländern, unter ihnen die Innenminister Bielefeld und Schwarz, gewendet, äußerte Genscher die feste Hoffnung, ›daß alle Landeskriminalämter in Kürze an das EDV-Fahndungssystem angeschlossen‹ würden.

Dr. Horst Herold, der Präsident des Bundeskriminalamtes, kennzeichnete den Tag der Inbetriebnahme des Datenverbundes als den ersten praktischen Schritt auf dem Weg zu einem großen Ziel. Herold demonstrierte vor etwa 80 Gästen aus Bund und Ländern sowie zahlreichen Journalisten den Istzustand und den Endzustand des Systems.

Vor zwei Jahren hat die Bundesregierung ein Sofortprogramm zur Modernisierung und Intensivierung der Verbrechensbekämpfung vorgelegt, das unter anderem die Einrichtung einer Datenverarbeitungsanlage beim Bundeskriminalamt bis zum Jahresende 1972 vorsieht. Inzwischen wurde auf dem Gelände des Bundeskriminalamtes in Wiesbaden mit einem Kostenaufwand von ca. 40 Mio. DM ein Neubau erstellt, der zwei Datenverarbeitungsanlagen sowie die erforderliche Kommunikationstechnik aufnehmen soll. Die Kosten für die technischen Installationen belaufen sich auf weitere 20 Mio. DM. In wenigen Wochen ist das Gebäude bezugsfertig; gegenwärtig stehen die Computer noch in einem Rechenzentrum in Frankfurt/M.

Damit sind wichtige Voraussetzungen für eine Forderung des ›Programms für die Innere Sicherheit in der Bundesrepublik Deutschland‹, das die Innenminister des Bundes und der Länder im Juni 1972 vorgelegt haben, erfüllt.

Im Programm heißt es wörtlich: ›Es soll ein gemeinsames Informations- und Auskunftssystem für die gesamte Polizei in der Bundesrepublik mit dem Bundeskriminalamt als Zentralstelle geschaffen werden. Grundlage soll das vom Bundesminister des Innern vorgelegte Konzept für den Elektronischen Datenverbund zu polizeilichen Zwecken sein, dem die Ständige Konferenz der Innenminister der Länder für den Bereich der Fahndung am 27. Januar 1972 zugestimmt hat. Danach werden im Endausbau die Länder die Fahndungsdaten dem Bundeskriminalamt über Landesrechner sofort zur Verfügung stellen. Bis zum endgültigen Ausbau des Datenverbundes – auf Wunsch auch später – können die Länder ihre Datenstationen unmittelbar an die EDV-Anlage des Bundeskriminalamtes anschließen.‹

In der ersten Ausbaustufe eines Systems, das im Endstadium einmal eine im Datenverbund – arbeitsteilig zwischen Bund und Ländern – vollständige Straftäter- und Straftatendatei umfaßt, geht es um die Personenfahndung.

Zusammen mit den Bundesländern wurde ein einheitlicher Datensatz zur Fahndung nach gesuchten Personen entwickelt. Danach können sämtliche in den beiden Deutschen Fahndungsbüchern ausgeschriebenen Personen – etwa 120000 – in die Anlage eingespeichert werden. 15 Datensichtgeräte im Bundeskriminalamt, 1 Gerät beim

Kriminalpolizeiamt Saarbrücken und bei der Grenzschutzdirektion Koblenz ergänzen und aktualisieren den Bestand.
Vom 13. November 1972 an können an die Anlage beliebig viele Datensichtgeräte mit beliebig gewähltem Standort in der Bundesrepublik angeschlossen werden, die im Direktverkehr mit der Anlage stehen. Damit wird es möglich, flüchtige Tatverdächtige mit allen erforderlichen Angaben über die Datensichtstationen in die Anlage einzuspeichern und diese sogleich von allen anderen Stationen im Bundesgebiet abfragen zu lassen.
Die Anlage ist so dimensioniert, daß sie pro Sekunde 8 Anfragen zu verarbeiten vermag und Auskünfte im einstelligen Sekundenbereich (d. h. zwischen 0 und 9 Sekunden) erteilt. Damit wird ein Fahndungsmittel von höchster Aktualität geschaffen, das, wegen seiner unauffälligen schleierartigen Verbreitung im ganzen Land und an den Grenzen, die Wirkung eines maschendichten Schleppnetzes besitzt.
Die Bedeutung dieses Fortschrittes läßt sich voll ermessen, wenn man ihn mit dem derzeitigen unbefriedigenden Zustand vergleicht.
In Zukunft ist sichergestellt, daß mit Hilfe der EDV die Aktualität im Sekundenbereich gewährleistet ist.
Zusammen mit den Ländern soll in raschen Schritten das System ausgebaut werden, um so den Auftrag von Bundesinnenminister Genscher an das Bundeskriminalamt effektiv erfüllen zu können.«

Das Jahr 1973 war für das BKA bedeutsam, es brachte die notwendige und erwartete Gesetzesänderung, und andererseits machte es allgemeine sozialrelevante Tendenzen deutlich erkennbar.
Die politisch motivierte Gewaltkriminalität eskalierte. In Rom verbrannten 31 Passagiere durch einen von Terroristen zur Explosion gebrachten Sprengkörper in einer PanAm-Maschine; in Irland töteten Christen Christen in einem mit terroristischen Mitteln geführten Bürgerkrieg.
Sieht man den 7. September 1923 als Geburtstag der Internationalen Kriminalpolizeilichen Organisation, dann konnte Interpol 1973 sein 50jähriges Bestehen feiern. Trotzdem gab es nur festzustellen, daß Interpol sich zwar von einer Arbeitsgemeinschaft zu einer de facto zwischenstaatlichen Organisation entwickelt hatte, aber bis heute trotz weltweiter Anerkennung de jure keinen zwischenstaatlichen Status erreichen konnte. Da die Zahl der beteiligten Staaten inzwischen sehr groß ist und laufend ansteigt (heute 140), dürfte es auch in naher Zukunft kaum möglich sein, zum Abschluß eines zwischenstaatlichen Interpol-Abkommens zu gelangen. Der IKPO-Interpol wird deshalb vorerst nichts anderes übrigbleiben, als das zu tun, was sie seit ihrem Bestehen getan hat: praktisch zu funktionieren, ohne formal-völkerrechtlich zu existieren.

Zentralthema aber war weiterhin die Ausarbeitung eines zweckmäßigen und annehmbaren Datenschutzgesetzes. Kriminalpolizei und BKA blieben gefordert.
Am 29. Juni 1973 erfolgte die zweite Änderung des BKA-Gesetzes. Das Amt wurde als Zentralbehörde Informations- und Kommunikationszentrale für die deutsche Polizei, erhielt originäre Zuständigkeit bei Rauschgift-, Waffen- und Falschgelddelikten, bei politisch motivierten Anschlägen gegen Verfassungsorgane des Bundes, ihre Mitglieder und Gäste und ausländische Vertretungen sowie präventivpolizeiliche Befugnisse für Aufgaben des Personenschutzes.
Der Wortlaut des Gesetzes ist eindeutig:

704 Bundesgesetzblatt, Jahrgang 1973, Teil I

Bekanntmachung
der Neufassung des Gesetzes
über die Einrichtung eines Bundeskriminalpolizeiamtes
(Bundeskriminalamtes)

Vom 29. Juni 1973

Auf Grund des Artikels 2 des Zweiten Gesetzes zur Änderung des Gesetzes über die Einrichtung eines Bundeskriminalpolizeiamtes (Bundeskriminalamtes) vom 28. Juni 1973 (Bundesgesetzbl. I S. 701) wird nachstehend der Wortlaut des Gesetzes über die Einrichtung eines Bundeskriminalpolizeiamtes (Bundeskriminalamtes) vom 8. März 1951 (Bundesgesetzbl. I S. 165) unter Berücksichtigung

des Gesetzes zur Änderung des Gesetzes über die Einrichtung eines Bundeskriminalpolizeiamtes (Bundeskriminalamtes) vom 19. September 1969 (Bundesgesetzbl. I S. 1717)

des Zweiten Gesetzes zur Änderung des Gesetzes über die Einrichtung eines Bundeskriminalpolizeiamtes (Bundeskriminalamtes) vom 28. Juni 1973 (Bundesgesetzbl. I S. 701)

bekanntgemacht.

Bonn, den 29. Juni 1973

Der Bundesminister des Innern
Genscher

Gesetz über die Einrichtung eines Bundeskriminalpolizeiamtes (Bundeskriminalamtes)

in der Fassung vom 29. Juni 1973

§ 1

(1) Der Bund errichtet ein Bundeskriminalamt zur Zusammenarbeit des Bundes und der Länder in der Kriminalpolizei. Seine Aufgabe ist die Bekämpfung des Straftäters, soweit er sich international oder über das Gebiet eines Landes hinaus betätigt oder voraussichtlich betätigen wird.

(2) Das Bundeskriminalamt ist zugleich Nationales Zentralbüro der Internationalen Kriminalpolizeilichen Organisation (Interpol) für die Bundesrepublik Deutschland.

§ 2

(1) Das Bundeskriminalamt hat als Zentralstelle

1. alle Nachrichten und Unterlagen für die polizeiliche Verbrechensbekämpfung zu sammeln und auszuwerten. Es ist insoweit auch Zentralstelle für den elektronischen Datenverbund zwischen Bund und Ländern;
2. die Strafverfolgungsbehörden des Bundes und der Länder unverzüglich über die sie betreffenden Nachrichten und die in Erfahrung gebrachten Zusammenhänge strafbarer Handlungen zu unterrichten;
3. erkennungsdienstliche Einrichtungen zu unterhalten;
4. die erforderlichen Einrichtungen für alle Bereiche kriminaltechnischer Untersuchungen und für kriminaltechnische Forschung zu unterhalten sowie die Zusammenarbeit der Polizei auf diesen Gebieten zu koordinieren;
5. die Entwicklung der Kriminalität zu beobachten und daraus kriminalpolizeiliche Analysen und Statistiken zu erstellen;
6. Forschung zur Entwicklung polizeilicher Methoden und Arbeitsweisen der Verbrechensbekämpfung zu betreiben;
7. die Polizei der Länder in der Vorbeugungsarbeit zur Verbrechensverhütung zu unterstützen;

8. Fortbildungsveranstaltungen auf kriminalpolizeilichen Spezialgebieten durchzuführen.

(2) Das Bundeskriminalamt erstattet erkennungsdienstliche und kriminaltechnische Gutachten für Strafverfahren auf Anforderung von Polizeidienststellen, Staatsanwaltschaften und Gerichten.

§ 3

(1) Zur Sicherung der Zusammenarbeit des Bundes und der Länder sind die Länder verpflichtet, für ihren Bereich zentrale Dienststellen der Kriminalpolizei (Landeskriminalämter) zu unterhalten. Diese haben dem Bundeskriminalamt die zur Erfüllung seiner Aufgaben erforderlichen Nachrichten und Unterlagen zu übermitteln.

(2) Mehrere Länder können ein gemeinsames Landeskriminalamt im Sinne des Absatzes 1 unterhalten.

§ 4

(1) Die Landeskriminalämter benachrichtigen das Bundeskriminalamt unverzüglich über den Beginn, die Unterbrechung und die Beendigung von richterlich angeordneten Freiheitsentziehungen.

(2) Den Justiz- und Verwaltungsbehörden obliegt dieselbe Mitteilungspflicht gegenüber dem Landeskriminalamt.

§ 5

(1) Die vorbeugende Verbrechensbekämpfung und die Verfolgung strafbarer Handlungen bleiben Sache der Länder, soweit gesetzlich nichts anderes bestimmt ist.

(2) Das Bundeskriminalamt nimmt die polizeilichen Aufgaben auf dem Gebiet der Strafverfolgung (§§ 161, 163, 189 der Strafprozeßordnung) selbst wahr

1. in Fällen des international organisierten ungesetzlichen Handels mit Waffen, Munition, Sprengstoffen oder Betäubungsmitteln und der international organisierten Herstellung oder Verbreitung von Falschgeld, die eine Sachaufklärung im Ausland erfordern, sowie damit im Zusammenhang begangener Straftaten; in Fällen minderer Bedeutung kann die Staatsanwaltschaft im Benehmen mit dem Bundeskriminalamt die Ermittlungen einer anderen sonst zuständigen Polizeibehörde übertragen;
2. in Fällen von Straftaten, die sich gegen das Leben (§§ 211, 212 des Strafgesetzbuches) oder die Freiheit (§§ 234, 234 a, 239, 239 b des Strafgesetzbuches) des Bundespräsidenten, von Mitgliedern der Bundesregierung, des Bundestages und des Bundesverfassungsgerichts oder der Gäste der Verfassungsorgane des Bundes aus anderen Staaten oder der Leiter und Mitglieder der bei der Bundesrepublik Deutschland beglaubigten diplomatischen Vertretungen richten, wenn anzunehmen ist, daß der Täter aus politischen Motiven gehandelt hat und die Tat bundes- oder außenpolitische Belange berührt.

Die Wahrnehmung der Aufgaben nach Satz 1 Nr. 2 bedarf der Zustimmung des Bundesministers des Innern; bei Gefahr im Verzuge kann das Bundeskriminalamt vor Erteilung der Zustimmung tätig werden.

(3) Das Bundeskriminalamt nimmt darüber hinaus die polizeilichen Aufgaben auf dem Gebiet der Strafverfolgung selbst wahr, wenn

1. eine zuständige Landesbehörde darum ersucht oder
2. der Bundesminister des Innern es aus schwerwiegenden Gründen anordnet oder
3. der Generalbundesanwalt oder der Untersuchungsrichter in Verfahren, in denen der Generalbundesanwalt die Ermittlungen führt, darum ersucht oder einen Auftrag erteilt.

(4) Die für die Strafrechtspflege und die Polizei zuständigen obersten Landesbehörden sind unverzüglich zu benachrichtigen, wenn das Bundeskriminalamt polizeiliche Aufgaben auf dem Gebiet der Verbrechensbekämpfung wahrnimmt; außerdem sind unverzüglich zu benachrichtigen der Generalbundesanwalt in den Fällen, in denen er für die Führung der Ermittlungen zuständig ist, und in den übrigen Fällen die Generalstaatsanwälte, in deren Bezirken ein Gerichtsstand begründet ist. Die Verpflichtung anderer Polizeibehörden zum ersten Zugriff und zur Durchführung der notwendigen unaufschiebbaren Maßnahmen sowie die Befugnisse der Staatsanwaltschaft und des Untersuchungsrichters nach den §§ 161, 189 der Strafprozeßordnung bleiben unberührt.

(5) In den Fällen der Absätze 2 und 3 kann das Bundeskriminalamt den zuständigen Landeskriminalämtern (§ 3 Abs. 1) Weisungen für die Zusammenarbeit geben. Die oberste Landesbehörde ist unverzüglich zu benachrichtigen.

§ 6

(1) Zur Unterstützung von polizeilichen Strafverfolgungsmaßnahmen kann das Bundeskriminalamt Bedienstete zu den Polizeibehörden in den Ländern entsenden, wenn die zuständige Landesbehörde darum ersucht oder wenn dies den Ermittlungen dienlich sein kann. Die Zuständigkeit der Polizeibehörden in den Ländern bleibt unberührt.

(2) Die oberste Landesbehörde ist unverzüglich zu benachrichtigen.

§ 7

(1) Berührt eine strafbare Handlung den Bereich mehrerer Länder oder besteht ein Zusammenhang mit einer anderen strafbaren Handlung in einem anderen Land und ist angezeigt, daß die polizeilichen Aufgaben auf dem Gebiet der Strafverfolgung einheitlich wahrgenommen werden, so unterrichtet das Bundeskriminalamt die obersten Landesbehörden und die Generalstaatsanwälte, in deren Bezirken ein Gerichtsstand begründet ist. Das Bundeskriminalamt weist im Einvernehmen mit einem Generalstaatsanwalt und einer obersten Landesbehörde eines Landes diesem Land die polizeilichen Aufgaben auf dem Gebiet der Strafverfolgung mit der Maßgabe zu, diese Aufgaben insgesamt wahrzunehmen.

(2) Zuständig für die Durchführung der einem Land nach Absatz 1 übertragenen Aufgaben ist das Landeskriminalamt; die oberste Landesbehörde kann an Stelle des Landeskriminalamtes eine andere Polizeibehörde im Lande als zuständig erklären.

§ 8

(1) Vollzugsbeamte des Bundes und der Länder können in den Fällen des § 5 Abs. 2 und 3 und des § 7 Abs. 1 im Geltungsbereich dieses Gesetzes Amtshandlungen vornehmen; sie sind insoweit Hilfsbeamte der zuständigen Staatsanwaltschaft. Sie unterrichten die örtlichen Polizeidienststellen rechtzeitig über Ermittlungen in deren Zuständigkeitsbereich, sofern nicht schwerwiegende Gründe entgegenstehen. Zu den Ermittlungshandlungen sollen tunlichst Beamte der örtlich zuständigen Polizeidienststellen hinzugezogen werden.

(2) Die polizeilichen Dienststellen der Länder geben dem Bundeskriminalamt in Fällen seiner Zuständigkeit sowie den von ihm gemäß § 5 Abs. 2 und 3 entsandten Beamten Auskunft und gewähren Akteneinsicht. Das gleiche gilt für die nach § 7 Abs. 1 tätig werdenden Polizeibeamten der Länder.

(3) Die örtlich zuständigen Polizeidienststellen gewähren Beamten des Bundeskriminalamtes oder, im Falle einer Zuweisung nach § 7 Abs. 1, eines anderen Landes, die Ermittlungen durchführen, personelle und sachliche Unterstützung.

§ 9

(1) Unbeschadet der Rechte des Präsidenten des Deutschen Bundestages und der Zuständigkeiten des Bundesgrenzschutzes und der Polizei der Länder obliegt dem Bundeskriminalamt

1. der erforderliche unmittelbare persönliche Schutz der Mitglieder der Verfassungsorgane des Bundes sowie in besonderen Fällen der Gäste dieser Verfassungsorgane aus anderen Staaten;
2. der innere Schutz der Dienst- und der Wohnsitze sowie der jeweiligen Aufenthaltsräume des Bundespräsidenten, der Mitglieder der Bundesregierung und in besonderen Fällen ihrer Gäste aus anderen Staaten.

(2) Sollen Beamte des Bundeskriminalamtes und andere Polizeikräfte in den Fällen des Absatzes 1 zugleich eingesetzt werden, so entscheiden darüber der Bundesminister des Innern und die oberste Landesbehörde im gegenseitigen Einvernehmen.

(3) Dem Bundeskriminalamt stehen zur Erfüllung seiner Aufgaben nach Absatz 1 die Befugnisse entsprechend den §§ 10 bis 32 des Bundesgrenzschutzgesetzes zu. Die Grundrechte der körperlichen Unversehrtheit (Artikel 2 Abs. 2 Satz 1 GG), der Freiheit der Person (Artikel 2 Abs. 2 Satz 2 GG), der Freizügigkeit (Artikel 11 Abs. 1 GG) und der Unverletzlichkeit der Wohnung (Artikel 13 GG) werden nach Maßgabe dieser Vorschriften eingeschränkt.

(4) Erleidet jemand bei der Erfüllung der Aufgaben des Bundeskriminalamtes nach Absatz 1 einen Schaden, so gelten die §§ 34 bis 41 des Bundesgrenzschutzgesetzes entsprechend.

§ 10

Der zur Durchführung der Bekämpfung internationaler gemeiner Verbrecher notwendige Dienstverkehr mit ausländischen Polizei- und Justizbehörden ist dem Bundeskriminalamt vorbehalten. Für die Grenzgebiete können auf Grund von Vereinbarungen des Bundesministers des Innern mit den obersten Landesbehörden Ausnahmen zugelassen werden.

§ 11

Die zur Durchführung dieses Gesetzes erforderlichen allgemeinen Verwaltungsvorschriften werden durch die Bundesregierung mit Zustimmung des Bundesrates erlassen.

§ 12

Dieses Gesetz gilt auch für Berlin, sobald das Land Berlin gemäß Artikel 87 seiner Verfassung die Anwendung dieses Gesetzes beschlossen hat.

§ 13

Das Reichskriminalpolizeigesetz vom 21. Juli 1922 (Reichsgesetzbl. I S. 593) wird aufgehoben.

Horst Herold hat die Entwicklung bis zur Novellierung des Gesetzes beschrieben:

»Zu Beginn der 70er Jahre häuften sich spektakuläre Banküberfälle und Geiselnahmen. Sprengstoffanschläge und Überfälle der Roten Armee Fraktion (RAF) forderten 1971 und 1972 sechs Todesopfer. Bei dem Massaker von Fürstenfeldbruck anläßlich der Olympiade 1972 starben 16 Menschen. Unter dem Eindruck dieser schweren Störung der Inneren Sicherheit forderten die Innenminister von Bund und Ländern in einem Programm für die Innere Sicherheit in der Bundesrepublik Deutschland vom Januar und Juni 1972 das Bundeskriminalamt zur ›Informations- und Kommunikationszentrale‹ der deutschen Polizei auszubauen. Nur bei einer zentralen Übersicht über alle Straftaten und Straftäter könne der überörtlich oder international auftretende Straftäter erkannt und mit Hilfe rascher Informationsübermittlung und zentraler Auskunftsbereitschaft des Bundeskriminalamtes auch ergriffen werden. Deshalb müßten leistungsfähige elektronische Arbeitshilfen die herkömmlichen schwerfälligen Aktensammlungen und Karteien des polizeilichen Nachrichtenwesens und die untauglich gewordenen inaktuellen Fahndungsbücher ersetzen. Der Gewinn an Schnelligkeit verlange, daß das Bundeskriminalamt die von ihm erkannten internationalen Verbrechen sodann auch selbst bekämpfe.
Die Novelle zum BKA-Gesetz, die der Bundestag am 29. Juni 1973 beschloß, entsprach in den Grundzügen den Forderungen des Programms. Das Gesetz schuf die Voraussetzungen für ein neuartiges elektronisches Informationssystem, übertrug dem Amt die Sammlung ›aller‹ Nachrichten zur Kriminalität, regelte die Personenschutzaufgaben neu und gewährte originäre Kompetenzen zur Bekämpfung des international organisierten Waffen- und Rauschgifthandels.
Aufgrund der neuen, wesentlich verbesserten Gesetzeslage wurde das Amt in mehreren Etappen umgegliedert und auf zwölf Fachabteilungen (mit jeweils drei Gruppen) aufgestockt. In Meckenheim-Merl (Bonn) versehen drei Abteilungen, standortgünstig zum Regierungssitz, die überwiegend im Großraum Bonn anfallenden Aufgaben des Personenschutzes; ihnen sind zugleich die Aufgaben des polizeilichen Staatsschutzes übertragen. Zehn Abteilungen arbeiten, auf zwei Standorte verteilt, am Sitz des Amtes in Wiesbaden.
Unmittelbar nach Verkündung des 1. Teils des Sicherheitsprogramms im Januar 1972 ordnete der damalige Bundesinnenminister Hans-Dietrich Genscher an, das geforderte gemeinsame, arbeitsteilige, elektronische Informationssystem der Polizei (INPOL) unverzüglich zu errichten. Bereits im Oktober 1972 nahmen das Bundeskriminalamt und fünf Länder die INPOL-Personenfahndung in Betrieb, d. h., die Suche nach flüchtigen, mit richterlichem Haftbefehl gesuchten Tatverdächtigen. Die anderen Länder schlossen sich in rascher Folge an. Das neue sekundenschnelle und stets hochaktuelle elektronische Hilfsmittel ersetzte die bis dahin üblichen, bis zu 1,5 kg schweren und unhandlichen Fahndungsbücher, die bei ihrem Eintreffen beim Polizeibeamten bereits veraltet waren, da Redaktion, Druck und Versendung über 6 Wochen in Anspruch nahmen. Die Erfolge der INPOL-Fahndung übertrafen alle Erwartungen. Innerhalb eines Jahres wurde die Zahl der flüchtigen Tatverdächtigen von 80000 auf die Hälfte reduziert.
Die Novelle von 1973 zog die gesetzgeberischen Konsequenzen aus der Entwicklung: Der neugefaßte § 2 des BKA-Gesetzes übertrug dem Bundeskriminalamt die Zentral-

stelleneigenschaft für INPOL und die Befugnis zur Sammlung ›aller‹ Nachrichten und Unterlagen für die Verbrechensbekämpfung.«

Man hatte gelernt, daß einer international verzahnten Kriminalität, die alle technischen und organisatorischen Mittel ausschöpfte, nur mit einer technisch, informatorisch und organisatorisch entsprechend ausgerüsteten Polizei begegnet werden konnte und daß der Kampf gegen Verbrechen und Terror auf juristisch gesicherter Grundlage aufzunehmen war. Information war und ist Anfang und Ende aller kriminalpolizeilichen Arbeit.

Horst Herold hatte Erfolg. Aber er mußte sich immer wieder mit von Besorgnis, manchmal Laienhaftigkeit, oft auch Ahnungslosigkeit zeugenden Argumenten der Datenschützer auseinandersetzen.

In Deutschland kritisierte man ihn, im Ausland z. B. in Frankreich, kopierte man ihn.

Mit dem 1974 geschaffenen Verbundsystem, das die datenverarbeitenden Systeme des BKA mit dem Bayerischen Landeskriminalamt verband und den Nachrichtenaustausch für die Personenfahndung über Fernübertragungsleitungen ermöglichte, war der Beginn einer raschen Evolution vorgezeichnet.

Schon an dieser Stelle soll der Verlauf kurz und der Entwicklung entsprechend aufgezeigt werden.

1974 wurde beschlossen, eine Straftaten- und Straftäter-Datei in das INPOL-System aufzunehmen, ein Jahr später schon wurde die automatisierte allgemeine Sachfahndung eingeführt. Das elektronische Informationssystem der Polizei, INPOL, wurde 1978 noch einmal verbessert und vereinheitlicht. INPOL fand die Förderung der Innenminister von Bund und Ländern und wurde ausgebaut. Natürlich begleiteten die kritischen Blicke der Datenschützer die Anstrengungen der Kriminalisten.

Nach dem Prinzip »im Zuge von Ermittlungen gewonnene Erkenntnisse einzeln und unbewertet mit ihren Fundstellen und Ergebnisbezügen zu registrieren, Sachzusammenhänge und Beziehungen zwischen den Ermittlungsfakten durch bewertbare Verknüpfungshinweise darzustellen und für mehrdimensionale Auswertung durch Recherchen aufzubereiten, bei denen die Fragestellungen beliebig miteinander kombiniert werden können«, entstand die Arbeitskartei PIOS-Terrorismus. PIOS steht für: Personen, Institutionen, Objekte, Sachen. Das Programm leistete wertvolle Dienste und wurde zum Vorbild für die 1978 eingerichtete Datei PIOS-Rauschgift, die 1980 bundesweit eingeführt wurde. Mit der Zeit belieferte die zentrale Datenverarbeitungsanlage des BKA etwa 2500 Terminals (Bildschirme, Telex, Funk).

Auf heftige Kritik der Datenschützer war die »Rasterfahndung« gestoßen, da zu ihrer Durchführung Daten auch unbescholtener Bürger gespeichert werden. Bernd Wehner hat Prinzip und Anwendung der »Rasterfahndung«, auf die im Kampf gegen Terrorismus und organisiertes Verbrechen kaum verzichtet werden kann, beschrieben:

»Die Rasterfahndung geht von der Tatsache aus, daß Straftäter seit jeher versuchen, sich im Umfeld unbescholtener Bürger zu tarnen und zu verbergen. Sie müssen also aus der großen Zahl der Verdächtigen, in deren Mitte sie sich befinden, herausgesiebt werden. So werden Rastermerkmale gesucht, von denen einzelne auf viele, in ihrer Vielzahl aber nur auf wenige zutreffen können. Solche Merkmale setzen sich beispielsweise aus der Annahme zusammen, daß Gesuchte unter fremden Namen Wohnungen anmieten, sich aber behördlich nicht anmelden, auch ihr Kraftfahrzeug nicht ummelden und bestrebt sein werden, bei den Energieversorgungsunternehmen als Kunden nicht in Erscheinung zu treten. Polizeiliche Überprüfungen nach solchen Kriterien wurden zu allen Zeiten und werden in der Regel zeitaufwendig, personalintensiv und für den Unverdächtigen belastend durchgeführt, weil er Fragen beantworten, Durchsuchung, vorläufige Festnahme oder wenigstens die vorübergehende Sistierung erdulden muß. Das Bundeskriminalamt hierzu: ›Bei der modernen Form der Rasterfahndung werden Datenbestände durch Vergleichsabläufe in elektronischen Rechenanlagen auf jene verdachtsbegründenden Merkmale automatisch überprüft, ohne daß die Polizei Kenntnis vom Inhalt derjenigen Datensätze erhält, in denen die Rasterkriterien enthalten sind.‹«

Auf den Nenner gebracht meint Rasterfahndung die computergestützte, polizeiliche Suche in außerpolizeilichen Datenbeständen nach einem noch unbekannten Täter. Dazu ihr Erfinder Herold:

»Die Rasterfahndung kann als computergestützte Suche mit positiven oder negativen Suchkriterien arbeiten. Eine positive Rasterfahndung läge zum Beispiel vor, wenn die Polizei mit positiven Merkmalen wie Größe, Haarfarbe, Gestalt des mutmaßlichen Täters die Träger dieser Merkmale aus einer Datei herauszufiltern trachtet. Negative Rasterfahndung bedeutet umgekehrt, aus einem polizeilichen Untersuchungsbestand alle Personen herauszulöschen, die als Täter nicht in Betracht kommen können.

1979 unterhielt die RAF in Frankfurt eine oder mehrere unter Falschnamen angemietete konspirative Wohnungen, die Polizei wußte nur nicht, wo. Da die Terroristen die Stromrechnungen nicht von Konto zu Konto bezahlen konnten, war anzunehmen, daß ihre Falschnamen sich in der Gruppe derer befinden müßten, die ihre Stromrechnungen bar bezahlen. Dies waren seinerzeit etwa 18000. Wie kann man die gesuchten

Falschnamen der Terroristen aus einer solchen Menge herausfinden? Die Antwort ist einfach: Indem man alle legalen Namensträger so lange aus der Menge der barbezahlenden Stromkunden herauslöscht, bis nur noch die Träger von Falschnamen übriggeblieben sein können.
Sonach wurden aus dem richterlich beschlagnahmten Magnetband aller barzahlenden Stromkunden alle Personen herausgelöscht, deren Namen als legale Namen feststanden: die gemeldeten Einwohner, die Kfz-Halter, die Rentner, die Bafög-Bezieher, die im Grundbuch verzeichneten Eigentümer, die Brandversicherten, die gesetzlich Krankenversicherten und so weiter – jede Datei mit Legalnamen kann als ›Radiergummi‹ dienen. Erst dann, wenn anzunehmen ist, daß alle Legaldaten herausgelöscht sein könnten, wird der Restbestand des Magnetbandes ausgedruckt.
Im Falle Frankfurt fanden sich am Ende der allerdings auch manuell unterstützten Prozedur nur noch zwei Falschnamen: der eines Rauschgifthändlers und der des gesuchten Terroristen Heissler, der in seiner dadurch ermittelten konspirativen Wohnung kurz darauf festgenommen wurde.
Die negative Rasterfahndung stützt sich auf negative Kriterien, die der Täter ›nicht‹ erfüllen kann. Wenn der Täter Falschnamensträger ist, kann er nicht polizeilich gemeldet sein, nicht als Kfz-Halter auftreten, nicht Bafög beziehen, nicht Rentner sein und so weiter.« (»Der Spiegel«, Nr. 37, 1986)

Heute ist es um die Bedenken der Datenschützer bezüglich der Rasterfahndung auffallend still geworden. Aus gutem Grunde. Gegenüber der um sich greifenden Gewaltkriminalität wohl organisierter Verbrecher- und Terroristenbanden sind die polizeilichen Kontrollorgane hilflos, wenn ihnen versagt bleibt, adäquate Methoden und Techniken einzusetzen. Man scheut sich heute nicht, ernsthaft darüber zu reden, Verrat zu kaufen, einem Mörder Freiheit, Geld und neue Identität zuzusichern, wenn er bereit ist, als »Kronzeuge« seine Mittäter zu verraten. Das ist Korruption.
So weit haben wir uns bereits – 10 Jahre danach – von den damaligen Diskussionen über die Rasterfahndung, den Schutz der persönlichen Daten, die Rechtsstaatlichkeit von kriminalpolizeilichen Fahndungsmethoden, entfernt. Aus Angst, vor der Kriminalität hilflos zu bleiben. Und man erinnert sich mit Wehmut, vielleicht auch mit schlechtem Gewissen, an Herolds grundsätzliche Aussage von damals, die heute mehr gilt als je:

»Informationserhebung und -verarbeitung, also das Sammeln, Sichten, Vergleichen und Analysieren von tat- und täterbezogenen Informationen machen das Wesen der Verbrechensbekämpfung aus. Sie muß auf der Basis rechtsstaatlicher Gesetze von den modernsten Hilfsmitteln der Kriminaltechnik, der Nachrichtentechnik und der elektronischen Datenverarbeitung unterstützt werden.«

Herolds Arbeit war aufsehenerregend. Was er auch tat, die Presse

begleitete ihn auf Schritt und Tritt. Stets kritisch, meist verunsichert, auch bösartig, sogar gehässig. Herold scheute die Öffentlichkeit nicht und verstand zu antworten. Er schrieb, gab Interviews, in denen er seine Pläne deutlich ausbreitete und begründete.
Seine 1981 vom BKA herausgebrachte »Personalbibliographie« gibt beredt Aufschluß. Vizepräsident Dr. Günter Ermisch hat den »Veröffentlichungen von Dr. Horst Herold« einführende Betrachtungen vorangestellt:

»Nahezu alle Veröffentlichungen von Horst Herold spiegeln sein grundsätzliches Bestreben wider, komplexe Sachverhalte der Lebenswirklichkeit durch Anwendung analytischer Denkverfahren derart abzubilden, daß sie rationalen Gestaltungsmaßnahmen unterworfen werden können. Die elektronische Datenverarbeitung sowie die Nachbarwissenschaften Informatik, Informationswissenschaft, Systemtheorie und insbesondere die Kybernetik stellen dabei – durch die Schaffung der Möglichkeit, große Mengen von Daten in nahezu beliebiger Art und Weise auszuwerten und zu verknüpfen – die entscheidenden Hilfsmittel für die Bewältigung dieses Anliegens dar. Darüber hinaus kommt ihnen – durch Bereitstellung eines ›theoretischen Überbaus‹ von logischen Denkprinzipien, Formalisierungsverfahren, Ablaufmodellen usw. – eine denkleitende und erkenntnisvermittelnde Funktion zu. Die Möglichkeiten und Erkenntnisse der Datenverarbeitung sowie ihrer Basiswissenschaften dienen somit einerseits der fundierten und differenzierten Analyse bekannter Erscheinungen als auch andererseits der Aufdeckung neuer, bisher in dieser Form nicht bekannter Beziehungszusammenhänge. So erfolgt für Herold beispielsweise der Einsatz der polizeilichen Datenverarbeitung nicht allein zum Zwecke der Täterermittlung; durch Auswertung der dabei anfallenden Daten sollen zudem neue Einsichten in das Wesen des Verbrechens, seiner Verhütung und Bekämpfung gewonnen werden.
Als Anwendungsbereiche der Analyse- und Auswertungsverfahren und somit insbesondere der elektronischen Datenverarbeitung lassen sich gemäß den obigen Ausführungen zunächst die Effektivierung und Rationalisierung der polizeilichen Maßnahmen der Gefahrenabwehr und Strafverfolgung einerseits und die Erforschung der Kriminalität, die Verbrechensverhütung sowie die gesellschaftsmitgestaltende Funktion der Polizei andererseits unterscheiden. Im einzelnen erstrecken sich die einschlägigen Veröffentlichungen vorwiegend auf die Bereiche Kriminalgeographie, Verbesserung der polizeilichen Information und Kommunikation, Forschung und Prävention, Rolle der Polizei in der Gesellschaft und Weiterentwicklung der Kriminaltechnik. Diese einzelnen Problembereiche werden bei Herold zwar jeweils in den Mittelpunkt der Veröffentlichung gerückt, die Darstellung erfolgt jedoch immer unter gleichzeitiger Aufdeckung des Gesamtzusammenhanges und der Verflechtung der Einzelprobleme untereinander.
Gegliedert nach diesen Themenbereichen sollen im folgenden die Vorstellungen Herolds in den Grundzügen dargestellt werden.
Nach der Herold'schen Konzeption versucht die Kriminalgeographie durch analytische und prognostische Durchdringung aller Zusammenhänge zwischen Raum und Kriminalität eine effizientere polizeiliche Bekämpfung der im polizeilichen Einsatzraum anfallenden Kriminalität zu erreichen. Das zu entwickelnde System von Raum-

deskriptoren und die mit kartographischen Methoden darzustellende Kriminalitätsverteilung beschreiben in der Zusammenschau die ›kriminelle Attraktivität‹ des Raumes, die die wesentlichen Anhaltspunkte für Einsatzsteuerung und Polizeiorganisation liefert.

Als Polizeipräsident von Nürnberg konnte Herold Teile seiner Konzeption in der Praxis anwenden. Allerdings erfuhren seine Vorstellungen nicht nur Kritik von seiten der Wissenschaft und der Politik, sondern auch von Polizeipraktikern. Die Möglichkeit zur weiteren Schaffung kriminalgeographischer Organisationsstrukturen wurde zudem durch das ›Programm für die innere Sicherheit in der Bundesrepublik Deutschland‹ stark eingeschränkt.

Der polizeilichen Information und Kommunikation kommt in Herolds Veröffentlichungen nach Zahl und Bedeutung eine zentrale Stellung zu. Seine Konzeption beruht auf dem Grundgedanken der ›Dezentralisation der Organisation (bzw. Aktion) und Zentralisation der Information bei gleichzeitiger Zentralisation der Technik und Kommunikation‹. Die polizeiliche Gesamtorganisation wird dabei als ein kybernetischen Prinzipien gehorchendes System betrachtet, das bei geeigneter Gestaltung der Informationsprozesse eine Tendenz des Selbstlaufs und der Selbstoptimierung aufweist.

Die Fähigkeit der elektronischen Datenverarbeitung nutzend, mit hoher Geschwindigkeit und Sicherheit praktisch unbegrenzte Mengen von Informationen speichern, verarbeiten und über sie logische Feststellungen treffen zu können, betrieb Herold engagiert die Computerisierung der Personen- und Sachfahndung und setzte sich für die Entwicklung der ›Beobachtenden Fahndung‹ (heute: Polizeiliche Beobachtung) und der ›Rasterfahndung‹ ein. Zum weiteren Ausbau des polizeilichen Informationssystems trugen bei die Konzeption der Straftaten-/Straftäterdatei, die eine Zuordnung unaufgeklärter Straftaten zu gleichartigen Taten oder zu bekannten Straftätern ermöglichen soll, sowie die zusätzlichen Bausteine Zentraler Personenindex (jetzt: Kriminalaktennachweis), Haftdatei, PIOS, Literaturdokumentation und Daktyloskopie.

Trotz seiner Passion für die Datenverarbeitung hat Herold die Notwendigkeit des Datenschutzes nicht aus den Augen verloren. Zur Sicherung der Menschenrechte stellte er sechs Prinzipien auf. Grundsätzlicher Verzicht auf einen Datenverbund der Polizei mit anderen Behörden, Kanalisation der Amtshilfe zwischen den Behörden, Transparenz des Informationssystems, Auskunftserteilung an den Bürger, ›programmiertes Vergessen‹, und technische Datensicherung. Darüber hinaus könne jedoch auch durch Optimierung und Internationalisierung der polizeilichen Datenverarbeitung ein Beitrag zur Beseitigung von Folter, Diskriminierung, grausamer Strafe usw. geleistet werden.

Dennoch erfuhren Herolds Überlegungen zur polizeilichen Information und Kommunikation herbe öffentliche Kritik durch Massenmedien, Datenschützer und sogar Vertreter der polizeilichen Praxis.

Ein wesentlicher Schritt zur Realisierung der Herold'schen Vorstellungen erfolgte mit der Verabschiedung des ›Konzepts für das polizeiliche Informations- und Auskunftssystem‹ am 27. Januar 1972 durch die Innenministerkonferenz, mit der das System INPOL ins Leben gerufen wurde. Realisiert wurden bisher die Aufgabengebiete:

- Zentraler Personenindex
- Fahndung
  Personenfahndung

Sachfahndung
- Haftdatei
- Straftaten-/Straftäterdatei
- Daktyloskopie
- Zentrale Fundstellen-Dokumentation in umfangreichen Ermittlungskomplexen (PIOS)
- Dokumentation kriminalistisch-kriminologischer und kriminaltechnischer Literatur

Die Bereiche Polizeiliche Forschung und Verbrechensverhütung sind für Herold unmittelbar mit der polizeilichen Datenverarbeitung verknüpft. Denn erst diese gibt Polizei und Wissenschaft die Möglichkeit, ›die gewaltigen Bestände an Fakten über das Verbrechen mehrdimensional nach beliebig gewählten Zusammenhängen zu durchdringen und durch die Kombination früher nicht verknüpfbarer Merkmale rationale Einsichten in die objektiven Gesetzmäßigkeiten der Kriminalitätsentwicklung, die Ursachen ihres Anfalls und die Existenz gesellschaftlicher Strukturdefekte auf Massenbasis zu gewinnen‹, um daraus Ansätze für eine wirksame Verbrechensverhütung zu entwickeln.

Nicht zuletzt durch diese Überlegungen angeregt, übertrug der Gesetzgeber 1973 bei der Neufassung des BKA-Gesetzes dem Bundeskriminalamt auch Forschungsaufgaben. Diese organisatorische Einbindung der Forschung in eine Polizeibehörde wurde jedoch gerade in jüngster Zeit stark angegriffen.

Der dargestellte Erkenntniszuwachs aus Datenverarbeitung und Forschung wird nach Herold tiefgreifende Veränderungen der gesellschaftlichen Stellung und der Rolle der Polizei bewirken. Das bedeutet für ihn, daß sich die Polizei vom ›gewaltunterworfenen Objekt bloßer Vollstreckung zum Subjekt gesellschaftlicher Veränderungen, zu einem Beratungs- und Konsultationsorgan für Politik und Gesetzgebung‹ wandeln muß, denn die Polizei mit ihrem ›einzigartigen Erkenntnisprivileg‹ wäre in der Lage, ›zur Anpassung des Rechts- und Normensystems an die gewandelten Verhältnisse und dessen ständiger Aktualisierung‹ beizutragen.

Diese Auffassung Herolds blieb nicht ohne Widerspruch aus Politik und Wissenschaft, die darin eine Überbetonung der gesellschaftlichen Rolle der Polizei bzw. eine Aushöhlung der Gewaltenteilung erblickten. Die öffentliche Kritik gipfelte darin, daß Herold mit dem Sozialutopisten Campanella aus dem 17. Jahrhundert verglichen wurde.

Zur Verbesserung des Strafprozesses fordert Herold einen weiteren Ausbau des Sachbeweises, der sich überwiegend auf die Möglichkeiten einer fortschreitenden Kriminaltechnik stützt. Der Sachbeweis als wichtiges Mittel der Verobjektivierung der Wahrheitsfindung wird im Rahmen kriminaltechnischer Verfahren gewonnen, unterliegt naturwissenschaftlichen Gesetzen und ist daher in Aufbau und Schlußfolgerung jederzeit logisch nachprüfbar. Die richterliche Beweiswürdigung wird auf den Nachvollzug und die Kontrolle feststehender naturwissenschaftlicher Denkabläufe eingegrenzt.

Das von Herold angestrebte geschlossene System der Objektivierung soll durch Erschließung neuer Anwendungsbereiche der Kriminaltechnik alle die Elemente im Wahrnehmungsfeld eines Zeugen ›meßbar, wägbar und bestimmbar machen‹, die sich ›messen, wiegen oder bestimmen‹ lassen.

Im Rahmen des Ausbaus des Bundeskriminalamtes wurde großes Gewicht auf die Entwicklung der Kriminaltechnik gelegt. Zur Vervollkommnung der bestehenden und insbesondere zur Erschließung neuer kriminaltechnischer Verfahren wurde darüber

hinaus eine Forschungsgruppe eingerichtet, die schwerpunktmäßig Verfahren der angewandten Mustererkennung durch Computer entwickelt und anwendet.
Den grenzüberschreitenden Formen des Terrorismus und der allgemeinen Kriminalität steht nach Herold kein in sich geschlossenes und einheitliches internationales Rechtssystem gegenüber. Dies gilt es, durch neue Regelungen im Rahmen der Rechtshilfe und durch Ausbau der Interpol zu schaffen. Zur Bekämpfung des Terrorismus fordert Herold – ausgehend vom Selbstverständnis der terroristischen Gewalttäter als Stadtguerilla, die einen ›Krieg‹ gegen das ›Herrschaftssystem‹ führen – die Entwicklung eines strategischen Konzepts, das Elemente einer Terrorismusdefensive und einer Terrorismusoffensive enthalten soll. Dieses strategische Modell hat sich an den Formen und den Schichtungsebenen des Terrorismus zu orientieren.«

In den neuen BKA-Präsidenten waren große Erwartungen gesetzt worden, die Herold schrittweise erfüllte, sogar übertraf. Jedoch, was man gestern gelobt und gepriesen, besah man mit der Zeit skeptisch oder trat es mit Füßen.
»Der Spiegel« (1971, Nr. 27) nannte Herold »Kommissar Computer« und merkte lakonisch an: »Der Sozialdemokrat sieht darin eine Chance, Verbrechen per Computer zu bekämpfen«; die »Frankfurter Allgemeine Zeitung« (1971, Nr. 146) sah in Herold vordergründig den »Kriminalgeographen«; die »Süddeutsche Zeitung« (25. 6. 1971) wußte, daß das amerikanische FBI dem deutschen BKA nicht Vorbild sein würde und »Die Zeit« (10. 9. 1971), daß der neue Chef des BKA die Verbrecher mit Maschinen jagen wolle.
In einem Interview mit der »Wirtschaftswoche« (1972, Nr. 4) legte Herold dar, daß »wir in der Lage sind, kriminalitätsarme Räume zu gestalten«, und der »Deutschen Polizei« sagte er (1973, S. 264), daß ein Eurocomputer für polizeiliche Zwecke sinnvoll sei.
Der »Wiesbadener Kurier« (18. 10. 1973) begrüßte Herold als »Menschen unserer Stadt« und »vielgefragten Hausherrn«, der mit »Information gegen das Verbrechen« vorgeht (»Contact«, Juni/Juli 1974) und aus der »Kampfkripo eine Computerpolizei« macht. (»Die Zeit«, 21. 3. 1975.)
Karl-Heinz Krumm (»Frankfurter Rundschau«, 18. 10. 1976) meinte, trotz gewaltiger Datenmengen habe man noch kaum sichere Erkenntnisse, und in »Der Kriminalist« (1976, Nr. 8) schrieben Ziercke und Jansen despektierlich, »man ist noch kein Herold, auch wenn man so heißt« und gaben eigenartig anmutende »Anmerkungen zu einer höchst eigenwilligen Beurteilung der Sicherheitslage durch den Präsidenten des BKA«. Doch Horst Herold blieb der

»unruhige Warner«, wie F.K. Fromme in der »F.A.Z.«, 14. Juli 1977 schrieb.
»Die Zeit« (23. 9. 1977) meinte, vom Computer käme keine Antwort, und Herold könne seine Erfolge nicht wiederholen. Der aber wiederum sah im »geduldigen Sammeln und Sichten« die erhoffte Hilfe (Interview in »Die Zeit« 1977, Nr. 53).
Das »Wiesbadener Tagblatt« (19. 12. 1978) schlug böse Töne an und fragte, ob der Chef des BKA gehen müsste, um durch einen politischen Beamten ersetzt zu werden. Im »Wiesbadener Kurier« (19. 12. 1978) fragte K. G. Barth: »Nach einer Panne in die Pfanne?» und schrieb weiter, Baum wolle politische Beamte in der BKA-Spitze und »im Notfall sei der Herold über Nacht weg«.
Der »Stern« (31. 8. 1978) behauptete, er habe Fahndungspannen enthüllt, und der BKA-Chef, dessen Beamte »noch schlimmer geschludert« hätten, sei nur mit der halben Wahrheit herausgerückt. J. Leinemann gab im »Spiegel« unter der Überschrift »Was für ein trostloses Leben« ein bösartig verstelltes Bild von Herold.
Der »Stern« (26. 4. 1978) meinte, »wenn Bundesinnenminister Gerhart Baum diese Woche aus dem Urlaub nach Bonn zurückkehrt, wird es Ärger geben . . .«
Die bösartigen Angriffe auf Herold und sein Amt wurden mit der Zeit, besonders im »Stern« und in »Konkret«, immer häufiger und gehässiger.
Am 26. 4. 1979 meldete der »Wiesbadener Kurier«, Baum stelle sich vor den BKA-Chef, und die CDU fordere die Abberufung des Innenministers. Der wiederum bestätigte in der »Zeit« (18. 5. 1979) Herolds Anspruch auf Vertrauen, stellte klar, daß der Dateienbericht keineswegs eine Anklageschrift gegen Wiesbaden sei, und widersprach H. Bieber, der in der »Zeit« (27. 4. 1979) gesagt hatte, die Daten würden zur Bedrohung und die Karteien des BKA offenbarten gefährlichen Übereifer. Der »Stern« (3. 5. 1979) sprach hämisch vom »Big Brother Herold«.
Ab 1979 begann ein unfairer Streit, der nicht mit sachlichen oder fachlichen Mitteln geführt wurde, sondern mit politischen. Herold wurde in den Mittelpunkt gezerrt.
Im Spiegel der Presse zeigte das unwürdige Gerangel um das Amt und seinen Chef meist Schatten und kein Licht, obwohl es bekanntlich keinen Schatten ohne Licht geben kann. Der kleine Überblick

über eine Auswahl von Blättern aus dem Zeitungswald soll die verfahrene Situation verdeutlichen:

»BKA erfaßt Millionen von Bürgern. Baum: Herold bleibt im Amt. Bundesinnenminister legt Prüfungsbericht vor – Zimmermann: Baum gefährdet unseren Rechtsstaat« (Stuttgarter Zeitung, 26. April 1979, Nr. 96).
»BKA-Chef wollte gehen. Baum gegen Versetzung. Harte Kontroversen wegen der Prüfungsberichte. Stoiber: Kanzler soll Innenminister abberufen« (»Nürnberger Zeitung«, 26. April 1979, Nr. 97).
»BKA-Chef wollte seinen Hut nehmen. Krach mit Innenminister. Baum: Herold bleibt« (»Frankfurter Nachtausgabe«, 26. April 1979, Nr. 97).

Die gesamte Presse begleitete das oft unwürdige Spiel. Dr. Horst Herold ist trotzdem immer der einsame große Herr geblieben. Er hat es nie gekonnt, den Schmutz, mit dem er gelegentlich beworfen wurde, aufzuheben und zurückzuwerfen.
Als Horst Herold im März 1981 den Dienst als BKA-Präsident quittierte, zählte sein Amt 3571 Bedienstete und hatte einen Jahreshaushalt von 290 Millionen DM. Als er es übernommen hatte, waren es 964 Bedienstete und es hatte einen Jahreshaushalt von 38,9 Millionen DM. Mit Horst Herold war das BKA zur vollen Funktion entfaltet worden. Er hatte Grundlagen geschaffen, auf denen weitergebaut, er hatte Schienen gelegt, auf denen weitergefahren werden konnte.
Der Bürger scheint immer mehr zu begreifen, daß in der Demokratie vom Verbrecher Gefahr droht und nicht, wie in der Diktatur, von der Polizei. Verfassung, Kontrolle und Gesetze machen einen Polizeistaat unmöglich. In der Bundesrepublik sorgt das Kontrollorgan »Datenschutz« für die wohlverstandene Unantastbarkeit und Freiheit der Bürger, und es ist Dieter Küster zuzustimmen, wenn er sagt: »Nicht alles, was machbar ist, darf realisiert werden.«
Dem muß jedoch hinzugefügt werden, daß die Zeit und die Situation mitbestimmen, was vom Machbaren her realisiert werden darf, aber auch, was realisiert werden muß. Es wird in vielen Fällen schwierig sein, die optimale Lösung zu finden und den rechten Weg zu gehen. Oft steht eine Güterabwägung am Anfang. Mehr Freiheit bedeutet weniger Sicherheit und mehr Sicherheit weniger Freiheit. Wenn der Bürger in unsicheren Zeiten von Angst gequält wird, ruft er den Schutz der Polizei herbei. Er beklagt sich sogar über zu viel Freiheit und meint, es müsse viel mehr verboten, viel härter gestraft, und die

Verbrecher müßten mit allen Mitteln zur Strecke gebracht werden. Fühlt der Bürger sich in ruhigen Zeiten in seiner Gesellschaft geborgen, dann wird die Polizei ihm lästig. Es kommt vor, daß er heute die Polizei beschimpft, die er gestern zu seiner Hilfe gerufen hat.

Art und Umfang der Herausforderung bestimmen die Mittel, mit denen ihr zu begegnen ist. Sind die Mittel der Herausforderungsqualität nicht angepaßt, dann werden sie zur Gefahr. Entweder die Mittel sind zu schwach, dann triumphiert der Herausforderer, oder sie sind zu stark und eingreifend, dann können sie selbst zur Herausforderung werden.

Horst Herold und sein Amt hatten die Herausforderung der Kriminalität und des Terrors angenommen. Sie haben entsprechende Abwehrmittel gefunden und setzten alles daran, um sie gebrauchen zu dürfen.

Eine Rückblende auf das Jahr 1973 zeigt, daß nicht die Tatsache, daß der Herausforderung zu begegnen sei, kontrovers ist, sondern stets die Frage nach den Mitteln. Ist der Herausforderer mit einer Pistole bewaffnet, so wird der Herausgeforderte keine Chance haben, wenn er in seiner Hand nur einen Stock hält.

Auch im Kampf gegen das Verbrechen gilt so etwas wie Fairneß. Voraussetzung ist, daß beide Seiten die Regeln achten. Terrorismus und organisiertes Verbrechen haben resolut diese »Fairneß« als nutzloses Relikt über Bord geworfen. Ihnen sind alle Mittel recht. Die herausgeforderten Kontrollorgane aber müssen den Einsatz ihrer Mittel abwägen. Das novellierte BKA-Gesetz hatte die Basis für erfolgreiche Arbeit geschaffen. Es mußte mit geeigneten Mitteln zur Anwendung und Durchsetzung gebracht werden.

Das politische Klima in der Bundesrepublik war unruhig. Als der persönliche Referent des Bundeskanzlers Guillaume als Ostspion entlarvt wurde, trat Willy Brandt zurück, und Helmut Schmidt folgte ihm in Amt und Würde. Werner Maihofer übernahm das Innenministerium.

In Frankfurt kam es immer wieder zu Straßenschlachten zwischen Polizisten und demonstrierenden Hausbesetzern. Während der Nahostkrise schien die Gewalt als diplomatisches Mittel salonfähig geworden zu sein. In England versuchten die fanatisierten Anhänger der IRA mit Bombenterror ihre politischen und religiösen Ideologien durchzusetzen. In Italien wurden immer mehr Menschen als Geiseln

entführt. Inhaftierte RAF-Mitglieder traten in den Hungerstreik und mußten zwangsernährt werden, während in der Dritten Welt Menschen vor Hunger starben. Nach mehrwöchigem Hungerstreik starb Holger Meins. 18 Stunden danach wurde in Berlin der Kammergerichtspräsident Günter v. Drenkmann von Terroristen der RAF aus Rache ermordet. Der französische Philosoph Jean-Paul Sartre besuchte Andreas Baader in der Untersuchungshaft und sprach hinterher von »unerträglichen Haftbedingungen«.
Im In- und Ausland hatten inzwischen Horst Herold und sein Amt an Ansehen gewonnen. Besonders das von Herold entwickelte Verfahren, das die Aktivierung von 17 Millionen Fingerabdrücken für die Auswertung von Tatspuren durch Computer ermöglicht, setzte die Fachwelt in Staunen. Bernd Wehner meinte (»Kriminalistik«, 6, 1974):

»Man wird ihn (Herold) und sein Amt, man wird aber damit gleichzeitig die ganze deutsche Polizei darob weltweit bewundern und beneiden, sich aber auch befruchten lassen.
. . . Seit fast 80 Jahren ist der Vergleich von Fingerabdrücken für die Polizei unverzichtbar – zudem zuverlässiger als ein Lichtbild oder die Personenbeschreibung, um Menschen zu identifizieren oder Rechtsbrechern eine Tat nachzuweisen oder Verdächtige zu entlasten.
Bei einer ED-Behandlung werden alle zehn Finger eines Beschuldigten auf einem Fingerabdruckblatt abgerollt. Jeweils ein Duplikat des Blattes erreicht per Post oder Telebild die zentrale Sammlung in Wiesbaden, die gegenwärtig 2,7 Millionen Blätter von über 1,7 Millionen Personen umfaßt. Die Zahl der Neuzugänge belief sich 1973 auf täglich über 700.
Im BKA werden die Fingerabdrücke nach einer alphanumerischen Formel klassifiziert, um sie mit den bereits in der Sammlung befindlichen vergleichbar zu machen. Dieser Vergleich eines Neuzugangs mit dem Bestand dauert durchschnittlich eine Stunde. Die Prüfung dient der Feststellung, ob Fingerabdrücke der betreffenden Person bereits in der Sammlung enthalten sind.
Nach dem neuen Verfahren werden die musterbestimmenden und anatomischen Merkmale der Fingerabdrücke als Buchstaben, Zahlen und Zeichen codiert, über eine Schreibmaschinentastatur in den Rechner gegeben und dort gespeichert. In maximal 120 Sekunden vergleicht der Rechner die Formel des Zugangs mit dem Bestand und druckt das Ergebnis aus. Zur Identitätsfeststellung ist dann nur noch der visuelle Vergleich mit wenigen Blättern, etwa einem Hundertstel von heute durchschnittlich zweihundert, in Einzelfällen von Tausenden Fingerabdruckblättern, erforderlich. Fällt der Vergleich positiv aus, so kann es sich um einen ›alten Bekannten‹, um einen rückfälligen Rechtsbrecher handeln, um jemanden, der aus ›guten Gründen‹ falsche Personalien bei der Polizei angegeben hat. Das BKA kann nach dem neuen Verfahren kurzfristig und zuverlässig identifizieren.
Doch der entscheidende Fortschritt liegt nicht in der Schnelligkeit des Arbeitsablaufes

und der Aktualität der Information. Epochemachend für die kriminalpolizeiliche Arbeit ist: Nunmehr kann der einzelne Fingerabdruck, den ein noch Unbekannter am Tatort hinterließ, mit 17 Millionen Fingerabdrücken verglichen werden, ein Verfahren, bis vor kurzem Utopie für jeden Kriminalisten.«

Horst Herold hat sein Amt, man möchte sagen »verobjektiviert«. Er traute Forschung und Praxis mehr als dem Gefühl oder dem Zufall. Als sein Abteilungspräsident, der Leiter des kriminaltechnischen Instituts des BKA, Dr. Christfried Leszcynski, die Beccaria-Medaille der Deutschen Kriminologischen Gesellschaft verliehen bekam, sagte Dr. Herold in seiner Laudatio Grundsätzliches:

»Die deutsche Strafprozeßordnung widmet dem subjektiven Beweis durch Zeugen breiten Raum, obwohl diese Beweisform wegen der in der menschlichen Natur begründeten Unzulänglichkeiten der Wahrnehmung und der Wiedergabe von Eindrücken schon seit mehreren Jahrzehnten in ihrem Beweiswert bezweifelt werden muß. Die deutsche Strafprozeßordnung widmet dem Sachbeweis dagegen nur einige allgemein und abstrakt formulierte Gedanken, obwohl diese Beweisform wegen der Möglichkeit wissenschaftlich nachprüfbarer Vorobjektivierung der Vorrang eingeräumt werden sollte. In diesem Widerspruch zwischen dem juristisch Festgeschriebenen und dem praktisch Notwendigen kommt der Kriminaltechnik entscheidende Bedeutung zu. Der Kriminaltechnik obliegt die Aufgabe, in die Lücken zwischen Recht und Notwendigkeit zu treten und diese in rechtsstaatlicher Weise auszufüllen. Damit wird die Kriminaltechnik zu dem eigentlich steuernden Faktor des Strafverfahrens, indem sie, der Funktion des Richters ähnlich, über Wert und Unwert von Beweismitteln nach wissenschaftlichen, jederzeit nachprüfbaren Maßstäben objektiver Gesetzmäßigkeiten entscheidet. Die Befreiung von Zufall und Subjektivität und die Überantwortung an die Objektivität ist einer der großen Durchbrüche zur Rechtsstaatlichkeit in unserem Strafverfahren.«

Als Bundesinnenminister Prof. Maihofer am 15. Juli 1974 das Bundeskriminalamt erstmals besuchte, stellte Präsident Herold es mit berechtigtem Stolz vor. Unter anderem so:

»Das BKA schickt sich an, seine stürmische Aufbauphase abzuschließen und zu qualitativ neuen Formen der Verbrechensbekämpfung überzugehen. Das Amt hat eine Entwicklung genommen, die, gemessen an der Vergangenheit, die Bezeichnung ›beispiellos‹ verdient. In wenigen Jahren wurde das Haushaltsvolumen vervierfacht, Personal und Räume verdreifacht. Unter großen Anstrengungen aller Amtsangehörigen entstanden vier neue Abteilungen, wurden die Grundlagen einer neuen Kriminaltechnik und der künftigen Ermittlungseinheiten auf den Gebieten der allgemeinen Kriminalität des Staatsschutzes gelegt, wurden die herkömmlichen manuellen Arbeitstechniken auf die Arbeitsweisen der elektronischen Datenverarbeitung umgestellt. Das polizeiliche Informationssystem Inpol wurde buchstäblich aus dem Boden gestampft; schon heute im Anfangsstadium des Aufbaues zeigt sich, daß es die zentrale Rolle in der Verbrechensbekämpfung in der Bundesrepublik einnehmen wird. Verbunden mit den zukunftsträchtigen Entwickungen auf den Gebieten der Ermittlungstechnik und der Fahndung, der Kriminaltechnik und der Daktyloskopie entsteht ein in sich geschlossenes, logisches System der Verbrechensbekämpfung, das zum ersten Male in der Geschichte der Kriminalistik hoffen läßt, in der Kombination von verfolgender und von neuen Formen verhütender Verbrechensbekämpfung die Kriminalität drastisch zu reduzieren.«

Herold gab der Hoffnung Ausdruck, daß der Minister dem BKA »das Vertrauen entgegenbringt, das es aufgrund der aufopfernden Mitarbeit aller seiner Angehörigen verdient (und er) dem Amt die Autonomie zugesteht, seine eigenen Sachprobleme im Rahmen der vorgegebenen Ziele eingriffsfrei selbst lösen zu können. Die komplexe Aufgabe der Verbrechensbekämpfung bedingt eine beständige organisatorische und technische Anpassung an die sich unaufhörlich wandelnden gesellschaftlichen Gegebenheiten und die Veränderungen und Entwicklungen der Kriminalität. Die hieraus erwachsenden Probleme lassen sich weder administrieren noch oktroyieren, sie müssen zukunftsorientiert und experimentierbereit von denen bewältigt werden, die diesen Problemen am nächsten stehen«, daß der Minister dem Amt »die Ziele setzt, die den Umbruch einleiten zu einer neuen Form gesellschaftlich orientierter Verbrechensbekämpfung«. Mit einer beschwörenden Bitte wandte sich der Präsident an seinen Minister:

»Ihnen geht nicht nur ein glänzender Ruf als Fachmann und Gelehrter voraus; Ihre wissenschaftlichen Arbeiten zeigen Sie als leidenschaftlichen Verfechter der Ideen der Chancengleichheit, der Gerechtigkeit und des Fortschritts. Ihren Amtsantritt verbinden wir mit der großen Hoffnung, das geschaffene technische Instrumentarium nicht allein für repressive Ziele zu nutzen, sondern es zuallererst als ein Mittel zu sehen, rationale Einsichten in das Wesen der Kriminalität und ihre gesellschaftlichen Ursachen und Zusammenhänge zu gewinnen. Die technischen Möglichkeiten der Informationsverarbeitung gestatten es, Probleme zu erkennen, bevor sie entstehen, erst recht, bevor sie gefährlich werden. Erstmals besteht die reale Chance, das Verhältnis von Verfolgung und Verhütung umzukehren zugunsten einer neuen gesellschaftlichen Prävention. Jetzt, da die technische Basis ihrer Vollendung entgegengeht, meinen wir, daß gerade Sie, wie kaum ein anderer, den geistigen Überbau konstruieren und bauen könnten.«

Im November war Richtfest für einen weiteren Neubau für Fachabteilungen. Das BKA wurde weiter ausgebaut.
In Berlin wurde der Vorsitzende der CDU, Peter Lorenz, entführt und gegen die Freilassung von fünf zu langen Haftstrafen verurteilten Mitgliedern der RAF freigekauft. In Stuttgart begann in Stammheim

der Prozeß gegen den sogenannten harten Kern der von Baader und Meinhof 1970 gegründeten Roten Armee Fraktion (RAF). Seit 1970 waren 109 Terroristen gesucht worden. 1976 befanden sich 85 davon in Haft.

In Stockholm wurde die Deutsche Botschaft besetzt, zwei Geiseln getötet, das Gebäude gesprengt. Der geforderten Freilassung inhaftierter Terroristen wurde nicht entsprochen. Die deutsche Regierung blieb konsequent in ihrer Zurückweisung der terroristischen Erpressungsversuche.

Die Herausforderung war angenommen. Das BKA stand im Rampenlicht der Öffentlichkeit. Am 7. Mai 1975 wurde in Bonn-Bad Godesberg eine Abteilung »Terrorismus« mit 233 Mitarbeitern eingerichtet.

Die Lorenz-Entführung und die freigepreßten Terroristen, die auf ihren Wunsch nach Süd-Jemen geflogen wurden, brachten die Diskussion über innere Sicherheit und Terrorismusbekämpfung auf einen Höhepunkt. Die Presse nahm in starkem Umfang Stellung. Kostproben wurden bereits gegeben.

Der Bund Deutscher Kriminalbeamter forderte die Schaffung einer Bundespolizei nach dem amerikanischen Vorbild FBI, kam aber mit seiner Forderung nicht durch. Man sprach vom »Mythos« der zu schaffenden Bundeskriminalpolizei. Robert Leicht kommentierte in der »Süddeutschen Zeitung« (4. April 1975):

»Nachdenken an sich ist immer gut; wenn allerdings laut nachgedacht wird, empfiehlt sich eine gewisse Vorsicht. In die Überlegungen, was man zur Bekämpfung des Terrorismus unternehmen könne, hat sich der Mythos einer zu schaffenden Bundeskriminalpolizei eingeschlichen – als brauche die Bundesrepublik nur eine Art Bonner FBI und schon blieben die Terroristen auf der Strecke ...

Zum einen darf man die Existenz und die gegenwärtige Verfassung des Bundeskriminalamtes nicht einfach übersehen. Diese Behörde leistet inzwischen nicht nur Beträchtliches auf dem Gebiet der zentralen Information, Forschung und Fortbildung, sondern verfügt bereits über eigene zentrale Zuständigkeiten bei bestimmten Delikten (beispielsweise bei Waffen- und Rauschgifthandel, bei politisch motivierten Verbrechen gegen Verfassungsorgane) und kann überdies im Einzelfall weitere Befugnisse zugewiesen bekommen. Wäre es nicht zweckmäßig, den Katalog dieser Delikte den aktuellen Erfordernissen anzupassen? Überdies könnte man überlegen, ob das Bundeskriminalamt bei Delikten, die mehrere Länder berühren, nicht besser selbst die zentrale Verfolgung übernehmen sollte, anstatt sie einem der betroffenen Länder zuzuweisen – jedenfalls bei bestimmten Formen der Kriminalität.

Zum anderen bleiben die Vorstellungen jener, die eine Bundeskriminalpolizei fordern, bisher bemerkenswert unklar. Soll eine solche Institution sämtliche kriminalpolizeilichen Befugnisse (etwa auch bei Diebstählen) übernehmen? Dann wäre es eine schwerfällige und zugleich politisch problematische Großorganisation. Und wie soll dann die Koordination mit den übrigen Polizeikräften aussehen? Soll es sich aber um eine Bundeskriminalpolizei neben den Kriminalpolizeien der Länder handeln – wie sollen in einem solchen Fall die Zuständigkeiten einerseits abgegrenzt und andererseits koordiniert werden...

Im übrigen sollte sich bei der gegenwärtigen Diskussion niemand von Gruppeninteressen und politischer Taktik verwirren lassen. Natürlich ist der Bund der Kriminalbeamten für eine Sonderorganisation, die Gewerkschaft der (gesamten) Polizei dagegen. Natürlich plädieren Bundespolitiker gern für eine Bundeskriminalpolizei, schon um den Eindruck pflichtgemäßen Nachdenkens zu erwecken. Selbstverständlich sind die Länder dagegen, weil sie eifersüchtig über die Zuständigkeiten wachen. In Wirklichkeit geht es bei der Bekämpfung des Terrorismus nicht um staatliche Zuständigkeiten, sondern um die gemeinsame Verteidigung der staatlichen Substanz.«

Das Thema »Bundeskriminalpolizei« war relativ schnell vom Tisch, denn die Reorganisation des BKA durch Herold, der sein Amt nach den Regeln eines modernen Managements leitete und der mit seinen elektronisch gesteuerten Fahndungssystemen Erfolg hatte, brachte im Rahmen der verfassungsmäßig niedergelegten Garantien beste Resultate.

Dennoch blieb die Diskussion am Rande in Bewegung, denn die Politiker waren sich wohl einig darüber, daß in der Terrorismusbekämpfung schnelles Handeln Gebot der Stunde war, auch darüber, daß das BKA noch stärkere Exekutivkompetenzen erhalten müsse, nur über das »wie« waren sie unter sich uneinig.

Bundeskanzler Schmidt hatte zum Problem seine persönliche Meinung. Er plädierte für die Schaffung einer Bundeskriminalpolizei, denn er konnte sich nicht vorstellen, »daß wir für bestimmte Kapitalverbrechen auf die Dauer ohne eine Bundeskriminalpolizei auskommen«. In einem Interview des Berliner Senders RIAS betonte der Kanzler jedoch gleichzeitig, dies sei seine persönliche Meinung, wie er sie schon in der Sicherheitsdebatte des Bundestages zum Ausdruck gebracht habe. Die Regierung denke auch nicht daran, demnächst dazu schon ein Bundesgesetz einzubringen. Er denke nicht an eine Form nach dem Muster der amerikanischen Bundespolizei FBI. Allerdings forderten seiner Meinung nach »die konspirativ vorbereiteten politischen Gewaltverbrechen noch andere Instrumente als der normale – wenn das Wort ›normal‹ hier überhaupt erlaubt ist – Bankraub oder der normale Mord, der in allen Gesellschaften der Welt zu allen Zeiten immer wieder vorgekommen ist«.

Innenminister Maihofer bemühte sich ohne Erfolg um einen internationalen Pakt gegen den Terrorismus. Er erwog die »zivilisierten Nationen« zu bewegen, Maßnahmen gegen die Länder zu ergreifen, die »organisierte Mörder, Bombenleger und Kidnapper aufnehmen und durch ihre Heroisierung und ehrenhafte Behandlung andere zu neuen Schreckenstaten ermuntern«. Dazu schrieb die »Süddeutsche Zeitung« (5. 1. 1975):

»Diese Staaten sind, ungeachtet ihrer seltsamen Moral, wichtige Wirtschaftspartner für uns und Entwicklungshilfeempfänger, zu denen wir diplomatische Beziehungen unterhalten. Maihofer deutete mit seinem Paktvorschlag an, daß er bereit wäre, diese Beziehungen gegen die Begünstigung von Terror einzusetzen, sofern andere Länder nur mitmachten. Vielleicht wäre es besser, ein Beispiel zu geben.«

Horst Herold stand in allen Schußlinien, und er wußte es. Aber man brauchte ihn, und auch das wußte er.
Die »Frankfurter Allgemeine Zeitung« (19. 3. 1975) schrieb über ihn:

»Horst Herold halten manche für eine Art obersten Detektiv Deutschlands. Dabei wollte Herold ursprünglich Mediziner werden. Einem Arzt gleicht der rundliche, bewegliche, leise sprechende Mann, der plastisch zu formulieren vermag, weit eher als dem Bild, das Thriller-Romane und Filme von furchterregenden Leitern oberster Kriminalbehörden zeichnen. In diesen Wochen erregter Debatten über die Bekämpfung des politischen Terrors hat Herold Nüchternheit bewahrt. Nichts läge ihm ferner als der Ruf nach einem Polizeistaat. Der Wissenschaftler, der in Herold steckt – sein Traum von einer Universitätslaufbahn wurde durch eine schwere Krankheit zerstört –, zeigt sich in seinen Ansichten über Kriminalität und Verbrechensbekämpfung . . .
Seiner Vorliebe für EDV blieb Herold treu, nachdem ihn der damalige Bundesinnenminister Genscher zum Chef im Wiesbadener Amt ernannt hatte. Wiesbaden besitzt die größte Datensammlung über Straftaten und -täter in der Welt. Aber erst der Computer ermöglichte ihre schnelle Nutzung. Solange man auf manuelle Arbeit angewiesen war, vergingen Tage, Wochen, oft Monate bis die vorhandenen Informationen den Fahndungsbeamten, den Polizei- und Grenzstationen geliefert wurden.
Die Kriminalistik habe bisher, wie die Medizin, das Gesetz der großen Zahl vernachlässigt, sagt Herold. Lustmordtheorien beruhten beispielsweise auf drei bis vier, Krebstheorien auf einigen hundert untersuchten Fällen. ›Wir dürfen dem Verbrechen nicht mehr nachhinken, wir müssen Einsicht in sein Wesen nehmen, die Ursachen finden.‹ Erfolgreiche Verbrechensbekämpfung ist nach Meinung des BKA-Präsidenten eine Aufgabe aller. Nicht ohne Stolz bemerkt er: ›Wir Kriminalpolizisten stehen der Wirklichkeit am nächsten, wir haben Einblick in gesellschaftliche Strukturschäden wie kaum ein anderer.‹«

Im Jahr 1976 wurde das Bundeskriminalamt 25 Jahre alt. Bernd Wehner nennt es einen »Spätentwickler«. Das Jubiläum wurde entsprechend gefeiert und eine Festschrift herausgegeben. Der Präsident begrüßte seine Gäste:

25 Jahre BUNDES~KRIMINALAMT

Meine Herren Minister!
Meine Herren Abgeordneten!
Liebe Gäste und Kollegen aus dem In- und Ausland!
Liebe Mitarbeiterinnen und Mitarbeiter!

Vor 54 Jahren, im Juli 1922, beschloß der Deutsche Reichstag ein Gesetz zur Errichtung eines Reichskriminalpolizeiamtes. Der Reichstag handelte unter dem Eindruck zunehmender Kriminalität, steigender Bedrohung der inneren Sicherheit und des wachsenden politischen Terrors, der zur Ermordung der Reichsminister Erzberger (1921) und Rathenau (1922) geführt hatte. Bei voller Wahrung des föderalen Prinzips im Aufbau der Polizeiorganisation wollte das Gesetz auf dem engen kriminalpolizeilichen Sektor jene minimalen Zentralbefugnisse schaffen, die für die Zusammenarbeit zur Verbrechensbekämpfung in einem Bundesstaat unerläßlich sind. Innerhalb eines logischen Stufenbaues von verteilten Kompetenzen ordnete das Gesetz den Landeskriminalämtern für die kriminalpolizeilichen Angelegenheiten die Weisungsgewalt gegenüber allen Polizeibehörden ihrer Länder zu. Alle Kriminalbeamten sollten überall im Reichsgebiet Amtshandlungen vornehmen dürfen. Das Reichskriminalpolizeiamt sollte befugt sein, die einheitliche Geschäftsführung der Kriminalämter, die einheitliche Ausbildung der Kriminalbeamten, das Informationswesen, den Erkennungsdienst und die wissenschaftliche Auswertung zentral zu organisieren. Wenn Einzelfälle das Interesse des Reiches unmittelbar berührten, sollte es die Ermittlungen selbst führen und dann sämtlichen Polizeidienststellen Weisungen erteilen dürfen.

Das Gesetz scheiterte im Reichsrat und trat nie in Kraft. Damit beraubte sich die erste deutsche Demokratie wichtiger Abwehrfunktionen gegenüber der einsetzenden politischen Verrohung und gegenüber dem rapiden Verfall der öffentlichen Sicherheit.

Vor 25 Jahren, am 8. März 1951, beschloß der Deutsche Bundestag das Gesetz zur Errichtung des Bundeskriminalpolizeiamtes. Knapp sechs Jahre nach der Kapitulation standen die langen und schwierigen Beratungen noch unter dem fortwirkenden Eindruck des Schreckens, mit dem die zentral dirigierte Polizei des Dritten Reiches sich in die Erinnerung gegraben hatte. Die Furcht vor einem möglichen Mißbrauch zentraler polizeilicher Einrichtungen überwog. Kein Gehör fand, daß zentrale polizeiliche Einrichtungen das Unheil eher verhindert hätten, zumal das sogenannte ›Dritte Reich‹ solche nicht übernommen, sondern erst geschaffen hatte. Das Gesetz über das Bundeskriminalamt blieb daher in allen Teilen weit hinter dem Gesetz über das Reichskriminalpolizeiamt zurück. Das BKA wurde Nachrichtensammelstelle, jedoch nur für den überregionalen Täter und ohne das Recht, die Nachrichtenanlieferungen zu regeln. Es sollte kriminaltechnische und erkennungsdienstliche Einrichtungen unterhalten, jedoch ohne Aufgabenzuweisung; es sollte in Einzelfällen Ermittlungen führen, jedoch nur kraft Auftrages und ohne die Befugnis der Abwehr von Gefahren. Insbesondere gewährte das Gesetz keine Befugnisse zur Gestaltung einheitlicher Geschäfts- und Aktenführung, einheitlicher Ausbildung, einheitlicher Informationsverarbeitung und zur polizeilichen Forschung.

Wenn die Novellierungen der Jahre 1969 und 1973 auch Verbesserungen brachten, so erreicht das geltende Recht doch nicht das Modell der Zusammenarbeit in der Verbrechensbekämpfung, das der Deutsche Reichstag vor 54 Jahren für erforderlich gehalten hat. Damit sei nicht gesagt, daß ein solches Modell, das in der Vergangenheit sicher notwendig gewesen wäre, den kriminalpolizeilichen Bedürfnissen der Zukunft entspräche. Einheitlichkeit der kriminalpolizeilichen Arbeitsweisen wird heute weniger durch Weisungen und Vorschriften als durch die Sachlogik fortschreitender Technik bewirkt. Zentralstellen als frühere Zentren wissensmäßiger Überlegenheit haben diese Funktion durch Wissensteilhabe aller in modernen Informationssystemen eingebüßt. Gegen Ende des 20. Jahrhunderts erscheint die Ausstattung einer Zentralstelle mit Weisungsbefugnissen vergleichsweise zweitrangig gegenüber ihrer konsequenten Technisierung und der Verwissenschaftlichung ihrer Arbeitsweisen.

Im Mai 1951 bestimmte die Bundesregierung Wiesbaden zum Sitz des Amtes. Andererseits wurde in Bad Godesberg für Personenschutzaufgaben die Sicherungsgruppe errichtet. Beide Standortentscheidungen, die das Amt von Anfang an teilten, wirken bis heute nach. Erst 1973 erhielt die Sicherungsgruppe, die als ältester Teil des Amtes gelten kann, eine gesetzliche Grundlage für den Schutz- und Begleitdienst. Für das Amt in Wiesbaden übernahm die Bundesverordnung vom 31. Oktober 1951 das bereits errichtete Kriminalpolizeiamt der Britischen Zone in Hamburg. Im Mai 1952 trafen die ersten Beamten in Wiesbaden ein und nahmen ihre Arbeit auf. Der Geburtsakt zog sich somit über einen längeren Zeitraum hin.

Das BKA-Gesetz von 1951 enthielt eine Vielzahl sehr unbestimmter Formulierungen, die der Konkretisierung bedurften. Hierzu hatte der Gesetzgeber Verwaltungsvorschriften vorgesehen, die die Bundesregierung mit Zustimmung des Bundesrates erlassen sollte. In den vergangenen 25 Jahren ist es jedoch aus verschiedenen, durchaus verständlichen Gründen nie zum Erlaß einer Verwaltungsvorschrift gekommen. Von Anbeginn mußte das Amt daher erstreben, außerhalb des BKA-Gesetzes die Angelegenheiten und Bedürfnisse der Kriminalpolizei in Deutschland sowie die gemeinsam berührenden Fragen der Kriminalitätsbekämpfung durch Vereinbarungen mit den Landeskriminalämtern zu regeln. Seit 1951 befaßt sich damit unter dem Vorsitz des jeweiligen Präsidenten des Bundeskriminalamtes die AG Kripo, die Arbeitsgemeinschaft der Leiter der Landeskriminalämter mit dem Bundeskriminalamt, mit dem Ziel, zu einheitlichen Lösungen zu gelangen. Da es eine vom Bundeskriminalamt dekretierbare Einheit nicht gab, mußten alle Landeskriminalamtsleiter bemüht sein, die gemeinsam gefaßten Beschlüsse in ihren Ländern zur Geltung zu bringen, angesichts der unterschiedlichen Befugnisse der Landeskriminalämter mit unterschiedlichen Verfahrensweisen. Um diesen komplizierten Prozeß zu straffen, übernahm der AK II, der Arbeitskreis II ›Öffentliche Sicherheit‹ der Innenminister/-senatoren, die Aufgabe der Prüfung und Bewertung dieser Beschlüsse und ihrer landesinternen Durchsetzung. Das Jubiläum des Bundeskriminalamtes ist daher zugleich ein Jubiläum dieser freiwilligen Zusammenschlüsse, in denen nahezu sämtliche für das innerdienstliche Funktionieren der kriminalpolizeilichen Zusammenarbeit grundlegenden Entscheidungen gefällt worden sind: sicherlich ein eindrucksvolles Beispiel dafür, wie Einsicht und Vernunft sich eigene Regeln setzen.

Die beschränkte Kompetenz der genannten Gremien ließ naturgemäß nur die Regelung kriminalpolizeilicher Materien nach abstrakten Kriterien zu. Exekutivfälle und solche Bereiche, deren Ordnung dem Gesetzgeber oblegen hätte, mußten ausgespart werden. Im Grundsätzlichen sind viele Fragen daher offengeblieben. So z. B. die für das Bundeskriminalamt lebenswichtige Frage, die im Terrorismusbereich schon befriedigend gelöst erscheint, ob und in welchem Ausmaß das Bundeskriminalamt Umfang sowie Art und Weise der Nachrichtenanlieferung verbindlich festlegen kann. Oder: Ob es wirklich nur den polizeilichen Rechtshilfeverkehr zwischen Bundesländern und dem Ausland postalisch vermitteln, seinen Inhalt aber nicht beeinflussen darf. Auch gelang es nicht, die Kriminaltechnik in Bund und Ländern, also den wissenschaftlichen Sachbeweis, der den modernen Strafprozeß mehr und mehr prägt, von seinem parallelen, oft verschleißenden Nebeneinander in ein sachlogisches System zielgerechter und ökonomischer Arbeitsteilung zu überführen. Ähnliches gilt für manche Bereiche der Ermittlungen des Staatsschutzes und für die nur von Experten durchschaubare wechselseitige Kompetenzdurchdringung im Personenschutz.

Immerhin haben AG Kripo und AK II die fachlichen Inhalte für den Aufbau des Bundeskriminalamtes vorgegeben, der sich nur soweit und in dem Rahmen vollziehen konnte, in dem Bund und Länder zu Übereinstimmungen gelangt waren. Von besonderer, den Auf- und Ausbau steuernder Bedeutung waren die auch von den Innenministern gebilligten Beschlüsse der Jahre 1952/53, die die Grundlage kriminalistischer Arbeit schufen: Errichtung zentraler daktyloskopischer Sammlungen, zentraler Lichtbild- und Aktensammlungen, Einrichtung der Kriminaltechnik in den Bereichen Chemie, Physik, Biologie, Medizin sowie für die klassischen Bereiche Urkunden, Handschriften, Schußwaffen, allgemeine Spuren. Fahndungsbücher wurden herausgegeben, die einheitliche Kriminalstatistik eingeführt, der kriminalpolizeiliche Meldedienst wieder aufgebaut, das Bundeskriminalblatt täglich versandt. 1953 entstanden die Auswertungs- und Ermittlungseinheiten und das Nationale Zentralbüro der Interpol, dem die Bundesrepublik schon 1952 beigetreten war. Die Abteilung Sicherungsgruppe übernahm neben ihrer Schutz- und Begleitaufgabe die Funktion einer zentralen Nachrichtensammelstelle für den polizeilichen Staatsschutz und die Erledigung der Ermittlungsaufträge des Generalbundesanwaltes in den Bereichen des Landesverrates, der Spionage und der Staatsgefährdung. In ihrer Ermittlungstätigkeit konnte sie eine Reihe bedeutender kriminalistischer Erfolge erzielen.

Alsbald nach Abschluß der arbeitsreichen Aufbauphase begann die Entwicklung des Amtes im vorgegebenen engen Haushaltsrahmen zu stagnieren.

Von 1956 bis 1966 blieben die Sachausgaben mit jährlich vier Millionen DM — in den meisten Jahren noch darunter — konstant und gerieten damit in ein kaum erklärbares Mißverhältnis etwa zu den enormen Aufwendungen für die äußere Sicherheit in den gleichen Jahren. Unter dem Zwang dieser Umstände drohte dem Amt trotz unablässiger, durch zahlreiche Berichte belegter, aber leider erfolgloser Gegenwehr in der zweiten Hälfte der 60er Jahre die Funktionsunfähigkeit. Die ständig anschwellende Informationslawine verfing sich und erstickte, meist unauswertbar, in den veralteten manuellen Kartei- und Aktentechniken, in inaktuellen Fahndungsbüchern und -karteien. Wertvolle Geräte und vertrauliche Akten mußten auf Gängen und Fluren gelagert werden. Die Raumnot war katastrophal.

Die Stunde der Neu- und Wiedergeburt schlug erst am 28. Oktober 1969, als der Bundeskanzler in der Regierungserklärung ein Sofortprogramm zur Modernisierung und Intensivierung der Verbrechensbekämpfung ankündigte, in dessen Mittelpunkt der zügige Ausbau des Bundeskriminalamtes stand. Die Förderung, die das Amt seither durch die Bundesregierung, den Bundestag, und hier insbesondere durch den Innenausschuß und den Haushaltsausschuß erfahren hat, ist in der Behördengeschichte beispiellos. Wie allgemein bekannt, haben sich in einer geradezu explosiven Entwicklung Haushaltsvolumen, Raumangebot, Planstellen, Sachinvestitionen von 1968 bis heute vervier- und verfünffacht, zum Teil verzehnfacht. Das Amt veränderte sich in Organisation, Unterbringung, Struktur, Personalstärke und Aufgabenverteilung von Grund auf; nahezu sämtliche früheren Arbeitsweisen wurden durch neue abgelöst, kein Mitarbeiter blieb auf seinem früheren Arbeitsplatz, zu jedem Mitarbeiter kamen zwei neue hinzu. Vollständig andersartige und ungewohnte Techniken, Denk- und Arbeitsweisen mußten erprobt, aufgenommen und eingeübt werden und dies in neuer Umgebung in rasch aufgestellten Organisationseinheiten. Angesichts der hochgradigen arbeitsteiligen Spezialisierung des Amtes, die zugleich — wie kaum in einer anderen Behörde — Vorkehrungen zur Überschau und Wiedervereinigung der arbeitsteilig getrennten Funktionen verlangt, war dieser Prozeß nur möglich durch eine radikale Umstrukturierung der Führungsverhältnisse. Mit der Übernahme moderner Führungsprinzipien der Beratung und Konsultation, der Delegation von Verantwortung, konnten schöpferische Kräfte freigesetzt und in großer Breite mobilisiert werden, ohne daß in Einsatzfällen auf Weisung und Befolgung und buchstabengetreue Pflichterfüllung verzichtet zu werden brauchte. Wenn das Bundeskriminalamt nunmehr den Auftrag der Neustrukturierung und Modernisierung in der ersten Stufe als erfüllt melden kann, so ist dies vor allem den Mitarbeitern des Amtes zu danken, die mit ungeheueren, für den Außenstehenden gar nicht zu ermessenden Anstrengungen ihre Pflicht erfüllen. Gleiches gilt für die engagierte Arbeit des Personalrates. Trotz aller Mühen aber wäre der Aufschwung des Amtes wohl nicht denkbar ohne die Bundesinnenminister Genscher und Professor Dr. Maihofer, die, zusammen mit ihren Mitarbeitern, mit Sachkunde und Leidenschaft dem Amt zu neuem Glanz verhalfen.

Die heutige Gedenkstunde läßt keinen Raum dafür, die Fortschritte in den einzelnen Arbeitsbereichen darzustellen. Dies soll im Herbst in einem Symposion durch kritische Überprüfung des eigenen Standortes nachgeholt werden. Dabei wird allerdings anzumerken sein, daß der erfreuliche allgemeine Aufschwung den Bereich der seit 1973 neu zugewachsenen originären Ermittlungskompetenzen noch ausgespart hat. Zur Bewältigung dieser umfangreichen Materie ist die alsbaldige Zuführung von Kräften unerläßlich.

Gestatten Sie mir, noch zwei aktuelle Problemkreise anzusprechen.

Unter dem Eindruck wiederaufflammender terroristischer Aktivitäten seit Ende 1974 wies die Innenministerkonferenz mit Beschluß vom 11. April 1975 dem Bundeskriminalamt eine zentrale Position zur Nachrichtensammlung und -auswertung und zur kriminaltechnischen Behandlung von Beweismitteln zu. Die hierzu kurzfristig aus den eigenen Kräften des Amtes aufgestellte Abteilung TE wurde zur Koordinationsstelle neuartiger, von Bund und Ländern gemeinsam getragener Fahndungs- und Überwachungsoperationen und zur zentralen Auswertungsstelle aller Informationen. Der Abteilung Kriminaltechnik wurde erstmals möglich, Beweismittel aus der Terrorszene wie Handschriften, Maschinenschriften, Sprengkörper, Spuren zentral zu sammeln und systematisch auf Zusammenhänge zu untersuchen. Ein differenziertes Berichts- und Informationswesen, das den steigenden Wissensumfang der Polizei ständig aktuell widerspiegelt, garantiert den gleichmäßigen Wissensstand der Beamten in Bund und Ländern, unterstützt und intensiviert die stets gemeinsam abgestimmten und oft auch gemeinsam durchgeführten Ermittlungen. Aus den Sammlungen konnten über 3000 Zusammenhangfeststellungen getroffen, für 56 Terroristen der daktyloskopische Anwesenheitsnachweis an Vorbereitungs-, Tat- oder Fluchtorten erbracht werden. 170 Festnahmen von Gewalttätern seit Januar 1975 sind das erfreuliche Zwischenergebnis der gemeinsamen Anstrengungen.

Für das Bundeskriminalamt — nach dem übereinstimmenden Willen der Innenminister Informations- und Kommunikationszentrale der deutschen Polizei — nimmt naturgemäß der weitere Ausbau des polizeilichen Informationssystems INPOL einen hohen Rang ein. Gemeinsam mit den Ländern wurde die Basis gelegt für ein in der Konzeption einzigartiges kombiniertes Auskunfts-, Recherchier-, Dokumentations- und Forschungssystem, das das kriminelle Geschehen in der Bundesrepublik vollständig dokumentieren, analysieren, massenstatistisch aufbereiten und das gesamte polizeiliche Wissen dem sekundenschnellen Zugriff jedes polizeilichen Sachbearbeiters vom Arbeitsplatz her erschließen soll. Schon jetzt werden über 750 Terminals täglich nahezu eine Viertelmillion Anfragen an den Bereich der Fahndung nach 260000 Personen und 396000 Sachen, darunter 110000 Kraftfahrzeugen, gehalten; mit 56000 Personenaufgriffen im Jahre 1975 konnten die früheren Zahlen z. T. verdoppelt werden. Noch in diesem Jahr treten die Bereiche Daktyloskopie, die Erprobung der Straftaten-/Straftäter-Datei sowie die Literaturdokumentation hinzu; bereits am 1. März 1976 wurde der Teilbereich PIOS den Ländern übergeben. Die heutige Vorführung von Funkterminals wird zeigen, daß die Abfragemöglichkeiten bis in jedes Polizeifahrzeug, ja bis zu jedem Fußstreifenbeamten hin verlängert werden können.

Seinen wichtigsten Entwicklungsabschnitt aber hat INPOL mit der Einführung des Besitzerprinzips erreicht. Das Besitzerprinzip überträgt die Herrschaft über die Daten vom Bundeskriminalamt auf die Besitzer, d. h. auf die Polizeien, bei denen die Daten entstehen. Das Bundeskriminalamt, das die zentrale Technik stellt, wird, wie jeder andere Besitzer, auf seine bei ihm entstandenen Daten beschränkt. Die jeweiligen Besitzer geben ihre Daten in das gemeinsame System ein, nur sie können verändern oder löschen, sie allein tragen die Verantwortung für Datenreinheit und -güte. Jeder Besitzer ist nur für seinen Bereich verantwortlich, kann aber prinzipiell zum gesamten Wissen aller zugreifen. Besitzerprinzip bedeutet sonach dezentrale und sektorale Informationsherrschaft vermittels zentraler Technik. Dies bedingt, daß sich jeder strikt an die gemeinsamen Regeln halten muß, das Zusammenspiel nicht blockieren, keinesfalls sich isolieren darf. Der Fortschritt des Gesamtsystems ist nur möglich bei gleichzeitigem Vollzug in allen Sektoren. Je mehr die Informationsinhalte sich dezentralisieren, desto notwendiger wird es, die technische Basis stärker zu zentralisieren, um eben Einheitlichkeit und Gleichzeitigkeit zu garantieren. Damit wird der Punkt erreicht, an dem das Bundeskriminalamt um die Vollmacht bitten muß, den technischen Fortschritt stärker zu beeinflussen, wenn Rückstände in einzelnen Sektoren die Gefahr begründen, daß das Tempo aller sich nach dem letzten richten muß.

In 25 Jahren hat sich das Bundeskriminalamt einen festen und geachteten Platz im Gefüge der Polizeien von Bund und Ländern gesichert. Gemeinsam mit den Kollegen in den anderen Polizeiverbänden werden die Angehörigen dieses Amtes auch in den kommenden Jahren mit Hingabe ihre Pflicht erfüllen: für diese Bundesrepublik, für die Bewahrung der inneren Sicherheit in unserem Lande.

In dieser Zielsetzung wissen wir uns mit Ihnen, meine Damen und Herren, verbunden. Und in diesem Sinne darf ich Sie herzlich begrüßen.

Der Innenminister, Prof. Dr. Werner Maihofer, hielt die Festrede:

Herr Präsident Dr. Herold,
Herr Generalsekretär Népote, verehrte Kollegen,
meine sehr verehrten Damen und Herren!

Das 25jährige Bestehen des Bundeskriminalamtes, dessen wir uns in dieser Stunde erinnern, gibt Anlaß zu Rückblick und Ausblick.
Schwerlich hätte 1951 jemand zu prophezeien gewagt, daß dieses Amt in einem Vierteljahrhundert zu einem Mekka der Kriminalisten in aller Welt werden würde. Schon die äußeren Zahlen, die Sie, Herr Herold, in Ihrem Rückblick uns vor Augen stellten, spiegeln diese eindrucksvolle Entwicklung.
Von einem anfänglichen Personalbestand von 231 Mitarbeitern 1951 hat dieser sich mit 2425 Mitarbeitern heute verzehnfacht. Das Haushaltsvolumen ist von 3,6 Millionen DM um das Vierzigfache auf 143 Millionen DM gestiegen.

Was dahinter an Aufbauleistung aller an dieser stürmischen Entwicklung Beteiligten steckt, dem werden wir mit allen noch so rühmenden Worten über die Leistung einzelner niemals gerecht. Denn hier haben viele, Ungezählte und Unbenannte in aller Stille ihre Pflicht getan, und mehr als ihre Pflicht getan!

Wenn dieses Amt im bundesweiten und weltweiten Kampf gegen die Kriminalität zu einem Sicherheitsfaktor erster Ordnung in unserem Land geworden ist, dann gilt Ihnen allen, den früheren und heutigen Mitarbeitern dieses Amtes, der Dank nicht nur des Staates, sondern aller unserer Bürger, deren Freiheit Sie verbürgen, dessen Sicherheit Sie gewähren.

Zwei Namen will ich stellvertretend bei diesem allgemeinen Dank persönlich hervorheben. Der eine weilt nicht mehr unter uns. Es ist Paul Dickopf, der nicht nur als Präsident die Geschicke des Bundeskriminalamtes in den Jahren 1965 bis 1971 maßgebend bestimmt hat. Er war von an Anfang dabei, seit 1950 bereits im Aufstellungsstab für das künftige Bundeskriminalamt. Paul Dickopfs integre Person hat der deutschen Polizei im Ausland nach dem Kriege die internationale Reputation wiedergewonnen, die sie nach ihrer Leistung und Haltung heute verdient. Dies fand sichtbaren Ausdruck in seiner Wahl zum Präsidenten der Internationalen Kriminalpolizeilichen Organisation ›Interpol‹ 1968. Das war damals 1968 eine große Sache, nicht nur für ihn, sondern auch für unser Land. Er hat sie verdient, und er hat sich damit für unser Land verdient gemacht.
Mit Ihnen, Herr Präsident Dr. Herold, begann im Jahre 1971 ein neuer Entwicklungsabschnitt in der Geschichte des Bundeskriminalamtes. Ihr Name war schon vor Ihrer Nominierung zum Präsidenten ein Programm. Ich habe Sie, lieber Herr Herold, als hochkarätigen Kriminalisten mit wissenschaftlicher Reputation gekannt und geschätzt schon zu einer Zeit, wo ich als Strafrechtsprofessor an Ihrer Tätigkeit einen noch mehr theoretischen Anteil nahm. Ich habe Sie in den bald zwei Jahren meiner praktischen Zusammenarbeit mit Ihnen noch besser kennen und noch mehr schätzen gelernt.
Schon für den Nürnberger Polizeipräsidenten Herold bereits lief die ebenso launige wie anerkennende Bezeichnung ›Kommissar Computer‹ um. Hatten Sie doch lange vor anderen und klarer als andere erkannt, daß die Polizei nur mit modernster Technik den Kampf gegen eine hochtechnisierte Kriminalität mit Erfolg bestehen kann.

Ihr Name, Herr Herold, wird immer mit dem von Ihnen geschaffenen und inzwischen in der Verbrecherwelt zu Recht gefürchteten System INPOL verbunden sein, dem wir allein im letzten Jahr 52000 Fahndungserfolge dieses ›Kommissars Computer‹ verdanken. In Ihrer Amtszeit ist das Bundeskriminalamt damit erst wirklich zu dem geworden, was im Mai 1972 die Innenminister von Bund und Ländern in ihrem Programm für die Innere Sicherheit der Bundesrepublik Deutschland von ihm gefordert haben:

> Die Informations- und Kommunikationszentrale für die deutsche Polizei, die zugleich Ermittlungsaufgaben im Bereich der besonders schweren und international organisierten Kriminalität wahrnimmt, und der wichtige Schutz- und Sicherungsaufgaben für unsere Verfassungsorgane obliegen.

Diese grundsätzliche Aufgabenstellung des Bundeskriminalamtes war schon bei seiner Gründung 1951 vorgezeichnet. Sie ist durch zwei Gesetzesänderungen 1969 und 1973 weiter verstärkt worden. Sie beruht auf dem in einem föderativen System notwendigen, aber auch bewährten Grundsatz der Arbeitsteilung, die die Möglichkeiten der dezentralen Bekämpfung des Täters vor Ort ebenso zum Tragen bringt, wie die Notwendigkeiten einer zentralen Steuerung der Gewinnung polizeilicher Informationen, ja selbst der Durchführung polizeilicher Operationen, wo immer diese bundesweite Maßnahmen oder gar internationale polizeiliche Kooperation gegen international organisierte Kriminalität fordern.
Daß Bund und Länder heute auf diesem durch das Bundeskriminalamtsgesetz vorbereiteten Boden eines kooperativen Föderalismus mit deutlich zunehmendem Wirkungsgrad zusammenarbeiten können, zeigen nicht zuletzt die Beschlüsse vom 11. April vergange-

nen Jahres zwischen Bund und Ländern über die zentrale Steuerung der Bekämpfung der politisch motivierten Gewaltverbrechen durch das BKA. Sie haben seither zur Festnahme von nicht weniger als 138 Terroristen geführt. Erfolge, die jedoch nicht nur eine Sache besserer Zuständigkeitsregelungen und damit verbesserter Fahndungsmaßnahmen nach solchen hochgefährlichen Tätern sind, sondern die, was leicht vergessen wird, Erfolge von Menschen sind. Nicht zuletzt jener 1975 buchstäblich aus dem Boden gestampften neuen Abteilung Terrorismus des Bundeskriminalamtes in Godesberg, ohne deren Personal von heute über 233 Mitarbeitern diese erfolgreiche Anstrengung von Bund und Ländern gar nicht denkbar gewesen wäre. Ohne sie wäre schon gar nicht vorstellbar gewesen die zunehmend nicht nur bundesweite, sondern weltweite Bekämpfung des international organisierten Terrorismus, dem nur durch eine ebenso international organisierte Bekämpfung des Terrorismus wirksam begegnet werden kann. Dies ist ohne eine zentrale Instanz, welche diese internationale Kooperation unseres Landes mit anderen Ländern alltäglich, ja stündlich sicherstellt, gar nicht wirksam zu leisten.

Dasselbe gilt nicht minder für alle die Bereiche der originären Zuständigkeiten des BKA im Kampf gegen international organisierte Kriminalität, sei es im Waffenhandel, im Falschgeldhandel oder im Rauschgifthandel, den ich hier beispielhaft herausgreifen will.

Gerade hier bei der internationalen Rauschgiftkriminalität hat die internationale Kooperation in den letzten Jahren angesichts des heutigen Kriminaltourismus kreuz und quer durch die Welt besonders sichtbare Erfolge gebracht.

Durch eine konzentrierte Aktion der zuständigen EG-Minister, die zu wichtigen Verbesserungen sowohl bei der innerstaatlichen als auch bei der zwischenstaatlichen Zusammenarbeit von Polizei- und Gesundheitsbehörden geführt hat, konnte die bisherige alarmierende Eskalation der Rauschgiftkriminalität zu einem gewissen Stillstand gebracht werden. Nicht zuletzt auch durch präventive Aufklärungskampagnen ist die Zahl insbesondere der jugendlichen Probierer in unserem Lande, vor allem von Haschisch, zurückgegangen.

Ich meine, daß mit der international organisierten Bekämpfung der Rauschgiftkriminalität durch repressive ebenso wie durch präventive Maßnahmen eine Entwicklung eingeleitet wurde, die Modellcharakter auch für andere Bereiche der international organisierten Kriminalität haben sollte. Denn eine ebensolche Perfektionierung des bisherigen Verbrechenshandwerks zur Verbrechensindustrie finden wir ebenso auch in anderen Bereichen, wie etwa dem international organisierten Kraftfahrzeugdiebstahl oder bei der nicht minder sozialschädlichen Wirtschaftskriminalität, die heute nicht mehr nur in, sondern bevorzugt auch international zwischen den europäischen Staaten operiert.

Bei allem berechtigten Stolz können wir uns jedoch hier überall mit dem bisher Erreichten nicht zufrieden geben. Wir werden geradezu zur Bekämpfung dieser zunehmend international organisierten Kriminalität von höchster technischer Perfektion auf eine weitere erhebliche Verstärkung der materiellen und personellen Ausstattung des Bundeskriminalamtes hinarbeiten müssen, um die Überfülle der hier liegenden Aufgaben verantwortlich zu bewältigen. Das gilt ebenso für die in Wiesbaden wie für die in Bonn-

Bad Godesberg angesiedelten Abteilungen. Hier wie dort sind die Mitarbeiter mit ihren Zehntausenden von unabgegoltenen Überstunden, von denen der Personalrat schon sprach, oft über die Grenzen der Leistungsfähigkeit gefordert.

Hier wie dort stehen wir in einigen der entscheidenden Bereiche vor allem der Bekämpfung der internationalen Kriminalität nicht, wie manche meinen, am Ende der Entwicklung des Amtes, sondern überhaupt am Anfang der hier für eine freie und offene Gesellschaft geforderten Leistungsfähigkeit bei seiner inneren Verteidigung gegen das Verbrechen.

Die informativen und operativen Aufgaben, die dem Bundeskriminalamt in den vergangenen Jahren nach und nach übertragen wurden, haben in der Organisationsstruktur des Amtes entsprechenden Ausdruck gefunden. Heute ist hier in Wiesbaden der Schwerpunkt des informativen Bereichs, in Godesberg der Schwerpunkt des operativen Bereichs angesiedelt. Soweit von Wiesbaden aus operative Aufgaben wahrgenommen werden, liegen sie mehr im Bereich der allgemeinen Kriminalität, in Godesberg dagegen im Bereich der Staatsschutzdelikte. An beiden Orten jedoch gibt es eine gute Mischung mit dem jeweils anderen Bereich, was eine Vereinseitigung der Godesberger Abteilungen des BKA zu einer bloßen Staatsschutzbehörde ausschließt.

Die sachliche und räumliche Aufgabenteilung und Schwerpunktbildung zwischen Wiesbaden und Godesberg hat sich eingespielt. An ihr soll auch für die Zukunft festgehalten werden. Eine Zusammenlegung aller Organisationseinheiten des Bundeskriminalamtes an einem Ort verbietet sich nicht nur in Hinsicht auf die immensen Investitionen für den Informationsbereich in Wiesbaden, die eine Verlegung von diesem

Standort schlechthin ausschließt, sondern ebenso auch auf die sachbedingte Ortsgebundenheit bestimmter Operationsbereiche in Godesberg, die, wie etwa bei der Spionage, ganz einfach ihr faktisches Zentrum haben. Die hier überfälligen Baumaßnahmen zur beschleunigten Unterbringung aller Godesberger Abteilungen unter einem Dach werden mit Nachdruck vorangetrieben.

Für die künftige Arbeit des Bundeskriminalamtes sehe ich vor allem drei Schwerpunkte:

Der *erste Schwerpunkt* ist und bleibt die Bekämpfung des Terrorismus. Um vorschnellen Illusionen zu begegnen, sage ich auch heute klipp und klar: Der Terrorismus wird uns auch und gerade wegen seiner Internationalisierung selbst bei äußersten Anstrengungen in Bund und Ländern noch auf Jahre beschäftigen. Wir müssen auch weiter mit dem Schlimmsten rechnen und das Äußerste dagegen unternehmen — nach gutem polizeilichen Grundsatz.

Dem international organisierten Terrorismus kann, wie ich soeben gesagt habe, erfolgreich nur durch eine ebenso international organisierte Bekämpfung des Terrorismus begegnet werden. Dazu gehören zureichende Voraussetzungen für die informative wie operative polizeiliche Zusammenarbeit, die nur durch zwischenstaatliche Übereinkommen zu schaffen sind. Die Bundesregierung setzt sich deshalb für solche Vereinbarungen im Rahmen der europäischen Zusammenarbeit ein. Sie hat in den vergangenen Monaten bereits mit Frankreich und Großbritannien entsprechende bilaterale Abkommen abgeschlossen. Sie erwartet, daß in einer für Mitte dieses Jahres in Aussicht genommenen Konferenz der Innenminister der EG-Staaten über Innere Sicherheit auch erste und multilaterale Vereinbarungen nach diesem inzwischen erprobten Muster zustande kommen. Gerade heute ist in Luxemburg ein Redaktionskomitee mit der Vorbereitung entsprechender Texte beschäftigt.

Die Bundesregierung wird sich darüber hinaus für eine weltweite Ächtung des Terrorismus einsetzen. Diese soll nicht nur durch einen Pakt gegen den Terrorismus auf europäischer Ebene auf der geplanten Innenministerkonferenz der EG vorbereitet werden. Der Bundesaußenminister, mein Vorgänger im Amt, Hans-Dietrich Genscher, hat derzeit eine weltweite Sondierung eingeleitet, welche Staaten sich einer solchen Initiative auch vor der UNO anschließen würden.

Ernsthaft gefährlich an diesem Terrorismus sind auch in unserem Land nicht seine politischen Zielsetzungen eines gewaltsamen Umsturzes des politischen Systems, sondern seine Auswirkungen auf Leben und Freiheit unserer Bürger. Nicht also die in ihm stekkende sogenannte politische Kriminalität, sondern die aus ihm folgende antisoziale Kriminalität gemeiner Straftaten solcher terroristischer Vereinigungen gegen die Rechtsgüter des allgemeinen Strafrechts. Gilt auch und gerade für einen freiheitlichen Rechtsstaat doch: Mord ist Mord und Raub ist Raub, ohne Rücksicht auf pseudopolitische Motivationen solcher gemeinen Verbrechen.

Dies gilt nicht nur für die Innenpolitik der einzelnen Gesellschaft, sondern auch für die Weltinnenpolitik der sich in ersten Umrissen abzeichnenden Weltgesellschaft, die deshalb nicht nur jeden Terrorismus, welchen Vorzeichens auch immer, in zivilisierten Staaten für kriminelles Unrecht erklären muß, sondern auch die Gewährung von politischem Asyl für die an solchen kriminellen Taten beteiligten Terroristen zwischen zivilisierten Staaten schlechthin ausschließen muß. Nichts unterscheidet so sehr heute einen Staat von einer Räuberbande!

Nur wenn so der Terrorismus zumindest zwischen den sich als Rechtsstaaten verstehenden Staaten seiner häufigen Bemäntelung als politische Kriminalität entkleidet und als das aufgefaßt und bekämpft wird, was er in Wirklichkeit und Wahrheit ist: gemeine Kriminalität, werden wir aus den menschlichen Verwirrungen herausfinden, die sich heute in manchen Köpfen breitgemacht haben.

Den *zweiten Schwerpunkt* sehe ich in der Stärkung der präventiven Funktion der Polizei, auch auf der Ebene des Bundes. Prävention von Kriminalität kann sich nicht allein darin erschöpfen, polizeiliche Techniken und Methoden ständig zu verfeinern, Schutzmaßnahmen zu treffen oder die Bevölkerung aufzuklären, um damit die Zahl der möglichen Verbrechen und der Opfer zu verringern. Prävention erfordert vielmehr die Erforschung der gesellschaftlichen und persönlichen Entstehungsbedingungen der Kriminalität, um so Präventivmaßnahmen gesellschaftlich und persönlich wirksam ansetzen zu können.

Das erfordert wiederum ein Gesamtverständnis der Kriminalpolitik, wie es Franz von Liszt in seinem berühmten Leitsatz von der Kriminalpolitik als die Ultima ratio der Sozialpolitik umschrieben worden ist.

Wie wir unseren freiheitlichen Rechtsstaat jedoch in der Verbrechensbekämpfung durch gleichsam totale Repression ad absurdum demonstrieren könnten, so darf auch Prävention von Verbrechen, und das heißt des Mißbrauchs von Freiheit des einzelnen zu Lasten aller anderen, nicht etwa als Folge grundsätzlichen Mißtrauens gegenüber jedermann zu totaler Kontrolle durch den Staat führen.

Die politische Devise muß auch hier heißen: Freiheit verbürgen und Sicherheit gewähren. In dieser Rangfolge und nicht umgekehrt. Nur ein so gesehenes rechtsstaatliches Grundverhältnis von Freiheit des einzelnen und Sicherheit für alle kann den Rahmen und das Maß für Repression und Prävention in einer freiheitlichen rechtsstaatlichen Ordnung abgeben.

Nur eine solche Schwerpunktverlagerung auch der polizeilichen Tätigkeit im informativen wie im operativen Bereich auf die präventive Verbrechensvorbeugung, bei aller bleibenden Gewichtigkeit der repressiven Verbrechensbekämpfung als letztes und äußerstes Mittel gegen das Verbrechen, wird uns noch tiefer greifendere Erfolge ermöglichen als es die repressive Anwendung des Strafrechts gegen begangene Verbrechen bisher gestattet. Eine bittere Notwendigkeit in der unvollkommenen Welt menschlicher Wesen, wie sie nun einmal ist, seit wir ihre geschichtlichen Spuren zurückverfolgen können.

Als *dritten Schwerpunkt* nenne ich die wissenschaftliche Forschung vor Ort. Neben den unterschiedlichen Auswirkungen der Gewaltkriminalität und des Terrorismus haben wir es heute vor allem mit dem quantitativen Phänomen der Massenkriminalität zu tun, deren geistige Durchdringung eines unserer wichtigsten, nicht nur theoretischen, sondern auch praktischen Ziele sein muß.

Wir werden gesellschaftliche Ursachen des Verbrechens nur dann eindämmen können, wenn wir sie klarer erkennen und sicherer eingrenzen können.

Zunächst haben wir für die alltägliche Bewältigung der enormen Datenmengen und ihre Auswertung für die polizeiliche Praxis die technischen Voraussetzungen geschaffen mit dem elektronischen Informationssystem INPOL. Jetzt gilt es Verfahren zu entwickeln, die uns gesicherte kriminalistische Diagnosen ermöglichen, die Grundlage für gezielte kriminalpolitische Therapie werden können.

Hierzu wird künftig in erster Linie eine planmäßige Erfolgskontrolle gehören müssen, die uns in die Lage versetzt, ständig die Wirksamkeit aller zur Bekämpfung der Kriminalität eingeleiteten Maßnahmen zu überprüfen. Dies gilt auch für die Feststellung der Effizienz polizeilicher Methoden und Techniken, ebenso aber auch für die Überprüfung der Effizienz der legislativen Vorschriften und Maßnahmen auf dem Gebiet des Strafrechts und des Strafprozeßrechts für die Kriminalitätsentwicklung, über die wir heute fast nichts Sicheres wissen; noch nicht einmal im Bereich der Generalprävention, geschweige denn der Spezialprävention.

Weitere wichtige Erkenntnisse dürften sich hieraus für die Organisation der Polizei und ihr Verhältnis zur Staatsanwaltschaft ergeben. Ich erinnere in diesem Zusammenhang an die Feststellungen eines kürzlich abgeschlossenen Forschungsprojekts des Bundeskriminalamtes ›zur Effizienz polizeilicher Ermittlungstätigkeit aus der Sicht des späteren Strafverfahrens‹, wonach auf der Grundlage eines regionalen Vergleichs die unterschiedliche Beteiligung von Kriminalpolizei und Schutzpolizei an den Ermittlungen sich nicht auf den Aufklärungserfolg und die Anklagemöglichkeit auswirkt.

Wissenschaftliche Forschung darf sich jedoch nicht in der Auswertung von Kriminalstatistiken erschöpfen, sie muß Entscheidungshilfen auch für die Kriminalpolitik geben.

Dafür ist vor allem die Dunkelfeldforschung weiter auszubauen. Andererseits bedarf es der verbesserten massenstatistischen Durchdringung nicht nur der ef-

fektiven, sondern auch der schon registrierten Kriminalität. Dafür wird die im Aufbau befindliche Straftaten-Straftäter-Datei den lange geforderten kriminologischen und kriminalpolitischen Ansatz bieten.
Aufgaben in Hülle und Fülle für eine nähere und weitere Zukunft. Aufgaben, die dem Bundeskriminalamt niemand abnehmen wird, sondern die es aus sich selbst heraus wie bisher vollbringen und fortentwikkeln muß. Mit dem kriminalistischen Spürsinn und der kriminalpolitischen Urteilskraft, die seine Mitarbeiter in seinen ersten 25 Jahren ausgezeichnet und auch auf neuen Wegen sicher geleitet haben.
So kann ich dem Geburtstagskind nur wünschen, daß wir auf die kommenden 25 Jahre einmal mit der gleichen Genugtuung zurückblicken können wie auf die vergangenen. Auch in den kommenden 25 Jahren können Sie derselben entschlossenen Förderung Ihrer gemeinsamen Anstrengungen durch Regierung und Parlament sicher sein. Dafür steht, allen voran, für Sie und Ihre Mitarbeiter der jeweilige Bundesinnenminister als politischer Garant. Und dafür stehe auch ich hier vor Ihnen.

In Deutschland war die erste Welle des Terrorismus abgefangen worden. Die Anführer und Planer, der »harte Kern«, ungefähr 120 Personen, befanden sich in Haft. Damit war es aber nicht getan, denn die zweite Phase der Terrorismusentwicklung meldete sich bereits noch bedrohlicher und gefährlicher an. Im BKA versuchte man, sich auf das Kommende vorzubereiten. In Arbeitstagungen wurde darauf hingewiesen, daß auch die allgemeine Kriminalität sich nicht nur inhaltlich, sondern auch strukturmäßig gewichtig verschärft hatte. Hinzu kam, daß die eigenen Probleme an der polizeilichen Front und auf dem polizeilichen Führungssektor immer größer wurden. Es wurde notwendig, von einer Gesamtsicht der Sicherheitslage her realistische Schwerpunkte und Prioritäten zu setzen und dabei auch die breite Alltagskriminalität nicht zu vergessen. Dabei mußte das Kräftepotential mehr von der Sicherung auf Operation umorientiert werden. Das Risiko einer solchen Umorientierung kann eben nur getragen werden, wenn die Polizei hinreichenden politischen Rückhalt erhält.

Horst Herold warb für sein Amt. Der Bürger sollte wissen, wer sich wie und wo für seine Sicherheit und die seines Staates einsetzte.

Als Horst Herold 1976 mit der goldenen Beccaria-Medaille der Deutschen Kriminologischen Gesellschaft ausgezeichnet wurde, hielt sein Minister, Prof. Dr. Werner Maihofer, die Laudatio:

»Bei Beerfelden im nahegelegenen Odenwald steht auf einem sanften Hügel die besterhaltene Galgenanlage in Deutschland. Dem neugierigen Besucher kündet eine Tafel am Fuße des ›dreischläfrigen‹ Galgengerüstes von den Erbauern, dem noch heutigen fast unversehrten Zustand nach zu urteilen, offenbar für undenkliche Zeiten zu kräftiger Nutzung bestimmt, daß die letzte Delinquentin im Jahre 1803 hier vom Leben zum Tode befördert worden ist: ein Zigeunerweib, der Entwendung eines Hühnchens und eines Laibes Brot überführt.

Uns ist heute, kaum sechs Generationen danach, solche grausame Abstrafung eines Fehlverhaltens, das nach jetzigem Strafrecht als Mundraub kaum noch zur Anklageerhebung führen würde, schlechthin unfaßlich. Und doch sind wenig mehr als dreißig Jahre vergangen, seit in unserem Land unter anderem Vorzeichen vergleichbaren

Straftaten mit ähnlichem Übermaß begegnet wurde, obwohl hundert Jahre zuvor unser Reichsstrafgesetzbuch von 1871, eine der seinerzeit rechtsstaatlichsten, der modernsten und damit liberalsten Strafgesetzgebungen, solche Schrecklichkeiten für alle Zukunft ausgeschlossen zu haben schien.

Um solche Aufklärung, aber auch Gegenaufklärung geht es in der Schreckensgeschichte des Strafrechts, die der Schreckensgeschichte des Verbrechens an menschlicher Unmenschlichkeit nicht nachsteht. Geht es eben dem großen Kämpfer gegen Inquisition und Tortur, gegen Rad und Galgen, in dessen Namen Sie heute einen Nachfahren in seinem Geiste auszeichnen wollen. Einen, der wie er zu seiner Zeit gegen die Inhumanität und Irrationalität unseres Strafens aufgetreten ist, für Humanisierung und Rationalisierung unseres Strafrechts eingetreten ist. Horst Herold, den Sie heute in der Deutschen Kriminologischen Gesellschaft ehren, ein Nachfahre im Geiste also solcher Männer wie Cesare Beccaria und Franz v. Liszt, ein Vorkämpfer für die Ziele also der heute genannten Modernen Schule des Strafrechts? Wie ist das zu verstehen, worin ist das begründet bei einem Kriminalisten der Praxis, der sich als Polizeipräsident von Nürnberg und späterer Präsident des Bundeskriminalamtes einen Namen gemacht hat? Ist dies so zu verstehen und darin begründet, daß Horst Herold, genialer Kriminalist und passionierter Praktiker in einem, der seltene Glücksfall eines theoretischen Kopfes mit praktischem Verstande ist, der auf seine Weise und zu seiner Zeit den gleichen aufklärerischen Kampf gegen das Verbrechen und seine Bestrafung führt, aus dem gleichen aufklärerischen Geiste einer steten weiteren Humanisierung und Rationalisierung der strafenden Bekämpfung des heutigen Verbrechens?

Was bedeutet und fordert dies, so nötigen uns diese Fragen grundsätzlicher weiterzufragen, von einem Kriminalisten in Theorie und Praxis angesicht der Kriminalität heute, die ja in unseren Breiten nunmehr als soziale Randerscheinung die Notstandskriminalität der sogenannten ›guten alten Zeit‹ kennt, jener kleinen Hungerleider am Rande jener Gesellschaft, die von dieser schönen alten Gesellschaft (in die sich heute so mancher Vorgestrige gedankenlos zurücksehnt) erbarmungslos zugrunde gerichtet wurden. Mit der Selbstgerechtigkeit einer Zeit, welcher das aufklärerische Erschrecken noch nicht in die Glieder gefahren war, das aus Anatole Frances Wort von der erhabenen Gleichheit eines Strafrechts spricht, das Reichen und Armen gleichermaßen verbietet, ›unter Brücken zu schlafen und Brot zu stehlen‹. Oder das uns in Daumiers sarkastischer Karikatur jenes selbstgefällig zurückgelehnten Richters ergreift, der dem zerlumpten Angeklagten die Worte ins Gesicht schleudert: ›Was, Sie hatten Hunger? Ich hatte auch fast jeden Tag Hunger und stehle doch auch nicht!‹

Wenn solche pharisäische Klassenjustiz auch unter uns heute im Einzelfall des Lebensalltags fortgeistern mag, heute liegen die Zentralprobleme unserer Alltagskriminalität anderswo. Deshalb liegt auch die theoretische Aufgabe der geistigen Aufklärung der gesellschaftlichen Ursachen des Verbrechens und die praktische Aufgabe seiner alltäglichen Bekämpfung mit humanen und rationalen Methoden der Strafe anderswo. Eine Strafe, die wir nach Franz v. Liszts großem Wort heute, anders als bei ihrer Anwendung in früherer Zeit selbst gegen Irre und nicht nur Verbrecher, nicht mehr als die Prima Ratio, sondern als die ›Ultima Ratio der Sozialpolitik‹ begreifen.

Denn: Strafen erscheint uns heute, wie mein Berner Freund Hans Schultz in unseren Alternativentwurf hineingeschrieben hat, nicht mehr, aber auch nicht weniger als eine ›bittere Notwendigkeit‹ in einer unvollkommenen Welt menschlicher Wesen, die (mit Kant gesagt) ›aus so krummen Holz geschnitzt sind, daß man daraus nichts wirklich Gerades zimmern kann‹.

Dieser skeptische Optimismus jedes wirklichen Aufklärens ist auch Horst Herold eigen, wie seine Reden und Schriften auf Schritt und Tritt belegen. Er glaubt an die unverlorenen Möglichkeiten ›aufrechten Ganges‹ und vernünftigen Gebrauchs der Freiheit ebenso, wie er den Menschen mit dem säkularen Poeten Frankfurts ›menschlich sieht‹, als (kantisches) ›krummes Holz‹, der jederzeitigen Möglichkeit des Mißbrauchs der Freiheit ausgesetzt. Er weiß: Jede Gesellschaft hat ihre Verbrechen. Sie hat ihre ›normale‹, ihre ›strukturelle‹ Kriminalität, eine Kriminalitätsstruktur, die ihrer Sozialstruktur entspricht, Vorderseite und Kehrseite einer und derselben Sache.

Denn begreift man ›Gesellschaft‹ zwischen Menschen, was immer das sonst sein mag, in kriminalistischer Perspektive als ein soziales System zur Befriedigung der individuellen Bedürfnisse und zur Entfaltung der persönlichen Fähigkeiten eines jeden (der leiblichen wie der geistigen), dann ist ein solches Sozialsystem vornehmlich durch zwei einander entgegengesetzte und doch aufeinander bezogene Erscheinungen gekennzeichnet.

In ihm gibt es einmal menschliches Verhalten als spezifische und typische Weise der Befriedigung von Bedürfnissen durch Entfaltung von Fähigkeiten, die wir ›Arbeit‹ nennen, weil sie anderen nützlich sind und die wir deshalb ›belohnen‹. In ihm gibt es aber immer auch entsprechende Befriedigungen von Bedürfnissen durch Entfaltung ganz anderer Fähigkeiten, die wir als ›Verbrechen‹ bezeichnen, weil sie anderen schädlich sind, weshalb wir sie ›bestrafen‹.

Solche verbrecherische Befriedigung von Bedürfnissen und verbrecherische Entfaltung von Fähigkeiten zu einseitigem Vorteil und anderer Nachteil gibt es nicht nur, wie noch unsere Vorväter hoffen konnten, in einer Gesellschaft, die von materiellem Mangel geprägt ist, sondern auch und gerade in einer Gesellschaft des materiellen Überflusses, wie uns das Heraufkommen der massenhaften Wohlstandskriminalität unserer Tage gelehrt hat; die zu zwei Dritteln nicht zufällig heute in unserem Lande aus einfacher und schwerer Diebstahlskriminalität besteht. Sie ist Ausdruck und Ausfluß nicht nur der in einer Gesellschaftsform, die wir Konsumgesellschaft nennen, angeheizten Begehrlichkeiten der sogenannten ›breiten Massen‹, sondern auch der durch unsere Konsumgewohnheiten geschaffenen massenhaften Gelegenheiten zum Stehlen, man denke etwa nur an den Diebstahl in Selbstbedienungsläden und Warenhäusern.

Wir wissen heute aber auch: Jede Zeit hat ihre Verbrechen. So wie das Verbrechen im vorindustriellen Zeitalter des mittelalterlichen Handwerks zünftische Züge trägt (man erinnere sich nur an die heute als kriminalistische Kuriositäten erscheinenden mittelalterlichen Diebeszünfte und Gaunerbanden), so trägt das Verbrechen im industriellen Zeitalter von heute die Züge unserer Zeit. Es gewinnt mit anderen Worten in der industriellen Epoche, in die wir seit dem vergangenen Jahrhundert eingetreten sind, gegenüber dem bisherigen ›Verbrechenshandwerk‹, wie wir bis heute so bezeichnend sagen, immer mehr den kriminellen Charakter einer ›Verbrechensindustrie‹. Nicht allein die ganz andere ›Perfektion der Technik‹ bei der Begehung von Verbrechen, sondern ebenso auch die Organisation der Kriminalität ist Ausdruck und Ausfluß auch hier des anderen technischen Niveaus und der anderen organisatorischen Struktur der Wirtschaft und Gesellschaft in unserem Zeitalter der Moderne.

Das aber bedeutet und fordert für die spezifische und typische Massenkriminalität aber auch Hochkriminalität der Verbrechensindustrie unseres Industriezeitalters, und das ist es, was Horst Herold als einer der ersten entscheidend erkannt, ebenso aber auch aus theoretischer Einsicht in praktische Tat umgesetzt hat; daß wir dieser Qualität aber auch Perfektion der Massenkriminalität und Hochkriminalität unserer Gesellschaft in unserer Zeit wirksam nunmehr mit einer zumindest waffengleichen Perfektion der Technik auch bei der Bekämpfung des Verbrechens Herr werden können. Mit einer ganz anderen gesellschaftsgemäßen und zeitgemäßen technischen Perfektion des kriminalpolizeilichen Apparates zur Bewältigung schon der quantitativen Probleme, deren Lösung allein die heutige Computertechnik noch leisten kann, aber auch der qualitativen Probleme einer immer mehr international operierenden und professionell organisierten Kriminalität, der ohne die heutige Kriminaltechnik nicht mehr erfolgreich beizukommen ist.

Horst Herold macht damit, um es noch grundsätzlicher in diesem Kreise von Kriminologen und Strafrechtlern vom wissenschaftlichen Wandel unserer Zeit her zu beleuchten, auf seine Weise und auf seinem Wege erstmals in der Praxis vollen Ernst mit der in der Theorie schon von Franz v. Liszt geforderten Gesamten Strafrechtswissenschaft, die den Strafrechtssatz nicht mehr nur als ein ›hypothetisches Urteil‹ begreift, zusammengesetzt aus Strafrechtstatbestand und Straffolge, als Bestandteil eines Konditionalprogramms nach dem Muster: ›Wer das und das tut, wird so und so bestraft, es sei denn, daß . . .‹, woraus sich eine mehr oder weniger schematische und reaktive Anwendung des vom Gesetzgeber vorgegebenen Wenn-Dann-Programms ergibt.

Dabei verengt sich der Blick auf die reale Wirklichkeit, in der der Täter in all seiner sozialen Verflochtenheit sich so und nicht anders verhalten hat, auf den unter eine bestimmte Norm (den Straftatbestand) subsumierbaren Sachverhalt unter dem Blickwinkel, wie die Straffolge aussehen muß, die dieser Tatbestandsverletzung auf dem Fuße folgen soll. In solch beschränkter Sicht erlangt der vorausliegende soziale Lebenssachverhalt (der eben Zechprellerei oder Heiratsschwindel heißt und nicht ›Betrug‹) bei der Urteilsbildung im Grundsatz ebensowenig Berücksichtigung wie die konkrete Strafwirkung in ihrer general- und spezialpräventiven Rückwirkung auf die künftige soziale Wirklichkeit. Für die strafrechtlichen Kenner sei beiläufig angemerkt, daß das überkommene monistische, dreigliedrige Verbrechensschema mit dieser Rechtssatzauffassung: Straftatbestand hier, Straffolge dort, derart verbunden ist, daß ich alle Versuche, es aus Glaubensüberzeugungen finaler oder fortentwickelt kausaler Handlungslehren durch Umstellung einzelner Elemente für die Bewältigung der Wirklichkeit brauchbarer zu machen, von vornherein zum Scheitern verurteilt sehe. Nur ein von ganz anderen sozialen und normativen Komponenten ausgehendes vielgliedriges, zugleich tat- und täterbezogenes Verbrechensschema: Rechtssachverhalt – Rechtstatbestand – Rechtsfolge – Rechtswirkung kann einer heute in Theorie und Praxis nicht mehr als Vergeltungsstrafrecht, sondern als Resozialisierungsstrafrecht sich verstehenden Gesamten Strafrechtswissenschaft genügen.

Bei aller Hochachtung vor dem Beitrag, den die Strafrechtsdogmatik für die rechtsstaatliche Anwendung des Strafrechts erbracht hat und erbringt, ist es hohe Zeit, das reformerische Programm Franz v. Liszts nach dem Leitsatz: ›Die Tat ist des Täters‹ in einer Neubesinnung der Kriminalwissenschaften auf eine zugleich als Norm- und Sozialwissenschaft begriffene und betriebene Gesamte Strafrechtswissenschaft in Theorie und Praxis in die Tat umzusetzen. Erst wenn wir ernsthaft an die lange vergessene Tradition des Realismus auch in der Strafrechtswissenschaft wiederanknüpfen, wie sie durch Rudolph v. Ihering und in seiner Nachfolge durch Franz von Liszt mit seiner Modernen Schule begründet wurde, werden wir zu einer Rechtstatbestand und Rechtsfolge (damit Strafrechtsdogmatik wie Kriminalpolitik), aber auch Rechtssachverhalt und Rechtswirkung, auf die beide sich als die der Norm vorgegebene und von ihr zu verändernde Realität der Rechtswirklichkeit ›in der Welt draußen‹ beziehen, damit auch Kriminologie wie Poenologie gleichermaßen und gleichgewichtig umfassenden Kriminalwissenschaft kommen.

Nur aus einer solchen erweiterten Gesamtkonzeption unserer künftigen Kriminalwissenschaft wird uns nicht nur die theoretische Durchdringung des Gegenstandsbereichs der Rechtswissenschaft gelingen, sondern auch dessen bessere praktische Handhabung und Gestaltung in einer Gesetzgebung und Strafrechtspflege, die soweit menschenmöglich, in der allgemeinen Rechtssetzung wie in jeder Einzelfallentscheidung auf wissenschaftliche Erkenntnis sich zu gründen hat. Nur so wird sich auch das jahrzehntelange ›grandiose Insichgeschäft‹ zwischen Justiz und Polizei als Organen der Strafrechtspflege einerseits und Kriminologie andererseits durchbrechen lassen, wie es Herold erst kürzlich wieder treffend beschrieben hat: bei dem nämlich Justiz und Polizei das der Kriminologie Vorgegebene an Daten und Fakten über Täter und Verbrechen durch Rückkoppelung mit den Normen und ihrer Interpretation durch das Strafrecht lediglich in ständigem Zirkelschluß zurückempfangen; zur wissenschaftlichen Bestätigung dessen, was sie ohnehin schon vorausgesetzt hatten, als ›Kriminalität der Kriminellen‹.

Begreift man demgegenüber das Strafrecht nicht nur als einen ›Spiegel‹ zur rechtlichen Erkenntnis der Wirklichkeit, sondern als ein ›Werkzeug‹ zu ihrer rechtlichen Veränderung, dann gehört dazu die Analyse der ›Ursachen‹ des Verbrechens in der sozialen Realität einerseits ebenso wie die Kontrolle der ›Wirkungen‹ der Strafe in der sozialen Realität andererseits, als gleicherweise unverzichtbare Bestandteile jenes umfassenden Zweckprogramms unseres Resozialisierungsstrafrechts, das die Strafe als ›Zweckstrafe‹ ansieht. Zwar bleibt auch ein derartiges Programm an bestimmte Wenn-Dann-Regeln (mit Ausnahmen) gebunden, um getreu dem Grundsatz ›nullum crimen, nulla poena sine lege‹ Unsicherheit bei den Betroffenen, aber auch Willkür bei den Anwendern auszuschließen.

Unter diesen unabdingbaren Voraussetzungen ist es in einem freiheitlichen Rechts- und Sozialstaat wie dem unseren auch und gerade als Zweckstrafrecht auf einen doppelten Zweck programmiert: nach dem Rechtsstaatsprinzip auf den größtmöglichen Rechtsgüterschutz der anderen bei geringstmöglicher Rechtsgüterverletzung beim Täter; und nach dem Sozialstaatsprinzip darauf, diesen größtmöglichen Rechtsgüterschutz der anderen mit den wirkungsvollsten Strafmaßnahmen gegen den Täter zu gewährleisten, wobei die Kriminalpolitik nach Franz v. Liszt dabei stets nur die »Ultima Ratio der Sozialpolitik« sein kann.

An Stelle des zweigliedrigen idealistischen Rechtssatzschemas: Rechtstatbestand – Rechtsfolge, einer als Normwissenschaft begriffenen reinen Strafrechtswissenschaft, tritt damit, wie wir dies in Theorie und Praxis heute uns erst in Anfängen bewußt werden, das viergliedrige Rechtssatzschema einer künftig als Norm- und Sozialwissenschaft betriebenen Gesamten Strafrechtswissenschaft: Rechtssachverhalt – Rechtstatbestand – Rechtsfolge – Rechtswirkung. Schon vom Gegenstand einer derart verstandenen Kriminalwissenschaft her erfolgt so ein zweifacher Rückbezug der jeweiligen normativen Dimensionen auf die sozialen Dimensionen: in Hinsicht auf die gesellschaftlichen Voraussetzungen des Strafrechts in der im jeweiligen Rechtssachverhalt zugrundeliegenden Rechtswirklichkeit, auf die sich der Straftatbestand bezieht; und in Hinsicht auf die gesellschaftlichen Folgen des Strafrechts vermittels seiner Rechtswirkung auf eine veränderte (oder unveränderte) künftige Rechtswirklichkeit, auf die sich die Straffolge richtet.

Kriminalitätsgenese hier, Effektivitätskontrolle dort, aus den Horizonten der Rechtswirklichkeit: des Rechtssachverhalts und der Rechtswirkung, stellen so erst den Gesamtzusammenhang einer als Norm- und Sozialwissenschaft aus einheitlichem Ansatz begriffenen und betriebenen Gesamten Strafrechtswissenschaft her, der über Strafrechtsdogmatik und Kriminalpolitik hinaus gleichgewichtig auch den Gegenstand der Erkenntnis von Kriminologie und Poenologie mit umgreift.

Damit gelangen wir von dem bisherigen Rechtssatzverständnis eines bloßen hypothetischen Urteils zu einem auch für die Kriminalitätsbekämpfung im Industriezeitalter anwendbaren Verständnis des Rechtssatzes als kybernetischen Regelkreis, der sich dann schließt, wenn man die vorausgesetzte Rechtswirklichkeit (Rechtssachverhalt) mit der durch die Rechtswirkung angestrebten Rechtswirklichkeit zusammendenkt.

Daran wird sichtbar, wie sehr es sich hier nicht nur um ein theoretisches Konzept von akademischem Interesse, sondern um eine praktische Konzeption mit all den in der heutigen Kriminalitätsbekämpfung in unserem Industriezeitalter gezogenen technischen Konsequenzen einer Selbststeuerung und Selbstanpassung des Reaktionsapparates von Polizei und Justiz an die jeweilige Kriminalität handelt.

Niemand weiß besser als ich, wie weit wir von diesem Ziel einer Gesamten Strafrechtswissenschaft als Theorie für Praxis aus all den realen und personalen Perspektiven wie sozialen und normativen Dimensionen von Strafrechtsdogmatik und Kriminalpolitik, von Kriminologie und Poenologie bei der Handhabung und Gestaltung der Rechtstatbestände und der Rechtsfolgen noch entfernt sind. Gleichwohl scheint mir dies der einzig hoffnungsvolle Ansatz, Kriminalität vor allem auch in der Erscheinungsweise moderner Industriegesellschaften und Massendemokratien richtig zu begreifen und ihr durch eine Kriminalwissenschaft auf der Höhe unserer Zeit theoretisch wie praktisch wirkungsvoll zu begegnen. Denn: so, wie jede Gesellschaft und jede Zeit »ihre« Kriminalität hat, so muß jede Gesellschaft, jede Zeit mit ›ihrer‹ Kriminalität fertig werden.

Daran, wie wir es mit der inneren Sicherheit oder, wie ich lieber sage: der inneren Verteidigung unseres freiheitlichen Rechtsstaates halten, wie wirkungsvoll und doch rechtsstaatsgemäß wir sie bei äußerster Beachtung der Rechte des einzelnen Bürgers und seiner persönlichen Freiheit gewährleisten, werden wir gemessen, ganz gleich, ob als Politiker oder als Praktiker in Justiz und Polizei oder als Theoretiker der Wissenschaft, ob der Norm- oder Sozialwissenschaft.

Als über Jahrzehnte für die Strafrechts- und Strafvollzugsreform engagierter Professor, aber auch als amtierender Politiker kann ich bei Anlegung all dieser Maßstäbe und Erwartungen an einen Kriminalisten unserer Zeit Sie als Mitglieder des Auswahlausschusses für die Vergabe der Beccaria-Medaille mindestens ebensosehr zu ihrer Auswahl beglückwünschen wie Sie, lieber Herr Herold, als den in diesem Jahr als einzigen mit der Beccaria-Medaille in Gold Ausgezeichneten.

Vor über einem Jahrzehnt, als die ältere Generation der Strafrechtler noch fast ausnahmslos dem klassischen Vergeltungsrecht anhing und es einen einzigen einsamen Nestor des modernen Resozialisierungsstrafrechts gab, Eberhard Schmidt, den Liszt-

Schüler, waren uns ihre frühen wissenschaftlichen Veröffentlichungen, lieber Herr Herold, als wir im Kreise von kaum einem Dutzend Strafrechtslehrern die ersten tastenden Schritte unternahmen, durch Erarbeitung eines Alternativ-Entwurfs eine Reform der Strafgesetzgebung aus dem Geiste der Modernen Schule in Gang zu bringen, Zuspruch und Ermutigung, trotz äußerster Widrigkeiten unser vermessenes Bemühen fortzusetzen.

Damals, als noch keiner von uns ahnen konnte, daß wir eines Tages auch dienstlich miteinander verbunden sein würden, ließen uns die Reden und Schriften des Praktikers, der so viel von Theorie verstand, aufhorchen. Aufmerken ließ uns die spürbare Betroffenheit über eine schon damals überbordende Kriminalitätsexpansion in vielen Bereichen und die mangelnde Zurüstung des polizeilichen Apparates zu ihrer Bekämpfung; die befreiende Vorurteilslosigkeit und radikale Kritik am Hergebrachten bei Bestandsaufnahme und Durchdringung der Kriminalitätsrealität; aber auch die über eine unbefangene Diagnose hinaus bestechenden Vorschläge zu einer wirkungsvolleren Therapie auf höchstem praktischen Niveau, bis hin zu den allerneuesten apparativen Techniken.

Eine ins einzelne gehende Würdigung Ihrer theoretischen und praktischen Arbeiten hieße vor den hier versammelten Fachkennern in Abwandlung des Sprichwortes: EDV-Rollen nach Wiesbaden tragen. Lassen Sie mich statt dessen lieber mit einigen grundsätzlichen Feststellungen schließen.

So, wie es auf dem Gebiete der Rechtswissenschaft Wissenszweige gibt, in denen die Theorie der Praxis vorauseilt, ihr neue geistige Ziele und Wege eröffnet und die theoretischen Prämissen durch die praktischen Konsequenzen dann mehr oder weniger bestätigt werden, gibt es in anderen Bereichen genau das umgekehrte Phänomen, wie uns etwa die aus Praxis in Theorie übergehende Geschichte des Jugendstrafrechts lehrt. Anschauliches Beispiel für denselben Grundsachverhalt scheinen mir heute Kriminologie und Kriminalistik zu sein. Auch hier bedarf es offenbar des dauernden Umgangs mit Praxis, um für Praxis brauchbare Theorie und nicht bloße Theorie für Theorie (oder bloße Theoretiker) zu finden. Jeder, der in seinem Studium Kriminologie noch als ›Anhängselfach‹ der Strafrechtsdogmatik erlebt hat, weiß von solcher esoterischer Theorie ein Klagelied zu singen. Er empfindet es deshalb als Glücksfall, wenn an einem Brennpunkt praktischer Kriminalistik wie dem Bundeskriminalamt ein zugleich theoretischer Kriminalist wie Dr. Herold tätig ist, um aus unzähligen Erkenntnissen einer solchen Zentralstelle polizeilicher Information den großen Linien der Evolution der Kriminalität, ihren Entstehungsursachen und ihren Beeinflussungsmöglichkeiten nachzuspüren. Wenn Wiesbaden heute unter Fachleuten in aller Welt als das Mekka der Kriminalisten gilt, dann ist dies nicht zuletzt Horst Herold als ›Kommissar Computer‹ zu danken, um es scherzhaft ernstgemeint zu sagen.

Die vor Jahren noch unvorstellbaren Möglichkeiten einer Informationszentrale von Bund und Ländern im Inpolsystem einerseits, von Nationalstaat und Interpolsystem andererseits lassen uns erstmals hoffen, daß wir der nationalen und internationalen Kriminalität eines Tages wenigstens waffengleich, wenn nicht überlegen entgegentreten können.

Wenn Sie darum, Herr Präsident Herold, diese hohe wissenschaftliche Auszeichnung empfangen, die Sie in eine Reihe mit solch erlauchten Namen wie Karl Peters oder Adolf Portmann stellt, so ist es sicher in Ihrem Sinne, wenn ich Ihre langjährigen Mitstreiter im Bundeskriminalamt in diese Ehrung mittelbar einbezogen sehe. Sind

doch solche ehrgeizigen Mammutprojekte, wie die inzwischen in Angriff genommene Straftaten/Straftäter-Datei oder die vertiefte Dunkelfeldforschung das Werk vieler begeisterungsfähiger Mitarbeiter innerhalb und außerhalb des Amtes, die mit ihren Leistungen unserer Wissenschaft erst das kriminalistische Material liefern, aus der sie neue Erkenntnisse gewinnen kann. Wenn an derart zentraler Position jemand wie Sie damit die entscheidenden Weichenstellungen vornehmen kann, der seine Arbeit aus dem kriminalistischen Ethos eines Franz v. Liszt betreibt, dann können wir, so meine ich, dem Gedeihen einer Gesamten Strafrechtswissenschaft von dieser Seite der Praxis her hoffnungsvoll entgegensehen.
Sie haben als Praktiker der Kriminalistik wie wenige die Zeichen der Kriminalitätsbekämpfung unseres Industriezeitalters erfaßt. Sie haben als Theoretiker der Kriminalistik wie wenige den humanen und rationalen Geist unseres modernen Resozialisierungsstrafrechts nicht nur in Worte gefaßt, sondern in Taten umgesetzt.
Ich wünsche Ihnen in Ihrer weiteren wissenschaftlichen und amtlichen Arbeit, Herr Präsident Herold, in unser aller theoretischem wie praktischem Interesse beständigen Erfolg und der Deutschen Kriminologischen Gesellschaft für ihre langjährigen dankenswerten Bemühungen, die Kriminalwissenschaften aus ihrem Schattendasein herauszuführen, durch diese Ehrung heute weiteren Anstoß und Ermunterung.
Unsere Gesellschaft erweist sich schließlich selbst und der Kriminologie einen Dienst, wenn sie die Arbeit Herrn Dr. Herolds durch die Verleihung der Beccaria-Medaille in Gold würdigt.«

Die kriminelle Herausforderung wurde 1977 wieder intensiver. Generalstaatsanwalt Buback und sein Fahrer fielen einem Attentat auf offener Straße zum Opfer. Es gelang, die mutmaßlichen Terroristen Becker und Sonnenberg, Mitglieder der RAF, aufzuspüren und zu fassen. Der Vorstandssprecher der Deutschen Bank, Jürgen Ponto, wurde in seinem Haus ermordet. Im September wurde Arbeitgeberpräsident Hanns Martin Schleyer entführt und ermordet. Ein Flugzeug der Lufthansa wurde gekapert, um die in Stammheim einsitzenden Kameraden, darunter Baader und Meinhof, freizupressen. Nicht nur die deutsche RAF war an der Entführung beteiligt, Terroristen aus arabischen und fernöstlichen Ländern waren in die Aktion verwickelt. Es zeigte sich, daß der Terrorismus auf breiter Basis international organisiert war. In Mogadischu stürmten Männer der Spezialeinheit GSG 9 des Bundesgrenzschutzes das gekaperte Flugzeug und befreiten die Geiseln. Der Kapitän des Flugzeugs war von den Terroristen erschossen worden.
Drei von den in Stammheim einsitzenden Terroristen, Baader, Ensslin, Raspe, waren über die Aktion informiert und hatten sich auf ihre Befreiung vorbereitet. Als sie von dem Fehlschlag in Mogadischu erfuhren, begingen sie Selbstmord.

16. Februar. Mit der knappen Mehrheit von 245 zu 244 Stimmen setzte die SPD/FDP-Koalition Anfang des Jahres 1978 im Bundestag ihre Gesetzesvorschläge zur Bekämpfung des Terrorismus durch. Das BKA führte Fahndungspannen bei den Entführungsfällen des Jahres 1977 (Schleyer u. a.) auch auf mangelnde gesetzliche Möglichkeiten bei der Untersuchung zurück. Daher sahen die neuen Bestimmungen unter anderem vor, daß bei Entführungen ganze Gebäudekomplexe durchsucht werden können, wenn sich der Verdacht nicht gegen eine bestimmte Wohnung richtet.
Im Mai des Jahres wurde Aldo Moro in einem Wagen mitten in Rom tot aufgefunden. Der Präsident der Democratia Cristiana, Italiens Regierungspartei, und frühere Ministerpräsident war am 16. März in Rom von den sogenannten Roten Brigaden, die schon zahlreiche Entführungen und Morde an Politikern und Richtern, aber auch an Industriellen durchgeführt hatten, entführt worden.
Acht Monate nach der Entführung des Arbeitgeberpräsidenten Schleyer und dessen Ermordung zog der Bundesinnenminister Werner Maihofer die Konsequenzen aus den Fahndungspannen in diesem Fall. Er trat zurück. In einem von der Regierung angeordneten Untersuchungsbericht stellte der frühere CSU-Abgeordnete Hermann Höcherl fest, die politische Führung habe im Fall Schleyer versäumt, die Zusammenarbeit zwischen Bundeskriminalamt und der übrigen Polizei ausreichend zu organisieren. Maihofer zog die gleiche Konsequenz wie sein FDP-Kollege, der Berliner Justizsenator Jürgen Baumann, der vom Amt zurücktrat, da es am 27. Mai zwei Frauen gelungen war, den mutmaßlichen Terroristen Till Meyer aus der Untersuchungshaft in Berlin-Moabit zu befreien.
Im Kampf gegen den Terrorismus blieb man von Pannen weiterhin nicht verschont. So konnte bei einer Fahndung eine ganze »Hubschrauberladung« voller Terroristen entkommen, weil man sie nicht, obwohl es sich um weltweit unter großen finanziellem und personellem Aufwand gesuchte Topleute (Klar, Schulz und Stoll) handelte, als solche erkannt hatte. Vielleicht auch, weil man die Absicht hatte, aus kriminaltaktischen Gründen die Observierung weiterzuführen.
Das Datenschutzgesetz war kaum in Kraft (1. 1. 78), da bahnte sich ein Konflikt zwischen dem Bundesbeauftragten für den Datenschutz Prof. Hans Peter Bull und dem Informationszentrum des BKA an. Kontrovers war die Frage, wer wem wann welche Informationen

weiterleiten darf, welche Daten auf wie lange Zeit gespeichert und ob sie gebraucht werden dürfen.

Gerhart Baum (FDP), der neue Innenminister, gab bekannt, er wolle nicht in einem Staat leben, der jederzeit Zugriff zu den persönlichen Daten des einzelnen habe.

Das will in der Tat niemand. Aber von hier aus auf das zu Zwecken der Kriminalitätsbekämpfung aufgebaute, elektronisch gesteuerte EDV-System zu schießen und von »gläsernen Menschen« zu sprechen, war nicht nur übertrieben, sondern auch ungerechtfertigt.

Die Zusammenarbeit zwischen Innenministerium und Bundeskriminalamt war unter Genscher und Maihofer vorzüglich und auch fruchtbar gewesen. Unter Baum änderte sich dies, bis die Atmosphäre endgültig vergiftet war. Die Massenmedien und die Boulevardpresse waren daran nicht unbeteiligt.

Der »Stern« (26. 4. 1979) sprach von »Schnüffelstaat« und »Leichen in Herolds Keller«, zitierte einen »höheren Ministerialbeamten«, der das BKA als eine Behörde bezeichnete, deren Arbeit »fatal an Hitlers Gestapo« erinnert. Man muß die verantwortlichen Herren, Koch und Seufert, für diese Art von Journalismus der groben Fahrlässigkeit bezichtigen, daß sie sich nicht informiert hatten, bevor sie schrieben. Denn »Herolds Leichenkeller« waren für jeden offen und zugänglich, das Bundeskriminalamt stets, besonders auch Journalisten gegenüber, auskunftsbereit.

Bernd Wehner (»Kriminalistik«, 7/1979) schrieb dazu:

»Das Wehgeschrei möchte ich hören, das die gleichen Medien, die sich Ende April/Anfang Mai überschlagen haben, um ›die fatale Erinnerung an Hitlers Gestapo‹ unters Volk zu bringen, angestellt hätten, wenn es keinen Herold gegeben hätte, der just zur rechten Zeit das Steuer in Wiesbaden in die Hände genommen hätte und dem wir den weitgehenden Einsatz der elektronischen Datenverarbeitung zu danken haben, so daß es keine ›Kapitulation vor dem Verbrechen‹ zu geben brauchte, vor der die Beamten der deutschen Kriminalpolizei noch im November 1967 deutlich gewarnt hatten.«

»Der Spiegel« startete zum Thema eine Serie und meinte, »das Stahlnetz stülpe sich über uns«. Herolds Arbeit wurde heftig kritisiert.

Die Anti-BKA-Kampagnen wurden unfair geführt, und man kann sich des Eindrucks nicht erwehren, daß sie politisch gesteuert oder gewollt waren. Sie richteten sich gezielt gegen Horst Herold und sein Werk. Prinzipielles wurde als Vorwand vorgeschoben.

Gerd Bucerius schrieb in der »Zeit« (11. Mai 1979):

»Das Bundesinnenministerium hat Horst Herold, den Präsidenten des Bundeskriminalamtes unnütz ins Gerede gebracht: Es lancierte einen kritischen Bericht über Herolds Tätigkeit in die Öffentlichkeit. Die Presse streitet seitdem heftig gegen das Wiesbadener Amt – das Innenministerium hat seine Vorwürfe jedoch längst zurückgenommen.«

Das Innenministerium hatte nicht nur einen Bericht, sondern drei über die Überprüfung von Datenkarteien im Bereich des Bundeskriminalamtes hinausgestreut. Es kam darauf an, den ersten Bericht mit den Vorwürfen gegen Herold und sein Amt durch die Boulevardpresse ausbreiten zu lassen. Daß die Vorwürfe dann abgemildert und zurückgenommen wurden, war keine Sensation mehr, weder für die Presse noch für die Leser. Die letzte Meldung wurde kaum zur Kenntnis genommen. Der Innenminister hatte, laut »Die Zeit« (18. Mai 1979), geantwortet:

»Der am Mittwoch, den 15. April 1979 dem Innenausschuß vorgelegte Bericht enthält weder Schuldvorwürfe noch Feststellungen über objektiv rechtswidrige Zustände im BKA. Dies gilt im übrigen auch für die Entwurfsfassungen, die am gleichen Tage in der ›Welt‹ und am folgenden Tage auch im ›Stern‹ und ›Zeit‹ erschienen.«

Gerhart Baum tat so, als gäbe es nur eine Fassung und ließ die Tatsache, daß es drei unterschiedliche Fassungen gab, unter den Tisch fallen. In der ersten Fassung standen die Vorwürfe gegen Herold und sein Amt, in den zwei folgenden wurden die Vorwürfe zurückgenommen. Davon sprach der Bundesinnenminister nicht.
Sicher nicht böswillig, hat er eine schlimme Polemik gegen Horst Herold und sein Amt heraufbeschworen. Sie sollte Folgen haben. Da half es auch nicht, wenn er sich im nachhinein versöhnlich gab:

»Daß angesichts der Presse- und Meinungsvielfalt in dieser Republik die Offenlegung des Dateienberichts zu einem unterschiedlichen Echo führen würde, war vorauszusehen. Ich bedaure, daß es vereinzelt Diffamierungen gegeben hat. Diffamierungen werden jedoch verstummen, wenn die begonnene offene Diskussion konsequent und sachlich fortgeführt wird.
Die Beamten im Sicherheitsbereich haben Anspruch auf das Vertrauen der informierten Bürger. Sie brauchen die offene Diskussion nicht zu scheuen, die im Ergebnis dieses Vertrauen stärken wird.
Nur wer dem Dateienbericht mit Gewalt den Charakter einer Anklageschrift beimißt, mag hier anderer Auffassung sein. Wer ihn als das nimmt, was er ist, nämlich als ›Materialien‹ zum ersten Versuch, zusammen mit der Darstellung des Ist-Zustandes schon erste Fragen in Richtung zukünftiger Regelungsansätze anzuschnei-

den, wird nicht der Versuchung erliegen, auf der Ebene unnützbar vergangenheitsbezogener Schuldsuche zu verharren.«

Unter dem Titel »Prügel und Blumen« berichtete der »Spiegel« (18. April 1979) genüßlich über das Verhältnis des Bundesinnenministers zum BKA-Präsidenten, gab aber auch die Meinung des Bundeskanzlers Schmidt wieder, der eindeutig auf seiten Herolds stand:

»Es wird zuviel (über Indiskretionen) publiziert«, habe Helmut Schmidt »zuerst einmal gepoltert« und dann den Innenminister »belehrt«, wie er »Sicherheitsorgane« richtig zu behandeln habe. Sie seien besonders »der Fürsorge bedürftig«, weil sie »täglich ihre Pflicht tun, und zwar, anders als Soldaten, unter Einsatz ihres Lebens«. Sie müßten sich deshalb stets auf Rückendeckung »von oben« verlassen können. »Sicherheitsorgane«, so das Fazit der Kanzler-Schelte, »sind sensible Einrichtungen, die muß man pflegen«.

In der »Kriminalistik« (Nr. 7, 1979) heißt es dazu:

»Seien wir doch froh, daß wir vor dem Verbrechen bisher nicht zu kapitulieren brauchten. Es stehen uns, wie kürzlich Carl Friedrich von Weizsäcker schrieb, in den achtziger Jahren schwere Krisen in der Welt und damit in unserer Nation bevor. Und damit meinte er mehr als nur den Terrorismus. Von dem werden wir sicher noch früher hören und (wieder) froh sein, daß wir Herold haben. Viele Herolds haben wir jedenfalls nicht zur Verfügung.«

Herold sollte nicht mehr lange »zur Verfügung« stehen. Vor dem Innenausschuß des Bundestages hatte er sich nachdrücklich gegen die Vorwürfe verwahrt, sie mit aller Kraft und viel Mut zur Wahrheit zurückgewiesen, die Werturteile des Bundesdatenschützers Bull als »unausgegoren« und »grotesk« bezeichnet und angekündigt, daß bis Mitte 1980 ein zentraler kriminalpolizeilicher Personenindex über Straftäter eingerichtet würde. Für das »Ich werde sehr darauf achten, daß sicherheitspolitische Gesichtspunkte nicht zu kurz kommen« von Gerhart Baum hatte er nur ein ungläubiges, resigniertes Lächeln.
Was Baum und Bull zu der Anti-Herold-Kampagne motivierte, ist schwer zu sagen. Es scheint, als ob der »Datenschutz« für etwas anderes mißbraucht wurde, etwas anderes bedecken sollte oder gar Alibifunktion hatte. Denn Deutschland war und blieb eine freiheitliche Demokratie, unabhängig von der Politik der Datenschützer.
Herold zeigte Müdigkeitserscheinungen.
Im Oktober 1979 wurde die Laufbahnausbildung der Nachwuchsbeamten des gehobenen kriminalpolizeilichen Vollzugsdienstes im BKA als Fachhochschulgang ausgestaltet. Der insgesamt dreijährige

Vorbereitungsdienst bestand künftig aus Fachstudien und aus berufspraktischen Studienzeiten von je achtzehn Monaten Dauer.
Die Arbeitstagung des Bundeskriminalamtes (12. bis 15. November 1979) befaßte sich mit Möglichkeiten und Grenzen der Fahndung und stellte erneut die Kontroversen zwischen Datenschützern (Bull) und Kriminalisten (Herold) ins grelle Scheinwerferlicht. Im Mittelpunkt stand die Fahndung nach Terroristen.
Innenminister Baum hielt die Eröffnungsrede. Er nahm aber nirgendwo eindeutig Stellung und meinte, die fortschreitenden technischen Möglichkeiten würden »uns immer wieder dazu zwingen, unsere Position zu überdenken«. Niemand wolle »die Freiheit zu Tode schützen«.
Als im März 1980 im »zweiten Bericht über Dateien im Bereich des Bundeskriminalamtes des Bundesinnenministers« festgestellt wurde, daß die beim BKA geführten Dateien »den wesentlichen Anforderungen des heutigen Datenschutzrechts« entsprachen und daß das BKA auch im Informationswesen »voll im Rahmen des geltenden Rechts handelt und dabei den Grundsatz der Verhältnismäßigkeit und das Übermaßverbot beachtet«, war es zu spät. Herold war erkrankt und hielt das Tuch bereits in der Hand, das er werfen wird. Das Amt, das ihm zum Gefängnis geworden war, fraß ihn weiter auf.
Alfred Stümper versuchte in einer Problemanalyse die Abgrenzungen der Kompetenzen im politischen und im polizeilichen Bereich aufzuzeigen (»Kriminalistik«, 1980/4):

»Die Entwicklung der Sicherheitslage hat uns in eine Konstellation hineingebracht, in der in entscheidenden Fragen und besonderen Lagen die einzelnen Bereiche weitgehend nicht mehr nebeneinander arbeiten können, sondern das Ganze gesehen, entschieden, um- und durchgesetzt werden muß. Damit stellen sich zwangsläufig Fragen der Verantwortungs- und Kompetenzbereiche. Dies gilt u. a. auch für den politischen und polizeilichen Raum. In einer parlamentarischen Demokratie trägt der Innenminister auch für die Polizei die volle politische Verantwortung. Im Rahmen der polizeilichen Zuständigkeit hat er daher grundsätzlich das uneingeschränkte Weisungsrecht. Dieses in einen vernünftigen Einklang mit dem speziellen polizeilichen Fachwissen zu bringen, ist bei richtiger Auslegung der Führungsstrukturen und deren vernünftiger Praktizierung durchaus möglich. Generell ist dabei – wie auch im Verhältnis zu den vorgesetzten Dienststellen sowie zu anderen Ressorts – von zwei Grundsätzen auszugehen: 1. Außerhalb der normalen Befehls- und Weisungsstruktur gibt es auch in Extremlagen grundsätzlich keine Sonderbefehlsstränge. 2. Jeder Inhaber eines Amtes gilt als zur Wahrnehmung der mit diesem Amt verbundenen Aufgaben befähigt. Zu dieser Befähigung gehört auch das Wissen, was er selbst beurteilen kann und wo er Fachleute und notfalls Spezialisten einzuschalten hat. –

Wenn man dann noch in mehreren Führungsebenen entsprechend den unterschiedlichen Aufgabenstellungen und Verantwortungsbereichen führt, sollten etwaige Unklarheiten und Schwierigkeiten ohne weiteres zu überwinden sein. Insbesondere beim kriminalpolizeilichen Großverfahren, welches sich über einen längeren Zeitraum hinzieht, dürfte nach der ersten Welle des akuten, auslösenden Ereignisses genügend Zeit verbleiben, einen sachgerechten Arbeitsablauf sicherzustellen.«

Das war eine Hilfestellung für Herold, der seine Thesen nochmals zusammenfaßte und versuchte, Wege aufzuzeigen, die in Zukunft in der internationalen Fahndung nach Terroristen begangen werden müßten.

»1. Alle terroristischen Gruppen und Gruppierungen sind eigengesetzlich zur Entwicklung grenzüberschreitender Methoden und Arbeitstechniken gezwungen; Terrorismus ist seinem Wesen nach ein internationales Problem.
2. Den grenzüberschreitenden Formen des Terrorismus steht kein in sich geschlossenes internationales Rechtssystem der Abwehr und Bekämpfung gegenüber.
3. Im Rahmen von Rechtshilfeersuchen an ausländische Polizeien sind eine Vielzahl von Grundsätzen zu beachten, die zu inhaltlichen Beschränkungen führen.
4. Die neuentwickelten Ermittlungs- und Fahndungsformen stoßen im Ausland häufig auf praktische Umsetzungsschwierigkeiten; sie sind nur teilweise im Wege der polizeilichen Rechtshilfe transferbar.

Eine Reihe schwer überwindlicher Hindernisse sind vor der eigentlichen Ermittlungs- und Fahndungsarbeit aufgetürmt: komplizierte Verfahrensvorschriften, undurchsichtige Kompetenzregelungen gepaart mit schwerfälligen Geschäftswegen und schließlich unterschiedliche Rechtssysteme.«

Herold war zwar angeschlagen, aber er kämpfte noch immer mit dem Mut der Überzeugung für seine Ideen, die Gestalt angenommen hatten, aber noch der Vervollkommnung bedurften.
Auf einer Fachtagung der Kriminalbeamten in Aachen im Juni 1980 kritisierte er den Datenfluß bei »Interpol«, die rückständig sei und mit längst überholten Formen im internationalen Informationsaustausch arbeite. Rund die Hälfte der Interpol-Staaten sei nur auf dem üblichen Postweg per Telex oder Telegramm erreichbar. Unter anderem kritisierte Herold auch die Tatsache, daß sich der IKPO-Nachrichtenverkehr sogar in besonders empfindlichen Bereichen, wie dem Terrorismussektor, unverschlüsselt vollziehe. Einzelne Staaten seien beim Aufbau ihrer elektronischen Informationssysteme eigene Wege gegangen, die, so Herold, »kaum hoffen lassen, daß die technische Einheitlichkeit als Grundlage eines automatisierten Informationsaustausches jemals hergestellt werden kann«. In einer von Herold geforderten »internationalen elektronischen Fahn-

dungskartei (FIR)« sollten nur sachbezogene Daten, wie Waffen oder Kfz-Hinweise, erfaßt werden. Kriminaltechnische Daten über Sprengkörper oder Bomben sollten in ein »europäisches Bombendaten-Zentrum« einbezogen werden. Eine Zentralisierung der Sachfahndungsdaten in einem Interpol-Zentralrechner hielt Herold für wesentlich wahrscheinlicher als den Verbund aller nationalen Rechner.

Mittlerweile hatte Bundesminister Baum dem Innenausschuß des Bundestages den »zweiten Bericht über Dateien im Bereich des Bundeskriminalamtes« vorgelegt. Hinter den Zeilen des »Berichtes« lagen gefährliche Fallen, die bei der geringsten Angriffsberührung zuschnappen konnten. Hatte der erste Bericht die Grundlagen für die Entwicklung der Datenschutzregelungen im kriminalpolizeilichen Bereich gelegt, so stellte der zweite feste Regeln für die Einrichtung und Führung von Dateien auf.

Bisher war die Einrichtung von Dateien weitgehend durch Beschlüsse der Innenministerkonferenz bzw. ihr zugeordneter Arbeitskreise geschehen, die aber einer unmittelbaren parlamentarischen Kontrolle nicht unterlagen. Künftig erfolgte die Errichtung durch den Präsidenten des BKA in einem Verfahren, das die Mitwirkung der Innenminister/Senatoren von Bund und Ländern sicherstellte und dem Bundesbeauftragten für Datenschutz Einwirkungsmöglichkeiten eröffnete.

Ohne vorherige Festlegung des »Dateienstatus« durfte keine Datei in einer Errichtungsanordnung angelegt werden. In dieser Errichtungsanordnung mußte die gesetzliche Grundlage bezeichnet werden, wobei es nicht mehr ausreichend war, sich auf die Formel des Datenschutzgesetzes »erforderlich zur rechtmäßigen Erfüllung der Aufgaben« zu berufen. Dem Statut sollten ferner der Zweck, der betroffene Personenkreis, die Arten der zu speichernden Daten, Sperrungs- und Löschungsfristen sowie Auskunftsregelungen entnommen werden können.

Bei Notwendigkeit, Informationen für einen längeren Zeitraum auch über solche Personen zu speichern, die Nichtbetroffene im Zuge polizeilicher Ermittlungen oder Maßnahmen der Gefahrenabwehr sind, sollte die Benachrichtigung des Bürgers erfolgen, wenn die Speicherungsdauer einen bestimmten Zeitraum überschritt. Die Auskunftserteilung sollte grundsätzlich durch das Bundeskriminalamt erfolgen. Daher wird auch bei Dateien, zu denen die Länder Informationen lieferten, gegenüber dem Bürger eine Auskunftstelle eingerichtet. Kompetenzfragen und administrative Hindernisse sollten das Auskunftsrecht nicht gefährden.

Bei automatisch geführten Dateien ist heute bereits bei der Dateneingabe automatische Sperrung oder Löschung nach Ablauf bestimmter Fristen vorzusehen (programmiertes Vergessen). Nicht mehr benötigte Daten sollten grundsätzlich gelöscht werden und nicht, wie es nach dem Datenschutzgesetz auch zulässig war, gesperrt werden.

Die Probleme waren damit nicht gelöst. Im Gegenteil, sie komplizierten sich. Dabei spitzten sich die Konflikte zu, denn die Parteien, denen die Sicherheit des Staates und der Schutz der Bürger am Herzen lag, steuerten auf Kompromißlosigkeit zu und verankerten sie im Grundsätzlichen.

Da brachte ein Journalist, namens Cobler, der unfair gespielt hatte, den Stein ins Rollen. Gegen hinterhältige Intrigen konnte und wollte Herold nicht ankämpfen. Er warf das Handtuch. Es war ein kleiner Anlaß, aber es war der Funke, auf den so manche warteten, der die Bombe endlich zur Explosion brachte.

Am 27. Oktober 1980 publizierte Augsteins »Spiegel« einen Bericht über ein »Interview, das nicht gedruckt werden sollte«.

Das Gespräch, das Sebastian Cobler mit dem BKA-Präsidenten geführt hatte, war unter dem Titel »Herold gegen alle« in »Transatlantik« (November 1980) erschienen. Augstein hatte das Cobler-Interview zur Grundlage für sein Traktat: »Der Sonnenstaat des Dr. Herold« genommen, obwohl Herold mit folgendem Fernschreiben an den »Spiegel«, auf Verständnis und Fairneß hoffend, die Publikation verhindern wollte:

»Sehr geehrte Herren,
ich habe erfahren, daß der Spiegel ein von der Zeitschrift ›Transatlantik‹ (Nov. 1980) veröffentlichtes angebliches Interview mit mir verwerten will. Hierzu darf ich bemerken: Die ›Transatlantik‹-Veröffentlichung stellt einen eindeutigen Rechtsbruch dar. Aus dem Gespräch hätte – wie vorher schriftlich vereinbart worden war – nur mit meiner ausdrücklichen Billigung publiziert werden dürfen. Die Zustimmung wurde von mir nicht erteilt, weil der Sinngehalt meiner Aussage sich in dem Text nicht abbildet. Vielmehr wird der tatsächliche Gesprächsverlauf gröblich verfälscht. Der Text montiert einseitig und primitivierend – teils verkürzend, teils aus dem Zusammenhang nehmend – Passagen zu einer Dialogfolge, die nicht stattgefunden hat.

Dagegen wird die von mir ausbedungene Darstellung des polizeilichen Standpunktes zu aktuellen Fragen, die den eigentlichen Gesprächsinhalt ausmacht, nur bruchstückhaft und mißverständlich angedeutet.
Mit besten Grüßen, Dr. Horst Herold, Präsident, Wiesbaden Bundeskriminalamt.«

»Der Spiegel« (8. 12. 1980) beachtete jedoch Herolds Ersuchen nicht, sondern veröffentlichte Teile des Cobler-Interviews, zog Absätze nach, verkürzte und kommentierte bissig. Das Fernschreiben druckte der Spiegel wortwörtlich ab und kommentierte es wie folgt:

»Herold hat gesprochen, auf Band, wie früher schon gegenüber dem ›Spiegel‹. Und wie früher hat er das Gesprochene sich hinterher wieder in den Mund zurückgestopft . . .«

Das war, so die »Frankfurter Rundschau«, »ein bösartiger Tiefschlag, der den Presserat und die Gerichte noch beschäftigen sollte . . .«
Obwohl der »Spiegel« gelegentlich positiv über Herold und die Erfolge seines Amtes berichtet hatte, blieb er doch für ihn »l'homme à abattre«. Spiegel-Reporter Jürgen Leinemann hatte bereits 1978 einen bösartig-gehässigen Artikel über Herold publiziert, in dem er ihn unflätig beschimpfte und versuchte, ihn lächerlich zu machen. »Die Zeit« (5. Dezember 1980) bezeichnete Leinemanns Pamphlet als ein Stück, »das an Niedertracht nichts zu wünschen läßt«.
Drei Jahre nach der Publikation des Cobler-Interviews sollte im »Spiegel« (Nr. 37, September 1983) unter der Überschrift »Transparenter Staat« auf Seite 90 folgender Artikel erscheinen:

»Richtigstellung: Der ehemalige Präsident des BKA, Horst Herold hat dem Journalisten Sebastian Cobler am 1. und 15. Juli 1980 ein Interview zur Veröffentlichung in dem von Karl Markus Michel herausgegebenen ›Kursbuch‹ gegeben. Dieses Interview war mehrfach Grundlage der Berichterstattung im ›Spiegel‹. Hierzu wird folgendes richtiggestellt: Die von Sebastian Cobler gefertigte Kurzfassung der mehrstündigen Gespräche vom 1. und 15. Juli 1980 hat diese in ihre Bestandteile zerlegt und mit anderer Reihenfolge, anderer Frage- und Antwortfolge und mit Fragen und Antworten wieder zusammengefügt, die zum Teil aus Sätzen stammen, die an verschiedenen Stellen des Gesprächs fielen. Horst Herold, dem für die Kurzfassung das Recht der Überarbeitung eingeräumt war und von dessen Genehmigung der Kurzfassung die Veröffentlichung im ›Kursbuch‹ abhängig gemacht worden war, versagte seine Einwilligung in die Publikation der Kurzfassung ausdrücklich, weil er sie für sinnentstellend hielt. Trotzdem wurde diese Kurzfassung in der Zeitschrift ›Transatlantik‹, für die Karl Markus Michel als Redakteur tätig war, veröffentlicht.
Der Gesprächspartner Herolds, Sebastian Cobler, hat sich selbst dahingehend geäußert, er könne nicht ausschließen, daß die Kurzfassung bei voreingenommener Lek-

türe falsche Sinndeutungen hervorrufen könne. Herold hat nicht die ›Durchsichtigkeit‹ des einzelnen Bürgers für den Staat gefordert, sondern die ›Transparenz‹ des Staates und der staatlichen Informationsverarbeitung für den Bürger. Auch hat Herold nicht gefordert, die polizeiliche Datenverarbeitung auf andere Bereiche zu erstrecken als auf die Erfassung von Straftaten und Straftätern.
Weiter weist der ›Spiegel‹ auf folgendes hin: Im ›Spiegel‹ Nr. 4/1982 wurden unter Angabe eines Zitates Herolds aus dessen Aufsatz ›Polizeiliche Datenverarbeitung und Menschenrechte‹ über ihn berichtet, er schwärme davon, die Informationstechnologie grenzenlos zu gestalten, das Wissen in immer größeren Speichern zu sammeln und das Individuum in allen Lebensbereichen und -formen durch permanente Datensammlung zu registrieren, zu beobachten, zu überwachen und die so gewonnenen Daten ohne die Gnade des Vergessens ständig präsent zu halten. Dieses Zitat ist aus dem Zusammenhang gerissen und deshalb sinnentstellend. Tatsächlich formuliert Herold damit eine Befürchtung; sein Aufsatz entwickelt Vorschläge für Beschränkungen der Datenverarbeitung, die verhindern sollen, daß die ausgesprochene Befürchtung Wirklichkeit wird.«

Immerhin: Aber drei Jahre zu spät. Der Mann, den es damals abzuschießen galt, war damals auch getroffen worden. Damals, als das Halali gegen den BKA-Chef gesucht und geblasen wurde, damals hatte auch der »Spiegel« die Jagd auf Herold mitgemacht. Damals, im bewußten Interview hatte Herold voller Zuversicht und Euphorie weit in die Zukunft geblickt und seine Vorstellungen als nie erreichbare Ziele preisgegeben.
Herold war und ist gutgläubig, offen und vertrauensselig. Er kannte nur seine erklärten Gegner. Hans Schueler schilderte ihn in der »Zeit« als »Mann, der auf allen Abschußlisten« steht, der aber

»unter allen Kripo-Männern der Vergangenheit und der Gegenwart bedeutenste, der ebenso anerkannteste wie der geschmähteste, in jedem Fall der erfolgreichste ist«.

Bei vielen liberalen Kritikern des BKA-Präsidenten habe sich die

»Bewunderung, ja Faszination angesichts der Erfolge seines Amtes beim Kampf gegen den Terrorismus und das internationale Verbrechen zu einer Art von Urangst verwandelt: der Angst vor Orwells Großem Bruder, vor einer alles durchdringenden, alles beherrschenden, kein menschliches Refugium mehr zulassenden Staatsmaschinerie.«

Der Visionär habe um genau eine verbale Schraubendrehung überzogen, meinte die »Zeit«, als er sagte: »Was ich anstrebe, ist die Polizei als gesellschaftliches Diagnose-Instrument.«
Karl-Heinz Krumm sah in Herold einen Menschen, dessen Schicksal es war, während der gesamten Dauer seiner Amtsführung zwischen den Fronten zerrieben zu werden. In der »Frankfurter Rundschau«

sagte er auch weshalb und wieso. Und Schueler war sich in der »Zeit« mit dem Kollegen Krumm einig:

»Die Konservativen mißtrauten ihm, verfolgten ihn zuweilen, wie der ehemalige rheinland-pfälzische Innenminister Heinz Schwarz, mit geradezu fanatischem Haß. Die Linken wähnen in ihm noch immer einen heimlichen Fouché oder, wie Hans Magnus Enzensberger im Kursbuch formulierte, den Anbeter des ›Sonnenstaates‹ – jenes totalitären Wahngebildes, das der Dominikanermönch Tommaso Campanella zu Beginn des 17. Jahrhunderts in einem neapolitanischen Kerker entworfen hatte.
Der Betroffene kann an derlei Umständen, Mutmaßungen oder Mißverständnissen nicht ganz unschuldig sein, schreibt Schueler weiter. So ist es auch. Die Kritiker haben Herold nie an dem gemessen, was er und sein Amt getan, geleistet oder unterlassen haben, sondern stets an dem, was er darüber zu sagen wußte. Und da ist die ihm eigene Eloquenz, seine ungewöhnlich rhetorische Begabung immer wieder mit ihm durchgegangen, vor allem wenn er sich beim Gespräch in Visionen verlor. Es ist ganz merkwürdig: Der scharfe Denker, der blendende Stilist hat es bis heute nicht vermocht, gerade die fortschrittlichen, aufgeklärten, liberalen Geister unter seinen Lesern und Zuhörern von jenen Dingen zu überzeugen, die ihnen doch am ehesten einleuchten müßten.«

Prof. Dr. Manfred Schreiber, damals Polizeipräsident von München, hielt, anläßlich der Verabschiedung Dr. Herolds am 30. März 1981 im Bundeskriminalamt, in seiner Eigenschaft als Vorsitzender der Arbeitsgemeinschaft der Polizeipräsidenten, eine Rede, in der er unter anderem ausführte:

»Stellenwert scheinen nur mehr Fragen des Gesetzes, der Verhältnismäßigkeit, der Kontrolle, Transparenz, Kompetenz, der Organisation und des ideologischen Standpunktes zu haben. So wie aber der Bürger nicht nur mit der rationalen, statistisch erweisbaren Sicherheit zufrieden ist, sondern auch emotionales Sicherheitsbewußtsein, das Gefühl für Frieden im Recht sucht, so braucht der Polizeiführer, jeder einzelne Polizeibeamte, auf Dauer für seine Arbeit nicht nur eine abstrakte Aufgabe, sondern auch innere Zuwendung. Der Polizeibeamte ist eben nicht nur ein technokratischer Sozialingenieur oder ein keimfreier Schiedsrichter bei der Austragung von Konflikten, sondern ein auch fehlendes, blutvolles Wesen, das anlehnende Menschlichkeit braucht, um andere anlehnen lassen zu können und nicht nur ab- oder zurückpfeifen zu müssen ...
In letzter Zeit ist oft von Sprachlosigkeit zwischen den Generationen oder zwischen uns und Teilen der Bevölkerung die Rede. Angesichts dessen, was in unserem Lande alles geredet und geschrieben wird, ist das schwer verständlich. Ich glaube auch, es handelt sich nicht um die – vorgegebene – Sprachlosigkeit, sondern um Verständnislosigkeit, weil inzwischen bei uns zwei Sprachen gesprochen werden: eine subversive und die Regelsprache.
Hier geht es allmählich so wie mit der Sprache im anderen Teil Deutschlands: viele gleiche Worte haben einen anderen Inhalt bekommen, wir verwenden nur mehr gleiche Hülsen! Diese Art von Sprachlosigkeit kann man nicht durch Gespräche, sondern nur durch deutliche Begriffe beenden ...

Wenn Horst Herold zu Recht für seine geschichtliche Leistung in den Polizeiwissenschaften gelobt wurde, dann dürfen seine deutliche Sprache und seine menschlichen Beiträge nicht unter den Tisch fallen.
Freilich standen diese auch in unserem Kreise unter zunehmenden Verschleißerscheinungen. Während er als Kriminaldirektor und Polizeipräsident von Nürnberg zwischen 1964 und 1971 noch saß, plauderte und schon mal mitfeierte, in den Anfangsjahren als BKA-Chef noch kam, brillierte und wenigstens übernachtete, hastete er später mit übervollen Ideen, mit überquellenden Akten herein, schoß sein Feuerwerk ab, hatte – schon im Abgang – Scherze auf den Lippen, wand sich heraus und verschwand, von Bodyguards umgeben und von allen gehetzt . . .
Trotzdem hat er immer gegeben, wenn er seinen Olymp, den Neroberg, verlassen und die vielbeschworene Basis besucht hat. Er hat eben nicht nur Fakten gesammelt, geordnet, wieder reduziert (was immer vergessen wird) und das ganze in ein System gebracht. Er hat nicht nur unerschöpflich Ideen gefunden und getestet.
Er hat wieder und wieder um persönliches Vertrauen geworben, hat als bescheidener Makler vermittelt, gerungen, beschworen, gelitten. Er war in einem einzigen Vortrag ein hinreißender Demosthenes, ein listenreicher Odysseus und ein glühender Savonarola. Als sonnenverbrannten Campanella haben wir ihn nie erlebt, das ist ein Zerr-Spiegel!
Wohl richtig, er hat dabei viel Menschliches – manche meinten Übermenschliches – verströmt . . .
Er verbindet glänzendes technisches Fachwissen mit höchsten ethischen Ansprüchen. Nicht die Schwierigkeit einer Aufgabe, die Komplexität der Materie waren es denn auch, die ihm zu schaffen machten, ihn traf die Schändlichkeit von Gesinnung. Darauf fiel er herein.
Es ist ja auch sehr viel leichter, Recht zu reklamieren und Kritik zu formulieren, als Würde zu bewahren und weniger kritisch, d. h. loyal zu sein.
Daher ist die Unantastbarkeit der Würde des Menschen im Artikel 1 des Grundgesetzes niedergelegt. Diese zu reklamieren haben wir Polizeibeamte zunehmend Anlaß.
Angesichts dieser Sachverhalte scheint auch weniger sein Körper, schon gar nicht sein Geist, sondern sein Herz gebrochen. Und wieder könnte er Leitbild und Markstein sein:
Solches sollten wir uns und unseren Beamten gegenüber künftig nicht mehr zulassen – auch nicht unter dem Anspruch auf Pressefreiheit!
Dem Kollegen Dr. Herold sei es in der Stunde des Abschieds vom Amt ein Trost: Ohne Menschlichkeit und Leidenschaft gibt es keine Genialität. Aber Genien sind wie Meteore, die verbrennen müssen, um ihr Umfeld zu erleuchten. Das hat Horst Herold getan und dafür danken wir ihm . . .«

Am ersten April 1981 wurde Dr. Heinrich Boge zum Präsidenten des Bundeskriminalamtes ernannt. 30 Jahre nach Verabschiedung des BKA-Gesetzes übernahm er ein Amt mit 3571 Bediensteten, mit einem Haushaltsvolumen von 290 Millionen DM. Und hier endet m e i n e Geschichte.

8

Der Bericht
(seit 1981)

Links: Heinrich Boge, BKA-Präsident seit 1981

Rechts: Symposion im BKA (rechts Bundeskanzler H. Schmidt)

Links unten: BKA – Bonn (Meckenheim-Merl), Dienstgebäude der Abteilungen Sicherungsgruppe, Staatsschutz, technische Dienste.

G. Boeden, BKA-Vizepräsident

Geschehenes und Gewesenes bietet sich zum Erzählen an, über Gegenwärtiges sollte man berichten. Natürlich kann eine Erzählung berichten und ein Bericht erzählen. Den Unterschied spürt man, ohne ihn auch zu begreifen. Deshalb ist meine Geschichte am Ende, die Geschichte selbst noch nicht.

Heinrich Boge ist zehn Jahre alt, als der Zweite Weltkrieg ausbricht, und 52, als er am 1. April 1981 Präsident des Bundeskriminalamtes wird. Er bringt alle Voraussetzungen mit, dem Amt ein hilfreicher Präsident zu werden. Das viel geschmähte und gelobte, öffentlich-anonyme Amt benötigt jetzt einen Kenner und Könner mit Sattelfestigkeit. Der promovierte Jurist ist Kriminalist mit Erfahrung. Als Polizeipräsident in Hannover wußte er mit kluger Umsicht, mit und ohne Zügel, das Pferd auf dem richtigen Pfad vorwärts zu leiten. Als Ministerialdirektor im Bundesinnenministerium kam er unbemerkt hinter die trickreichen Gepflogenheiten der Bürokratie. Und die politische Szene kennt er auch.

Es ist nicht einfach, Nachfolger eines Mannes wie Horst Herold zu sein. Die dynamische Kraft des Vorgängers hat die Entwicklung des Amtes, das sein Gesicht von ihm empfangen hat, programmiert, hat manche heiklen Aufgaben hinterlassen und auch schon die Wege zu ihrer Bewältigung teils skizziert, teils aufgezeichnet.

Seit 1983 ist der frühere Leiter der Abteilung »Sicherungsgruppe«, der Abteilung »Terrorismus«, Gerhard Boeden, Vizepräsident des Amtes. Er ist ein routinierter Kriminalist, der den Realitäten unerschrocken ins Gesicht blickt, um sie fest anzupacken. Boeden ist seit 1945 im Polizeidienst, ab 1956 beim BKA. Profiliert hat er sich in der Bekämpfung von Staatsgefährdung und Landesverrat. Heute werden seine Erfahrung und sein Können in der Bekämpfung des Terrorismus gebraucht. Möge keine »Lex Dullien« ihn aus dem Amt drängen, denn die erfahrensten Hasen sind immer noch die alten.

Als Sprecher der Sicherungsgruppe des BKA hatte Boeden 1972 mit

Geschick und Erfolg Fernsehfahndung – jeweils nach den Nachrichten – betrieben. »Der Spiegel« (Nr. 27, 1972) schrieb dazu:

»Während Privatfahnder Eduard Zimmermann schon gelegentlich vom Publikum genasführt wird – so am Freitag vorletzter Woche, als er das Tonband-›Geständnis‹ eines vermeintlichen Mörders ausstrahlte, das sich später als Bier-Ulk erwies –, kann sich Boeden von Amts wegen profilieren. Er zeigt Bomben wie Baader-Verstecke, sucht Pluspunkte für Staat und Sicherheit zu sammeln, und er hat Anteil daran, daß fast alle der jüngsten Fahndungserfolge in Sachen Baader-Meinhof Hinweisen aus der Bevölkerung zu verdanken sind . . .
Er war Einsatzleiter beim Adenauer-Begräbnis, Chefbewacher Kurt Georg Kiesingers in Bebenhausen, deutscher Exekutiv-Beamter bei der Freilassung der Flugzeug-Entführerin Leila Chalid in London und auch Conférencier beim Hindernislauf Bundeskriminalamt gegen Landeskriminalämter auf dem Polizei-›Bergfest‹ im letzten Jahr. Im Februar 1972 begleitete der Kriminaldirektor einen Lufthansa-Beauftragten nach Nahost, der arabischen Freischärlern im Auftrag von Georg Leber 15,5 Millionen Mark Lösegeld für die Freilassung des entführten Jumbo-Jets überbringen mußte.
Und Boeden war es auch, der bei der ›Spiegel‹-Aktion im Hamburger Pressehaus, Oktober 1962, dem Chefredakteur Claus Jacobi die Gründe für seine Festnahme eröffnete – und übersah, daß Wirtschaftsredakteur Leo Brawand über die Sprechanlage auf dem Schreibtisch mithören konnte.«

Bürger und Politiker sind gegenüber der Polizei sensibilisiert, gegensätzliche Auffassungen über Sicherheit und Freiheit werden öffentlich ausgetragen. Während sich der Terrorismus weltweit organisiert und durch seine Aktionen beweist, daß er allen anderen europäischen oder internationalen »Gemeinschaften«, seien sie wirtschaftlicher oder militärischer Art, wenn nicht überlegen, so doch wenigstens ebenbürtig ist, behindern Intrigen die Entwicklung des BKA. Demonstrationen gehören zum Alltag. Sie arten in Darstellungen von Gewalt und Gegengewalt, von blinder Brutalität aus. Angst und Hilflosigkeit, Wut und Enttäuschung, Frustration und Siegesgeschrei wechseln die Fronten, ohne abzuflauen. Die Machtblöcke Industrie, Finanzen, Politik, diplomatisieren in rechtlichen Grauzonen und verunsichern die sozialen Strukturen.
Es bilden sich Para- und Subkulturen, manche mit fanatisierender Ideologie. Korruption und Erpressung werden salonfähig. Betriebe, die weder für Kartellabsprachen noch für Subventionsdelikte ein offenes Ohr haben, gehen zugrunde. Der Sozialstaat blüht auf, wenn seine Propagierung Stimmen und damit Macht und Geld bringt. Ansonsten frißt er sich auf.
Die Polizei wird in ihrer Arbeit aus oft schwer einsichtigen, auch

politischen Gründen, behindert und eingeengt. Der kriminalpolizeiliche Nachwuchs fehlt oder wird nicht eingestellt. Das Bundeskriminalamt ist auch jetzt Zielscheibe für Kritik, sogar genüßlichen Hohn, auch für verhaltenes Lob, wenn es drohende Gefahr abgewehrt oder Verbrechen geklärt hat.

Das Amt steht und hält trotz Dauerwechselbad. Es wird weiter ausgebaut und modernisiert, besonders auf den Gebieten Nachrichtenauswertung und -übermittlung, Kriminaltechnik und Forschung. Im BKA arbeitet diskret aber stetig die Praxis mit der Wissenschaft, und Hochschullehrer sind nicht nur gern gesehene Gäste, sondern auch aktive Mitarbeiter. Wie seit Bestehen des BKA, also ab 1951, begleitet die Arbeitsgemeinschaft der Landeskriminalämter (AG Kripo), von der erwartet wird, daß sie in der Praxis das Funktionieren der kriminalpolizeilichen Verbrechensbekämpfung im föderalistischen Verband der Bundesrepublik garantiert und deren Vorsitzender der jeweilige Präsident des BKA ist, in beharrlicher und kluger Arbeit das Bundeskriminalamt auf seinem Weg.

Im Januar 1982 schreibt das BKA »als Beitrag zu Maßnahmen der Bundesregierung mit dem Ziel der Verbesserung der sozialen Lage der Künstler« einen Wettbewerb aus, in dem Künstler eingeladen werden, das Amt, seine Aufgabe und Funktion darzustellen. Die Wettbewerbsaufgabe lautete: Schaffung einer Farbradierung mit Symboldarstellung des BKA und seiner Funktionen im föderalistischen System der Bundesrepublik Deutschland. Hier ein Auszug aus dem Kommentar von Bernd Schwering, der den 1. Preis gewann.

»Aus einem modernen Zweck- und Verwaltungsgebäude, dessen sachlich-kühle und mit Leuchtstoffröhren erleuchtete ›Flur-Landschaft‹ sich im Glas des linken Türflügels widerspiegelt, fällt der Blick hinaus in das Dunkel. Dieses Dunkel ist Atmosphäre und Symbol der Kriminalität. Jedoch steht das Dunkel nicht als festgefügte und unbezwingbare Mauer vor der Tür des BKA. Die Tür ist aufgestoßen, und Helligkeit dringt in die Finsternis vor. Der Vorgang aktiver Verbrechensbekämpfung ist damit umschrieben. An diesem Vorgang haben der Bund und die elf Bundesländer ihren Anteil. Als ›Adler mit Elf‹ spielen sie nicht nur eine kompositorische Rolle. Sie stehen auf gemeinsamer Linie . . .«

Zur Bekämpfung der Arbeitslosigkeit werden erstmals jugendliche Auszubildende für Büro-, Verwaltungs- und technische Berufe eingestellt. Die Interpol-Funkstelle des BKA stellt endlich den Morse-Funkverkehr ein. Ein automatisches Funkübermittlungssystem, das

Nachrichten bis zu sechzehnmal schneller als selbst ein geübter Morsefunker übermittelt, sorgte nunmehr für die Aufrechterhaltung der Funkverbindung zu den anderen Nationalen Zentralbüros und zum Generalsekretariat der IKPO in Paris.
Doch die Verbindung mittels Computerterminals bringt nicht nur Vorteile, der Code kann geknackt werden, wie Jahre später ein 27jähriger Hobbyfunker und Computerfreak zeigen sollte. Laut »Spiegel« hatte er den Code des Interpol-Nachrichtenverkehrs geknackt und konnte rund um die Uhr alle Meldungen mitlesen. Nicht nur das, der Codeknacker könnte den Adressaten der Nachricht hinausdrängen, an seiner Stelle empfangen und mit der Nachrichtenquelle durch den Äther verkehren. In einem sicherlich überspitzten Sensationskommentar (Nr. 7, 1986) heißt es dazu:

»Die Einschaltung des Computerfummlers zeigt, wie brüchig das von den Polizeibehörden so gelobte Interpol-Funknetz tatsächlich ist. In den höchsten Tönen hat das Bundeskriminalamt (BKA) die technische Neuerung gepriesen: Das Ausland biete nun ›für keinen Täter mehr Schutz‹, heißt es in einer BKA-Werbebroschüre, ›auch bei eilbedürftigen Warnungen vor geplanten Verbrechen, wie Sprengstoffanschlägen und Flugzeugentführungen, hat sich die Funkübermittlung als sehr wirksam erwiesen‹.
Ein Funkspruch, gibt sich das BKA überlegen, ›kann schneller warnen, als Kriminellen lieb ist‹.
Seit nun aber Computer in den Wohn- und Spielzimmern stehen, können offenkundig Freizeitfunker den Polizei-Code knacken. Und so ist es auch denkbar, daß Kriminelle durch Interpol-Meldungen erst gewarnt werden und sich in Sicherheit bringen. Die gar nicht mehr abwegige Vorstellung, der Schlüssel zum Interpol-Code liege auch in den Händen terroristischer Gruppierungen oder der Mafia, könnte viele Fahndungspannen erklären.«

Wenn Gefahren erkannt sind, kann man ihnen begegnen. Das geschieht täglich im BKA, und täglich wird an der Vervollkommnung der Sicherheit des gesamten Instrumentariums gearbeitet.

Das Amt ist diskret geworden. Es bleibt effektiv, weil es die Augen vor auftretenden Schwierigkeiten nicht verschließt, sondern sich ihnen stellt, wohl wissend, daß es darauf ankommt, Risiken zu verringern und Effektivität zu steigern.
Im Februar 1983 wird das erste Gleichwellen-Datensystem offiziell in Betrieb genommen, für dessen Realisierung das Bundeskriminalamt umfangreiche datenfunktechnische Neuentwicklungen initiiert hat. Mit Hilfe der zu einem solchen System gehörenden mobilen und

tragbaren Datenfunkgeräte können die damit ausgerüsteten Polizeibeamten über große Entfernungen hinweg drahtlos Auskünfte aus den Fahndungsbeständen des INPOL-Systems erlangen.

Dauerreizthema bleibt durch die Jahre hindurch der Datenschutz. Auf der Arbeitstagung der Polizeiführungsakademie in Hiltrup vom 18. bis 20. Februar 1981 ist dies mit das zentrale Thema; in der »Zeitschrift für Rechtspolitik« (4, 1981) fordert Bundesanwalt Dr. Armin Schoreit eine umgehende gesetzliche Regelung der zentralen Datenverarbeitung durch die Polizei; Datenschutzbeauftragter und Massenmedien verteufeln die polizeiliche Arbeit; die Polizei spricht von Taten-Schützern, die Terrorismus und Kriminalität begünstigen. Der Kriminaldirektor Dr. Wolfgang Steinke nimmt zur Datenschutzproblematik Stellung:

»Eine neue Dimension hat das Thema Polizei und Verfassungsschutz durch die Grundsatzdiskussionen der letzten beiden Jahre über den Datenschutz erfahren. Von einer Modernitätswelle getragen, hat die Datenschutzproblematik insbesondere den Sicherheitsbereich getroffen und nachhaltig in ihren Bann gezogen. Unverantwortliche Serien in Illustrierten und Magazinen, ich erinnere an ›Das Stahlnetz stülpt sich über uns‹, haben es bewirkt, daß sich in den Hirnen unserer intellektuellen Jugend das Bild eines bundesrepublikanischen Unrechts- und Schnüffelstaates derart verfestigt hat, daß eine Diskussion darüber äußerst schwierig ist. Dennoch müssen wir uns um eine solche ständig bemühen.

Blindwütige Datensammelleidenschaften von Polizei und Verfassungsschutz stehen wohl unverückbar fest und belasten in kaum noch hinnehmbarer Weise die Diskussion. Unfaßbar, daß ein Informatikprofessor, nunmehr erstinstanzlich gerichtlich bestätigt und aus Resignationsgründen rechtskräftig weiterhin behaupten darf, das Bundeskriminalamt sammle millionenfach Daten Unschuldiger, um daraus Schuldige herauszufiltern. Keiner wird uns verraten können, wie denn solches tatsächlich überhaupt möglich ist, und dennoch, dieses unfaßbare Judikat ist in der Welt.«

Es werden Stimmen laut, z. B. die von Lothar Seeger, Oberstaatsanwalt beim Kammergericht, die begründet verdeutlichen, daß falsch verstandener Datenschutz mehr als Schikane oder Hemmnis ist, sondern die Strafverfolgung und damit die Verbrechensprophylaxe ad absurdum führen kann. Man solle sich vor einer »Rechtsstaatsneurose« in acht nehmen.

Die Datenschutzproblematik wird zum Dauerbrenner. Generalbundesanwalt Prof. Dr. Kurt Rebmann vertritt den Standpunkt, Sicherheit gehe vor Datenschutz. Seine Argumente sind klar und deutlich: Für die Arbeit der Sicherheitsbehörden ist der Gebrauch von Daten und der Einsatz von Dateien unverzichtbar. Daß dabei auch die – an den berechtigten Interessen unserer rechtstreuen Bürger zu orientierenden – Belange des Datenschutzes zu berücksichtigen sind, wird von niemandem bestritten. Es besteht jedoch Anlaß zur Sorge, daß durch zu starke Gewichtung der Belange des Datenschutzes die Möglichkeiten zur Gewährleistung der Sicherheit unseres Staates mehr und mehr abgebaut werden. Das darf nicht sein. Sicherheit geht vor Datenschutz – nicht umgekehrt.

Dem widerspricht wiederum entschieden und eindeutig der Bundesbeauftragte für Datenschutz, Prof. Dr. Hans Peter Bull.

In der Zeit vom 1. Januar 1981 bis zum 1. Februar 1982 sind nach Angaben der Bundesregierung in der Bundesrepublik 165 terroristische Anschläge verübt worden. Darunter seien vier Anschläge auf Personen, 119 Brandanschläge und 40 Sprengstoffanschläge gewesen. Der »Rote Armee Fraktion« werden zwei Anschläge, den »Revolutionären Zellen« 32, rechtsextremistischen Gewalttätern 21 und unbekannten Tätern 110 Anschläge zugerechnet.

Alfred Stümper versucht im Datenschutzstreit, der sich zur Polemik mit oft grotesk anmutender Argumentation und Comicstrip-Futurologie auswächst, den Punkt zu fixieren, auf dem Datenschutz und Sicherheitsproblem sich begegnen könnten. (1982)

Das Verhältnis zwischen Datenschutz und Sicherheit wird nicht nur durch die allgemeine Abwägung der beiden innewohnenden, weithin auch verfassungsschutzmäßig verankerten Werte bestimmt. Vielmehr bestehen hier konstellationsmäßig Gegensätzlichkeiten, die befriedigende Regelungen besonders erschweren. Diese sind vor allem vorgegeben durch gegensätzliche Ausgangspositionen in der Methodik, zeitlich unterschiedliche Bewertungsmöglichkeit des Kriteriums der Erforderlichkeit, eine aus dem Blickwinkel des Datenschutzes immer wieder anzutreffende kopflastig strafprozessuale Sicht der Probleme unter weitgehender Verkennung des umfassenden gesamtpolizeilichen Auftrags, die Bescheidung, teilweise sogar Abtötung kriminalistischer und detektivischer Intuition und die besonderen Schwierigkeiten einer praktikablen Umsetzung von Kompromißlösungen. Auseinandersetzungen zwischen den Verantwortlichen dürften deshalb nicht herabstilisiert oder gar als kleinliches Gezetere abqualifiziert werden, sondern liegen in dieser besonderen Problematik begründet. Umgekehrt verpflichtet diese besondere Problematik die Verantwortlichen, mit besonderer Nüchternheit und

Sorgfalt an die Lösung der Probleme heranzugehen und insbesondere sie auch nicht mit persönlichen Profilierungsversuchen oder gar Empfindlichkeiten zu belasten.
Man ist sich im Bundeskriminalamt über eines einig: Ohne EDV »geht nichts mehr«. BKA-Chef Boge nimmt vorsichtig Stellung für sein Amt, wenn er über »Thesen zur Funktion und Bedeutung der Datenverarbeitung bei der Polizei« spricht .

»1. Bereits der nach zehn Jahren erreichte Ausbaustand der elektronischen Datenverarbeitung hat die polizeiliche Arbeit in Bund und Ländern grundlegend verändert.
2. ›Elektronisierungen‹ konventioneller Karteien und Abläufe müssen in die Breite ausgebaut werden, damit die daraus erwachsenden Mengen- und Zeitvorteile möglichst weit ›vor Ort‹ genutzt werden können.
3. Elektronische Datenverarbeitung bildet nicht nur konventionelle Strukturen und Abläufe ab. Sie schafft darüber hinaus neue Möglichkeiten des Auswertens und Abgleichens sowie der Handhabung und Verknüpfung komplexer Datenbestände.
4. Elektronische Datenverarbeitung dient nicht nur der Erfassung und Wiedergewinnung alphanumerischer Informationen, sondern optimiert und unterstützt die Polizei auch bei weitergehenden kriminaltechnischen Aufgabenstellungen.
5. INPOL ist kein Informationssystem des Bundeskriminalamtes, sondern das gemeinsame System von Bund und Ländern. Die elektronische Datenverarbeitung ist und bleibt daher ein wesentlicher Inhalt der polizeilichen Bund-Länder-Zusammenarbeit.
6. Polizeiliche Datenverarbeitung bedeutet auch Zusammenarbeit mit Informationssystemen anderer Behörden sowie internationale Zusammenarbeit.
7. Die elektronische Datenverarbeitung muß sich stets ihrer tatsächlichen und rechtlichen Grenzen bewußt bleiben, um sowohl innerhalb der Polizei als auch in der Bevölkerung als wertvolles und unerläßliches Hilfsmittel der Verbrechensbekämpfung akzeptiert zu werden.«

Der parlamentarische Staatssekretär im Innenministerium, Carl D. Spranger, nimmt Stellung:

»Der Einsatz modernster technischer Mittel bei der Verbrechensbekämpfung ist unverzichtbar, insbesondere auch, um der höheren Mobilität der Straftäter und raffinierteren Tatmethoden wirkungsvoller zu begegnen. Ein sinnvoller Einsatz der Datenverarbeitung bei der Polizei findet deshalb unsere volle Unterstützung. Wir dürfen allerdings nicht in den Fehler verfallen, allein auf die Technik zu setzen. Diese ist nicht Selbstzweck, sie kann immer nur Hilfsmittel sein . . .
Nicht zuzustimmen ist aber der Behauptung in der vom Bundesbeauftragten für den Datenschutz abgegebenen Erklärung, nach der in der Bundesverwaltung ausgeübte rechtlich zulässige Verfahren zumindest bedenklich seien, weil sie den Weg zu einer unangemessenen starken Überwachung des Einzelnen eröffneten. Diese Aussage rückt das Regierungssystem der Bundesrepublik Deutschland . . . in die Nähe eines Überwachungsstaates. Sie ist in ihrer Ungeheuerlichkeit durch nichts gerechtfertigt.«

Bernd Wehner stellt indirekt zwar, aber dennoch auf Güterabwägung ab:

»Wer wollte bestreiten, daß ›Datenschutz‹ trotz aller Diskussionen auf vielen Ebenen für viele von uns, denen die Aufklärung von Verbrechen ›am Herzen‹ liegt, ein Reizwort geblieben ist. Etwas, das zwar real vorhanden ist und auch beachtet wird, so gut man kann, wie das Gesetz es eben befiehlt, das aber irgendwie kein rechtes Verständnis findet, weil nicht einleuchten will, daß heute verboten sein soll, was gestern, vor der ›elektronischen Revolution‹, noch erlaubt war, weil ›der Datenschutz‹ unsere durch Gesetz fesgelegte Arbeit behindert (›Datenschutz = Tatenschutz‹!). Behindert? ›Behindert‹ kann die rechte Vokabel nicht sein, denn der Datenschutz ist durch Gesetz geregelt und auch uns aufgegeben, dazu vom Verfassungsgericht vielfach ausgelegt und in seinen Auswirkungen auch auf die polizeiliche Arbeit festgelegt. Warum ist es so schwer zu begreifen, daß wir eben dann auf Aufklärung verzichten müssen, wenn uns die – durchaus vorhandene – Möglichkeit dazu vom obersten Gesetzgeber oder einem obersten Gericht aus der Hand genommen wird?«

Datenschutzschnüffler werden Polizeischnüfflern gegenübergestellt. Der Streit artet aus. Die Debatten sind steril, sie basieren auf profundem Mißtrauen. Keiner traut keinem. Die Datenschutzschnüffelei mit ihren Auswirkungen verunsichert das Verhältnis Bürger–Polizei. Der Bürger weiß fast nicht mehr, von wem die schlimmste Gefahr droht, vom Verbrecher oder von der Polizei. Über diese unerfreulichen Dinge berichten die Massenmedien und stützen sich auf die eigenen, mit Daten gefüllten privaten Archive. Ein Verbot, private Datenbanken zu benutzen, wäre das »aus« für die Presse, besonders wenn sie, wie es ihre Aufgabe ist, über Gegenwärtiges in Verbindung mit Gewesenem informieren soll.
Der frühere Bundeskanzler, Helmut Schmidt, schreibt dazu in der »Zeit« (5. 7. 1985):

»Es ist heute geboten, in allen Staaten die vorbeugenden Sicherungsmaßnahmen gegen terroristische Flugzeugentführungen und Geiselnahmen zu überprüfen und zu ergänzen. Ein internationaler Vertrag sollte dazu gehören: Die Regierungen sollten sich verpflichten, den Weiterflug eines gekaperten Flugzeugs unmöglich zu machen, zum Beispiel durch Blockade der Startbahnen. Dies mag im konkreten Fall auf innenpolitische Kritik stoßen, aber gegen solche Kritik wäre eine Regierung dann besser gefeit, wenn sie sich auf Erfüllung einer vertraglich formulierten völkerrechtlichen Pflicht berufen kann.
Gewiß würden die gleichfalls international operierenden Terror-Organisationen zunächst die Regierungen auf deren Festigkeit testen. Wenn aber dann in ein oder zwei Fällen der Wille der Regierungen unbezweifelbar geworden ist, notfalls auch Opfer in Kauf zu nehmen, werden sie danach verschont bleiben.
Regierungen jedoch, die unter terroristischer Drohung ein entführtes Flugzeug auftanken und weiterfliegen lassen, bieten ihre Flughäfen als Freihäfen für den internatio-

nalen Terrorismus an. Sie mögen sich einreden, das kleinere Übel zu wählen – in Wahrheit jedoch sprechen sie Einladungen zur Wiederholung aus. Statt dessen ist eine internationale Solidarität der Festigkeit vonnöten. Und man darf annehmen, daß auch die Sowjetunion sich daran beteiligen würde.«

Dr. Heinrich Boge sieht jenseits der Datenschutzproblematik die wahren Perspektiven der Verbrechensbekämpfung, welche für sein Amt relevant sind. Er hatte sie, kurze Zeit nach seinem Amtsantritt (1982), zusammengefaßt:

»Es ist nicht nur die Kriminalitätsentwicklung, die die Sicherheitslage prägt. Weit mehr beunruhigend sind die gewaltsamen Tatausführungen und gewalttätigen Formen gesellschaftlicher Auseinandersetzungen bei Demonstrationen, Hausbesetzungen und anderen Anlässen. Man stellt schon heute eine starke Verunsicherung in der Bevölkerung fest, die darauf beruht, daß man der Polizei nicht mehr zutraut, mit der Gefahrenlage fertig zu werden. Die Folge ist – in den letzten Jahren verstärkt – die Organisation von Selbstschutz. Die starke Zunahme von Sicherheitsunternehmen und die Ausweitung des Versicherungsschutzes müssen als Indiz für empfundene Sicherheitsmängel gewertet werden. Ich weise hier auf Bürgeraktionen als Gegenreaktion auf gewalttätige Demonstrationen hin. Wenn es darüber hinaus zutrifft, was Konjunktur- und Friedensforscher prognostizieren, dann ist zu erwarten, daß das nächste Jahrzehnt erhebliche sicherheitspolitische Probleme mit sich bringt. Nationale und weltweite Verteilungskämpfe sowie kriegerische Auseinandersetzungen werden nicht ohne Rückwirkungen auf die Sicherheitslage in der Bundesrepublik bleiben.«

Die Zeiten, als man auf Barrikaden stieg, um für Freiheit und Gerechtigkeit zu kämpfen, scheinen vorbei zu sein. Die Barrikaden brauchen nicht mehr errichtet zu werden, sie werden frei Haus geliefert. Es wird, mit verdeckter Identität und maskiertem Gesicht, gewalttätig demonstriert. Demos sind zur »Show« geworden, zu der man sich einlädt und wo man sich zu aggressivem Tun trifft. Die Polizei ist kraft Amtes gezwungen, mitzuspielen.

Dauerthemen im kriminalpolizeilichen Bereich sind: International organisierte Kriminalität, Rauschgift, jugendliche Gewaltkriminalität, Waffen- und Drogenhandel, Kriminalität in Wirtschaft und Politik, Probleme der inneren und äußeren Sicherheit und natürlich der Terrorismus in all seinen Erscheinungsformen.

Zur Bekämpfung der modernen Seuche versucht man alte, bereits von Vidoq und seinen Kollegen in der kriminalpolizeilichen Welt mit Erfolg benutzte Methoden den heutigen Zuständen entsprechend zu beleben: den Einsatz von Vertrauensleuten und besonders von verdeckt oder bedeckt arbeitenden Kriminalpolizeibeamten, von »un-

der cover agents« (UCA). Auch dies beschwört sterile Diskussionen herauf.
Nach schweren Verbrechen werden alle Bürger aufgerufen, der Polizei zu helfen und zweckdienliche Hinweise zu liefern – gegen hohe Belohnung. Das heißt, daß jeder Bürger zum Vertrauensmann (V-Mann) werden soll, der Pflicht und – der Belohnung wegen. Die Hinweise werden »natürlich« vertraulich behandelt. Zur V-Mann-Tätigkeit ruft regelmäßig eine Fernsehsendung auf.
Die meisten Fahndungserfolge sind »vertraulichen Hinweisen« aus der Bevölkerung zu verdanken.
Es wird die Schaffung eines Europäischen Kriminalamtes in Erwägung gezogen. Die Terroristen haben ungewollt für eine bessere Ausstattung der Polizei gesorgt. Es wird jedoch schwierig, das vorhandene, gebrauchsfertige Instrumentarium (EDV, UCA u. a.) auch effektiv einzusetzen, solange die Lobby des neuen »Milieus« ihre heuchlerischen Argumente, mit denen sie nur sich selbst schützen will, mit Erfolg anbringt.
Am Horizont profilieren sich »starke« Männer. In Frankreich bekommt der Wahlkampfleiter Jacques Chiracs und frühere Vizepräsident der Privatpolizei de Gaulles »Service d'action civique« (SAC), welche 1982 von der Parlamentskommission als kriminelle Organisation (organisation criminelle) bezeichnet wurde, Charles Pasqua, Amt und Macht. Sein Chefgehilfe ist der Sicherheitsbeauftragte Robert Pandraud. Der Karrierenweg führte vom Polizisten zum Kabinettschef. Der Justizminister Albin Chalandon ist kein Jurist, aber ein Aktivist. Sein Vorgänger, der weltanschaulich liberal denkende Badinter, ist noch als Präsident des Verfassungsrates vorhanden. Zum Glück.
Die derzeitige Strategie der Verbrechensbekämpfung in Frankreich ist die des starken Mannes. Es gelte, hart durchzugreifen, die Terroristen müßten terrorisiert werden, Frankreich dürfe keine Müllhalde für Ausländer werden, mit der blockierenden Humanitätsduselei der Linken müsse Schluß gemacht werden, und eine Polizei ohne Information und ohne Informanten sei eine nutzlose, da taube und blinde Polizei. Auch vor derartigen Extremen sei gewarnt.
Während man in internationalen Gremien darüber diskutiert, was Terrorismus eigentlich sei, wie er gegen legitimen Kampf für Freiheit abzugrenzen sei, fallen amerikanische Bomben auf Tripolis. So

bekämpft USA-Präsident Reagan den »Terroristen« Oberst Gaddafi. Und dennoch, Worte verhallen und kehren sich gegen die Mächtigen, wenn sie ohnmächtig werden oder sich selbst, aus welchen Gründen auch immer, in ausweglose Hilflosigkeit hineinmanövriert haben. Ronald Reagan setzt sich mit Terroristen an den Verhandlungstisch und tauscht im Iran Waffen gegen Geiseln; der Franzose Jacques Chirac tut Gleiches im Libanon; der Terrorismus ist auf diplomatischer Ebene salonfähig, und die lautstarken Terrorismusbekämpfer sind unglaubwürdig geworden.

Längst haben sich die Terroristen aller Länder zusammengetan, ihre Bekämpfer sind sich noch uneinig, nicht wegen der drohenden Gefahr, sondern wegen der Politik, der Politiker und ihrer Interessen. Mit besten Grüßen und Wünschen für Frieden beliefern Amerikaner, Franzosen, Deutsche, Italiener, Israelis und andere, Terroristen und, in anderer Sprechart, Freiheitskämpfer, mit Waffen und Munition.

Dem BKA werden Aufgaben zuwachsen, die jenseits der Diskussionen über Datenschutz, verdeckt arbeitende Agenten, mögliche unmögliche Kronzeugen, und was es noch mehr auf dieser heuchlerischen Ebene gibt, in Dimensionen politischer Opportunität vorstoßen. Dieses Amt und die befreundeten Ämter werden sich darüber klar werden müssen, was Kriminalität ist, wenn sie Kriminalität bekämpfen sollen. Denn die klassische Kriminalität alt vergangener Zeiten wird in den Hintergrund treten. Sie zahlt sich nicht mehr aus. Oder sie bringt zu wenig.

Die organisierte Kriminalität, zum Beispiel Waffen- und Rauschgifthandel, Wirtschafts- und Finanzkriminalität, bringt extrem hohe Gewinne. »Crime does pay« (Kriminalität zahlt sich aus), wenn ihre Ausübung dem sozialen und politischen Trend angepaßt ist.

Das BKA und alle Kriminalämter aller Länder werden sich dagegen wehren müssen, auch politische Ämter zu werden – im Dienste der Mächtigen.

Horst Herold hatte viel zu früh in die Zukunft geschaut. Er war erschrocken und wollte vorbeugen. Das brachte ihn zu Fall; das war unverzeihlich. Seine Nachfolger stehen heute vor den Problemen, die er voraussah.

Das BKA wird über sich hinauswachsen müssen, oder es wird nicht mehr das sein, was es zu sein hat, oder es wird ins Nichts umfunktioniert werden. Trotzdem muß man Vertrauen in das Amt haben, solange man Vertrauen in den bzw. in die Menschen setzt. Art und Methoden der Kriminalitätsbekämpfung, der Umgang mit Kriminalität, können zum Prüfstein werden, an dem Gehalt und Wertigkeit einer Gesellschaft gemessen werden.

Im Jahre 2000 wird das BKA als sozialethischer Prüfstein angesehen werden. Darauf soll es sich vorbereiten.

Ein letztes Wort

Ich habe versucht zu erzählen, was war und wie es dazu gekommen ist. Dabei habe ich die Personen und Akteure, die Berichter und Bewerter, wo es möglich war, selbst zu Wort kommen lassen. Ich habe sie lebendig gelassen und nicht mit der Waffe der indirekten Rede umgebracht.

Das Amt hat seine Erbauer, seine Diener und Gestalter geschafft, verzehrt, aufgefressen.

Es hat eine tragische Dimension, die an den Fluch des Schicksals erinnert, das im griechischen Sinne doppelgesichtig ist, sich nach innen und nach außen mit der unerbittlichen und unheimlichen Kraft des Fluches durchsetzt, bis der Bann gebrochen ist.

Ich habe alle Präsidenten und viele leitende Beamte des Bundeskriminalamtes persönlich gekannt. Wenigstens drei von ihnen sind, tragisch verkannt, Opfer eines Schicksals geworden.

Sie wurden in andauernden Wechselbädern von Gunst und Mißgunst, Lob und Tadel, Bewunderung und Verachtung, Erfolgserlebnis und Scheitern gepeinigt, sie haben dem Amt ihr Leben gegeben und sind an ihm zerschellt. Der Dank blieb aus. Er hätte das Schicksalhaft-Tragische verwischt, und das wäre nicht gut, sogar ein Stilbruch gewesen.

Paul Dickopf und Horst Herold, zwei in jeder Hinsicht grundverschiedene Menschen haben den Dank des Amtes verdient, denn von Menschen konnte er ohne Heuchelei nicht kommen.

Reinhard Dullien auch. Ihm waren in einem ungleichen Kampf keine der Gegenseite entsprechenden Waffen zur Hand. Das verfluchte Amt hat ihn geopfert. Es schuldet auch ihm Dank.

Max Hagemann hat, obwohl er dem Bauherrn Hilfestellung gab, das Amt gemieden; Jess ist ausgestiegen, um anderswo einzusteigen. Jetzt hat Heinrich Boge alle Mittel in der Hand, den Fluch zu bannen. Das ist keinem seiner Vorgänger gelungen.

Als ich mit meinem Freund Alex Goldenberg Anfang der fünfziger Jahre das werdende Amt besuchte und wir zusammen im »Keller« am runden Tisch Bier tranken, prophezeite er: »Es wird viel Schweiß, Kummer und Mühe kosten, das Amt funktionsgerecht aufzubauen; es werden Streit, Intrigen, Mißgunst und politische Längs- und Quertreibereien nicht ausbleiben; ich hoffe, die Sterne stehen günstig, sonst könnte dieses Amt zum Grab für manchen seiner Erbauer werden.«

Dr. Alex Goldenberg war damals noch ein junger Kriminalist im Generalsekretariat der internationalen Kriminalpolizeilichen Organisation (Interpol). In der Ausübung seines Berufes wurde er in Algerien umgebracht.

In der Polizei wird man in der Regel nur einmal Opfer des Berufes.

Paul Dickopf hat erheblichen, ja ausschlaggebenden Anteil an der Errichtung des Amtes gehabt; Horst Herold hat dem Amt sein Gesicht gegeben. Beide sind im Amt vereinsamt. Paul Dickopf hatte wenigstens einen Freund, den getreuen Rolf Holle. Dullien hatte seine Rotarierfreunde. Ein preußischer Beamter ist nicht allein. Horst Herold hatte niemanden, alle hatten ihn.

Paul Dickopf war verschlossen und gab nichts von sich preis; Horst Herold war offen und kommunikativ, vielleicht zu offenherzig. Beide haben »ihr« Amt geliebt, beide haben unter und wegen ihm gelitten, jeder auf seine Weise. Das Amt hat beide fasziniert, und beide sind an ihm zerbrochen, jeder auf seine Weise.

Paul Dickopf war eher langsam und zaudernd. Er war darauf bedacht, sein Haus nach eigenem Geschmack einzurichten und betrieb entsprechende Personalpolitik. Horst Herold war überschnell und ungeduldig, wenn es galt seine Ideen zu erproben und in die Praxis umzusetzen. Dabei hatte er stets ein offenes Ohr für Anregungen die Sache betreffend. Er war wandlungsfähig, ohne sich selbst untreu zu werden.

Paul Dickopf hatte eine Abneigung gegen Technik und Maschinen; Horst Herold benutzte sie, um die Kriminalität »prognostisch« zu bekämpfen, das heißt, vor dem Verbrecher am Tatort zu sein, um die Tat im besten Fall zu verhindern.

Wären Herolds »prognostische« Ideen schon damals, am Anfang, praktiziert worden und hätte man seriöse Forschung betrieben, dann wäre das BKA nicht völlig unvorbereitet von der Rauschgiftwelle überrannt worden.

Pannen hat es immer gegeben, und es wird sie auch in Zukunft geben.

Da sie nicht vorprogrammiert sind, haben sie das Gute, daß man aus ihnen lernen kann. Kritik kommt stets nachher, Lob selten.
Um R. Dullien zum Gehen zu zwingen, wurde das Amt mißbraucht. Nicht am Amt, aber am instrumentellen Mißbrauch des Amtes ist Dullien gescheitert.
Paul Dickopf stand der CDU nahe und war konservativ eingestellt; Horst Herold bekennt sich zur SPD. Dickopfs Innenminister kommen aus CDU und CSU; Herolds Chefs sind meist Freie Demokraten. Die Politik bringt Dickopf ins und Herold aus dem Amt. Zur Zeit leitet der CSU-Minister Zimmermann die politischen und der Sozialdemokrat Boge die fachlichen Geschicke des Amtes.
Mit dem Gesicht hat Herold dem Amt ein Programm mitgegeben. Die »Soft-ware« wird im Gebrauch bleiben, auch wenn die »Hardware« Änderungen erfahren mag. Die Entwicklung des BKA ist programmiert. Alles wird davon abhängen, wie mit dem Programm umgegangen wird.
Das Amt wurde gepflegt und gehegt. Ausländische Gäste waren und sind voller Bewunderung. War das Vorzeigefenster lange Zeit die Kriminaltechnik mit ihren wohlausgestatteten Labors und modernsten Geräten, so kamen später die computergesteuerten Daten- und Informationsanlagen hinzu.
Das Amt hat zu gegebener Zeit die Chance verspielt, die Ausbildung an sich zu nehmen. Das geschieht jetzt routinemäßig in der Polizeiakademie in Hiltrup. Das BKA jedoch sorgt für die Ausbildung in- und ausländischer Spezialisten.
Die Bundesrepublik wird von manchen Seiten um sein Bundeskriminalamt beneidet. Das Amt aber verdankt Bestehen, Ruhm und Glanz Menschen, die für es geblutet haben, Menschen, denen es Lebensinhalt war und die von ihm nach Gebrauch weggeworfen wurden.
Daß ein »letztes« Wort niemals das letzte sein kann, vermag ich heute zu belegen.
Mein Buch war fertig, das Manuskript druckreif und ich, nach der Arbeit, erleichtert. Bei meiner Materialsuche war ich verschiedentlich auf den Namen H. Prante gestoßen. Ich bekam aus unterschiedlichen Quellen photokopierte Auszüge aus einer »zeitgeschichtlichen Studie«, die von Helmut Prante 1976/77 zusammengestellt sein sollte mit dem Titel: »Paul Dickopf, oder die Grün-

dungsgeschichte des Bundeskriminalamtes, Versuch einer Lebensbeschreibung aufgrund von Selbstzeugnissen, Briefen und Berichten.«

Als ich in den mir zur Verfügung gestellten Seiten aus Prantes Arbeit las, wurde mir erst klar, worauf ich mich eingelassen hatte.

Ich hatte schon viel Material zusammengetragen, als mir Prantes Arbeit auszugsweise bekannt wurde. Sie hatte Schockwirkung. Ich hatte Paulinus Dickopf persönlich gekannt und geschätzt, nun verdrängte in Prantes Enthüllungen mit beängstigender Macht die Gestalt eines völlig anderen, mir fremden Paul Dickopf das Bild, das ich mir gemacht hatte. Ich konnte und wollte zunächst die durch Prante offengelegte Wahrheit nicht wahrhaben. Verbargen sich zwei Menschen hinter dem einen Namen Paul Dickopf?

Ich wollte es genau wissen, ging den von Prante aufgezeigten Spuren nach und fand immer wieder Bestätigungen; nirgends stieß ich auf Fakten, die Prante widerlegt hätten.

Ich mußte umdenken und neu konzipieren. Dabei hätte mir ein Gespräch, besser noch, eine Zusammenarbeit mit Helmut Prante viel geholfen. Aber ich hatte nicht das Glück, ihm persönlich zu begegnen.

Erst als ich das Manuskript meiner BKA-Story dem Bundeskriminalamt aus Gründen der Fairneß zur Kenntnisnahme überließ und um mögliche Einwände bat, erfuhr ich, daß »Herr Prante anläßlich einer Kontaktaufnahme in anderer Sache davon Kenntnis erhalten hat, daß ich seine (nicht veröffentlichte) Arbeit über Präsident Dickopf zitieren wolle. Herr Prante habe sich darüber verwundert gezeigt, daß er hierzu nicht gefragt worden sei«.

Auf meine Bitte erhielt ich nun vom BKA die Adresse von Helmut Prante. Ich kontaktierte ihn und überreichte ihm mein Manuskript. Wir fanden sofort über die fachliche und sachliche Ebene hinaus menschlichen Kontakt auf der Basis ungetrübter Offenheit.

Ich erfuhr, daß Herr Prante zehn Jahre seines Lebens damit verbracht hat, in mühevoller Sysiphusarbeit Berge von Akten, Briefen, Berichten und sonstigem Material zu entziffern, zu sichten und zusammenzustellen. Er habe die Absicht gehabt, die Gründungsgeschichte des Bundeskriminalamtes zu schreiben, nun habe ich es getan, und das sei gut so, sagte er und – überreichte mir, dieses Mal offiziell, sein gesamtes Material. Dabei sagte er, nun sei er eine große

Last losgeworden, sein Projekt sei an Langlebigkeit gestorben, und für ihn sei das unvollendete Ende da. Er zeigte keine Trauer, vielleicht etwas Wehmut.
Mein Buch war geschrieben. Er hatte das Manuskript in Händen. Mir war unbeschreiblich eigenartig zumute. Hatte ich unwissentlich etwas getan, was ich wissentlich vielleicht nicht getan hätte, oder hatte das verfluchte Amt mir grinsend zugeschaut?
Helmut Prante, Abteilungspräsident a. D. am Bundeskriminalamt, schreibt das *Nachwort* zu einem Buch, das er zehn Jahre lang selbst hatte schreiben wollen, zu *meinem* Buch. Das macht mich froh.
In den mir am 26. November 1986 in Mainz übergebenen Unterlagen finde ich Prantes *Nachwort* zu *seiner* Arbeit:

»Bei allem Bemühen, historische Wahrheit zu ergründen und in ihren Zusammenhängen offenzulegen, bleibt die vorstehende Chronik Fragment. Ihr Verfasser hat in den letzten Jahren der Amtsführung des BKA- und Interpol-Präsidenten Paul Dickopf in dessen unmittelbarer Nähe und in persönlichem Kontakt zu ihm gearbeitet. Als deutscher Delegierter bei mehreren Generalversammlungen der Internationalen Kriminalpolizeilichen Organisation (IKPO-Interpol) konnte er ihn auch in seinem internationalen Wirkungskreis beobachten. Nach seinem Tod hat er den geschriebenen Nachlaß gesichtet, in mehrjährigem Vergleich mit anderen Quellenmaterialien die – nach seiner eigenen Überzeugung wahre – Biographie des Verstorbenen herausgeschält und abschnittweise in die jeweils relevanten zeitgeschichtlichen Tatbestände hineinprojiziert. Aus den so gewonnenen Beschreibungen der einzelnen Lebensstadien müßte nun abschließend die Persönlichkeit Paul DICKOPF in ihrem widerspruchsvollen Leben und in ihrem das Schicksal der deutschen Kriminalpolizei entscheidend beeinflussenden Wirken ganzheitlich gewertet und gewürdigt werden. Gerade das aber ist und bleibt dem Verfasser verwehrt: Zeitlicher Abstand und neues Wissen vermögen nicht, die Ambivalenz seiner eigenen Erlebnisbeziehung zu objektivieren. Deshalb wird diese Chronik auch wohl nur das Interesse derer erwecken, die als Zeitgenossen oder als Angehörige desselben Berufsstandes – aus welcher Entfernung auch immer – die hier geschilderten Erlebnisse in irgendeiner Weise selbst miterlebt haben oder nachvollziehen können und sich dabei ihr eigenes Urteil bilden wollen.
In all ihren Veröffentlichungen und andersartigen Verlautbarungen haben Paul DICKOPF und sein Freund Rolf HOLLE ihren persönlichen Anteil an der Planung und Gründung des Bundeskriminalamtes niemals auch nur mit einem einzigen Wort erwähnt. Andererseits scheint DICKOPF ursprünglich durchaus die Absicht gehabt zu haben, zu gegebener Zeit seine Erinnerungen zu reflektieren:
›Jenes, vielleicht einmal für unsere späteren, privaten Reminiszenzen wertvolle Dokument . . .‹ (Brief von D. an HOLLE vom 18. 5. 1949).
Für diese Annahme spricht auch zweifellos die in seinem Naturell verwurzelte buchhalterische Gründlichkeit seiner vielfältigen Notizen. Ob ihn sein früher Tod daran gehindert hat, sei dahingestellt. Die tiefe Resignation, mit der Präsident DICKOPF nach Erreichen der Altersgrenze aus seinem Amt ausgeschieden ist, deutet jedoch

eher darauf hin, daß er schließlich bewußt Verzicht leisten wollte, sich selbst der Nachwelt als Persönlichkeit der Zeitgeschichte zu präsentieren.«

Prante fällt es sichtlich schwer, so objektiv wie möglich die, besonders in ihren letzten Lebensjahren, ihn »nachhaltig beeindruckende Persönlichkeit besonderer Prägung, für die kein gängiges Schema zu passen schien«, zu würdigen. Seiner Chronistenpflicht will er aber gerecht bleiben. Er schreibt über Paul Dickopf:

»Er füllte seine beiden gewichtigen Ämter mit der ganzen Autorität eines charismatischen Charakters und mit dem keine Zweifel an sich selbst übenden Anspruch eines Patriarchen. Sein Selbstwertbewußtsein, beruhend auf dem Erfolg eines beispiellosen Werdeganges, umfassender Bildung, kritischer Weltkenntnis und vollkommener Zweisprachigkeit, aber auch auf fehlerbehafteter Menschenverachtung, Eigenwilligkeit und Einäuigkeit, erhob ihn über die Masse der ihm Höher-, Gleich- und Nachgestellten, verlieh ihm ›Mut vor Königsthronen‹, trug ihm hohes nationales und internationales Ansehen zu, verschaffte ihm ergebene Freunde und erbitterte Feinde, verhalf ihm zu Gelassenheit gegenüber berechtigten und unberechtigten Angriffen, befähigte ihn andererseits aber auch zu wildem Haß, unkontrollierten emotionellen Ausbrüchen und zu bedingungslosem Kampf selbst auf verlorenem Posten. Sein Führungsstil war geprägt durch menschlich-väterliche Überlegenheit und erdrückende Kompetenz, aber auch durch Resignation gegenüber Personal- und Sachzwängen, unter deren Schirm er sich zu einem sich seinen Mitarbeitern verständnisvoll gebenden Vorgesetzten, zu ihrem Beichtiger und Zuchtmeister zugleich, berufen und verpflichtet fühlte und dabei Wohlwollen und Zorn gleichermaßen über Verdiente und Unverdiente ausschüttete. Im dienstlich-privaten Umgang war er ohne jede Eitelkeit und vollendet großzügig. Auf der Rückkehr von gemeinsamen Dienstreisen lud er seine Begleiter gern in die großväterliche Gastwirtschaft Hattert ein, wohin er sich nach seiner Pensionierung ganz zurückzog, und bewirtete sie eigenhändig wie bevorzugte Gäste. Dabei genoß er es offensichtlich, auch im Kreise seines vielköpfigen Familienclans als ›der große Sohn von Hattert‹ zu gelten. Nach seinem ein letztes öffentliches Aufsehen erregenden Begräbnis, wurde er dann aber auch dort bald vergessen.
Am 8. 10. 1981 wurde in Meckenheim-Merl (bei Bonn), Paul-Dickopf-Straße 2, der Neubau für die dort untergebrachte Hauptabteilung 2 des Bundeskriminalamtes (Abteilungen Staatsschutz, Sicherungsgruppe und Technische Dienste) eingeweiht.
Die eigene Einsicht, daß Paul DICKOPF in seinem gewiß nicht alltäglichen Leben tatsächlich ›nichts Menschliches fremd geblieben‹ sein dürfte, hat sich dem Verfasser erschlossen. Honny soit, qui mal y pense.«

Prante erinnert auch an die Verabschiedung Horst Herolds, den Festakt und den Empfang im Kasino des BKA. Der hauseigene Chor sang damals als Zugabe »Ein Tag voll Harmonie«. Musikalisch stimmte das, denn dem Chor entschlüpften keine falschen Töne, aber die Harmonie, die ich meine, war durch Dissonanzen gestört. Prante schreibt: »BKA-Präsident Dr. Herold tritt vorzeitig in den Ruhestand, hochverdient, weltbekannt, geachtet und gehaßt, ausgebrannt und gescheitert an der Grenzenlosigkeit seiner eigenen Zielvorstellungen, menschlich zerbrochen, gesundheitlich zerrüttet – vielleicht notwendigerweise, aber mit wenig Würde geopfert für den Primat der Politik.«

Helmut Prante hat sein Buch nicht geschrieben, vielleicht weil er im Unbewußten es nicht schreiben wollte, es nicht schreiben konnte, weil er glaubte, Verborgenes müsse im Dunkeln ruhig gehalten werden, und über Gewesenes könne man sowieso nicht recht und gerecht, sondern nur menschenmöglich urteilen, und das sei nicht seine Sache.

Hätte ich geahnt, mit welcher Bürde mich dies verfluchte Amt belastet, auch mein Buch wäre nicht geschrieben worden.

Und dennoch. Ich wage zu hoffen, daß es von Helmut Prante als Befreiung empfunden wird, daß es einen unerträglichen Druck von ihm nimmt und er erleichtert sagen kann, nun sei das Werk nicht etwa vollbracht, sondern als Erlösung beendet.

Für mich ist es das letzte Wort.

Nachwort

Dieses Buch von Professor Dr. Dr. Armand Mergen über das Bundeskriminalamt halte ich für ein gutes Buch – denn es ist gutgemeint und wahr; ich halte es aber auch für ein schlimmes Buch – denn die hier offengelegte historische Wahrheit ist alles andere als bequem. Deshalb: Notwendige Vergangenheitsbewältigung für die deutsche Kriminalpolizei? Um die Beantwortung dieser Frage mag sich der geneigte oder nicht geneigte Leser selbst bemühen.
Ich bin nicht glücklich darüber, daß der Verfasser auf für mich nicht nachvollziehbaren Wegen Zugang zu einem von mir vor Jahren verfaßten Manuskript gefunden hat. Es basierte auf dem von mir ausgewerteten und auf den Wahrheitsgehalt überprüften persönlichen schriftlichen Nachlaß des verstorbenen BKA-Präsidenten Paul Dickopf – zweifellos eine Persönlichkeit der Zeitgeschichte. Dieses Material liegt seither beim Bundesarchiv in Koblenz unter Verschluß. Mit meinem Manuskript wollte ich in erster Linie meine damaligen Vorgesetzten – nicht die Öffentlichkeit – auf die zwingende Notwendigkeit aufmerksam machen, daß die bis dahin gängigen und auch veröffentlichten Vorstellungen über die Gründungsgeschichte des Bundeskriminalamtes dringender und schwerwiegender Korrekturen bedürfen.
Der Verfasser, Wissenschaftler von hohem Rang und Namen mit der umfassenden Polizeikenntnis des »Insiders«, hat das Ergebnis meiner Feststellungen kritisch geprüft und durch vielfältige mühevolle eigene Recherchen verifiziert, vertieft und erweitert. So ist es heute selbst für den Eingeweihten kaum noch auseinanderzuhalten, welcher Quelle jedes einzelne, von ihm mit seiner typisch französischen Eloquenz brillant vorgetragene Detail entstammt: von ihm selbst oder von mir. Mich stört das nicht!
Erst buchstäblich in letzter Minute vor der Drucklegung seines Entwurfs gelang es dem Verfasser, mit mir persönlich Kontakt aufzunehmen und mich unmittelbar zu beteiligen, was ihm – ohne seine Schuld – vorher nicht gelungen war. Um so mehr bin ich ihm

dankbar, daß er noch in letzter Minute Anregungen von mir zur Korrektur oder sogar zur Streichung bestimmter Passagen bereitwilligst nachgekommen ist. Ich habe heute auch keine rechtlichen oder berufsethischen Bedenken mehr, meine überwiegend indirekte, z. T. aber auch direkte Mitwirkung an diesem – wie ich meine hochrangigen – Werk zu bekennen, dies um so weniger, als der Verfasser sein Manuskript auch dem Bundeskriminalamt vorgelegt und hier keinen Widerspruch erfahren hat. Dies durfte auch kaum zu erwarten und zu rechtfertigen sein, denn Professor Dr. Dr. Mergen beschreibt die Wahrheit und nichts als die Wahrheit – mit seinen daraus gezogenen, manchmal sehr hart formulierten Schlußfolgerungen vermag ich mich allerdings nicht in jedem Falle und nicht uneingeschränkt zu identifizieren. Aber die wissenschaftliche Betrachtungsweise unterliegt ihren eigenen Gesetzen und Verpflichtungen.
Um in der Artikulation des Verfassers zu schließen: Ein »verfluchtes« Buch über ein »verfluchtes« Amt, dem ich für meinen Teil die letzten 15 Jahre meiner Berufstätigkeit gern, überzeugt und mit Stolz angehört habe.

Im Januar 1987

Helmut Prante
Abteilungspräsident a. D.
beim Bundeskriminalamt

Register